翻轉吧～經濟學！
給您看得懂用得到的經濟原理

朱容徵著

 博客思出版社

CONTENTS 目錄

CONTENTS 目錄

自序：翻轉您對經濟學的想像

　　理論是實務的指南針，實務是理論的試金石，翻轉教育需要有紮實的理論基礎，在實務互動中找尋新的創意、想像、解構再重構，確認主體開拓新疆界。彈性思考力求改變，追求樂學的熱情，題材與日常生活經驗有關，藉由邏輯訓練，有清晰的思考脈絡及正確的決策判斷，從其中汲取人生的智慧與養分。了解學習目標按照步調發展能力，探索多元的學習機會，與他人合作學習，並反思自己的學習，成為終身學習者。

　　教育帶來最重要的改變，是能有知其所以然的動力，並且有讓世界更美好更進步的心。在原先的知識下探索更深層的思考，在改變的過程中燃起主動學習的熱情；多關心生活周遭和社會上發生的事，培養整合性的認知能力。

　　一般人誤解經濟學遙不可及深奧難懂，然而諾貝爾經濟獎得主最重要的理論都是由日常生活經驗歸納而得。經濟學者的責任之一，就是設法把各種精緻的經濟理論還原成老少咸宜的常識。我在科技大學任教多年，致力推動經濟學理論普及化、生活化，將重要的經濟原理與分析方法，輔以日常生活實例及財經資訊導讀，引領初學者融會貫通很自然地經常記得！

　　經濟學為一門關於資源配置的社會科學，與各項人類活動息息相關，是根據人類活動的長期實踐所總結出來的規律，我們的生活、行為都隱含經濟原理，具有現實指導價值。經濟學並不是晦澀難懂讓人望而生畏，而是透過日常生活中的簡單例子便可輕鬆明瞭，經濟學生活化的實務教學也逐漸獲得認同。

　　經濟學是研究人類行為的科學，與當下的時空環境產生連結與呼應，因此每一個時期的經濟學派都有其誕生的意義及用處。即便是現在被奉為圭臬的理論學說，也可能在數年以後被發現已經過時，要適應現代社會，唯有培養終生學習的習慣和鍛鍊獨立思考的能力。社會科學不像自然科學可在控制變項的實驗室研究，所以每隔一段時間就得修正。即使相同理論從不同角度分析也會得出不同結論，有人戲稱十個經濟學家會超過十一個不同意見，當大家都有共識時也已經是事後諸葛了。任何研究都有其侷限，即使是自然科學，對颱風、地震等天災的分析，也還無法精準預測。

素養導向鼓勵整合知識、技能、態度，透過協同合作來學習更多跨領域的應用，面對真實社會培養解決問題的能力。素養更強調知識可以被應用於解決生活中的問題，因而跨學科的統整學習更重要。素養教育是一種全人教育，強調學習必須連結真實的生活情境，而非零碎的知識或特定的能力，知識要能應用於解決生活情境與學術探究中的問題。

要適應現在生活及未來挑戰，核心素養為所應具備的知識、能力與態度，注重的是思考過程，提出解決策略及方案。培養自己的邏輯思維，得到答案的過程比僅得到正確答案更有價值，也就是素養的建立。找到自己的熱情，看到願景並前進，目標成為有能力解決問題且終身學習的人。

情境問題導向更重視動機和在地連結當代議題，社會人的基本素養在社會生存的基本知識、技能、態度；有能力在不可預知的未來世界裡生活，而不是對逝去的時代瞭若指掌。經濟學是研究平常生活的大小事，是人類在有限資源下作選擇的科學，分析行為是如何被不同的條件所改變。

經濟學是經世濟民之學，下至民生上至國計，無不與經濟有關；也就是說，我們每天都在過經濟生活。因此，經濟學不只是法商管理科系的必修課程，其他科系學生或社會人士也渴望了解經濟知識。經濟學不只是相關科系的基礎學科，也可以成為日常的生活哲學，它更應是全民的通識教育，任何人都不要成為經濟學文盲。

問題導向學習法（Problem-based learning；PBL）使學習者得以主動地透過執行研究、整合理論與實務，和應用知識與技能來發展可行的解題方法。教育即生活，須不斷在生活中接受教育，使教育成為生活的一部分並等同於生活。在解決問題的過程中，首先要學習面對及處理問題，以及產出最後解決問題的方案。問題必須能改變既有的價值與立場，容納各種不同的意見、假設以及引發持續性的討論。

了解某個領域的門檻，重要的概念一旦融會貫通，想法及行為就會產生改變。從缺乏結構的問題中，透過討論激發批判和創造思考的能力；不斷反思學習能力培養自主精神，有助於未來實際情境的應用。能夠增強能力的發展，例如批判性思考、資訊能力、創造性的問題解決方式等，日常財經資訊並非罕見

的特殊個案，亦不涉及任何商業機密，觀察實例練習應用，並參考經濟學相關理論依據，理性選擇最適決策以發揮最大效益。隨時保持偵查環境的敏感度，類似事件發生時能夠激發靈感，在理論中印證，將所學進一步分析應用。

許多人以為「經濟」就是一味追求財富，因此將其和自私貪婪畫上等號，同為萬惡淵藪。事實上正好相反！違反經濟原理才是社會亂源！美國次級房貸風暴與國內的卡債、超貸問題如出一轍：金融機構一味擴充業務，消費者只顧當下享樂，未理性分配有限資源。因違反經濟原理導致金融海嘯問題，自古至今層出不窮，並非新時代產物，因全球化與衍生性金融商品，引發更大危機。

STEM教育是一項跨領域、科目整合的教學方式，核心著重科學（Science）、科技（Technology）、工程（Engineering）及數學（Math），後續也包含藝術（Art）及閱讀（Read），亦稱為STEAM教育。揮別單向灌輸知識，採用引導思考、結合綜合性知識技能，解決現實世界的問題，培養喜歡主動學習的下一代。針對生活中的問題，透過工程的設計、製作與精進的活動，作為課程與教學主軸，歷程中並整合運用科學探究、數學思考以及技術與工具等，以解決實際的問題。

有別於填鴨式教學而培養批判性思維（critical thinking），需要主動地圍繞不同主題進行學習與研究，並靈活地運用知識解決各種問題。運用有限的資源來解決問題，邏輯思考能力跳出框外思考（think out of the box），透過多元化的動手實驗和專題研習，邊做邊學的學習模型鼓勵積極主動地尋求知識，塑造充滿好奇心的終身學習者。

社會上充斥口水戰和不安情緒，也多來自與其他人事物互動缺乏理性調整，退一步海闊天空才能達到穩定的均衡狀態。投資人與企業主常好高騖遠，盲目擴張造成一敗塗地傾家蕩產；個人、企業、政府都可能浪費資源或過勞而成效不彰甚至於崩潰。過度耗能引發氣候異常與生態浩劫，如何使經濟活動與自然環境達成均衡，有利經濟永續發展，成為最大課題。

STEM並非單一學科之教育，而是將科學、科技、工程與數學整合在一起，連結現實世界中的問題去思考、研究，並創造出解決問題的方法，將重點放在強化綜合應用與思考能力。協調合作、溝通、研究、問題解決、獨立思維與創新等能力，不分職業不分領域，是現今社會需要而成功必備的真正能力。多了

人文與藝術的部份，STEAM 並非就等於科學課，而是應用所學培養跨學科解決問題的真正能力。科技始於人性，如果擁有完備的邏輯概念，卻缺乏人性或藝術與美感，也難以適應未來的世界。

經濟原理除了在傳統市場經濟中分為個體與總體經濟，應用到管理經濟與產業經濟，更延伸到環境經濟、政治經濟、社會經濟等不同領域。經濟原理與每個人的日常生活及未來發展都息息相關，所以全民學經濟，才能有效率地運用有限資源，達到整體的穩定均衡狀態，建立理性和諧的富足社會。教育的目的從單純的知識傳遞，更進化為學以致用；不僅擁有知識，更具備解決困難問題的能力、實證精神以及能將各種資訊整合為可用資源的思維。終身學習活到老學到老，人生任何階段都是開始，只要想學永遠不嫌遲。

「翻轉吧～經濟學！」以最接地氣的引言導入，有系統的介紹看得懂用得到的經濟原理，並將相關思考模式與理論基礎廣泛應用於生活智慧、經營管理及投資理財。內容廣泛充實，捨去資料堆積與冗長贅述，希望能提供一支牢靠的釣竿，引導「釣魚的方法」，培養獨立思考能力，能將所學舉一反三聞一知十。經濟問題未必有標準答案，巧妙各有不同；讀者可以嘗試從不同條件與理論分析同一事件，並多觀察日常生活與財經資訊，才能學以致用並滿載而歸。本書將經濟原理融入生活、管理、投資，適合作為分析經濟活動之專業工具書，理論觀念與分析方法連貫完整，文句說明簡明易懂，實例引導思考應用。字字珠璣句句精華，把經濟學的基本理念「將有限資源作最有效運用」發揮淋漓盡致，使讀者能「以最低成本獲得最佳學習效果」。

全民一起來學經濟，在有限資源下理性追求效率與均衡，人人都可以提升日常生活品質，促進家庭社會和諧，強化經營管理效能，達成投資理財目標，並藉由本書的拋磚引玉，腦力激盪出更多元的思考翻轉與更廣泛的實務應用。終於完成這本書，心中充滿喜悅與感恩：父母的栽培、家人的協助、學生的教學相長與殷切期盼，甚至周遭生活事物、大自然的生命力，都是孕育本書誕生的動力，並豐富其內涵。期待讀者也能以喜悅與感恩的心情圓滿研習經濟學，務必保留本書成為隨身寶典。感謝認同理念的先進支持並不吝指教，敬請將本書的優點加以推廣告訴大家，而對缺點疏漏提供建言告知我們。

一、知足常樂～理性選擇

《老子－儉欲》：「罪莫大於可欲，禍莫大於不知足，咎莫大於欲得。故知足之足，常足。」罪惡沒有大過放縱慾望，禍患沒有大過不知滿足，過失沒有大過貪得無厭。知道滿足的人總是覺得快樂，形容安於已經得到的利益、地位。

人的慾望是無窮無盡的，如果不知足就會去追逐慾望，但同時會失去很多現在擁有的；達到某些目標後會發現，原來這個不是自己真正想擁有的生活，也許還不如以前快樂，知足是珍惜現在擁有的一切。

經濟學（economics）是一門社會科學，研究如何有效率地運用有限資源，在許多可行方案中，理性選擇最適途徑，以發揮最大效果，滿足其慾望。

理性選擇量力而為，可以知足常樂。放棄其他機會表示退一步，以換取獲得所要的事物，才能海闊天空。

人類無窮的慾望，不能滿足於相對稀少的資源，資源雖然有限卻具有多重用途，理性選擇滿足最大慾望，便可解決此經濟問題。資源有限的稀少性是經濟問題的根源，每人每天可用的時間、體能、人力、物力、財力等資源，為固定有限但有多重用途，必須理性選擇合理分配。每人每天面對食、衣、住、行、育、樂等生活、物質與精神各種需求，在相對稀少的資源下，慾望無窮不能同時完全滿足，必須依優先順序有所取捨。在資源有限慾望無窮的經濟條件下，任一經濟活動都會面對理性選擇問題，以滿足最大慾望。個體必須在有限條件下求極大，總體必須使整體經濟社會福利最適化。

沒有理性的消費觀念和節約意識，會出現不理性的消費行為，過度追求物質享受導致拜金主義思想和價值觀人生觀極度扭曲。

取捨選擇表示放棄其他機會，以換取獲得所要的事物；被放棄的事物中，價值最高者為機會成本（opportunity cost），意即任何選擇所須付出的最大代價。機會成本的衡量不一定是用錢，而是用價值感。

不管怎麼做選擇，最後都會付出代價。機會成本考慮了成本面，如果

翻轉吧～經濟學！給您看得懂用得到的經濟原理

效益更大也是值得的；以成本效益原則來選擇，協助自我做出成功的決策。

不須付出代價即可自由取得充分享用的資源，如陽光、空氣等，自由財（free goods）又稱為無償財。須付出代價才能取得占有的事物，如各種財貨勞務、生產要素等，經濟財（economic goods）又稱為有償財，即市場的價格大於 0。

在資源有限慾望無窮的經濟條件下，任何選擇皆須付出代價，應理性選擇量力而為，而非不計成本貪得無厭。理性選擇時，會追求自己認為最好的目標，處於限制條件的競爭環境下，必須將有限資源花費在最有價值的用途上，使資源運用效益極大。個體做最適當的選擇，並在社會中與其他人事物互動調整，使資源做最適當的配置，達到整體經濟的最大福利。

使用每天固定之零用錢、運用一天 24 小時，有效率地運用有限資源，理性選擇最適的途徑，規劃每天生活，以滿足生活的最大慾望。

經濟學是一種經世濟民的學問。治理世事富裕民生雖然是經濟學的目的之一，但卻無法彰顯經濟學的主要精神。十五世紀至十八世紀，歐洲民族國家研究規劃建立富強國家的理論與政策，強調進行國際貿易應長期維持貿易順差，以累積國家財富（黃金或外匯存底），因此應設法刺激出口並壓抑進口。封建制度瓦解及文藝復興運動，歐洲民族國家興起，商人因國家統一強大而排除貿易障礙，國家君王則仰賴商人賺取戰費支出，形成商人資本主義。隨著貨幣之流通，航海技術與新地理的發現，使國內外貿易更為頻繁興盛，經濟行為與制度逐漸開放。

重商主義（mercantilism）主張以政府干預及貿易障礙保護國內經濟，重視工商業以賺取外匯順差，並限制金銀貨幣外流。只強調累積金銀之國家財富，而不重視其他經濟問題，且多基於政商共同利益之手段，缺乏完整的學理論述。十八世紀中葉之後，法國因民族主義的連年征戰與重商主義之干預限制，反而造成國庫耗竭與民生凋蔽，因此反對過度自私自利之拜金集權政策，而強調自然支配的人道主義，認為土地是財富的來源，但並非只重視農業。

重農主義（physiocracy）強調農村經濟型態，主張自由貿易的自然權利，反對政府干預之集權政策，重視保護私人財產及公共建設，持續投資擴大產出。主要代表人物法國經濟學家奎納（F.Quesnay），提出「經濟表」描述在傳統農業經濟社會中的運行概況，開始發展完整的學理論述，成為有系統的

經濟學派。了解個體經濟中的經濟角色及互動關係，參與經濟活動的主體為家戶與廠商，市場依交易標的分為產品市場與要素市場。

　　被推崇為經濟學之父的蘇格蘭著名經濟學家亞當斯密（Adam Smith），於西元 1776 年出版名著《國富論》（The Wealth of Nation），其完整標題是《國家財富特色與原因的研究》，認為經濟學的主要重點是在於對人民提供豐富的生存資源以及提供政府充分的收入。

　　經過 200 多年的時空推移，經濟學的研究重心由國家與個人財富，演變到財富與人類行為，再進化到分析任何以稀少性資源來滿足慾望的行為。經濟學研究人們和社會如何做出選擇，不論有沒有用到貨幣，以運用具有多種不同用途的稀少性資源，生產和分配各式各樣的貨品，為社會中各個不同的人們與團體消費。經濟學是一門研究人類行為的社會科學，個人與社會的經濟行為就是選擇的行為，包括消費、生產、工作與休閒、政府決策、金融機構貸款等，經濟學探討這些行為背後的決策過程，決策本身就是一種選擇。

　　經濟模型（economic model）以科學方法，將具有普遍性與重要性的經濟變數及其相關性，發展成有系統的一般化理論，並加以概括簡化表達。

💡 生活智慧：能捨才有得

　　捨得是世間萬物在捨與得之中達到平衡，是一個永無止息相互制衡的循環。面對金錢，權勢，聲名和感情，慾望是人的本性，也是社會前進的動力。捨得也是一種藝術，是一種取捨的智慧，是一種尋求平衡的生活哲學。捨得之間囊括了萬物運行之玄機，蘊含了人生哲理之精華，彰顯了文化內涵之深厚，了悟了人生真諦之永恆，放下執著成為一種生活禪。

　　在人生的各個階段面對很多的選擇和捨棄，只有做到捨棄，才能有所收穫；捨得既是一種處世的哲學，也是一種做人做事的藝術。捨與得就如水與火、天與地一樣，是既對立又統一的矛盾概念，相生相剋相輔相成。

　　有捨才有得，並不是捨了就必然能得到。捨棄是一個痛苦的過程，因為意味著不再擁有，但是不會捨棄想擁有一切，最終將一無所有。必須要學會捨棄，選擇適合自己應該擁有的，追求自己想要的生活，不要被一些世俗的累贅所牽絆。失去不一定是損失，反倒是一種奉獻；放棄是一種睿智，可以放飛心靈還原本性，真實地享受人生。放棄不是毫無

主見隨波逐流，更不是知難而退，而是尋求主動、積極進取的人生態度；放棄是一種選擇，進退從容積極樂觀，沒有明智的放棄就沒有輝煌的選擇。

人生就是一個不斷選擇、不斷獲得與失去的過程，學會放棄也就成了一種境界。在生活中學會遺忘不如意，心胸自會坦然，當使用的方法行不通時就必須放棄。人們往往在誘惑中迷失自己，從而跌入慾望的深淵，把自己裝入了功名利祿的金絲籠裡。放棄對權利的追逐，得到的是寧靜與淡泊；放棄對金錢無止境的掠奪，得到的是安心和快樂，超脫心境淡然人生就會得到幸福。面對不可為之事，勇於放棄是明智的選擇，才能重新投入新生活，才會有新的發現和轉機。失之東隅，收之桑榆，有所棄才有所取。學會放棄本身就是一種選擇，淘汰掉自己的弱項，選擇自己的強項；恰到好處的放棄是為了更好地進取，退一步海闊天空。

人生要捨得，不要超過所能承受的重量。當人面臨抉擇時，內心的猶豫不決與擔心就會浮現，結果有可能是兩頭空，讓自己陷入混沌兩難之間。天下沒有白吃的午餐，做任何的抉擇都會有機會成本產生，不管怎麼做選擇最後都會付出代價，只是這個代價有高低之分。

不付出成本而獲得利益是不可能的，由於資源的稀少性，表面上免費往往會通過其他方式收費或承擔成本，或是由他人承擔此項成本，例如隱藏成本及外部成本。為學生提供免費的午餐，以確保不同所得家庭的兒童皆可得到充足營養，此免費午餐成本由政府編預算支付，最後由全體公民承擔。羊毛出在羊身上，任何服務都是有價的，在自由市場的機制下各取所需，任何抉擇之前宜三思，考慮好利弊得失。

👤 經營管理：成本效益分析

成本效益分析（Cost Benefit Analysis；CBA）對一個精細規劃的方案或數個替代方案所有的利弊得失所作的系統性評估，通過比較項目的全部成本和效益來評估項目價值，作為一種經濟決策方法，將成本費用分析法運用於計劃決策之中，以尋求如何以最小的成本獲得最大的效益。準則是所獲的效益需大於所需的成本，就是所有好處的總和大於所有壞處的總和。

成本效益分析是評估計畫是否可行的方法，其涵蓋項目範圍廣，包含了該計畫對在效用上產生的任何利得及損失，但有許多效益難以金錢來量化。為了實現某個目標而必須放棄的其他收益，又稱為替代性成本，亦即失去利用這些資源生產其他最佳替代品的機會，也就是有得必有失。在制

定經濟計劃、新投資項目的可行性、新產品開發、乃至選擇工作中，都存在機會成本問題，若不是決策者可選擇的項目便不屬於決策者的機會。

當人同時面臨多個抉擇時，內心的猶豫不決與擔心就會浮現，怕沒選到的會比選到的更好，結果有可能是兩頭空，讓自己陷入混沌兩難之間。任何的抉擇都會有機會成本產生，不管怎麼做選擇最後都會付出代價，只是這個代價有高低之分。面對快速的變化，包括自己的日常生活與職涯規劃，常常都得面臨重大的抉擇來選擇要魚或要熊掌。如何確認與掌握有利於自己的機會成本，以協助自我做出成功的決策，理性選擇量力而為可以知足常樂。

人類經由經驗、學習、思考、分析與判斷而做決策，在選定的目標下，自環境中搜尋各種可行方案，加以分析、評估與選擇。決策情境充滿不確定性，因為其過去經驗、資訊管道、資訊處理與辨識、專家網絡等能力，經常面臨資訊不足或資訊氾濫且充滿矛盾，造成真假難辨的困境。決策需要收集資料、分析決策、制訂決策與執行，包括決策者的時間、注意力、資訊處理能力、知識、人脈存摺、組織影響力等。

人總是希望能面面兼顧，但現實是魚與熊掌兩者常不能兼得，而目標間總是有衝突，決策者必須進行取捨，但常受困於目標模糊、優先順序難以釐清而猶豫不決。決策環境具不確定性、複雜性、多重目標、多位決策影響者、動態及資源有限等的特性，決策者面對抉擇時必須化解這些困難，所以進行過程需要耗費成本。理性的決策是指決策者能針對問題，有效使用資訊，產生正確的認知判斷，反映其價值觀的取捨，選擇一個有最高期望效用的方案。

企業的決策實際上是一種投資決策，保證收益最大化。收益包括企業聲譽的提升、銷售的增加、對產品收取溢價的能力，保留熟練的員工等。這些收益應該與企業的支出相平衡，以彌補企業投資的機會成本。成本收益分析的價值取決於個別成本和收益估計的準確性，可以提供最佳替代方案的明智估計，但很難對所有當前和未來的成本和收益進行完美評估，經濟效率和社會福利方面的完美沒有得到保證。

⑤ 投資理財：貪婪與恐懼

貪婪和恐懼是執行投資決策時最大的敵人，貪婪會賺到錢卻遲遲不肯收手，恐懼會失去最好的投資機會。股神巴菲特與眾不同的投資信條：在別人貪婪時恐懼，在別人恐懼時貪婪。貪婪與恐懼的戲碼，幾乎每年都會在市場上演，但是可以克服這個障礙的人畢竟是少數。

翻轉吧～經濟學！給您看得懂用得到的經濟原理

人們往往不會根據各種精細的經濟模式而行事，會做出非理性、有違自身最大利益、不根據資料而是根據感情判斷為基礎的行為。克服貪婪與恐懼之道，要鍛鍊投資情緒智商（EQ），股市大跌時不要恐慌，理智地判斷甚麼時候撤退；能在熊市中冷靜重組自己的投資，去蕪存菁保留優質股；在撤退後耐心的持有現金，等待另一個股價超值時入市；在牛市時不過分貪婪，貿然以槓桿投資。各種經濟泡沫通常是狂熱的表現，背後是過分樂觀的心態；很多自以為進行安全投資卻要面臨可怕的未知前途，感到震驚和深受欺騙。

　　行情總在絕望中誕生，在半信半疑中成長，在憧憬中成熟，在希望中毀滅。肺炎疫情重創全世界，但股市卻是精彩奔放，當大家極度悲觀之際，股市走出了一段令人驚嘆的超級大行情。通常行情在高點時，總是充斥利多消息、天天見到長紅，貪婪捨不得賣股票；到了底部階段，卻又利空連連，恐懼股價頻頻破底。在空頭市場末期，行情跌到很低之後，正是跌勢結束，初升段展開的時候，理性的投資人就會趁股價便宜買進基本部位。消息面慢慢好轉，自此進入主升段，因為投資人的信心逐漸轉為樂觀，往往會伴隨成交量的急速擴大。在過熱階段，也就是所謂的末升段，因為利多不斷行情噴發，讓投資人的情緒更加樂觀，往往股價會漲得太高。

　　投資人要理性，有對市場及投資活動的客觀態度，而不是個人願望和感情控制。缺乏自制力的投資人在投資活動中往往表現出焦慮、緊張與衝動，從而在市場壓力與利潤的誘惑下作出不符合投資策略的決策，違背投資計畫進行交易，並出現危險行為。在投資活動中，贏的欲望和輸的恐懼貫穿始終，希望與害怕的衝突使大多數投資者在不知不覺中削減了盈利，擴大了虧損。在市場上生存是獲利的前提，被迫出局的人無獲利機會可言。成功的投資人必須有一個系統的機制，對於心理、個性、感情、願望的自我約束；另一方面是針對市場風險，從資金、投資運作等方面進行的約束。高報酬伴隨高風險，要想獲得高的預期報酬，就要付出較高的風險或其他代價。

　　高報酬一定是高風險，但是高風險則不一定帶來高報酬，不是投資越高風險的金融工具越能獲取高報酬。金融市場沒有絕對保證，投資的商品從來沒有保證獲利或不虧損，看似太過美好的事情通常都是假的。風險高低可能會影響報酬，但報酬高低絕對不是單純由風險決定，而是由價值決定。風險來自未知及無知，降低風險增加報酬的唯一方法在於不斷學習，當知識越充分風險就能越低。

二、從搖籃到墳墓～福利國家

　　北歐模式福利體系涵蓋社會保障、國民福利、社會服務和社會救助等各方面，使居民可以不因生、老、病、殘等原因而影響正常生活水準。居民從一出生就享受政府的各種福利補貼，有接受教育的平等機會，從幼兒園到大學都免費教育和免費公共醫療。社會必須支援高稅收制度，維持福利體制的運作。

　　金融危機和歐債危機襲擊，北歐高福利經濟遭受的壓力越來越大，高福利社會也顯露出難以持續的跡象。紛紛採取推遲退休年齡、延長工作時間、縮短失業救濟領取期限、增加稅收、加強就業培訓、擴大綠色經濟和教育、科技創新領域的投資等措施，來增強抵禦經濟危機的能力，積極化解歐債危機的消極影響。丹麥、瑞典、挪威和芬蘭等北歐國家經濟以相對較低的公共債務、積極的勞動市場、高福利和高稅收制度，使社會運行平穩，人民生活相對安定和諧。

　　經濟制度（economic system）一套方法解決經濟問題，規範家戶、廠商、政府等經濟個體之間，經濟行為的互動關係與分工合作，使全國經濟資源有效運用，社會經濟活動順利進行。不同經濟制度的主要區別，在財產權與經濟決策權之歸屬，財產權（property rights）包括生產工具與消費財，歸屬於公有或私有；經濟決策權（rights of resources allocation）包括生產（就業）權及消費權，主要經濟活動歸屬於中央集權或市場分權。

　　資本主義（capitalism）假設每一經濟個體是理性的經濟人，選擇以最小資源（代價）獲得最大利益，整體社會亦隨之達到福利最大。財產私有為主，經由市場機能取得、處分且自由運用於生產（就業）及消費等經濟活動；自利為動機，追求最大報酬以累積私有財產。自由市場之價格機能引導調整，又稱為市場經濟（market economy）或自由企業制度（free enterprise system）。

　　資本主義以自由放任、完全競爭為前提，但市場可能發生失靈，甚至可能妨礙公共利益。實行資本主義經濟制度的國家，原則上尊重自由市場價格機能之運作，但政府仍會介入干預調整，以維護市場秩序及社會公益。

　　福利國家（welfare state）保有財產私有且市場分權的資本主義制度特性，尊重自由市場以維持經濟成長的動力；但政府亦直接介入公權力，強制施行

政策干預，以滿足社會基本要求，對完全自由放任的極端資本主義進行修正。

社會主義（socialism）政府擁有財產權與經濟決策權，控制全國經濟資源之分配使用，避免市場自由競爭造成少數強勢者壟斷大部分經濟資源，而剝削多數弱勢者，勞動薪資下跌且失業增加。政府掌握主要的生產工具並經營民生事業，全面規劃全國經濟資源之分配使用與經濟活動。經濟決策由上而下，人民缺乏自主權，又稱為計畫經濟（planned economy）。

共產主義（communism）以革命手段的強制力量控制全國經濟資源，以達成社會主義的理想，又稱為極權社會主義（authoritarian socialism）。財產公有且中央集權，全國經濟資源皆由政府擁有，不准人民私有財產，所有經濟活動都由政府計畫決策，人民沒有選擇自由。中央經濟計畫部門依據國家需要決定生產活動，消費活動亦無從選擇，同時滿足人民基本生活要求與物價穩定。

共產主義經濟完全由政府決定，形成集權統治。計畫經濟難以完全掌握所需之資訊，亦難以監督所有經濟資源及經濟活動，市場活動無法藉由價格機能彈性調整，造成整體社會資源不能有效運用，社會福利減少。私人失去追求最大報酬以累積私有財產之動機，造成經濟效率低落，終於崩潰瓦解。

自由社會主義（liberal socialism）經由自由民主機制，逐步溫和推動社會主義理想，又稱為民主社會主義（democratic socialism），如民主國家的勞工黨或社會黨等，大部分已接近修正資本主義之福利國家制度；偏向社會主義的政黨獲得民意支持執政，也不能改變國家基本體制，政府擁有較多公有財產與較大經濟決策權，增加中央經濟計畫部門的功能。政府並未控制全國經濟資源之分配使用，而是以政策引導經濟活動方向；尊重自由市場但介入干預避免市場失靈，保障人民的私有財產權與經濟決策權，但防止少數壟斷剝削。

自由社會主義政府的經濟任務增加，目的為矯正自由市場過度放任的缺失，以維護市場秩序及社會公益，但政府亦可能浪費經濟資源，誤導經濟活動，反而妨礙社會公共利益。左翼政黨追求的治理價值強調社會平等重於經濟成長，政策手段則重視干預經濟發展及重分配財富，並且積極維護社會弱勢團體及非技術勞工之完全就業。認為政府角色應扮演大有為之行政模式，具體公共政策重心置於教育、人力資源、職業訓練，但常見之不利結果為預算赤字消耗社會儲蓄並有害經濟投資。

極端的經濟制度在現實上難以完全施行，因此一般國家多採行介於兩者之間的混合經濟（mixed economy），公共部門與私人部門各自擁有財產權，政府與民間同時對經濟活動有決策權，全國固定資本投資毛額中民間部門所占比例，每一國家政府介入程度不一。民間固定資本投資大約 50%，表示政府與私人共享全國經濟資源。

接近共產主義的國家，人民沒有財產權與經濟決策權，但已逐漸開放增加人民的經濟自主權，即以政府控制為主，亦激勵私人部門追求最大利益之動機，以完成國家的整體經濟目標。

偏向資本主義的國家，人民享有大部分財產權與經濟決策權，但政府可以課稅、預算分配、公共建設、經濟政策等方式，限制人民部分財產權與經濟決策權，介入全國經濟資源之分配使用。經濟活動以民間自主、自由競爭、市場機能為主，政府介入協助輔導彌補自由市場缺失，以維護市場秩序及社會公益，滿足社會人民基本生活要求。民間固定資本投資大約 70%，表示市場機能主導全國經濟活動，政府介入為輔導協助之角色。

美國領頭遊說世上許多地區解除政府對融資與企業的干預，但美國式自由放任所造成的浮濫，正是當前全球金融體系失序的罪魁禍首，各國政府該拿捏與企業互動的分寸。

生活智慧：向左走？向右走？

幾米的繪本作品《向左走・向右走》，兩人居於同一幢公寓，卻因彼此習慣不同，一個喜歡向左走，一個喜歡向右走，而從未相會。在無數個擦身而過的偶然中，終於遇見了幸福。

法國大革命之後所形成的國民議會，當時在半圓形的議事廳中，保守主義者坐在議長的右邊，激進派坐在議長的左邊，至於中間派則坐在議長對面中間。左派在社會主義出現之後，代表政府介入經濟事務、擴大社會福利政策、公平重於效率的立場；而右派則相對代表政府減少干預、縮減社會福利、效率重於公平的立場，主張市場經濟跟私有財產，國家小政府最重要的任務在維護社會治安以及保護私有財產。所以右派常被認為是資產階級有錢人的代言人，左派則常被認為是中下階層窮人的朋友。

右翼政黨追求經濟成長的目標重於公平，政府執行手段依賴市場機制，主要目標為總體經濟成就及個人自由最大化，推行減稅及民營化政策，使中產階級及資本家獲益，亦造成失業率上升及喪失社會正義的負

翻轉吧～經濟學！給您看得懂用得到的經濟原理

面結果。左派主要是重視經濟正義，強調財富及生產資源的分配要更平均，也就是經濟上的平等權，主張土地重分配、甚至土地國有化、企業國有化；支持大規模的社會福利及具有財富重分配效果的社會計畫，通常需要高稅負。

保守主義的本質是一種強調既有價值或現狀的政治哲學，反對激進的進步和徹底的顛覆，採取比較穩妥的方式實現緩慢的改變，容許各種不平等的存在。自由主義對權力不信任，不論人思想、身份、種族、性別、性向都予以尊重追求平等，接納多元和對少數的包容。

保守主義政黨通常傾向於小政府、自由市場的經濟架構，強烈反對社會主義及共產主義，甚至支持民粹主義及反全球化。部分進步保守主義者可能支持有限度市場管控和社會福利政策，有限度支持福利國家政策的相關目標。自由主義追求保護個人思想自由的社會、以法律限制政府對權力的運用、保障自由貿易的觀念、支持私人企業的市場經濟、透明的政治體制以保障每一個公民的權利。自由主義重視平等，人具有相同尊嚴與價值享有基本權利，政府應予以平等對待。

左與右不是絕對只是相對，在進步與保守、左與右的道路之間，尋找不同立場的最大公約數。左的世界觀重視平等、社會正義與公平，不慎便會落入專斷與教條，甚至遂行集體主義。右的世界觀重視高度的經濟自由，發展個人主義的精神，傾向階級分化與人力規劃，容易流為階級歧視、性別歧視與種族歧視。極左和極右也意味著極端主義（Extremism），左右只剩一線之隔。

左派當政時落實平等和尊嚴，右派當政時獎勵競爭和卓越，個人追求致富和社會福利不應該互相衝突；資方和勞工是生命共同體，不需要鬥得你死我活，可以理性地共存共榮，現代的歐美福利國家已經在落實。

ㆍ 經營管理：勞工權益與福利

勞動基準法係規定勞動條件之最低標準，適用之勞工權益將獲得最基本保障，凡適用該法之行業或工作者，雇主與勞工所訂勞動條件，不得低於該法所定之最低標準。為保障勞工權益、加強勞雇關係、促進經濟發展，勞動條件方面的權利包含勞動契約、工資、工作時間、休假、請假、資遣、退休等；勞工保險方面的權利則以勞保投保為主，雇主應依職業安全衛生法規定，提供勞工必要的安全健康保障，職工福利方面的權利則依職工福利條例所定。

工會以保障勞工權益、增進勞工知能、發展生產事業、改善勞工生活為宗旨。工會為法人，同一區域或同一廠場，年滿二十歲之同一產業工人，或同一區域同一職業之工人，人數三十人以上時，應依法組織產業工會或職業工會。僱主或其代理人，不得因工人擔任工會職務，拒絕僱用或解僱，及為其他不利之待遇。

勞動三權是團結權、團體協商權、爭議權三者的總稱。團結權是保障勞工自由組織工會、運作工會的權利，勞工可以積極加入工會，也可以選擇消極不加入工會。團體協商權是勞工有權利可以透過工會團體，來與公司針對勞動條件等議題進行協商。爭議權也就是罷工權，當有勞資爭議事件發生時，勞工可以在符合一定要件下以罷工手段，組織集體行動抗議。勞動三法明確化每個勞動權利的內容，工會法規範工會的成立、組織、會員、財務、監督等問題。團體協約法明確化團體協商的方式、協商內容、協商結論的效力，以及協商效力的期限等問題。勞資爭議處理法處理有關如何調解、仲裁、裁決及爭議行為的行使方式、違法的罰則等。

企業主要永續經營，必將資源投資在員工福利上，打造幸福企業。除了薪資待遇、升遷發展等基本條件，個人成長相關的福利措施，包括教育暨進修機會等。企業也向家庭發展，逐漸以生活照顧取向的福利方案，包括個人假期、托兒服務、陪產假、育嬰假、健康檢查、教育訓練、彈性工作、托兒服務、健身設施、健康諮詢、分紅入股、員工紅利、福利品供應與租屋補助等，而具有工作時間的自主性與選擇性的彈性工作、部分工時制等，也逐漸成為新趨勢。

有競爭力的企業，一定是能夠照顧員工幸福的王道企業。創造幸福的企業不僅企業名聲有利招募人才，提升內部員工的幸福感也能有效降低離職率，省下人員訓練成本，感到幸福的員工還有助於團隊的合作與效率。具備良好的工作環境是每位員工的最基本要求，至少要讓員工能感到環境舒適，既可專心工作又可發揮個人本領，做到團隊成員都能彼此和好相處、合作融洽。

除了高薪外，提供每位員工接受完整培訓的機會，一個能暢所欲言的溝通平台，不僅讓員工的心聲有傳達管道，主管也接納及討論。採用彈性工時，只要能在期限內完成工作達到績效，選擇在自身最合適的狀態下工作。犒賞員工福利，公司內設立托兒專區等，都是會讓員工提升幸福感的關鍵。

翻轉吧～經濟學！給您看得懂用得到的經濟原理

$ 投資理財：員工分紅與配股

　　為了與國際接軌，金管會公佈自 2008 年開始實施員工分紅費用化新制。不論員工分紅是採用現金發放或配發股票，都必須以市價列為公司費用。員工分紅採配發股票之部分，是先決定金額，再按股票市價決定能發放給員工的股數。上市上櫃公司計算發放員工股票股數之基礎，為前一年度最後一天收盤價為基準。

　　員工分紅以公平市價列為企業費用，對企業稅後獲利及每股盈餘有所衝擊。企業因應之道包括調高員工薪資、員工分紅改多發現金少配股票、發行員工認股權憑證、買回庫藏股轉讓予員工、大股東以其股票信託方式酬勞員工、將部門分割出去成立子公司、發行限制型股票等，惟大部分因應措施仍不免增加企業營業費用、降低企業獲利。過去員工分紅不計入費用，造成許多企業員工分紅大舉侵蝕獲利，但財務報表並未顯現出來；新制施行之後，透過制度明確規範，員工分紅佔獲利比重將明顯降低，對股東應屬有利。

　　員工紅利及董監酬勞係薪資費用而不是盈餘分配，並無可扣抵稅額，也不能列為未分配盈餘的減除項目。原本員工分紅改稱為分派員工酬勞，強制公司必須在章程中訂明定額或比率，繼續維持民營公司必須將獲利與員工分享的政策。勞基法第二十九條規定事業單位於營業年度終了結算，如有盈餘，除繳納稅捐、彌補虧損及提列股息、公積金外，對於全年工作並無過失之勞工，應給予獎金或分配紅利。只要獎金性質屬稅後盈餘分配，未分配紅利適法。

　　營運上軌道且有規模的企業基於留才，獎勵員工的績效或貢獻，通常會制訂分紅入股辦法，並依法於章程中訂明分配紅利之成數，勞資雙方均應依相關法令及企業所制訂之辦法辦理。台積電的員工本薪並不誘人，主要年薪有一大部分來自員工現金獎金，員工分紅有一半會在每年股東常會決議通過後發放，另一半則分散在每一季發放，每個人領到的分紅金額因為當年度公司獲利、個人績效等因素而異。半導體業薪資是最高的一群，部分原分紅金額可能轉為固定薪資，上市企業中高薪前 10 強，半導體業就占據 7 強，其中聯發科、聯詠、創意電子及台積電，是非主管員工平均年薪都超過 200 萬元的企業。

　　績效獎金為組織提供給超出正常工作時間或預期職責範圍以完成出色工作的員工的一種補償，特點是利用誘因的機制，讓員工覺得自己的工作表現能夠即時被肯定。將基於績效的獎金計劃以書面形式詳細說明，

以使員工和管理層受益。利潤分享計劃，如養老金計劃、遞延利潤分享計劃、員工利潤分享計劃和現金計劃，將促使員工專注於業務的長期成功。當一個組織有提供績效獎金的文化時可以吸引人才，並願意加倍努力為此支付額外費用的公司。

在台灣證券交易所公開資訊觀測站的公司治理專區，揭露了各上市櫃公司歷年來的董監報酬、董監酬勞、董監酬金、員工酬勞等數據。酬金是報酬與酬勞的加總，其中報酬是董監事為公司服務所應得的收入，屬於經常性給付，而酬勞是與每年公司盈餘狀況直接相關的部分。

三、數字會說話～經濟模型分析

日常生活中到處充滿各種數字，將各種靈活運用數字的方法，實際活用於生活；消費者要看穿廠商的伎倆，企業的行銷、宣傳或業務人員，要用數字包裝商品。企業界向來奉 80/20 法則為鐵律，認為 80% 的業績來自 20% 的產品；看重的是曲線左端的少數暢銷商品，曲線右端的多數商品，則被認為不具銷售力。網際網路的崛起打破這項鐵律，99% 的產品都有機會銷售，長尾商品鹹魚翻身。

傳統的行銷市場是為數不多的大客戶、高價值客戶、重點客戶的天下，而互聯網和網路技術的發展和普及，為廣大的消費者和不起眼的中小客戶創造了更多平等的機會和自我實現的可能。長尾理論是一種不斷挖掘潛在市場機會的藍海戰略，將長尾中的冷門商品種類量乘以單項長尾商品的微小銷售量，可算出極大的規模。

經濟學研究對象的範圍，由小而大可分為個體經濟學、總體經濟學與國際經濟學，經濟學研究方法可應用在各種不同領域。

個體（微觀）經濟學（micro economics）又稱為價格理論，以經濟社會中的個別單位活動為對象，包括個別家戶、廠商的消費、生產行為，個別市場、產業的供給、需求、價格、數量變化與影響，市場均衡、市場結構、效率福利、市場失靈等議題。

總體（宏觀）經濟學（macro economics）又稱為所得理論，以個別經濟單位總合之整體經濟社會為對象，包括總產出、總所得與物價指數衡量，經濟循環與成長發展、失業與通貨膨脹等問題，及相關之模型分析與利率、政策制度等議題。

翻轉吧～經濟學！給您看得懂用得到的經濟原理

國際經濟學（international economics）以不同經濟體（國家）之間的經濟活動為對象，分析國際間商品、生產因素及國際收支的經濟關係，包括貿易理論、外匯市場分析、國際收支帳及調整、國際金融、相關政策等議題。

經濟模型可以方程式、函數、座標圖形等數學形式表達，便於說明各經濟變數的相關性及變化結果。

經濟學圖形用來表達經濟變數之間的關係，將繁複的經濟現象與理論模型簡化，從基本圖形分析即可了解其影響大小與變化方向。經濟學研究應用科學方法，將相關變數在特定條件限制下發展出經濟模型，但須避免合成、分割、因果等邏輯謬誤。

科學方法：發現問題→蒐集相關資料加以觀察衡量→建立模型，提出一般化結論，描述實際狀況，分析各變數之間相互關係，進而推測可能的影響因素與結果→比較事實狀況與模型推論，檢測其是否相符，發展相關理論，對問題演變指出可能方向並加以解決。經由對個別現象的觀察與統計，找出其共同特點，進而提出結論，稱為歸納法；以推理方法，從一般化結論反推個別情況的可能結果，稱為演繹法。

因整體為個別所合成，而誤認整體與個別相同，認為在個人層次有利的事情，在社會層次也會有利；合成謬誤（fallacy of composition）誤以為部分是對的，合成的結果也是對的。總體經濟以個別經濟單位總合之整體經濟社會為對象，但個體要在社會中與其他人事物互動調整，不會與整體完全一致；對個體經濟有利者，對總體經濟未必有利，個體的理性有時會導致群體的非理性。

因某人的不當行為而對其所屬團體存有偏見屬於合成謬誤，誤認整體與個別相同，將某人的行為代表其族群之一般化特性。

分割謬誤（fallacy of division）因個別為整體的一部份，而誤認個別與整體相同。雖然整體有其一般化特性，卻不能因此認為所有個體均與其整體完全相同。對總體經濟有利者，對所有個體經濟未必均有利。個體有其獨特性，對任何事件（經濟活動）的影響利害各不相同，與整體也不會完全一致。

對某特定族群存有偏見即敵視其所有成員屬於分割謬誤，因誤認個別與整體相同即敵視其所有成員，認為所有個體均與其族群完全相同。

兩事件前後接續發生，因果謬誤（causal fallacies）即誤以為兩者之間具有前因後果的關係。兩事件（經濟變數）可能純屬巧合的獨立事件，可能真有因果關係，也可能是伴隨發生的其他影響因素所造成的因果關係，須再多

加觀察與分析才能下定論。直覺式線性因果思維包括直覺判斷、直覺歸因、直覺解釋且信以為真，可能在動態性連續運作下陷入決策危機。

　　將所要研究的事項獨立出來單獨研討，假設其他條件不變，使該影響因素與研究對象之間的相互關係簡單明確，而不考慮其他可能的複雜情境。然而現實經濟社會活動是動態多變的，因此經濟模型無法提出完全精確肯定的結論，經濟活動與其影響也不可能完全控制，只能分析出可能方向並研擬較適當對策。

　　數理經濟學（mathematical economics）使用具體嚴謹的數學程式為工具，研究經濟事件、說明經濟理論、表達經濟模型。使用代數、微積分、函數、方程式等數學方法，將繁複的經濟問題與冗長的文字說明，以精簡之模型表達，並運用數學定理運算各變數大小及其相互關係，通常會以簡明的圖形分析。再加上統計方法的應用，發展為統計經濟學與計量經濟學。

　　實證（positive）經濟學用客觀嚴謹的方法，說明經濟現象「是什麼」的事實描述，而和好壞對錯的主觀價值判斷無關。一般以經濟理論，解釋分析各種經濟現象的前因後果及其相互關係，可以科學方法檢測其有效性及相關性。便於說明各經濟變數的相關性及變化結果。

　　規範（normative）經濟學依據主觀的判別標準來決定經濟活動「該如何」的規範論述，通常以實證經濟理論為基礎，加上某些價值標準，來評估經濟政策或制度對各種經濟變數的影響與好壞，並評價其合理性及利弊得失。

　　敘述（descriptive）經濟學觀察並記錄曾經發生的經濟事實，闡釋經濟現象的發展歷程，如經濟史與發展變遷等。了解各種經濟活動的演變，可做為實證經濟學檢證理論可靠性的實際資料，或規範經濟學用來評判標準的依據。

💡 生活智慧：以偏概全與人身攻擊

　　論述過程中會犯上一些謬誤（fallacy），即不合邏輯的推理或思想方法。以偏概全（hasty generalization）是一種以個別代替全體的謬誤，以少數的例證或特殊的情形強行概括整體，只有綜合完整系統才不致斷章取義以偏概全。

　　以偏概全有幾種常見的形式：只根據部分案例推論一般性規律（偏差樣本）、只根據部分案例的特質推論整個羣體的一般性特質（合成謬誤）、只根據部分特例否定一般性通則（逆偶例謬誤）、只根據部分證據支持論點（單方論證）。謬誤之所以難以被查覺是因為論證提供了一

些證據，但問題在於證據不足。許多種族、族群、性別……等歧視，所思考的方法犯了以偏概全的謬誤，很容易用所謂的刻板印象去思考，然後自然的用這些屬性去理解別人而產生錯誤。

推理較為草率的歸納應用，就犯了以偏概全的謬誤，其主要差別在於思考的嚴謹度。認知（cognition）是用來審視自己、他人、經驗與世界的思考模式，雖然看似合乎邏輯，事實上卻會有扭曲的情況。把一個獨立事件與可能發生的事聯想在一起時，便產生因果謬誤，先入為主的想法會劃地自限，限縮體驗事物的可能性。二分法思考（dichotomy）非黑即白的認知扭曲，很容易貼上正面或負面、贏家或輸家、完美或一無是處標籤。並非所有事情都可以絕對切割，在黑與白之間還有灰色地帶，千萬不要簡化思考落入陷阱中。

人身攻擊（personal attack）不是攻擊他人的論點，而是攻擊他的國籍、種族、樣貌、身分、地位、職業、性格、性別……等。在溝通對話時，批評對方個人因素如人格、動機、態度、地位、階級或處境等，而作出與前提不相關的結論，是訴諸人身的謬誤。用污衊他人的方式達到駁斥對方論點的作法，對人不對事；用貶低他人的人格、身體、生命、品格等方式，進而否定對方而使其造成傷害。用人身攻擊的技巧來挑起受眾的恐懼，形成對特定人士、團體、信念的負面觀感。對事實真相的片面檢驗，會成為訴諸人身辱罵的作為；良好的論證過程中所出現的批評，並不是人身攻擊的謬誤。

認知作戰（Cognitive Warfare）利用爭議訊息，破壞社會既有網絡，目的希望彼此懷疑，目標破壞公民社會的互信基礎，試圖引發恐懼、忿怒、焦慮等情緒，讓對立更加激化。每個人的角度不同，彼此之間會有意見不合之處，但議題討論跟反駁都以實證為基礎，正是民主的可貴之處；沒有證據的指控正是踏入陷阱的第一步，厭倦多元觀點的社會正是極權主義的溫床。

公開指控應該要拿出具體證據，否則和白色恐怖被指控是匪諜就成了匪諜的作法沒什麼兩樣，隨意懷疑指控和威權者的心態作法一樣。被洗腦的人，其實不知道自己已經被洗腦了；在井底的青蛙眼中看過去，會發現別人都是井底之蛙。在同溫層取暖，看不到事實的真相；先射箭再畫靶，得不到客觀的分析。高昂的情緒其實是自我安慰精神勝利法，既不說明也不解決問題，會造成火車對撞與集體毀滅。

人 經營管理：數據分析精準行銷

　　大數據時代已經降臨，在商業、經濟及其他領域中，衡量看似完全無法量化的事物，包括投資報酬率、組織彈性、消費者滿意度，以及企業風險等，還可利用符合經濟效益的方式完成。

　　精準行銷（Precision marketing）是指透過數據分析，深入了解顧客的偏好、需求及行為等消費歷程，挖掘潛在價值顧客、鎖定目標客群，制定精準的行銷策略，激發顧客的購買行為，實現低成本高效率的行銷，網羅新客同時驅動舊客。透過數據洞察消費者輪廓，可以全力投入有價值的顧客，透過最合適的管道，將對的資訊在對的時間傳達給對的人，讓營收長期增長。透過數位工具、數據分析挖掘消費者隱藏價值，預測消費者購物意圖，掌握其消費行為，制定精確的行銷策略，滿足顧客需求。

　　透過數據分析消費者資訊、瀏覽過的商品類型等，自動推薦合適的商品，精準行銷化被動為主動，激發消費者購物意願。過往亂槍打鳥的行銷手法，真正購買的客戶比例相對低；在競爭激烈且資訊爆炸的數位時代，不管是零售業或電子商務，精準行銷才能將潛在客戶轉換成營收。定義目標市場現況、分析受眾輪廓與需求，利用數據分析進而篩選出更具動機且精準的潛在受眾。把過去漫無目的的行銷手法，改為針對具備高動機的潛在用戶進行行銷，能夠降低行銷成本、節省廣告預算，且更有機率促成購買。

　　精準行銷注重目標客群的鎖定，當消費者透過主動搜尋進到網站後，企業就能獲得潛在客戶的名單再投入行銷預算，創造穩定的營收成長，建立品牌長期競爭力。進一步蒐集客戶的資料，建立更完整的資料庫，透過數據分析深入了解消費者行為，適時調整行銷策略及思維，告別傳統行銷的大海撈針，量身打造最合適的行銷方案，將每一筆預算都花在刀口上。推薦區塊的商品就是透過數據分析所執行的精準行銷，分析消費者在網站中瀏覽過的商品類型推薦合適的商品，在消費決策的過程中促成轉換。透過消費集點或優惠活動等方式，鼓勵消費者使用 app 進行消費，藉此建立消費紀錄的完整資料庫，分析消費者的喜好，擬定合適的行銷策略與消費者互動，提升消費者的黏著度。

　　Cookie 是一種瀏覽器的追蹤技術，會記錄消費者足跡。第一方 Cookie 為來自用戶訪問的網站，而第三方 Cookie 是由網站的合作夥伴和廣告服務商等其他網站建立並收集，進行用戶行為定位並作為跨站的廣

告投放與追蹤。因民眾的隱私意識提升，各個網路公司將中止支援第三方 Cookie，對數位行銷廣告業者是一大衝擊，無法追蹤消費者喜好並達到精準行銷。沃爾瑪與現金回饋平台合作，現金回饋將送至消費者的沃爾瑪帳戶，等同鼓勵消費者加入沃爾瑪會員，快速建立消費者的資料庫，也可以視作對第三方 Cookie 逐漸淘汰的對策。購物者可以選擇各種第三方網站並將其添加到他們的沃爾瑪網站購物車中，用於在線或店內購物。與沃爾瑪合作的品牌可以接觸到更廣泛的用戶網絡。

Ⓢ 投資理財：頭部型態與底部型態

　　股價型態根據過去的走勢變化，所形成的圖形來辨識出股價目前的行為，藉此推測股價未來可能的發展方向。形態學透過價格走勢的圖形，作為分析股市趨勢的一個方法，認同歷史高機率重演的狀況之下，選擇技術分析來當作在股市戰鬥的工具，而形態學就是重要的一環。每天的走勢都是買賣雙方多空的一場戰爭，將商品的價格走勢繪成圖表，會發現幾種特定的價格排列方式在歷史中重複出現，研究這些特定的價格排列與價格走勢的關係，當作股價趨勢判斷的工具之一。深入了解一些熱門高機率型態，雖然不會百分之百準確，但是透過價格走勢所呈現的圖型推測未來的走勢，遵守買賣紀律可以小賠大賺。

　　如果大盤形成頭部型態，跌破頸線時通常會有一段跌幅，經常出現在股價波段的高檔，常被視為賣出訊號。M 頭由兩個高點與一個低點組成，不論是左肩較高、右肩較高或是左右肩同高，都是 M 頭型態的一種。在 M 頭右肩折返的過程中，低點的數字就會是價格的防守線稱為頸線，是多空攻防的重要趨勢線。在上漲趨勢中，若多方無力突破兩個高點，折返的頸線又被帶量跌破，趨勢反轉型態便告確立，頭部到頸線的距離與頸線到目標價的距離大致等長。

　　頭肩頂是由三個高點、兩個低點所組成，一個頭部配上 2 個肩膀，頭部要高於左肩跟右肩，跌破頸線位置時，就是一個賣點。經歷一段漲幅後，有獲利了結的賣壓，而在回檔後左肩形成，股價反彈創新高（頭部），又形成另一波獲利了結賣壓，接著又一波反彈（右肩），但幅度小並未突破前高，顯示在前兩波漲幅後，市場投資意願已經下降，因此股價已到頂點，後市可能進入盤整或進入熊市，若股價跌破頸線，頭肩頂的型態便完成。從頭部畫垂直線相交於頸線計算出距離，即可測量可能跌幅。

底部型態完成後常見一波多頭走勢。W底又稱為雙重底，容易發生在股價波段的低檔，由兩個低點與一個高點組成。當股價跌了一波，反彈後又再度跌回前次低點，守穩後又再度反彈突破前高，股票價格在連續2次下跌的低點大致相同，二個反彈點所連結而成的線稱為頸線。當股價來到2次低點時買進，股價一直持續往上走到突破頸線位置時，代表開始出現明顯的轉強，後續股價會展開一波上漲，底部與頸線的距離跟頸線與目標價的距離等長。W底的二個谷底是市場對價格底線的測試，經過二次測試不破顯示測試成功，代表價格是市場認為的低點，但需在頸線帶量突破，則趨勢反轉型態才告確立。

頭肩底型態會出現左肩、頭（底）部、右肩等三個關鍵低點位，當左肩的低點出現後上漲，股價會再度回到左肩的低點並跌破，但後續有人買進，讓股價攀升至頸線位置，股價再度壓回右肩的低點價防守，頭部低於兩肩，在線圖中就是股價的底部。當行情一再下跌，第二次的低點破了前的一個低點，但第三個低點並未繼續破底有撐，顯示市場逐漸改變過去看空態度。而頸線挑戰成功，從最低點畫垂直線相交於頸線計算出距離，即可測量可能漲幅。

四、物美價廉～需求法則

經濟實惠（economical）是節儉的消費方式，等特價的時候再購物。清·鄭觀應《盛世危言·禁煙下》：「本年所收之漿必待隔年出售，氣味乃厚。如派人學制复儲一年，則物美價廉，爭先樂購。」物美價廉是東西價錢便宜質量又好，所以有許多顧客光臨。真正的物美價廉不但大家受惠，還可以促進經濟發展，但消費者也不該只想比價、殺價，以免踩到價廉卻物不美的地雷。

檢視自己相關的消費經驗，綜合平日對周遭人物消費的觀察，從表層的消費行為到深層的價值觀或經濟學議題，對物美價廉或一分錢一分貨等觀點深刻的反思。愉快的消費經驗肯定物美價廉是生活的小確幸，消費者與生產者雙方皆受惠。物美價廉是消費者以最小的代價獲得最大的滿足，生產者以較低的成本最高的服務態度，使消費者在物質享受中得到開心行銷方式；是一種能使消費者覺得物超所值、生產者能薄利多銷的雙贏做法。

一般而言，在一定期間內，其他條件不變下，商品本身價格上漲時需求量減少，價格下跌時需求量增加，為需求者購買行為普遍存在的需求法則

（law of demand），亦即商品價格與其需求量之間呈反向變動關係。因此需求線為一由左（量少）上（價漲）向右（量增）下（價跌）延伸的負斜率直線或曲線。

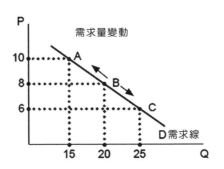

替代效果（substitution effect）在商品本身價格以外的因素不變下，因本身價格變動而與其他商品的相對價格改變，需求者將以相對價格較低的商品取代相對價格較高者。相對價格較高的商品提高了其潛在購買者的支付成本，使其願意而且能夠購買該商品的數量減少，轉而多買其他相對價格較低的替代品。

所得效果（income effect）在商品本身價格以外的因素不變下，價格較低的商品其潛在購買者願意而且能夠購買該商品的數量增加，亦即需求者的實質購買力提高；反之價格較高的商品降低了其需求者的實質購買力。實質購買力又稱為實質所得，表示名目所得實際的購買力效果。

為了刺激買氣打出低價策略，省荷包的特賣會吸引買氣回籠，撿便宜的民眾搶翻天。

當商品本身價格以外的因素改變時，將使每一價格所對應的需求量與原先不同，在圖形上表示整條需求線位移。商品市場常見之影響需求變動的因素，包括所得、偏好、對未來的預期、人口、相關物品價格等，需求增加則需求線往右（量增加）位移，需求減少則需求線往左（量減少）位移。

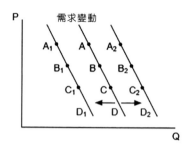

　　一般而言，所得增加使購買力提高，每一價格其潛在購買者願意而且能夠購買的該商品數量增加，整條需求線往右（量增加）位移；反之所得減少則使購買力降低，整條需求線往左（量減少）位移，所得與需求同向變動的物品稱為正常財（normal goods）。

　　所得與需求反向變動的物品，即所得增加使偏好降低，所得減少則使偏好提高的物品，稱為劣等財（inferior goods）。所得增加使一般人增加正常財的需求而減少對品質較低的劣等財的需求，所得減少則使一般人偏好相對價格較低的劣等財，而減少對正常財的購買力。

　　所得增加生活寬裕後，不再省吃儉用並添購高級汽車、傢俱、服飾等，同時高價標購藝術品；高所得的有閒階級，以擁有炫耀財炫耀其身份地位。

　　偏好提高將增加該商品的需求（需求線右移），反之則減少（需求線左移），影響因素有習慣、流行、廣告、季節、品味、實用、便利、外觀等。

　　預期未來物品價格上漲或可能有特殊大量需要，對未來的預期而提前購買，於相對價格較低時增加該商品的需求（需求線右移）；反之預期未來物品價格下跌則暫時觀望，於目前相對價格可能較高時減少其需求（需求線左移）。

　　國際紙漿價格上漲，民眾預期未來價格上漲而提前排隊搶購衛生紙。

　　對某物品的需求人數或市場容量擴大則增加該商品的需求（需求線右移），反之若縮減時減少其需求（需求線左移）。在同一價格下將多人的需求量加總，成為該價格對應的市場需求量，每一價格與其對應的市場需求量連接起來，在圖形上形成另一條右移之需求線，即市場需求線是由個人需求線水平加總。

　　商品本身價格變動引起該物需求量變動（點移動），而導致其他相關物品需求變動（線位移），相關物品包括替代品與互補品。用途相近而能互相取代的替代品（substitutes），某物價格上漲將使其需求量減少而增加替代品

的需求；反之亦然。因兩物可互相取代，其需求數量反向變動。須共同搭配使用的互補品（complements），某物價格上漲將使其需求量減少而連帶減少互補品的需求；反之亦然。因兩物須共同搭配使用，其需求數量同向變動。

　　看電影與租影片是能互相取代的替代品，因此電影票價上漲將使其需求量減少，而增加替代品租影片的需求；家庭劇院影音設備及影片租售，是須共同搭配使用的互補品，需求亦連帶增加。

♀ 生活智慧：媽媽團購的行銷功效

　　透過團購集合足夠人數，可以優惠價格購買或使用第三方公司的物品、優惠券或服務，賣家薄利多銷，買家得到優惠節省金錢。最早可以追溯至社福機構在社區集合消費者力量，向供應商爭取比市價便宜的價格，集合議價能力的方式屬集體談判權的一種，團購的物品擴展至各樣物品及服務。

　　在台灣有專門開團的團購主、品牌創業者、免費使用的團購APP，將線下開團的概念及運營模式普及，讓社群結合開團的商業模式，帶動線下的團購市場系統化。團購受惠的不只侷限在消費者，供應商也得以降低行銷成本掌握庫存量，因此能夠達到讓買賣雙贏的局面。

　　根據調查顯示，接近六成八的媽媽有參加網路團購的經驗。團購價格愈優惠愈能激勵為了省錢參加，網路評價、產品或服務符合需求、領東西方便、單價高低都會影響團購的意願。媽媽掌管全家人日常生活的花費，是所有族群中對價格敏感度最高的一群。根據消費類型調查，擅長使用網路、樂於分享的媽媽們，超過三成是屬於精打細算型，最大的特色是喜歡分享省錢撇步、贈品和好康優惠等訊息。從部落格取得相關訊息、網路團購網站、同事揪團是媽媽常使用的工具。高達八成五表示會分享給其他人，尤其是親朋好友、同事同學、部落客，是媽媽們最愛好康道相報的對象。

　　甜點零食、餐點料理、保養品三大品項是媽媽團購的最愛，對衣褲鞋襪、奶粉尿布也會有大量團購的需求。團購的接受度普遍很高，約有49%的媽媽平均每月團購1～2次，也有15%每月團購3～5次。行銷預算講求精準有效，培養網路媽媽推銷大隊，善用她們樂於分享、互相推薦的口碑力量，藉由試用心得、照片、影音多媒體等宣傳，更能坐收事半功倍的行銷功效。消費者要看清收費條款，留意收費平台有否另收手續費，避免不知不覺花更多錢。

團購平台乘著懶人經濟熱潮加上社群媒體的催化，成功構築團購生態圈，更協助媽媽不用出門，也能創造收入賺取外快。透過網路平台自發性組團，發布購物資訊再匯集有需求的群眾一起下單，取得低於一般市價的商品服務，加上宅配到府功能，下單到取貨不需踏出家門。整合團媽讓代理商在聯繫溝通上有統一的管道，提升整體效率；也能協助新品牌提升知名度，在團媽社群間增加曝光，層層向下傳散。團媽組成多元，新手加入後，會由資深團媽輔導其經營自身網絡，加深團媽間的連結。

團購是集合一群想購買同樣商品的人，透過大量訂購，買越多省越多的商業模式。傳統團購起源於辦公室或社區的左鄰右舍中，因為網路興起發展成由團購主在網路上發起合購，想跟單的人只需要留言或進入填單系統完成填單、匯款動作，就可以坐等商品送達指定地點。網站業者取代團購主的角色，直接向店家爭取商品的優惠折扣，同時也省去揪團模式中必須湊齊人數的壓力，團購網站的業者可以向廠商收取傭金回饋。

🧑 經營管理：跳樓大拍賣提升業績？

台灣的街上到處都有結束營業、跳樓大拍賣的招牌，許多人早就習以為常。舉辦促銷活動吸引買氣，因應季節性活動、折價活動、清倉拍賣等折價活動，需要製作許多宣傳的標語。進行一波促銷活動後，短時間內客流量大增，但只要恢復原價客人就跑光。舉辦促銷活動是為了提升營業額等效果，達到促銷的最大效益；畢竟促銷是一個短期的特效藥，想要經營長久，還是得靠客人對原價商品的支持。

知名家電廠推出福利品特賣會，馬上吸引民眾搶翻天。現場多樣商品銷售一空，也讓廠商急忙調貨。電冰箱、冷氣機還有洗衣機，也都讓來撿便宜的民眾搶翻天省荷包，吸引買氣回籠。餐廳業者為了衝人氣打出一百元麻辣鍋，還沒開店就已經吸引民眾排隊。為了搶便宜的火鍋套餐，門口擠得滿滿的人潮，原價 300 元看起來份量十足，經濟不景氣業者逆向操作，低價策略衝高人氣。業者削價競爭消費者成了大贏家，吸引排隊人龍，店裡搶著結帳，外頭還有客人甘願繼續等。

促銷是店家在有限的時間內，透過贈品、優惠券等多種不同的方式，為顧客提供類似獎勵性質的商品，來提高顧客的需求，以達到增加訂單、創造更多新客戶等目的，主要是改變整個消費流程中的最後階段，例如價錢、運費、贈品等，來影響消費者願意下單的意願。促銷活動的目的，

如提升業績、增加會員數、清理庫存等，在事後衡量活動成效。如果不清楚促銷的目的，會流於感覺業績提升了，但事實上可能根本沒有收穫的狀況。當訂單量無法透過促銷達到更多時，利潤就會減少，很可能一場促銷下來，店家為活動忙得焦頭爛額，業績卻沒有顯著提升。

消費者也知道特價與促銷是店家在做活動，當優惠持續時間過長時，就會產生懷疑，輕則顧客不願意下單，重則影響到品牌形象。促銷需要負擔成本，若長久持續對店家也會造成負面的影響。長期壓低利潤銷售或競爭者削價出售，會直接影響消費者對商品的看法，而且經常是不可逆的，一旦顧客習慣了便宜的價格時，往往不願意支付正常的價錢。

當顧客是為了優惠而來，如果店家不能在優惠活動時成功抓住顧客注意力，在優惠活動結束後，這些顧客下次就會再尋找下一個便宜的商店購買。促銷活動雖然可以吸引到大量的顧客，但這些客人成為長期顧客的機會較低。下次購物時可折抵的優惠券促使顧客行動，可以增大顧客再次光臨的動機；以優惠價加購商品功能，促使消費者在下單時可以用更優惠的價格購買相關聯的產品。

會員獨有的獎勵能鼓勵顧客加入會員，他們是一群對品牌已有認同的人，可舉辦較長時間的活動，推出年度消費享購物金，或是會員生日當天全館商品九折等連續型優惠作為促銷活動，思考降低成本吸引貪便宜的顧客，積聚更多的錢財。

⑤ 投資理財：追高殺低違反需求法則嗎？

追高殺低是投資人的投資盲點，導致不容易賺到錢。要買低賣高卻常常追高殺低，順勢操作買正在上漲中的股票，但要當心不要買在最高點。逆勢操作買低有接不完的刀子，低點還有更低點。很多人看過去績效在投資，去年市場表現好，今年紛紛進場追高；因加碼追高，幾乎套在最高點，投資人開始殺低出場，但市場穩定反彈再創新高，導致錯過漲幅。上漲進場追高、下跌退場觀望的不理性行為，長期下來會讓投資人賺不到錢。

過去報酬率不等於未來報酬率，未來狀況有很多不確定性要研究。大多頭時投資者為了安全想等更便宜，市場卻不給機會，只能看它一直上去卻沒賺到。在大空頭時下跌苦撐，安慰自己股價終會回到價值。買的時候追到最高，媒體利多相信一定還有更高；賣的時候殺到最低，因為一堆利空以為還有更低。

追高買的應該是突破的開始，看起來已經漲了一段，強勢個股表示資金的攻擊意圖明顯，可是人性往往會避開強勢轉向選擇還沒有漲的，等到套牢時還持有。動能投資法（Momentum Investing）是買進市場的強勢股、賣出市場的弱勢股，當多數人預期股價還會繼續上漲時，願意用更高的價位買進，就會推升股價的上漲。股價在一定期間內呈現強者恆強、弱者恆弱，有個動能在持續推高或拉低股價。

許多人常常在多頭賺到錢，震盪時卻獲利回吐，甚至容易砍在最低點。在多頭時找尋攻擊或突破型態的股票勝率較高，在震盪時則等個股回檔較佳。趨勢確定後，就可以從中找出強勢主流類股，相關個股通常也會受惠，資金輪動後有很大機會齊漲。

市場空頭來襲時人心恐懼，不敢隨便接掉下來刀子；隨著雨過天青，多數人依然猶豫觀望，直到市場來到高點，貪婪之心才買在高點，直到市場跌到低點時，才心生恐懼拋售出場。新手常習慣看消息面或名人持股買賣股票，因重壓某類股而一夜致富的文章，不能只看到特例就相信少數樣本足以代替群體。

投資賺錢並不需要每次買最低賣最高，只要買在相對低賣在相對高，一直持續小輸大賺。不過度期望全勝，才能回歸理性的操作，持續修正並精進自己的投資，最終才能提高勝率。定期紀錄自己的買賣點及當下的情緒，太在意已經投入的成本，忽略風險容易失去理性而造成更大的損失。

投資者心理預期是投資者在一定的經濟背景和市場環境下，形成對證券價格未來運行方向的看法和判斷。情緒可能會因短痛而做出非理性決策，導致看不見自己的策略目標和財務目標。無論是恐懼、焦慮還是喜悅，讓情緒影響投資決策可能都會讓人付出代價。投資是長跑不是短跑，不要在意短期績效，可以把眼光放遠。採取專業投資組合不帶感情的理性投資法，可以透過審慎嚴謹的投資流程和深入解析來達成。退一步想一想投資的目標，確保情緒不會影響投資決策，同時協助貫徹自己的策略和計畫。

五、利之所趨～供給法則

《古逸・六韜》：「天下攘攘，皆為利往。天下熙熙，皆為利來。」擁有千輛車馬的王者，享有萬戶封地的諸侯，治理百家的士大夫，尚且擔心貧窮，普天之下芸芸眾生熙來攘往，都是為利益在奔忙。

利之所在人爭趨之，即指趨附的人眾多。有台大醫院苦心培育的外科醫生決定放棄本科，改走當紅的醫療美容領域。外科是重要科別，醫美則是相對輕鬆但賺錢快的行業，這個換跑道行動令社會矚目，也招來救命不如救醜的討論。內科、外科、兒科、婦產科是醫療需求的大宗，但因工作量大、風險高、醫療糾紛多，人力早就開始流失，形成所謂四大皆空，醫療空洞化又蔓延到急診，國內醫療環境惡劣已達臨界點。

一般而言，在一定期間內，其他條件不變下，商品本身價格上漲時供給量增加，價格下跌時供給量減少，為供給者銷售行為普遍存在的供給法則（law of supply），亦即價格與其供給量之間呈同向變動關係。因此供給線為一由左（量少）下（價跌）向右（量增）上（價漲）延伸的正斜率直線或曲線。

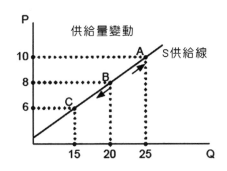

在一定期間內，其他條件不變下，價格上漲表示廠商收入增加而有利可圖，吸引廠商投入更多資源生產銷售，供給量因此增加；反之則供給量減少。

在壽司食物大受歡迎的情況下，鮪魚市價也節節升高，捕鮪魚已成為一項有利可圖的行業，尤其是出口日本的開發中國家。

相對價格較高的商品提高了供給者的銷售收入，使其潛在銷售者願意而且能夠供應該商品的數量增加，轉而減少供應其他相對價格較低的替代品，供給替代效果即供給者供應相對價格較高的商品，以取代相對價格低較者。

油價上揚和貿易障礙使得農民爭相種植有利可圖、可製成生質燃料

的作物而非糧食，使得糧食市場將近一億噸的穀物被挪用以滿足能源需求，玉米和小麥尤其受到嚴重影響。

廠商增加供給量，其產銷成本亦提高，因此必須提高價格。在一定期間內，其他條件不變下，價格上漲表示提高了供給者的銷售所得，廠商能夠負擔較高的成本來增加供給量，供給成本效果使其潛在銷售者願意而且能夠供應該商品的數量增加；反之售價降低使所得減少，不符產銷成本則供給量減少。

全球手機市場已趨飽和，智慧型手機是替代換機升級的市場，廠商不約而同轉向智慧型手機和平板電腦下功夫。

當商品本身價格以外的因素改變時，將使每一價格所對應的供給量與原先不同，在圖形上表示整條供給線位移。商品市場常見之影響供給變動的因素包括生產技術、生產成本、對未來的預期、供給者數目、相關產品價格等，使供給增加則供給線往右（量增加）位移，供給減少則供給線往左（量減少）位移。

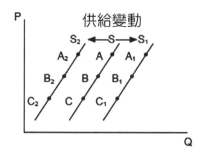

生產方法與工具的創新進步，可降低成本而提高產量。生產技術（環境）使每一價格其潛在銷售者願意而能夠供應的該商品大於原先供給量，整條供給線往右（量增加）位移；反之若生產環境遭受破壞，將使供給減少，供給線往左（量減少）位移。

生產要素價格，包括薪資、租金、利息等，或生產原料如各種資源、半成品、生產工具等物價，漲價使生產成本提高，每一價格其潛在銷售者願意而且能夠供應的商品小於原先供給量，整條供給線往左（量減少）位移；反之成本降低則供給增加，供給線往右（量增加）位移。

預期未來某物品價格上漲，或可能有特殊大量需要，銷售者對未來的預期提前於相對價格較低時囤積，減少該商品的供給（供給線往左移），但生產者增加產量（供給線往右移）；反之預期未來某物品價格下跌，銷售者於

目前相對價格較高時出清存貨，增加其供給（供給線往右移），但生產者減少產量（供給線往左移）。

某物品的產業規模擴大或市場開放，廠商數量增加則該商品的供給增加（供給線往右移），反之若縮減時其供給減少（供給線往左移）。在同一價格下將供給者數目的供給量加總，成為該價格對應的市場供給量，每一價格與其對應的市場供給量（點）連接起來，在圖形上形成另一條由個別供給線水平加總的市場供給線。

商品本身價格變動引起該物供給量變動（點移動），而導致其他相關物品供給變動（線位移），相關物品包括替代品與互補品。生產技術相近而能互相轉換的生產替代品，價格上漲將使其供給量增加而減少替代品的供給；反之亦然。兩物互相轉換生產，其供給數量反向變動。同時或附帶生產的生產互補品，物價格下跌將使其供給量減少而連帶減少互補品的供給；反之亦然。因兩物同時附帶生產，其供給數量同向變動。

月餅禮盒與一般糕餅，是生產技術相近而能互相轉換的生產替代品，因此糕餅店在中秋節前推銷價值較高的月餅禮盒，而減量供應一般點心。

♡ 生活智慧：盲目追求人生勝利組？

財富、物質、外貌這些看得到的外在條件好像才是評論人生成功的標準，然而是否喜樂自在，許多看似成功的背後，其實充滿了焦躁、挫折和憂鬱，在盲目追求的當下，壓抑了多少痛苦的掙扎。真正的人生勝利組應該是一個懂得自己是什麼，知道自己要什麼，喜樂滿足的樂活人生；幸福自在的生活不受限於特定資格，人不是擁有許多才會快樂，而是內在知足才能享受擁有一切。人生沒有過不去的事情，只有過不去的心情；放下過往的痛苦和破碎，調整眼光重新面對未來，樂活人生就愈靠近。

創造成功的關鍵不在天賦與智商，而是對目標長期熱情與堅持的恆毅力，這是可以自我掌控培養的能力。勝利人生其實就是人擁有嚮往更好生活的心志，實現目標可以靠熱情與堅持達成；錯用世俗的標準來追逐人生，原本期盼的樂活人生可能會變成累活人生。只要自己過的無拘無束，就可被稱為是勝利組；人人都有追求自由的權利，每個人對好生活的定義不同，旁人不該插嘴評論。

所謂的人生勝利組、高級精英，對人生只有一路直走到底的規劃與想像，一旦偏離了原先設定的路徑，就再也沒有其他的目標。很多高成

就的人都有很強烈的成就動機，往往因資源分配出了問題，以至無法實現幸福的人生。人生勝利組不在於學經歷背景或家世財富，在於自己的心態與認知；人生勝利組不只一個定義，有千百種可能形式，有無數種達成方法。了解自己的本質，知道不同的路各有成果和代價，做出更適合自己，更適合這個社會的判斷。

人生勝利組不是絕對的概念，而是比較而得出的相對迷思。雖然認知到自己的工作相較於其他人收入尚佳，但卻不是自己真正想做的事，寧願逃開這日復一日為他人而活的日子，心中最渴望的就只是成為真正的自己，從事自己真正想投入的事情。他人眼中的人生勝利組未必是自己的人生勝利組，知道真正在乎且渴求的是什麼，自己的勝利、快樂或滿足，都是由每個人所定義賦予的。被認為是勝利的生命歷程或現有生活，可能有著無法被得知的痛苦與匱乏，這些包袱無法將自己正面臨的痛苦說出來，無法放心地卸下光鮮亮麗的面具。

現代人太忙也太盲，忙碌於工作或玩樂，盲目於追求世上的名利富貴，顯示了忙碌和茫然。來來往往匆匆忙忙，從一個方向到另一個方向，忙是為了自己的理想，還是為了不讓別人失望。盲的已經沒有主張，盲的已經失去方向，忙的分不清歡喜和憂傷，忙的沒有時間痛哭一場。

時間管理是每個人所要學習的最大課題，如何在忙碌的生活步調中，更有智慧的來安排，學會用更有效率的方式來處理工作。人生無法簡單分類、輕易評價；在忙與盲的生活慣性中，人生應該可以有另一個起點。競賽才會有勝利，但人生不是競賽，何來誰勝誰負，只能去定義並追求自己價值觀中的勝利，同時對別人的選擇多一點寬容。

經營管理：商人無祖國資金無國界

商人真的沒有祖國嗎？鴻海郭台銘公開承認市場就是祖國，台灣市場太小，全世界最大市場就是中國跟美國，哪裡有錢就往哪裡去，不過郭董也強調不要忘記他在哪裡繳稅，沒有賺錢哪有錢繳稅。根據國稅局資料，台積電所繳的營所稅高達 300 億元，蟬聯企業繳稅王冠軍；鴻海排第二，營所稅也超過百億元。兩家企業所繳的營所稅，佔全國營所稅總額 16%，的確是台灣營所稅的重要支柱。

1976 年經濟學家蓋瑞．貝克（Gary Stanley Becker）著作《人類行為的經濟分析》有精闢論述，指出人與人最終都是市場關係，各種人類行為都為效用最大化，而經濟分析是效用最大化、偏好穩定和均衡分析的三位一體。郭董成就了巨大的事業體，商業鉅子擺脫國家掛制，利益

來自於國際資源的互通有無，有好的投資機會就去，因此大商人的心中自然無祖國了。

　　香港富商李嘉誠持續自中國大陸及香港大舉撤資，變賣地產與股權，估計套現超過2,000億港幣，轉進歐洲英國資產達5,000億港元以上。此一撤資行為引起中港學者與媒體的普遍關注，李嘉誠針對各界指責公開回覆，涉及對政商關係之解讀、利潤之本質、資金無祖國，以及企業家的社會責任等議題。台灣社會長期以來也存在類似的爭論，雙方的論點值得國人參考與省思。

　　李在回應文強調他只是一個商人，並點出賺錢是生意人的根本價值，不賺錢的商人不是好商人，做生意要遵從雙方互惠互利的基本原則。進而說明他在大陸投資選擇與官方合作，自己獲利也幫大陸帶來資金、技術與人才，促進了大陸的發展，官方在政治上同樣獲得巨大的回報，故雙方可以相互感恩但是互不相欠，這就是生意。政府的公共建設與經濟發展，需要企業家的參與；但是企業家的參與動機，必然源自利潤。雙方互惠互利達成雙贏，是市場經濟中買賣達成交易的基礎；政商合作若是在雙方合意下達成協議，本質上就與一般商場上的生意。

　　商人除了資產增值之外，資本的安全性也很重要，因此李嘉誠由當年的投資大陸改為現今的全球佈局。正常的商業決策，應該是基於純粹的經濟考量；有正常的政治氛圍和良好的商業環境，就不會存在誰跑不跑的問題。李強調商人須先盈利賺錢，才有能力去做善事；商人回報社會的方式很多，但以虧本去補貼國家和政府是荒謬的作法。不要讓商人去承擔國家的政治責任，應讓商業的歸商業，政治的歸政治。以法治為基礎的自由市場經濟，任何人應都可在商言商，有選擇投資的權利和自由。

　　中共特權階層將資金往境外轉移，外流的資金主要來源於中共官員親屬經商的資金、企業高管及家屬資金、通過地下錢莊渠道套匯到境外的資金、駐境外中資機構及各地方政府駐外窗口高層和下設公司的資金、以及借移民留學把資金資產流向境外。資金無國界之客觀現實下，飽受資金外流之苦的國家或經濟體，應檢討本身的政治氛圍與商業環境。商人或資金擁有者只是現實的逐利者，與其跟他們談道德，不如回頭檢討本身經濟體究竟出了甚麼問題。

⑤ 投資理財：低進高出賺價差

資本利得是以低買高賣的方式，賺取差價來取得利益的一種投資方式。追求資本升值的投資者一般比追求租金收益有更高的風險容忍度，也需要花費更多時間在市場研究。資本利得投資者一般買賣週期比較短，利用市場價格的起伏去低買高賣，希望獲取較大收益。

程式交易是電腦機械化的執行低買高賣，如果標的長期在一個區間內波動，由電腦執行交易可以摒除一般人情緒上的影響，達成交易策略，有較高的機會將價格波動轉化成獲利。僅限於標的物的價格特性會長期在一個大區間遊走，一旦價格出現大行情向上突破原來設定的區間，則資產已經分批賣出；如果價格持續向下突破原來設定的最低點，則已經沒有資金可以在往下買進。

分散投資時點可以攤平市場的高峰和低谷，穩定的定期投資有攤平成本的好處。有紀律的投資人應該要歡迎市場下跌，當市場回升時就可以獲得可觀的回報。從容因應市場下跌造成的財富縮水，把注意力集中在以低價取得的新投資上。同一產業的公司股票通常漲跌方向一致，應該從不同的經濟領域及不同國家中選擇投資對象，才能真正達到多樣化的目的。

定期定額投資法具有對抗人性中追多（貪婪）殺低（恐懼）的功效，演化出各種進階的操作法，包括定期不定額、逢低加碼與逢高減碼、母子基金投資法等。微笑曲線為攤平成本概念，即下跌不停扣，嚴守紀律等市場回來，然後停利出場，因成本越墊越高，代表市場已漲多，可考慮暫停扣款或停利出場。當漲幅已超過停利目標，適時獲利了結落袋為安，保持最佳戰力。下跌不停扣攤平效果佳，即使定期定額於相對高點開始扣，若在下跌段不停扣，當市場反彈時，長期累積的低成本單位數有助於報酬由負轉正。當跌幅超過設定的目標，不僅不停扣反而再加碼，有加速攤低成本的效果，待市場止跌回升時，投資報酬率也更快由虧轉盈。要審慎挑選標的，盡量避開產業景氣週期長以及主題型基金，以範圍大的整體市場為主較合適。

台股開放定期定額之後，在低檔持續買進攤平成本，當市場回溫時，就能更快回到正報酬。景氣有循環，沒辦法保證買在最低點，投資標的也不可能無限成長，故停利不停損、不停扣。資本利得是賣掉資產來取得價差，領息是買進資產後，以不賣的方式來領取現金流。在賺現金流時，就是把本金留在原處，就等於失去賺資本利得的機會。同時用資本

利得以及股息現金流共融的方式來做資產規畫配置，才能迅速翻滾本金。

　　為提醒投資人注意交易風險，怕有心人士刻意操控股價，一旦股票短線漲幅過大、成交量暴增、周轉率過高等交易出現異常，主管機關會先將該股列為注意股，若繼續異常波動則會進一步列為處置股或警示股，在交易時須要預收股款、撮合時間也會延長，也會被要求揭露最新的財務資訊，追高買進風險也會相對變大。

六、討價還價～均衡與調整

　　輪流出價就價格進行協商談判，尋求雙方都能接受的均衡價格，又稱為協議定價。在現實生活中，討價還價是常見的經濟行為，小到市場上的產品買賣，大到國家之間的談判，都可以看到討價還價的過程。

　　討價還價的本質是交易雙方對利益分配進行談判，參與的雙方因有共同點可以合作獲得收益，同時雙方的利益是相互衝突；最終目的是要成交，在過程中必須談判，是一種合作行為而非對立。如果害怕談判，就只有任人宰割失去應得的利益；如果比大聲耍心機，會產生雙方對立全盤皆輸的局面。懂得談判，買方覺得划算，賣方賺到了，真正成為一位買賣高手，並贏得人際關係。

　　各種條件的力量在互動之後彼此調整因應，而形成的一個穩定狀態稱為均衡（equilibrium）。均衡既不是唯一結果，也不涉及任何價值判斷，且不一定會達成。當原來的條件改變，均衡狀態亦隨之變化；可能失去均衡，亦可能達到另一個均衡。

　　市場均衡（market equilibrium）或稱供需均衡，表示需求價格等於供給價格，而且需求數量等於供給數量，亦即市場交易的買賣雙方達成共識，而形成穩定狀態。在圖形上為需求線與供給線交叉（需求＝供給），交叉點 E 為均衡點，所對應的價格為均衡價格 P^*（$= P^S = P^D$），所對應的數量為均衡數量 Q^*（$= Q^S = Q^D$）。所以市場均衡的條件為需求者（買方）願意而能夠支付的價格為供給者（賣方）所接受，且需求者在該價格所購買的數量，與供給者所銷售的數量一致。

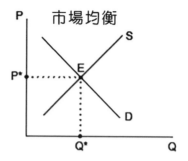

當市場的需求與供給不一致造成市場失衡（market disequilibrium），亦即需求價格不等於供給價格，或需求數量不等於供給數量；在圖形上不在需求線與供給線交叉處，而離開原均衡點 E。在商品本身價格以外因素不變下，需求線與供給線不動，均衡點 E 亦不變，因此市場力量會進行調整，將市場失衡狀態拉回原均衡點 E，而繼續維持均衡的穩定狀態。

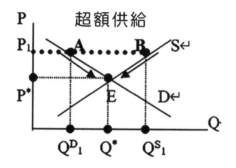

當市場價格（P_1）高於均衡價格 P*，在商品本身價格以外因素不變下，需求線與供給線不動，需求量變動由 E 點沿需求線往左（量減少）上（價上漲）方移至 A 點，供給量變動則沿供給線往右（量增加）上（價上漲）方移至 B 點，因此在 P_1 下供給量（Q^S_1）大於需求量（Q^D_1），而偏離交叉點 E（均衡），AB 段為超額供給（excess supply）之市場失衡（供過於求）。

拍賣底價高於市場均衡價格，形成超額供給之市場失衡現象，因供給過剩流標，價格降至市場均衡價。當拍賣底價低於市場均衡價格，形成超額需求之供給短缺，買不到的需求者喊價搶購，價格漲至市場均衡價。

需求與供給不一致（市場失衡），市場力量進行調整，因供給過剩又稱為剩餘（surplus），賣方為出清存貨而降價求售。價格由 P_1 降至 P*，需求量變動由 A 點沿需求線往右（量增加）下（價下跌）方移至 E 點，供給量變動

由 B 點沿供給線往左（量減少）下（價下跌）方移至 E 點，因此在 P* 下，供給量等於需求量等於均衡量（Q*），市場重回原均衡點 E（需求＝供給）。若人為干預訂定價格下限 P_1 高於均衡價格 P*，市場力量無法以降價重回原均衡，除非供需條件改變，將持續超額供給之市場失衡，市場交易量（Q^D_1）小於均衡量（Q*）。

當市場價格（P_2）低於均衡價格 P*，在本身價格以外因素不變下，需求線與供給線不動，需求量變動由 E 點沿需求線往右（量增加）下（價下跌）方移至 F 點，供給量變動則沿供給線往左（量減少）下（價下跌）方移至 G 點，因此在 P_2 下供給量（Q^S_2）小於需求量（Q^D_2），而偏離交叉點 E（需求＝供給），GH 段為超額需求（excess demand）之市場失衡（供不應求）。

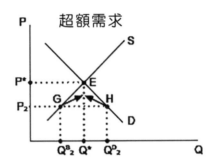

需求與供給不一致（市場失衡），市場力量進行調整，因需求過剩又稱為短缺（shortage），買不到的需求者喊價搶購。價格由 P_2 漲至 P*，需求量變動由 H 點沿需求線往左（量減少）上（價上漲）方移至 E 點，供給量變動則由 G 點沿供給線往右（量增加）上（價上漲）方移至 E 點，因此在 P* 下，供給量等於需求量等於均衡量（Q*），市場重回原均衡點 E（需求＝供給）。若人為干預訂定價格上限 P_2 低於均衡價格 P*，市場力量無法以漲價重回原均衡，除非供需條件改變，將持續超額需求之市場失衡，市場交易量（Q^S_2）小於均衡量（Q*）。

市場力量會進行調整，使供需雙方達成並維持穩定的均衡狀態，此一力量為市場價格變動，導致需求量與供給量變動，市場機能（market mechanism）又稱為價格機能（price mechanism）。

買賣成交的價格，是由眾多買方與賣方經過多方調整的最後成交價，買賣是雙方互利，任何一方受害就不能成交。每一個人做自己最有利的

買賣，則市場會在不知不覺中得到對社會最有益的結果，這不是任何人可以刻意營造。

💡 生活智慧：談判妥協建立共識

　　共識（Consensus）指達成被分歧各方所接受的解決方案，有時只是勉強接受，甚至只是擱置爭議；可以尋找共同點，形成在當時所能達成的最佳解決方案。共識是群體討論過程中，所有人的意見都得到傾聽和理解，並形成一個尊重所有意見的解決之道。共識並不是所有人都同意，也非多數人的偏好，是一段時期內群體所能尋找到的最佳解決方法。即使對部分內容有異議，仍然能在總體上形成一致意見，以推進問題的解決。

　　許多的共識可能是決策者已經將可討論的範圍限縮之後，才提出來徵詢大家的看法，以凝聚或修正方向。團隊共識常常是一種折衷，甚至是大派系主導，決策者明示或暗示預期的方向，讓團隊從眾接受目標設定。建立共識的過程，並不只是交換意見，而是透過互動與折衝來尋找彼此之間的共同點與歧異點，並且了解每個人的看法。無法產生共識的情況，可能是共同點太少，許多事情資訊不足，太多的假設難以說服與認同。意見不合除了嘗試磨合，也可以從彼此都認同的方法來突破。

　　學習建立共識持續強化合作團結的力量，團隊裡不可能永遠意見一致，要能容納不同的意見，找到方法來整合，暫時的答案雖然不見得正確，但尋求最佳解法的過程對團隊有利。在有效溝通下，發揮同理心更加了解對方的目標與訴求，相互分享真實的感受。正向溝通有健康的討論過程，彼此能坦率地表達意見，增強安全感與連結感，更能同理對方的立場，達成共識達成雙贏的局面。

　　意見僵持不下時很容易會陷入爭辯，注意力完全放在各自的見解而忽略了過程。試圖說服對方，攻擊性和防禦性也越來越強，無法就事論事，只想堅持己見、保持自己的地位。聚焦於過程而非內容，溝通不限於表達意見，還要接收對方的需求、感受和經驗，才能建立深度的人際連結感。

　　妥協是在不同締約方之間達成協議，每一締約方放棄部分需求。交流相互磨合接受條款來達成協議，通常與原始目標或願望有所偏差，大家各退一步雖不滿意但可接受。妥協是一個不能兩全的協議，沒有任何締約方是完全滿意，極端主義常被視為妥協的反義詞。

翻轉吧～經濟學！給您看得懂用得到的經濟原理

談判的目標是解決歧見，以滿足不同利益。談判通常藉由一邊提出立場，一邊小幅讓步，以達成共識。談判並非零和賽局，沒有合作空間的談判將破局。

不執著於黑白分明，要能夠妥協接受灰色地帶。不完美才是現實，談判者要拉近二者之間的差距，而不是偏執地追求唯美境界。理想的狀況是找出彼此都能互惠的方式，最差的情況則是雙方都能勉強接受。

現代經濟學之父亞當‧史密斯（Adam Smith）本來是道德學教授，在道德情操論裡，強調人類在慈善動機下的意圖與行為；而在國富論裡，由一隻看不見的手帶領個人在謀求利己時，能夠促進社會公益。每個人都是一個自由平等的經濟人，都會為自己最大的利益考量而與他人發生法律行為。

👤 經營管理：拍賣市場的價格機能

拍賣是競買人出價競爭，最後由拍賣人將貨物賣給出價最高的人，主要功能是發現商品的價格和實現資源的合理配置。「流標」是拍賣物眾人的出價不超過拍賣物品的底價，「搶標」是拍賣的東西價高者得。

連續 3 個月以上無法如期繳交貸款，銀行就可以向法院拍賣抵押的房屋來償還債務人積欠的貸款。法拍屋在拍賣前，依規定都會預告在法院的公布欄與司法院的網站上公告，安排估價師鑑價後訂出拍賣底價。第一次拍賣底價通常是市價的 9 ～ 95 折，甚至略高於市場行情。除非熱門案件，因為底價高、法拍屋有狀況或投資客觀望，大多數一拍會流標。法拍流標就是法院公告拍賣當天，沒有人願意投標，間隔約一個月後第二次拍賣，起標價就會是第一次的 8 折，二拍流標間隔約一個月後第三次拍賣，則是第二次的價格打 8 折，等於比市價至少打了 64 折。

農產品批發市場之種類及其經營品目有果菜、家畜、家禽、魚貝介藻等水產品、其他市場、綜合市場。拍賣交易由市場拍賣人員明白喊價，所出最高之價連喊三次無人加價時，即以出價最高者為應買人；如所出最高之價有二人以上時，以最先出價者為拍賣之買受人。應買人所出最高價低於供應人所定之最低斯價格時，應宣布拍賣不成立，但經供應人當場同意成交者不在此限。

國有非公用空屋、空地並無預定用途，面積未達 1,650 平方公尺者，得由財政部國有財產署辦理標售。於開標十四日至十六日前公告，但法規另有規定，或標售機關有預先廣告傳播必要者，公告標售期間最長不

得超過二個月。凡法律許可在中華民國領土內購置不動產之公、私法人、自然人、適用監督寺廟條例之寺廟及其他得為權利主體者，得參加投標。密封投標單函件後，以掛號寄達標售機關指定之郵政信箱。決標以有效投標單之投標金額之最高標價者為得標人，次高標價者為次得標人。最高標價有二標以上相同時，應當場由主持人抽籤決定得標人及次得標人。標售機關應通知得標人依標售公告所定期限，一次繳清全部價款。得標人放棄得標則沒收保證金，並通知次得標人於五十日內按最高標價繳清價款承購。次得標人應於通知送達之次日起十日內，先繳相當於保證金額之價款以示願意承購；餘款於該通知送達之次日起五十日內一次繳清，逾期未繳清視為放棄承購，並沒收已繳價款。

網路拍賣屬於電子商務中的C2C（消費者對消費者），透過無形店鋪經營，以網路公開交易的方式，利用網路傳輸來進行拍賣喊價競標物品。賣方在設定一個起標價格後，拍賣商品將公開在網站由有興趣的人來進行出價競標，藉由消費者的出價，會使商品價格慢慢提高。當拍賣時間一到，沒人下標就以流標收場；如果有得標者，買賣雙方商量交貨及付款方式，價格平實且透明。

市場可能常處於調整過程，均衡未必是常態，交易量價也未必等同均衡量價；若雙方缺乏可共同接受的適當價格，供需雖在卻無法成交。

⑤ 投資理財：缺貨漲價與調節

電子零組件缺貨潮，從代工產能到IC晶片、記憶體、面板、甚至連貨櫃都呈現缺貨，各種晶圓代工漲價、IC設計公司加價搶產能層出不窮，重複下單產生假性需求，日後會是拖垮的稻草。先進製程大幅擴張需要土地、建廠、設備採購、進廠測試等流程，約需要2年左右的時間。在缺料的時候，大品牌可以發揮關鍵性的作用，中長期相對具有投資價值。

一旦漲價幅度或業績成長幅度明顯趨緩，即使股價還在上升已接近高點。後繼沒有更激情的故事，股價就會漸漸疲乏。景氣循環股的獲利預測有個盲點，總會用最樂觀的假設推估全年，而實際上達不到。大部分生產週期長、固定成本高的行業，都會在供給不足與過剩間擺盪。市場榮景促使廠商擴增產能，改變供需使漲價之勢逆轉。

需求強會漲，供給變少也會漲，越漲越怕買不到，預期心理又更有漲價的推力。疫情破壞了原本穩定的供應體系，以原物料為主零組件為輔的供應體系失序，無法達到正常供應量，漲價以價制量。銅、鎳、鐵礦砂到半導體記憶體、MCU等因此大幅漲價，再透過上下游層層轉嫁。當

翻轉吧～經濟學！給您看得懂用得到的經濟原理

市場最樂觀的預測出現股價就見高了，不會等到報價漲不動股價才下來。

過去對全球鋼價影響最大的中國，因為訂出 2030 年碳達峰及 2060 年碳中和的目標，大舉減少鋼鐵產能，經濟振興計畫、基礎建設讓鋼鐵需求提高。大宗商品價格上漲，加大製造業中游的成本壓力，使得企業生產經營成本上升，進一步傳導至下游消費領域，引起通貨膨脹問題，不利於經濟穩健增長。

壞了十年的航運業景氣，努力造新船可能也要兩三年，疫情影響碼頭裝卸作業，但解封的貨物吞吐量更大幅增加，運價十分硬朗。當塞港缺櫃緩解、競爭者加入、需求變化等，若無法得知高營收，高獲利榮景可維持的期間、股價變動的風險也較大。

產業因為市場景氣的各種因素造成供需不平衡，進而影響整體產業供應鏈的產品價格，為了調節供給和需求的平衡，市場、價格與政策都有所動作。當產品供過於求時價格下跌，有些競爭者會選擇退出市場，供應鏈廠商則會減少產量。當產品供不應求時價格上漲，會使更多競爭者加入市場，供應鏈廠商則會增加產量。

股市喜歡追題材和趨勢，總是炒過頭，很難找到真正成長股。景氣循環股的企業經營狀況與股價相當不穩定，深受產業景氣變化影響。當產業景氣低迷，個股獲利會呈現大幅衰退，股價也大幅重挫；一旦景氣邁向復甦，類股的股價也會出現飆漲。當市價尚未充份反應時，會呈現好的買進機會；當市價已反映或超越公司價值，通常獲利空間變小風險較高。許多產業的景氣循環週期長達十幾年，好日子有限壞日子無限，循環股上去之後一定會下來，經過了鋼鐵人跟航海王的洗禮，投資者根本沒法把握。

七、掌握市場趨勢～均衡變化的方向與因素

市場趨勢指對一個或幾個有確定意義的市場影響因素所做的持續反應，該持續反應表現為具有統計相關特徵的價格序列。

彼得・杜拉克（Peter Drucker）在《不連續的時代》指出，當代最重大的社會變化，就是資訊社會的誕生，其背後蘊涵的趨勢包括全球嬰兒退潮、新的勞動力、知識工作者等。《微趨勢》作者馬克・潘恩（Mark Penn）指出，傳統的社會等級、年齡、宗教與地理位置等分類方式已經在改變，正快速地從以低成本、標準化的批量生產商品經濟模式，轉向透過各縫隙市場的分類

方式，來提高個人消費者滿意度的經濟模式。

　　要了解趨勢、分析趨勢，進而掌握商機，就得對社會進行有系統的觀察，以了解什麼在改變、為何會發生，確認不止是一時風潮，接著從不同觀點切入，推想這些趨勢在未來可能產生的影響。最後再運用創造力，結合其他產業的類似現象，找出商機之所在。比較靜態分析（comparative static analysis）主要分析均衡變化的方向與因素，比較不同靜態均衡點之間的差異及關係。探討其他條件改變時，市場供需變化的因素，以供需線及其均衡點之變動方向，分析均衡價量的可能變化。

　　商品本身價格以外的因素改變，例如所得增加、喜好提升、預期未來價格上漲、市場人口增加、替代品價格上漲或互補品價格下跌等，造成需求增加。若供給不變，在原均衡價格 P_0 下造成超額需求，使價格上漲供給量增加。

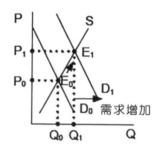

　　在圖形上，整條需求線右移至 D_1 而供給線不動，需求位移增加至 Q_1，供給量則沿原供給線移動增加至 Q_1，價格上漲至 P_1，形成新均衡點 E_1。亦即當需求增加，新均衡向右（量增加）上（價上漲）移。

　　農會大力推廣行銷，造成需求增加，若供給不變，新均衡向右（量增加）上（價上漲）移，降低節約送禮的影響。

　　商品本身價格以外的因素改變，例如所得減少、喜好降低、預期未來價格下跌、市場人口減少、替代品價格下跌或互補品價格上漲等，造成需求減少。若供給不變，在原均衡價格 P_0 下造成超額供給，使價格下跌供給量減少。

　　在圖形上，整條需求線左移至 D_2 而供給線不動，需求位移減少至 Q_2，供給量則沿原供給線移動減少至 Q_2，價格下跌至 P_2，形成新均衡點 E_2。亦即當需求減少，新均衡向左（量減少）下（價下跌）移。

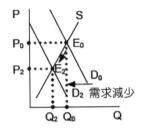

農民轉作經濟價值較高的花卉，卻遭遇景氣衰退與政府節約送禮政策，造成需求減少，新均衡向左（量減少）下（價下跌）移。

商品本身價格以外的因素改變，例如技術進步、成本降低、產業規模擴大、市場開放、生產替代品價格下跌或生產互補品價格上漲等，造成供給增加。若需求不變，原均衡價格 P_0 下造成超額供給，使價格下跌需求量增加。

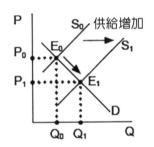

在圖形上，整條供給線右移至 S_1 而需求線不動，供給位移增加至 Q_1，需求量則沿原需求線移動增加至 Q_1，價格下跌至 P_1，形成新均衡點 E_1。亦即當供給增加，新均衡向右（量增加）下（價下跌）移。

釋出庫存冷凍蔬菜應急，造成供給增加，若需求不變，供給線右移而需求線不動，新均衡向右（量增加）下（價下跌）移，降低颱風水災的影響。

商品本身價格以外的因素改變，例如產地破壞、成本提升、產業規模縮減、生產替代品價格上漲或生產互補品價格下跌等，造成供給減少。若需求不變，在原均衡價格 P_0 下造成超額需求，使價格上漲需求量減少。

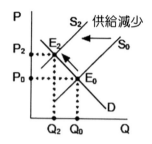

在圖形上，整條供給線左移至 S_2 而需求線不動，供給位移減少至 Q_2，需求量則沿原需求線移動減少至 Q_2，價格上漲至 P_2，形成新均衡點 E_2。亦即當供給減少，新均衡向左（量減少）上（價上漲）方移動。

颱風水災破壞蔬菜產地，造成供給減少，若需求不變，整條供給線左移而需求線不動，新均衡向左（量減少）上（價上漲）方移動。

💡 生活智慧：人口結構影響經濟活動

第二次世界大戰過後，1945～1960 年代是人類出生數量最多最快的世代，開啟了近代的嬰兒潮（baby boomer）。當他們成年時，已開發國家率先進入人口紅利時期，經濟在戰後快速復甦，台灣、香港、南韓、新加坡緊接在後，進入長達 40 年以上的人口紅利時期。1980 年代這些國家大量國民正處於勞動力巔峰，經濟進入高速成長時期，到了 2010 年代後大量國民正要進入老年階段，高速成長期進入尾聲。

衰老型人口的出生率低於死亡率，老年人在人口中所占比例較大，並且會越來越大。社會人口趨於老化和減少。生活和醫療水平的提高，加上人口出生率的減少，導致老齡化的國家缺乏足夠的勞動力，引起社會問題如養老保險、老年醫療、社會負擔的加重等。

台灣總人口已在 2020 年達到最高峰的 2360 萬人，而後出現死亡交叉，出生數低於死亡數，人口轉呈負成長。台灣人口結構的少子化、高齡化趨勢難以逆轉，預估 2025 年就會進入進入超高齡社會，每 5 人有 1 位是 65 歲以上老人，人口紅利至 2028 年結束，到了 2034 年全國一半以上人口都是中高齡超過 50 歲。目前 80、90 歲的臺灣民眾，有著有史以來最大人力的戰後嬰兒潮來奉養，但換戰後嬰兒潮需要被照顧時，在未來卻沒有那麼多的勞動力。

人口減少會影響台灣經濟成長動能，邁入數位化時代、產業轉型升級，若人均產值上升，就能以效率戰勝人口減少的問題，甚至化危機為

轉機。人口數量減少有助於紓解土地承載與能量消耗，但由於高齡化速度太快，在享受人口減少帶來的好處前，首先要面臨勞動人口劇烈萎縮，以及大量老人所需的安養照顧與退休保障等人身風險，陸續在未來的產業發展、地方財政、消費能力、土地利用、社會福利等多方面衍生許多問題。各產業應把握當前勞動力充沛的時期，培育所需的人才，提高創新能量與國際競爭力，並傳承企業經驗與接班，以製程優勢搭配關鍵技術研發，提昇技術層級與單位生產力，強化整體產業競爭力與技術進步力，維持企業長遠經營。

為因應民眾的照護需求，政府也建立長照服務體系、居家照護等對策，以減少城鄉差距，同時強化社區照顧據點，適時提供老人服務，並建立整合網絡及其他輔助方案等。台灣平均壽命將近 81 歲，但健康餘命卻僅 71 歲，有將近 10 年是在疾病或失能、失智中度過。長照 2.0 內容涉及居家服務、日間照顧、家庭托護、營養餐飲、交通接送、長照機構服務、居家護理、社區復健、喘息服務、照管中心人力業務推動、彈性擴大服務、創新整合服務、原住民與偏鄉等項；所需經費相當龐大，民間擴大參與是一大契機，日常所需的保健食品、餐飲、健康器材、藥品及陪伴將有很大商機。結合智慧手機、平板及穿戴裝置、物聯網技術的智慧型行動醫療需求將愈趨普及。對於高質量的養生住宅需求也會增加，藉由建構齊全的高科技設備，滿足高齡人口族群的養生樂活需求。

👤 經營管理：替代品的威脅與商機

由於產品功能的改良、消費者習性的改變或者技術的突破，都會引發替代品的出現，如汽車替代馬車或腳踏車、連鎖超商替代傳統雜貨店、液晶顯示器替代傳統映像管螢幕等。替代品的發展限制了某個產業的可能獲利，甚而取代使原有產業消失，因此現有廠商必須要謹慎以對。

最值得注意的替代品是能夠順應時勢，改善產品表現差異的產品，例如智慧型手機完全改變以往的傳統手機；由其他行業所研發的產品也可能對原有行業產生替代效應，例如電子警報系統就是保全業強而有力的替代品。面臨替代品的威脅，要找出替代品優於原有產品的地方，再找出方法突顯原有產品的優點，降低替代品的威脅。消費者一旦決定購買地點後，在特定消費性商品零售店購物時，將物超所值視為最具影響力的因素，勝於價格便宜。任何消費者的自願購買一定是物超所值，差額就是消費者剩餘，也就是消費者認為買到賺到不要錯過。

兩個處於同行業或不同行業中的企業，可能會由於所生產的產品是互為替代品，而在它們之間產生相互競爭行為，替代品的競爭會以各種形式影響行業中現有企業的競爭戰略；源自替代品生產者的競爭強度，受產品買主轉換成本高低的影響。現有企業產品售價及獲利潛力，將由於替代品而受到限制。由於替代品生產者的侵入，使現有企業必須提高產品質量具有特色，或降低成本來降低售價，否則其銷量與利潤增長的目標就可能受挫。替代品價格越低、質量越好、用戶轉換成本越低，其所能產生的競爭力就越強；可以具體考察替代品銷售增長率、替代品廠家生產能力與盈利擴張情況。

替代能源技術在商業上將得到廣泛應用，但目前多數的替代能源研究公司都處於虧損狀態。包括氫儲存系統、能源系統、太陽能、替代能源車、混合電能和燃料電池驅動的開發能源系統等。電池效率提升了，太陽能發電成本過去二十年來約下滑六倍，這樣的進步型態可望持續。在屋頂上加裝太陽能電池板，補助家庭用電所需；目前全球太陽能電池裝設比重最高國家分別為德國、日本、美國。在能源危機意識下，各國政府對替代能源之政策補助會持續增加，國內包括風力、太陽能及生質能等發電方式成為焦點。半導體產業景氣復甦加上太陽能電池需求強勁，上游多晶矽材料供不應求，矽原料短缺問題成為太陽光電產業發展最主要關鍵。

各國政府為力行減碳，紛紛鎖定再生能源、電動車投入龐大資源，國際大廠承諾將綠化供應鏈，推動企業積極規劃採購綠電，刺激再生能源的發電量佔比急速攀升。全球大力發展電動車，台廠供應鏈扮演的角色將比過去傳統汽車時代更為重要，因電動車對電子零組件使用量遠高於傳統燃油車；大幅倚賴電子產業供應鏈，且隨自駕系統升級，對感測器、鏡頭模組、雷達模組等需求將翻倍成長，有利台廠切入全球汽車產業。

⑤ 投資理財：股票市場的價量變化

股票買方為市場的需求者，賣方則為市場的供給者，與一般商品市場同樣有負斜率需求線（股價高則買方成本高，股票需求量減少）與正斜率供給線（股價高則賣方獲利高，股票供給量增加），供需均衡對應均衡量與均衡價。

任何激勵買盤的力量，如景氣回升、企業獲利增加調高財測、產業前景看好或利多傳言、政策作多有利投資、法人主力買超或政府基金進

場護盤等，使股票需求增加，整條需求線向右（成交量增加）上（股價上漲）方位移；反之則需求減少，整條需求線向左（成交量減少）下（股價下跌）方位移。任何刺激賣壓的力量，如景氣衰退蕭條、企業獲利減少調降財測、政策限制不利投資、法人主力賣超、政府引導降溫、天災人禍或利空謠言等，使股票供給增加，整條供給線向右（成交量增加）下（股價下跌）方位移；反之則供給減少，整條供給線向左（成交量減少）上（股價上漲）方位移。其他金融商品市場亦可以相同方式分析。

　　一般而言，股票買賣的價量依據市場機能在均衡狀態下成交，但若價格機制受到限制，亦會發生市場失衡。例如台灣股票公開市場有漲跌幅度限制（目前為10%），當買盤極強市場價格來到漲停板（+10%）價位即不能再上漲，此時市場價格仍低於均衡價格，產生超額買盤（需求），亦即許多想買的投資人買不到，成交量少股價飆漲。若賣壓極大市場價格來到跌停板（－10%）價位即不能再下跌，此時市場價格仍高於均衡價格，產生超額賣壓（供給），亦即許多想賣的投資人賣不掉，成交量少股價崩跌。市場失衡狀態不會持久，任何股票不可能每天漲跌停板，調整數日後即會來到均衡價量；除非公司面臨倒閉，則該股票可能一路跌停至下市。

　　在行情的變化中，量往往是價的先行指標。量增上漲通常發生在盤整完成的上漲初期或跌深反彈，成交量日漸增多，價格也逐日上揚，後勢最有機會形成波段漲幅，漲多後的爆量往往已接近高點。量增下跌在股票下跌的過程中出現逐日量增，代表長期持有者鬆動，開始拋售股票，最後出現爆量止跌反彈。在盤整期成交量增加，股價卻漲不太動，往往是有特定人士開始進貨，價格突破便是最佳的進場點。股價持續上漲，但成交量卻越來越少就是價量背離，下跌的風險非常高。量減價跌常發生在股價漲幅已大，持有大量股票者慢慢消化持股，大戶跑光後任由股價探底。量減價平通常是發生在上漲一波後，待量能出現窒息量且盤整低點不跌破時，便開始展開第二波的攻擊走勢。

　　量能放大如果是長黑融資增加，是在倒貨給散戶，股價很難漲得動；相反地若是長紅量放大融資減少，是大戶在買股票。漲勢成交量不足，股價頂多只是反彈，接下來很可能就下跌了。價漲量平是即將止漲的徵兆，股價在漲但量卻沒有出來，表示主力拉抬意願不強，可能慢慢形成頭部。量增加股價卻不漲，如果在漲勢後期就是接手無力，股價抵抗不了賣壓。

八、降價促銷是否有效～需求彈性

戰爭及傳染病影響旅遊意願，團費與機票降價亦不能吸引消費者，代表需求彈性小，即需求量受商品本身價格變動影響的敏感度小。因需求者偏好降低，降價亦不能改變其消費。

原物料上漲就調漲價格，下跌卻不下修價格，所有參與製造、生產、銷售的人，都應該公平地分擔生產風險與利潤，民眾應看清不合理漲價的業者，消費者可以有更積極的作為。

某一變數改變對另一變數有影響而產生的反應程度稱為彈性（elasticity），彈性大表示反應強，彈性小則反應弱，亦即彈性是受影響變數的敏感度指標。

因兩變數的單位不同，不能直接比較其絕對數量大小，應以相對變化量來衡量，通常以變化量百分比作為衡量指標。經濟意義亦可表示為，當經濟環境發生變化，參與該經濟活動的個體，調整其資源配置之能力與敏感度。

依據價格機能，商品本身價格變動會引起市場商品的數量變動，需求量變動的反應程度稱為價格需求彈性，供給量變動的反應程度則為價格供給彈性。價格彈性（price elasticity）即價格變動 1% 可引發 ε % 數量變動，因此價格彈性係數 ε ＝數量變動百分比／價格變動百分比。

商品本身價格變動引起需求量變動的反應程度，需求（價格）彈性即需求量受商品本身價格變動影響的敏感度指標。

$$\varepsilon_d ＝需求量變動百分比 / 商品本身價格變動百分比$$

依據需求法則，商品本身價格與其需求量之間呈反向變動關係之負斜率需求線，因此需求彈性係數為負值，但負號只表示兩變數變化方向相反，彈性大小（反應程度）須視彈性係數絕對值（消去負號）大小而定。

單位彈性（unitary elasticity）又稱為中立彈性，即 $\varepsilon = 1$，代表需求量變動百分比（％ ΔQ）等於價格變動百分比（％ ΔP），因此彈性大小是以單位彈性為比較基準。

富有彈性（elastic）又稱為彈性大，即 $\varepsilon > 1$，代表需求量變動百分比（％ ΔQ）大於價格變動百分比（％ ΔP），亦即需求量受商品本身價格變動影響的敏感度大。

完全彈性（perfectly elastic）又稱為彈性無窮大，即 $\varepsilon = \infty$，代表在價格固定下（$\% \Delta P = 0$），需求量變動百分比（$\% \Delta Q$）可達無窮大，亦即需求量受商品本身價格變動影響的敏感度無窮大。

缺乏彈性（inelastic）又稱為彈性小，即 $\varepsilon < 1$，代表需求量變動百分比（$\% \Delta Q$）小於價格變動百分比（$\% \Delta P$），亦即需求量受商品本身價格變動影響的敏感度小。

完全缺乏彈性（perfectly inelastic）又稱為無彈性，即 $\varepsilon = 0$，代表不論價格如何變動（$\% \Delta P = \infty$），需求量變動（$\% \Delta Q$）仍為0，亦即需求量固定，完全不受商品本身價格變動的影響。

行銷企劃商品打八折增加一成銷售量，$\varepsilon_d = 10\% / 20\% = 0.5$。當需求彈性小（$\varepsilon < 1$），價格下跌1%但銷售數量增加不及1%而減少總收入，所以此促銷方案不利。可能商品本身特性不容易替代，或其他品牌的忠誠度較高，需求者短期來不及改變其消費選擇。

需求彈性為需求量受影響的敏感度，而商品替代性為影響需求量變動的最主要因素，當需求者的選擇機會大則影響需求量變動大，即需求彈性大；反之則小。影響需求彈性大小的因素，包括替代品、商品範圍、需求者偏好、支出比例、時間。

替代商品本身特性容易相互替代或市場競爭激烈，則商品替代性大，代表需求者的選擇機會大，使價格相對較低的商品需求量大增，而價格相對較高的商品需求量大減，亦即需求彈性大（需求量變動大）；反之則小。

商品範圍小，即其他同類替代品多則商品替代性較大，代表需求彈性大；反之商品範圍大，即其他不同類替代品少，代表需求彈性較小。

生活必需品或忠誠度較高的品牌不易替代，需求者偏好影響需求量變動小，即需求彈性小；反之則大。

某一消費商品占需求者總支出的比例愈大，則價格變動對其購買力（實質所得）影響愈大，須設法尋求替代品或調整使用量，因此需求量變動大，即需求彈性大；反之則小。

時間愈長，則替代商品增加及需求者改變其實質所得或消費偏好的可能愈大，對消費商品的選擇機會大，因此需求量變動大即需求彈性大；反之則小。短期指需求者來不及改變其消費選擇的期間，長期則是需求者足以改變消費並選擇替代的期間。

忠誠度較高的品牌不易替代，影響需求量變動小，即需求彈性小，增加廠商競爭力與獲利。

所得變動引起需求量變動的反應程度，所得（income；I）彈性即商品需求量受所得變動影響的敏感度指標。

$$\varepsilon_I = 需求量變動百分比 / 所得變動百分比$$

所得增加可使其需求增加的物品為正常財，即所得與需求同向變動，因此所得彈性為正。無所得彈性（$\varepsilon_I = 0$），即所得增（減）不影響需求的商品，稱為中性財；所得與需求反向變動的物品稱為劣等財，所得增加使一般人增加正常財的需求，減少對品質較低的劣等財的需求，因此所得彈性為負。

其他商品價格變動引起相關商品需求量變動的反應程度，交叉（cross）彈性即需求量受其他商品價格變動影響的敏感度指標。交叉彈性係數為 0，代表兩物獨立非相關商品。

$$\varepsilon_{XY} = X 需求量變動百分比 / Y 價格變動百分比$$

開放各種商品進口，衝擊國內相關產業，替代性大則交叉彈性大，當進口商品價格下跌，將大幅減少國內相關產品的需求。美台電子產業互補交叉彈性大，台灣電子零件減產則價格上漲，將連帶大幅減少美國電子產品的需求。

♀ 生活智慧：貨比三家不吃虧？

消費者喜歡比較價格，講求高 CP 值，以最便宜的花費滿足自己的需求。消費者對品牌忠誠度下降，重視客戶感受的重要性是提升的。商品類型相同的市場競爭激烈，要維持品牌忠誠度且在同業中脫穎而出，在新的浪潮湧現前積極轉型與改變，才不至於被市場淘汰。

買東西時總喜歡貨比三家不吃虧，其實身處於人為設計的環境，商品之間極小的差異常會放大，過度比較反而會看不清真相。許多生意人會製造比價的機會影響購買行為，早就串通好一起抬高售價，但是消費者在幾家類似的商店之間比價，認為已經找到最低價。

生命之間是無法比較的，孩子的能力是多方面的，不能因為一個方面的能力低下就認定孩子不如人，這樣只會使孩子感到洩氣，甚至產生更不良的影響。

如果父母希望孩子上進，不要和別人比而是要他和以前比。每一個孩子在世界上都是獨一無二，而且每個人在性格、能力、天賦等方面也

是不相同的。自己的孩子也許在某一方面不如別人，但是在其他方面卻可能比別的孩子強。看到孩子的進步給予表揚和鼓勵，讓孩子體驗到進步帶來的成就感，體會到成長的快樂。父母對孩子要求過高，孩子可能會過於自卑而失去動力。

一味地拿孩子與別人比，容易使孩子產生挫敗感，不利於培養孩子的自尊心與自信心。對孩子抱有不切實際的過分期望，對孩子的心理造成傷害，父母對孩子否定進而發展到孩子的自我否定，孩子在成長中遇到困難就會恐慌退縮。學會欣賞孩子，以謙卑的心來感謝生活，學會多想想孩子的好處，感謝孩子帶來的幸福和快樂；調整好心情少責罵批評孩子，多給予賞識與鼓勵，他們才會有信心繼續精彩的人生。

他人的期待和比較的心態是兩條繩索勒住心靈，就算成功也很容易後悔，因為日後常會覺得有更好的替代方案；懂得容忍缺點也知道優點在哪裡，更容易滿足、幸福。當努力符合別人期望去扮演另一個人，把別人當成生存目標忘卻了自己的需求，太渴望別人所擁有的東西，忽略了自己也有珍貴的特質，當我不是我自己的時候就不快樂。人如果不能做自己，不管擁有多少別人的羨慕，不管爬到多高的地位都不會快樂，因為那不是真正想要的，於是回首人生只感到空虛。

比較心態是幾乎每個人都會有的反應，當這一情緒出現時，將之視為能夠和自己好好對話的機會，誠實面對自己的內心，理解自己目前遇到的人生課題，從不同角度嘗試改善生活。不要把自己的人生視為與他人的競賽，而是讓自己不斷地進步，也幫助別人成長。把人際關係視為競爭的人，無論多成功都很難快樂，因為比較心態正是幸福的阻礙。正面的心態面對種種挑戰，從小處開始累積改變，對世界的看法也會產生變化；從計較輸贏帶來的痛苦循環中解脫，為自己和他人的幸福產生更積極的貢獻。

⚲ 經營管理：割喉式價格競爭有效嗎？

市場競爭激烈時，產品供應者為了能刺激產品銷量，不斷地以劇烈的價格競爭作為促銷手段，甚至不惜將價格砍到低於成本的價位。當市場中各廠商定價不同，最低價的廠商將獨享市場利益，其他廠商必須跟進降價或退出市場，形成割喉價格戰。第一家廠商先決定價格水準，隨後跟進的其他廠商可能以低價競爭搶占市場，因此領導廠商並不具有優先利益。

059

顧客忠誠度較高的品牌不易替代，則商品的需求彈性小，定價策略以高價進入市場，在市場競爭小時可以漲價轉嫁給消費者；廠商具有品牌形象或壟斷優勢，以提高最大利潤為目標，通常市場進入障礙較大。透過新產品、管理、技術等的發明、或市場開發策略，降低廠商成本並誘發需求者的消費活動，藉由不斷研究創新持續享有各種新產品的獨占利益。

廠商推陳出新帶動流行，提升購買者的知覺效用，吸引其搶購使價格居高不下；對於難以負擔成本來突出商品異質性的廠商而言，商品不再與眾不同，降價求售亦乏人問津，即具有市場進入障礙。運用資料庫行銷及關係行銷，藉由舊客戶資料發行會員卡或認同卡，使顧客有品牌歸屬感及認同感。運用品牌延伸、多品牌、品牌重定位等策略來提升品牌使用人數。

榨取訂價在最初發展階段中，採用高價推出產品，然後於市場擴大及成熟時再逐漸削價，目的在於獲得最大的短期利潤。高科技或稀有性等產品，新上市時的需要彈性小，以偏高價格刺激顧客，配合產品本身之特性對於推銷有所助益。快速榨取策略以高價、高促銷活動，引發顧客對新產品產生興趣，快速獲取利潤。慢速榨取策略以高價、低促銷活動，降低行銷費用創造品牌偏好，適用於市場規模不大時。

依據消費者的所得與購買力將市場加以區隔，對於消費力強的地區訂價高，對價格敏感的地區則降低售價。初期訂價高時獲利空間甚大，所得到的資金可擴充市場，對於往後的發展更具有潛力及爆發力；市場不致於發展過於迅速，公司生產能力足以應付。若訂價偏高無法引起市場反應時，將價格調低以迎合消費者。若產品上市期採高價政策且行銷成功，為了要獲得更廣大的市場並加速其成長，勢必以降價增加銷售量來佔有市場，以取得優勢地位。

快速滲透策略採取低價、高促銷活動快速佔有市場，適用於市場潛力大時。慢速滲透策略運用低價低促銷活動來降低費用，適用於市場規模夠大，顧客對價格敏感，對促銷不敏感時。廠商具有低成本、規模量產優勢，以提高市場占有率為目標，通常另有高利潤商品作為彌補。犧牲短期利益以打擊競爭者進入市場，並謀求產品在市場上的優勢，以最短時間內進入市場增加知名度。

通常高價位代表高品質，並因此有足夠誘因使廠商願意供給高品質商品，且主動提供詳實資訊。廠商必須不斷推廣爭取消費者認同，非價

格競爭使整體市場享有高品質多樣化的商品。

⑤ 投資理財：精選主流股彈性操作

主流類股是市場上目前的焦點股，資金朝該類股來移動。當投資人注意力被吸引到這族群，成交量就會放大，形成價漲量增。一檔股票的上漲，背後可能有某位主力在拉抬；如果是同族群的股票集體上漲，就極可能是一群主力在拉抬，就稱為主流族群。

選主流股是市場大戶常使用的選股方式，因為一群主力集體在拉抬股價，所以勝率會比一般股票來得高，且漲幅也相對大，較能賺到波段獲利。股價經過一段時間的壓縮之後，線型呈現盤整區間，帶量長紅突破下降壓力線，是波段起漲的強烈訊號。若選出的個股中屬於同一族群拉抬的愈多，代表這族群成為主流類股的機率愈大，由該類股的龍頭或指標股帶動出現波段漲勢。

類股指某一個產業，例如電子、金融、鋼鐵或營造建材等，類股輪動就是市場上產業會有循環，每個產業都有可以當領頭羊的時候。當需求面大於供給面時，很多人搶著買相關產品，資金會聚焦於類股中，也就是盤面上領導的主流類股。

多頭走勢中會類股輪動，選已經做出底部型態，法人在買但是還沒有漲太多的股票，低基期的風險很低，因為之前沒漲太多，遇到修正也會比較抗跌，甚至接棒往上漲。科技類產品越來越創新、實用，效能吸引消費者，陸續有新型的手機、VR虛擬實境、人工智慧型機器人等產品出現，提供生產製造元件的相關廠商，就有這些相關產品製造或代工廠商的概念股出現。

買股票要選均線多頭排列的強勢股票，未來較容易上漲，可從當日、近周或近月強勢類股報價中找出投資標的。達人所用的方法，大多是在底部布局、突破加碼抱足大波段。要建立先當贏家、再談報酬的觀念，也就是先求小勝再求大賺，並做好資金控管，先求高勝率逐漸累積財富，千萬不要妄想一夕致富。股市每一波的上漲，都是由若干族群或次產業領軍，不是個股單打獨鬥，若能掌握領漲類股，再從中挑出主流股，勝率會大大提高。

當大盤多頭時，作多個股比較容易賺到錢，持股比重也可提高；反之就要降低持股比重或轉而作空。若股價下跌一段後，在季線以下止跌並整理為底部，股價重新站上季線，就可能進入初升段。股價在初升段

見到高點後，會整理一段時間，整理結束再出現一根帶量的長紅Ｋ線，突破了初升段的高點，就進入主升段最佳買點。多頭架構上漲則量增、價漲、角度陡，壓回則量縮、價跌、角度緩；攻擊階段量能滾得越大，股價上漲的想像空間就越大。

散戶們常到處聽明牌，就像賭博一樣很容易判斷錯誤，用自己的主觀意識、沒有操作邏輯或追高殺低而賠錢。出現轉折訊號時刻意忽略，被當時極度樂觀或悲觀的氣氛影響，沒有遵守投資紀律；在空頭時一路買股、一路抱股，甚至加碼攤平，這是造成慘賠的最重要原因。

九、調整生產線～供給彈性

一體化生產也稱同步流生產方式，把支流的機器與主流的機器布置在一起，使在完成一個支流的組件即能同步傳遞到主流的流程，繼續組裝下去。生產者有能力擴產或改變產品，代表供給者的生產選擇機會大，即供給彈性大，可以增加廠商競爭力與獲利。求職者生產技術多樣化或產能高，代表個人的工作選擇機會大，即勞工的勞動供給彈性大，可以增加競爭力與就業機會。

國內油品內銷價格受到限制，台塑石化改變產品市場增加外銷油品比重，不僅價格較好，市場也持續成長中。福特汽車公司宣布調整生產計劃，減少追加成本和改變產品組合，以應對美國迅速改變的商業環境；消費者轉向較小且更為省油的汽車，因此減少大型卡車和運動型多功能車的生產。

商品本身價格變動引起供給量變動的反應程度，供給（價格）彈性即供給量受商品本身價格變動影響的敏感度指標，供給彈性大小之衡量及意義與需求彈性相同。$\varepsilon_s =$ 供給量變動百分比 / 價格變動百分比

依據供給法則，價格與其供給量之間呈同向變動關係（正斜率需求線），因此供給彈性係數為正值。

供給彈性為供給量受影響的敏感度，而生產替代性為影響供給量變動的最主要因素，當供給者的生產選擇機會大，則影響供給量變動大，即供給彈性大；反之則小。影響供給彈性大小的因素包括資源流動性、成本、時間。

生產要素特性容易相互替代或用途較廣，生產技術多樣化或產能高等因素，資源流動性使生產者有能力擴產或改變產品，代表供給者的生產選擇機會大，則影響供給量變動大，即供給彈性大；反之則小。

翻轉吧～經濟學！給您看得懂用得到的經濟原理

當增加產量或改變生產線會使成本增加較大，使供給者的生產選擇機會小，則影響供給量變動小，即供給彈性小；反之則大。

時間愈長則供給者改變產量或生產線的可能愈大，生產選擇機會大，因此供給量變動大，即供給彈性大；反之則小。

生產期間並非以特定時間長短區分，而是視個別廠商的生產特性與調整能力而定。短期指供給者來不及調整生產資源以改變其產量或生產線的的期間，供給量變動小即供給彈性小；極短期是供給者來不及反應，只能供應現成存貨的期間，供給量無法變動即供給彈性接近 0。長期是供給者可以調整生產資源，足以改變產量或生產線並選擇替代的期間，因此供給量變動大即供給彈性大；極長期是供給者可以創新發展跨越原有領域或規模，供給量變動極大，即供給彈性可達無限大。

為延續傳統產業文化生命力，台灣許多企業紛紛將早期傳統的生產線及發展過程，轉化為可以讓大眾深入接觸的休閒場所。

有系統地將投入資源轉換成為產出供給稱為生產作業管理。執行生產功能的前置設計包括製程選擇、資源配置、設施地點、人員工作、產能規劃等，生產流程包括工作排程、物料需求、品質控制、存貨管理與整體規劃，相關輔助功能包括零件採購、設備維護、能源效率、績效評估、安全標準等。

產能（productivity）為系統化作業在一定時間內正常工作所能生產的最大產出。產能決策反應未來外部環境變化與市場需求，調整加工設備與作業流程，有效率地運用配置有限資源，建構每一工作成員的職務角色分工，以完成經濟目標的最大產出。

連續生產以高度系統化作業流程產出大量標準化產品，使用機械化加工設備而且分工明確專業細緻，其人員權責固定且工作範圍狹小，傾向機械式組織，便於管理控制品質，對創新技術與彈性調整能力要求不高。針對市場區隔，依需求者特性（偏好）設計相似類型的差異化產品，但同一款式標準化產品仍是以高度系統化作業流程大量產出，稱為反覆加工或半連續生產。

間斷生產以不同加工製程條件產出少量部分標準化產品，權責角色分工彈性調整，工作職務設計團隊化，成員具有獨當一面的責任與能力，便於快速反應外部環境變化。

使用相同機械化加工設備與標準化作業流程，產出相似類型的差異化產品，稱為分批生產。可以節省運用有限資源以發揮最大效益，但工作排程配置與物料需求規劃可能發生衝突，須保持機動彈性，且不影響原作業流程之

正常運作而能分工完成目標。

使用相同機械化加工設備但非標準化作業流程，針對不同客戶需求產出相似類型的差異化產品，稱為訂貨生產。針對特定需求訂單少量生產，因此單位成本較高，工作排程配置與物料需求規劃複雜，須彈性調整工作職務設計，使整體生產作業管理可以快速反應外部環境變化。

專案生產使用不同加工設備且非標準化作業流程，針對客戶需求產出差異化產品，為完成某些特定目標的臨時組合，完成後即回歸原正式工作職務，而不影響原系統架構之正常運作，並提升企業的應變能力，節省資源且增進效率，通常為創意機動生產部門所採行，但個案交易的專案成員不易控制管理。

網狀組織只保留核心規劃管理，而將生產作業流程與其他功能活動的執行外包，保持本身企業的機動彈性，但須與其他外包企業建立緊密的關係網絡，以彈性合作完成專案生產，確保企業功能可以長期完整順利運作。網狀組織形式讓企業如一張網，更具彈性、機動性和效率；核心可視需要而與任何其他組織產生聯結或中斷關係，必須與其他組織合作才有存在的價值。依賴自我管理與獨立自主所建構的網絡，極大化資訊交換以及對科技變遷的反應與業務彈性。

晶圓代工產業以不同加工製程條件產出少量部分標準化產品，隨著晶圓代工業轉換為明星產業後，在競爭業者產能逐步開出後供給面急速成長，造成代工價格緩步下跌，反映出整體電子業走向低價化、普及化的發展趨勢。業者在產能利用率逼近滿載後適度提高代工價格拉高毛利，可能導致訂單流失；反之不適度調整價格，未對競爭市場做有效區隔而造成負面效應。

💡 生活智慧：能者多勞與成長型團隊

《莊子・列禦寇》：「巧者勞而智者憂；無能者無所求，飽食而敖遊。」指靈巧多才的人多憂勞，恭維人能幹、多才多藝，慰勉能力強的人要多做事情。找團隊中最會的人來做，或許短暫得到了好的表現，然而整體的能力並沒有提升。因為能者多勞的環境，能力強的人承擔較多責任，只讓勞者更強，不勞者更弱。要求能者多勞、多憂、多去承擔，無形中放縱了無能力者吃飽、睡飽、遊山玩水，導致能者離去或融入無能者。整體來看，大家各司其職似乎任務也完成了，但重點不在現在而在未來，一個勞者多能的環境，成長型團隊比做事團隊還要來得有價值。

翻轉吧～經濟學！給您看得懂用得到的經濟原理

能者多勞給人榮譽感，卻無法給人前進的動力。多承擔的重複練習，原本已經在行的事情又變更強，不會的就永遠不會。如果挑選菁英來重複做本來就在行的事，或許會覺得無趣而失去成長動力。讓普通人透過學習，提升自己的能力，團隊整體一起學的動力比單兵提升戰力來得強大。強調學習與訓練而非原本的程度，享受在學習過程中從不會到會的闖關享受，讓一個能力起點平凡的人，相信自己可以透過學習而成為達人，自己也要相信持續執行，能夠習得過去覺得十分困難的能力。任何能力都是從第一次不會開始，接著重複數次的練習與調整而成就。

能力開發（ability development）增進員工的工作能力與動機，培養未來所需之專業技術與管理方法，即培訓幹部提升其價值的成長過程，著重知識的理論基礎和自我學習的思考能力。

有能力的人往往會被賦予比較多的期待及期望，但真的心甘情願，還是被沒能力的人偷懶，能者變成忍者，忍者再變心灰意冷。老闆表揚能者多勞，只是把壓榨說得更漂亮一點，並不一定是願意栽培。團隊核心人物的能力太強未必是好事，能者一旦多勞，就會讓那些不能者產生依賴和惰性，進而把所有希望都寄託在能者身上，這是非常危險的。能者多勞也許能解一時燃眉之急，但絕不是公司長遠發展之計。在合理範圍內平衡各員工之間的能力差距，最大化降低核心員工流失所帶來的風險損失。

職場上懂得拒絕，才能讓精力更集中，成長軌跡更清晰。主動去做充滿挑戰且對個人和公司成長都能帶來顯著收益的事情，同時拒絕佔據過多時間且對能力提升毫無幫助的事情。把自己的專業能力轉變成對周圍人的影響力，除了要有硬技能打底，更要通過日常工作中的溝通、談判、斡旋、領導等軟實力，塑造出獨特的人格魅力。工作效能高的員工，通常是主管仰賴的左右手，也因此成為救火部隊，既磨合專業本事還鍛鍊領導才能。非份內事務的種種歷練，成就工作能力的廣度，能力越強越廣價值越高。新人剛開始低調，站穩腳跟再展現能力，否則容易過早成為同事的競爭對手，鋒芒畢露的後果往往適得其反。低調做人，一旦時機成熟抓住機會最大化展現能力，不鳴則已一鳴驚人。

8 經營管理：企業轉型啟動變革

企業轉型是經營方向、營運模式、組織架構與資源配置等整體性轉變，也是企業重塑競爭優勢，邁向新形態的過程。多數企業在變革轉型的路上，進展緩慢甚至猶豫不前，現況如果尚可維持，內部變革轉型的

動能便趨弱。缺少領導變革轉型的思考架構，難以變更經營模式或進行創新，受限於過去成功經驗所構成的組織慣性，導致在推動變革過程中，增添成功轉型的難度。曾經輝煌的知名企業，如柯達（Kodak）、諾基亞（Nokia）、全錄（Xerox）等，因為無法及時因應科技演進與競爭演化進行有效的轉型，導致企業的存續岌岌可危。

　　組織成員對變革轉型的急迫感認知不同，內部對於變革方向、方法與節奏持不同見解，而難產生共識。對於邁向未來的結果，存在高度的不確定性，加上維護既有利益的內在考量，關鍵的轉型決策常不如維持短期績效來得急迫。凝聚內部對變革的轉型策略、組織結構的調整、管理模式的優化、核心價值觀與行為形塑的共同認識，將有助於變革轉型的持續推動。不論現狀惡化的嚴重程度如何，建立新的成長願景與方向，都是啟動變革的首要之務。

　　既有組織單位需要照顧現有營運需求，而變革轉型需要額外資源投資，容易影響短期績效，既有單位的成功經驗也未必適用。以成立新單位進行轉型，需思考後續如何翻轉既有組織，達到真正的轉型目的。企業文化反映的核心價值觀與重要的行為規範，是支持企業過往成功的要素，但也可能成為變革轉型的無形阻礙。利用外部標竿提高急迫感，讓轉型能夠有效啟動，轉換成能力發展導向的績效管理模式，有效激發組織成員對變革轉型與成長的熱情，避免以現狀限制對未來的思考與選擇。

　　再造工程重新設計組織架構與作業流程，以改善品質與降低成本，提升管理效能與附加價值。先導正策略目標，配合新的管理方法和技術工具，賦予成員新的任務使命；過程中不斷改善問題，使企業組織持續成長，追求更高的績效標準與成長機會。企業轉型永遠是進行式，也是充滿挑戰性的工程，唯有持續升級轉型才能符合市場需求，企業內部透過組織、人力資源、企業文化、企業營運模式等轉變，以提升自身的能力，進而提高企業的相對競爭力。

　　賈伯斯改造搖搖欲墜的個人電腦公司，蘋果變成全美第一大企業。諾基亞沒有及早布局智慧手機，而遭淘汰。相機發明者柯達，百年老店沉迷過去榮景，未積極轉型以致破產。台灣企業面臨全球環境劇烈變化，經歷前所未有的衝擊必須積極轉型，手段包括傳承、跨界、國際化、產業整合和數位化等。

　　因應環境變化進行價值創新，以提供良好的顧客體驗，來提升企業的競爭優勢並創造新的商機。為延續傳統產業文化生命力，台灣許多企

業紛紛將早期傳統的生產線及發展過程，轉化為可以讓大眾深入接觸的休閒場所。金蘭醬油博物館重新裝潢再出發，網羅包括台灣在內的世界各國醬油產品，並定位為台灣醬油文化博物館，希望讓民眾更深入地認識台灣醬油文化的深厚底蘊。

⑤ 投資理財：利基產品增加營運動能

　　利基（niche）是對企業的優勢細分出來的市場，針對性、專業性很強的產品，小市場並且有獲取利益的基礎。企業在確定利基市場後用更加專業化的經營來獲取最大的收益，在強大的市場夾縫中尋求自己的出路。已有絕對優勢的企業所忽略之某些細分市場，由一些需要但尚未被滿足的族群所組成，一般為較小的產品市場並具有持續發展潛力。價格與質量針對細分後的產品，進入有盈利基礎的小型市場，滿足特定的需求。企業根據自身所特有的資源優勢，將品牌意識灌輸到該特定消費者中，逐漸形成該族群的領導品牌來佔領市場，從而獲取最大收益所採取之競爭戰略。

　　由大型企業體系主宰的環境，從大眾化走向區隔市場，將轉變為中小企業遍布，所有的產業、商業、行銷型態都將去中心化，呈現趨近扁平狀的結構。每一個新創產業都必須專注在最小的可能性，找尋小眾市場，專注在由小到大的思維流程。好的利基市場獲利是持續性的，而非一次性或季節性。新進廠商或後發產品，要在浩瀚的市場中找到立足點，需要先把市場區隔得更精細，然後從中找到自己可以立足的狹小市場，在此站穩腳步再求發展。

　　生產多產品的大公司，產品組合經過市場的考驗與淬練，形成主產品與利基產品；前者供應大眾市場需求，後者滿足消費者的特殊喜好。擁有特色的小公司，有發揮高度專業技術的空間，滿足狹小市場顧客的特殊需求，逐步發展成為小而美的企業，最後演變成大企業的強勁競爭對手。從大處著眼精研利基策略，從小處著手找到立足點，深耕利基市場，由小而大由近而遠，逐步擴散到整個市場。

　　利基記憶體泛指主要非應用在電腦的利基型DRAM與Nor Flash，市場規模不大，應用廣泛獲利也較高。整體 DRAM供不應求，利基型的DRAM更搶手，台系廠商擁有較多利基型DRAM產能。國際大廠產能由DRAM轉到CMOS領域，利基型DRAM產能供給限縮，通訊領域需求成長，消費性產品包括AIOT、遊戲機，以及穿戴式產品如無線藍牙耳機領域，車用記憶體包括ADAS應用也需要利基型DRAM產品。

國內被動元件廠經歷過 2018 年產品報價大起大落後積極改變策略，紛紛擴大利基型產品比重，在訂單能見度或毛利率都有較穩定的表現。除了小型化成為趨勢外，隨著 5G、快充、AI、高速運算等高頻、高壓應用需求大增，也針對材料進行研發升級，朝向高電容值、高耐電壓性、高可靠度等發展，以保持產業競爭力，主要目標並不是作大，而是要追求持續性的穩定增長。

　　新型態終端產品需求成長，對電子零組件帶來龐大商機，利基型銷售動能優於預期，加上順利調漲價格，推升營運動能，著重於利基型產品及高規格特殊品的開發及行銷，同時開發新的終端產品應用領域，以提升營運績效為最大目標，創造公司利潤最大化。

十、議價能力～彈性大小與訂價策略

　　決定買方議價能力的基本因素，包含價格敏感度和相對議價能力。買方對價格是否敏感取決於產品對買方的成本結構，當該產品占買方的成本大，就會更關心成本較低的替代品。但即使買方對價格很敏感，若沒有更多的選擇，其相對議價能力就較弱。

　　如果是買方強勢時，可取得更好的價格和條件。但是當買方別無選擇時，應該爭取的是要確保充足的供應量。採購人員在進行議價談判之前，更要隨時掌握最新商情，包括目前市面價格、供需情況，以及賣方潛在的競爭對手等。採購人員需要具備成本分析的技巧，才能判斷賣方所提出的報價是否合理，或有多大的議價空間。

　　商品單位售價與銷售數量的乘積，對供給者而言是其銷售總收入（total revenue；TR），對需求者則為購買總支出（total expenditure；TE）。

$$TR = P \times Q^D \text{；} \Delta R = \Delta P \times \Delta Q^D \text{；} \Delta R\% = \Delta P\% + \Delta Q^D\%$$

　　銷售數量為需求者願意且能夠購買的數量，對應該市場價格 P 的需求量 QD。依據需求法則，其價量變化方向相反，當價格下跌表示每單位收入減少，但需求量上升卻可能使累積總銷售收入增加；究竟價格變動對需求量反向變動的影響，進而造成的收入變化為何？可應用需求彈性之大小來分析，因需求價量變化方向相反，其收入變化應與變動百分比大者同方向。

　　當需求彈性大（$\varepsilon > 1$），代表需求量變動百分比（% ΔQ）較大，總

翻轉吧～經濟學！給您看得懂用得到的經濟原理

收入應與需求量變動同方向（與價格變動反向），亦即需求量增加則總收入增加；反之則減少。因此需求彈性大的商品降價促銷可以增加總銷售收入，即價格下跌1%可增加更多%銷售數量而增加總收入。反之價格上漲1%會減少更多%銷售數量而減少總收入，廠商在市場競爭激烈下不敢漲價，以免被其他供給者替代，成本上漲多自行吸收，可以轉嫁給消費者的空間較小。

當需求彈性小（$\varepsilon < 1$），代表價格變動百分比（% ΔP）較大，總收入應與價格變動同方向（與需求量變動反向），亦即價格上漲則總收入增加；反之則減少。因此需求彈性小的商品漲價可以增加總收入，價格上漲1%而銷售數量減少不及1%仍可增加總收入；反之價格下跌1%而銷售數量增加不及1%，即減少總收入。廠商在市場競爭小時可漲價反應成本，被其他供給者替代數量不大，成本上漲不須完全自行吸收，可以轉嫁給消費者的空間較大。

當需求彈性中立（$\varepsilon = 1$），代表價量變動百分比相同，總收入變動方向不受價格變動影響，因商品價格上漲（下跌）則銷售數量減少（增加）相同幅度。廠商不論降價促銷或漲價反應成本，成本上漲不論自行吸收或轉嫁給消費者，都不影響總收入變動方向。

進口雜糧價格上漲主要是作物欠收，因此綠豆、黑豆價格連番上漲，但是國內雜糧長期依賴進口，對於飆漲的價格也只有接受。

當需求彈性大，代表需求者的選擇或調整使用量機會大，使價格相對較低的商品需求量大增而價格相對較高的商品需求量大減，亦即需求彈性大的商品成本轉嫁能力較低。反之需求彈性小的商品，代表需求者的選擇或調整使用量機會小，亦即需求彈性小的商品成本轉嫁能力較高。

營造業因競爭激烈，議價能力處於弱勢。若原物料漲勢不停，推案數量多的中小型、財務體質較弱的建商，可能因不敷成本而倒閉。甚至為了獲利，業者可能會採取偷工減料方式施工，為日後房屋品質埋下不確定的風險。

供給彈性大代表供給者的生產選擇機會大，可以改變產量或生產線，商品價格上漲轉嫁給消費者，或選擇生產價值較高的產品，亦即供給彈性大的廠商成本轉嫁能力較高。反之供給彈性小代表供給者的生產選擇機會小，供給者難以改變產量或生產線，商品供給量變動小或選擇生產高價值產品的機會較小，不易漲價轉嫁給消費者，亦即供給彈性小的廠商成本轉嫁能力較低。

企業創新領先市場，需求彈性小的商品被其他供給者替代數量不大，

廠商可漲價轉嫁給消費者；掌握趨勢應變代表供給彈性大，成本轉嫁能力較高。高階及利基型產品在賣方市場主導的環境下得以順利轉嫁成本，至於低階大眾化產品則面臨較大壓力；影響程度存在差異，轉嫁能力更有明顯差別。

名義納稅人可能與實際負擔賦稅者不同，轉嫁（shifting）即名義納稅人可將賦稅轉移由他人負擔，實際負擔賦稅者稱為歸宿（incidence）。名義納稅人與實際負擔賦稅者為同一人，即賦稅負擔不可轉嫁，稱為直接稅，如所得稅、遺產稅、贈與稅、土地稅、房屋稅等財產稅。繳稅人與實際負稅人非為同一人，亦即租稅可轉嫁者，稱為間接稅；如關稅、貨物稅、營業加值稅、印花稅、消費稅等。賦稅可以轉嫁的條件為名義納稅人繳稅有後續交易，且對納稅人邊際成本增加或邊際收入減少，例如廠商生產商品繳納貨物稅後，藉由後續交易價格上升，將部份貨物稅成本轉嫁給後續購買消費者。

前轉（forward shifting）實際負擔賦稅者向前轉嫁至最終消費者，例如消費稅加入售價，由最終購買者付費負擔。需求彈性較小的商品，漲價對需求量影響較小，廠商可以漲價由最終購買者付費負擔賦稅，因此前轉較大；供給彈性較大的商品，廠商漲價由最終購買者付費負擔賦稅，因此前轉較大。

後轉（backward shifting）實際負擔賦稅者向後轉嫁至生產者，例如消費稅未加入售價，而由供應商自行吸收負擔。需求彈性較大的商品，漲價對需求量影響較大，廠商不敢漲價而自行吸收負擔賦稅，因此後轉較大。供給彈性較小的商品，廠商不漲價而由供應商自行吸收負擔，因此後轉較大。

擁有強勢通路對上游享有較高議價能力，利潤受上游原物料壓縮的幅度也相對較輕，若能適當安排訂價策略及產品規劃，在高通膨環境下反而可以創造一片天地。具有品牌優勢，掌控通路擁有採購議價及轉嫁能力的廠商，也比較容易勝出。

♀ 生活智慧：價格多元化

搭配銷售（tie－in sale）將必須共同搭配的互補品連結，須先購買固定耐久的主機（固定入場費用），並搭配相容的配件（變動消費額）才能使用。基於交易習慣、品質維護、成本節省、免費服務等所為之搭售行為，不會產生排除其他競爭者之排他性或對消費者造成剝削。

廠商在技術上迫使消費者購買同一廠牌的主機與配件搭配使用，並採取兩部份訂價，剝奪消費者剩餘並且壟斷市場機會，以提高獨占利潤。

翻轉吧～經濟學！給您看得懂用得到的經濟原理

判定廠商搭售行為是否合理，必須就產品本質進行考量，檢驗其結構、成分、耐久度與用途等，以及兩種商品之間是否具有功能性之連接；其次需就產品之商業習慣加以評估，考量市場之大部分競爭者。

廠商生產多樣但搭配非必須互補的產品，配套銷售（bundling）組合套裝產品以單一價格共同銷售，可以降低成本並使消費者方便一次購足。廠商只銷售配套組合產品稱為純粹配套銷售，同時採取個別產品銷售（單點）與配套組合產品銷售策略（套餐）稱為混合配套銷售。個別銷售單價較高而配套銷售之平均售價較低，混合配售區隔吸引不同特性需求者，使需求彈性較小的消費者購買訂價較高之個別產品（特定偏好），但需求彈性較大（無特定偏好）的消費者購買平均訂價較低之組合產品（配套折扣）。因此提高廠商利潤，產生多樣化經濟，即生產報酬隨產品多樣化而增加。

廠商對特定需求者或長期購買者提供降價優惠或額外服務，通常給予貴賓卡（VIP）或會員資格，購買量可以累計使總購買量愈大，以增加總銷售收入。購買量多者可付較低價格，稱為數量折扣；每次交易之購買量可以累計使總購買量愈大者折扣愈高，稱為累積折扣。廠商對淡季的購買者降價促銷，稱為季節折扣；廠商對特定季節、假日、時段等，專案限期降價促銷，稱為促銷折扣。

購買者依其不同需求選擇特定產品組合，而享有廠商提供的不同價格折扣與付款條件。廠商對一定期限內（提早）付清貨款的購買者提供降價優惠，稱為現金折扣；商品有部分破損，廠商對願意購買的需求者提供降價優惠稱為瑕疵折讓。企業投資於顧客期望更佳報酬，創造更多的顧客資本及品牌權益。將顧客資料轉換成行銷資訊，並作為規劃行銷活動之決策依據，為企業創造出更多的品牌價值。

點餐時會不由自主的優先考量餐套餐而非單點，認為單點比套餐更貴，因此寧願多花一點金額來買整體價格較高的套餐。顧客感知價值就是當消費者認知的價值超越了需付的金額時，便會增加購買的意願。當捆綁的售價高過感知價值時，就算和暢銷商品捆綁，消費者也不會購買。捆綁彼此互補或可以搭配使用的產品，可以讓組合包被購買的機率大增。加價購的商品在結帳時展示給顧客，利用在收銀台的急迫性快速做決定，這時候理性往往不占上風，產生變相的捆綁促銷。

經營管理：差別訂價提升利潤

針對不同的交易對象或用戶群，分別訂定不同的價格；或者將成本

顯著差異的產品或服務，以相同的價格提供給不同的交易對象或用戶群；又稱價格歧視或差別取價。如果廠商只是單純為反應製造或銷售之成本而訂定不同價格，就不能算是差別定價。不同消費者對同樣產品付不同價錢的意願或能力，必須有可資辨別的差異，廠商必須防止消費者將低價購買的商品轉給其他人。

針對每一不同購買者與購買量訂定完全不同之價格，稱為完全差別訂價。在實際執行上有其困難，因每一不同購買者與購買量之願意支付價格不可能完全區隔，且定價單位過細使銷售過程繁瑣，成本提高對廠商不利。依據購買量分級，購買量少者須付較高價格，購買量多者可付較低價格（大量折扣），一定範圍內的購買量訂價相同（差價區間），稱為銷售數量差別訂價或區間差別訂價。藉此區隔不同需求量的消費者，大量採購、長期訂購、加入會員通常可以獲得折扣優惠；可行性高且銷售成本低，對廠商更有利。

廠商依需求者特性（偏好）訂定不同價格，稱為銷售對象或市場區隔差別訂價。若不同購買者可有效區隔且彼此之間不能轉售，可對需求價格彈性較大的市場訂定較低價格（銷售量增加大），而對需求價格彈性較小（銷售量變動不大）的市場訂定較高價格，例如對需求價格彈性較大的需求者學生、軍公教等訂定較低價格低價促銷，而對需求價格彈性較小的名牌忠誠需求者訂定較高價格。銀行實施差別利率的訂價策略，直接依需求者的職業、身份等特性區隔不同市場，給予不同程度的循環信用利率優惠。信用卡積點換紅利商品，不同持卡人依其特定需求自行選擇不同條件積點，間接形成市場區隔差別訂價效果。

廠商依在不同銷售期間對同一產品訂定不同價格，稱為時間區隔差別訂價。偏好較強（需求彈性較小）的消費者，在產品推出前期即願意支付較高的價格購買，廠商可以訂定較高價格；產品推出後期則針對偏好較低（需求彈性較大）的消費者降價促銷，以獲得最大銷售收入並提升利潤。若消費者多期待產品終將降價而延後購買，使廠商必須延長銷售時間並降低售價（清倉拍賣），將因此提高銷售成本並減少利潤。

廠商依需求量的時間不同（如特定季節、假日、時段等），在不同需求期間對同一產品訂定不同價格，稱為尖峰負荷差別訂價。整體需求量大的時間為尖峰期，消費者的需求彈性較小，廠商可以訂定較高價格；非尖峰期消費者的需求彈性較大，廠商降價促銷。廠商不只提升利潤，亦可以價制量，分散消費者的需求時間，降低生產者的邊際成本，改善

資源配置與生產效率。夏季冷凍空調等季節性用電大幅增加，台電採行季節電價制度，夏月電價實施期間是 6 月至 9 月。為鼓勵民眾節能，台電提供用電量較前一年減少或不變的用戶基本折扣，若居住的縣市在節能競賽中獲前 3 名，將再得競賽折扣。

⑤ 投資理財：產品供應鏈漲價扭轉股價

　　整體半導體供應鏈需求強勁，造成各種原物料供不應求價格上漲，上下游供應鏈產能滿載並持續漲價或取消折讓，產品漲價利多消息推升股價強勢上攻。在全球需求急速拉升下，報價連續調漲，業績連續走高。台積電調漲代工價後，不僅牽動其他半導體廠漲價潮，許多產品也可能轉嫁成本跟進漲價，帶動電子產品由過去的通縮循環走向通膨的新循環。

　　半導體是現代許多電子科技、電子用品不可或缺的基礎。小至筆電、手機、平板，大到工業電腦、汽車、飛機航空設備，甚至提升各類家電及照明設備的能源效率，都需要半導體。晶圓代工是半導體產業的一種商業模式，接受其他公司委託從事晶圓成品的加工及製造積體電路，並不自行從事產品設計與後端銷售，屬於產業鏈中游。台灣半導體產業扮演相當重要的角色，在國際上更是舉足輕重，除了台積電市占率穩居產業龍頭寶座，聯電、力積、世界先進也都是國際知名的晶圓代工廠。

　　因應 5G 手機、伺服器、高速運算等各類應用的需求，加上宅經濟趨勢，帶動大量先進製程的晶片需求。電動車需求成長，掀起一場由晶片主導的智慧化競賽，電動化、智慧化讓汽車變成四輪的超級電腦，車用晶片占整台車成本的比重越來越高。俗稱台版晶片法案的《產業創新條例》第 10 條之 2 修正案，針對技術創新且居國際供應鏈關鍵地位公司，投資前瞻創新研發及先進製程設備，各給 25％、5％投資抵減租稅優惠，兩者抵減總額不得超過當年度應納營所稅額 50％，這是史上最高研發及設備投資抵減法案。

　　電子零組件缺貨潮，從代工產能到 IC 晶片、記憶體、面板都呈現缺貨，各種晶圓代工漲價、IC 設計公司加價搶產能，連最下游的品牌廠都出現報價喊漲，扭轉半導體族群股價。製程產能擴充緩慢，廠商供給增加速度遠不及市場需求增加速度，出現供不應求的結構性產能缺口，缺貨漲價成了新常態。台灣出口兩大主力為電子產品及資訊通信產品，未來外銷接單單價易漲難跌，有利推升台灣外銷訂單及出口整體金額，進而成為支撐 GDP 持續成長的動能。

對於上游廠商而言，過於穩定的代工價格，無法完全釋放產能。為了提高生產效率，進一步開拓市場，合理漲價成了必然選擇。將出廠產品全線漲價，也成就拉升毛利率，維持市場的高期望。台積電的建廠策略，從原有的寶島為主變成全球開花，帶來巨大的成本壓力，在維持獲利和推動研發的基礎上，漲價也是大勢所趨。

多個電子族群類股，挾著產業基本面產品缺貨、客戶加價拉貨、廠商漲價出貨，輔以個股市場籌碼面穩定，股價相繼走出一波亮麗漲升走勢，漲價題材股順勢躍升成為台股盤面注目焦點。半導體漲價效應刺激需求進一步升溫，客戶紛紛搶在產品漲價前大舉儲備庫存，可能造成重複下單情況，台積電的全球佈局也陷入產能鬥爭的紅海中，未來產業是否面臨庫存調整壓力值得追蹤觀察。

十一、網路經濟～邊際效用遞增？遞減？

傳統經濟學的邊際效用遞減規律認為，隨著消費數量增加，單位商品或服務帶給人們來的滿足程度會逐步下降，擁有某產品越多興趣就越小，其邊際效用就越低。在網路經濟中情況恰好相反，消費者對某種商品使用得越多，增加該商品消費量的慾望就越強，出現了邊際效用遞增規律。

對大批量生產、技術變化速度較小的傳統經濟來說，邊際效用遞減涉及的產品或服務，在質量和性能上沒有變化，簡單重複性的消費容易達到飽和狀態。對小批量生產或定製生產、技術進步迅速的網路經濟來說，在消費數量增加的同時，不斷給人新的刺激，能不斷提升滿足程度，其邊際效用遞增。

消費者消費商品獲得滿足感的程度稱為效用（utility；U），滿足感愈強則效用愈大，反之則小。效用是個人的偏好感受，為因人而異的主觀價值判斷，甚至同一人在不同環境變化下，也可能會有不同感受而產生不同效用，因此產生不同的選擇決策與消費行為。

消費者行為只知其對各不同商品的選擇取捨偏好順序，而不能確定某物對消費者產生效用之具體大小；效用數值愈大代表消費者的滿足感愈大，但不同數值間並無倍數關係。序數（ordinal）效用分析以效用數值大小比較消費者行為的偏好順序，而非直接衡量消費者滿足感的具體大小。

消費為基本經濟活動的終極目的，在耗用有限資源以滿足無窮慾望的過程中，消費者依其偏好選擇取捨商品。消費該商品可以獲得滿足感，偏好愈

強則消費者所能獲得的滿足感愈高，對該商品的需求也就愈大，反之則小。在一定時間內，消費某一財貨勞務所累積得到的效用總和，總效用（total utility；TU）即消費該商品總數所產生的總滿足感。

$$TU = U_0 + U_1 + U_2 + \cdots$$

總效用為所有消費量累積產生的滿足感之總和，亦即總效用為所有消費邊際效用之總和。在一定時間內，每增加一單位消費量所能增加的效用單位，邊際效用（marginal utility；MU）即多消費該商品一單位所增加的滿足感幅度。邊際效用是每一個別消費單位的效用，也代表總效用變動幅度，亦即個別消費單位的邊際效用為總效用之影響幅度。

依據邊際效用遞減法則（law of diminishing marginal utility），一般而言，消費者想要（偏好）某物而未能獲得，或擁有數量不夠大時，增加消費量則其滿足感大增（邊際效用增加，總效用增加幅度大）；但擁有數量足夠時，再增加消費量則其滿足感增加幅度逐漸平緩（邊際效用遞減，總效用增加幅度小）；擁有數量太多時，再增加消費量則反而感覺厭惡（邊際效用減為負且繼續遞減，累積之總效用因此亦減少）。在正常狀況下，消費者擁有足夠數量而邊際效用遞減後，會將有限資源配置轉移以滿足其他慾望，不至於消費同一商品過量到感覺厭惡。

一般人喜新厭舊，擁有數量足夠時不珍惜擁有；重複性的活動容易達到飽和狀態，產生乏味或玩膩的感覺而見異思遷。

一般而言，消費者在可支配所得預算有限下，會理性選擇邊際效用（獲得滿足感）較高的商品，將其有限資源作最有效配置。邊際效用遞減法則主張，隨消費量增加而邊際效用會逐漸減少，因此消費者願意支付的價格也降低，形成隨消費量增加而商品價格降低的需求法則。

依據邊際效用遞減法則，降價消費者才願意再增加購買商品，即續杯打折的促銷策略。

由邊際效用遞減曲線導出負斜率的需求線，線上每一點代表每一需求量，對應消費者願意支付的最高價格。當消費者實際支付的均衡價格 P* 低於其願意支付的價格，亦即消費（購買）商品所獲得的效用大於持有貨幣的邊際效用（物超所值），因此產生消費者剩餘（consumer's surplus；CS），可反應消費者對商品的價值。

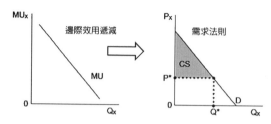

　　一般產品針對生理需要或物質生活需要有限度，因此消費的商品或服務達到一定數量，帶給人們的滿足程度就會下降。若公司提供的服務具有壟斷特點，使顧客有濃郁的新鮮感，用戶為了獲得更大程度的滿足，甚至願意付出更高的費用。隨著掌握的知識數量增加，對訊息的理解程度逐步加深，訊息所起的作用越來越大；擁有的訊息越多，就會對掌握更多知識產生更迫切的需要，形成知識的累積效應；一個知識淵博的人，知道如何充分發揮訊息的使用價值，增加的效用就較大。在網路經濟中，收益遞增可使加入網路的價值增加，而使塑造平台的經濟驅動力越強大，吸引更多的公司加入網路，導致網路價值滾雪球般地增大；較小的努力會得到巨大的結果，產生令人震撼的蝴蝶效應。

　　行銷大師李維特（Theodore Levitt）於 1966 年提出行銷近視症（marketing myopia），如同企業得了近視眼一樣，只看得到近在眼前的產品本身，卻看不到背後更重要的顧客需求及其所追求的利益。企業過分專注於產品，以產品導向而非顧客導向，忽略了滿足顧客需求的重要性；迷信大規模生產時單位成本快速下降的利益，而忽略了市場環境和顧客需求的改變，使企業因產品過時而步上衰退沒落的命運。

　　僅滿足人們的物質需要或知識含量較少的網路產品和服務，其消費仍然體現邊際效用遞減規律。幾乎所有的電子信箱都具有相同功能，當用戶只能擁有一個電子信箱時其邊際效用最高，當用戶可以擁有無窮個電子信箱時，邊際效用就不斷下降為零，因此人們只願意使用免費電子信箱。

💡 生活智慧：物超所值符合經濟效益

　　性價比（cost－performance ratio）俗稱 CP 值，或價格效能比、效價比、價效比、成本效益比，為性能和價格的比例。在經濟學和工程學，指一個產品根據它的價格所能提供的性能。CP 值已成為習慣用法，或以 capability/price 解釋，是性能對於價格的比值；當 CP 值上升時，

性能對於價格的比值上升，在不考慮其他因素下，高性價比的產品更值得擁有。C/P值高表示功能愈多價格越低，物超所值或價格合理，而C/P值低表示價格相對於該產品擁有的功能似乎昂貴。

　　以客觀事實去判斷CP值，划不划算的思考不受主觀的意見影響，可以避免做出錯誤決定。對於真正喜歡的事物，會拋棄划不划算的觀點，單純以喜歡或討厭做最後的判斷；好與壞取決於自己的價值觀，真正想要事物的源於個人欲望。成本並不只是金錢，還包含時間、勞力及個人所付出的多重成本等；換算一件事物有多少價值，又取決於每個人的價值觀，所以無法定義他人的CP值。價值感受可能因為消費者的階級、知識、文化、經歷而有所不同，在自由競爭的消費市場中，不容易受到價格波動影響。可以符合期待就會覺得有價值，這種欲望最符合經濟效益。

　　對於價格敏感的消費族群特別強調CP值，針對主流消費市場，以多樣的配備搭配佛心的價格。在講求多功能、方便、CP值的時代，更著重在消費者體驗面向，以過去使用者數據為進化重點，並依照最需要的功能為基礎，打造更棒的感受，強調進化過程中的價值，即為CV（value）值。消費者不僅期望賣方端出加料不加價的菜色，更期望並非盲目增加配備清單，而是必須切合需求創造更棒的使用體驗。

　　商品的價值超過了價格，物超所值也就是好貨賣得便宜，對買主來說很值得。同樣的產品在不同地點、時間或方式銷售時，心中的合理價格會變化，獲取效用的划算標準是消費者心目中的價值；獲得效用是商品在消費者心中的價值和實際購買價格的落差，交易效用是購買價格和其他參照價格之間的落差。實際支付價格符合或低於預期支付價格時，才會願意埋單，代表獲得交易效用。遇見特賣會總是難以抵擋，買了之後才發現自己不需要，由於價格參考基礎是平日沒打折的價錢，這種感覺特別划算的消費，便是受到交易效用的引誘。消費者不會注意到經常保持特價，卻在有需求時發現比較便宜，為了獲得交易效用就更容易購入。

　　透過對產品和服務施加限制更能展現出獨特性，滿足特定消費者的需求，成為一個強大的市場區隔。對價格的敏感度有時會受到聲望效應影響，當價格成為品質的指標時，相信一分錢一分貨，就會出現比同類商品高價卻銷量更好的情形。效用作為一種心理現象是無法計量，消費者在市場上並不是權衡商品效用的大小，而是在不同的商品之間進行排序。

🧑 經營管理：飢餓行銷與理性消費

飢餓行銷（Hunger Marketing）是產品供應商為了行銷造勢，刻意在上市初期控制產品的數量，以呈現供不應求的現象，刺激消費者購買的慾望，提升產品的價值；當話題炒起來後就開始正常供貨，創造較好的銷售利潤。通路因為進貨量不足而刻意炒作，媒體也配合演出，缺貨卻說是飢餓行銷，炒短線會讓其銷售只是曇花一現。商店推出新商品會選擇特定商圈的通路試賣，以測試市場接受度，與飢餓行銷無關。

不少店家都有賣完為止、僅限預購等限時限量的規定，而大排長龍的景象總是吸引更多人慕名而來。然而，如果沒有達到消費者期待，店家變成地雷店，爆紅僅是曇花一現。飢渴行銷運用消費者看的到吃不到的心態，放大產品的價值，促進消費者追求該產品的動力。有效操作預購的手法，更容易預估產品的銷量，進而減少囤貨、滯銷的問題產生。

掌握消費者的心理，要訂出符合人性的策略，產品品質若無法達到消費者的期望，限量預購的手法反而可能失去消費者的信任度。量太少讓消費者打退堂鼓，量太多又會失去稀有品的吸引力；預購期間太短無法造成期待，太長又怕消費者退燒。消費者普遍有好奇心理，越是得不到的東西越想得到，飢餓行銷強化了消費者的慾望，加劇供不應求的搶購氣氛，呈現更強烈的戲劇性和影響力。當消費者看到周圍的人在排隊搶購，在社交媒體熱烈討論，這些自發性傳播都是無成本而且持久地進行。消費者會被周圍的人所感染，一起搶購和關注商品或品牌，企業便能夠在短時間內創造可觀的業績。

產品推出之前進行媒體宣傳，吸引消費者的注意力。產品推出後消費者排隊搶購缺貨等實況傳播，配合傳統媒體報導和社交媒體宣傳，更是產生供不應求氣氛的關鍵。飢餓行銷屬於短期戰略，建立品牌才是長期策略，有很強的品牌影響力，消費者較容易接受和投入搶購氣氛中。消費者千辛萬苦才買到夢寐以求的商品，長期會帶來反效果；消耗時間排隊等候會消耗品牌忠誠度，當消費者有更多選擇的時候就會離開，呈現飢餓行銷的副作用。理性消費的客群對產品有充分研究，不受銷售人員的舌燦蓮花影響也鮮少衝動購物，消費者會要求產品的功效性與立即性，因此太過複雜的特惠組合反而華而不實。

蘋果手機代表創新與突破是品味與時尚的象徵，以在線登記與門市購買的方式限購供貨，讓果粉們渴望得到新商品甘願排隊。日本奧運體操金牌選手透露愛吃雷神巧克力，經媒體曝光帶動知名度，再傳到台灣

獲得熱烈迴響。愛馬仕不用傳統的行銷手法打廣告，而是透過秘密引薦會員制，讓顧客渴望想要買到柏金包。在短時間內利用缺貨與搶購熱潮炒熱話題，經過大量新聞、部落客誇張的宣傳，使搶購潮延續。讓等待的過程轉化為整體消費購物或服務的部份，透過限量、排隊、預約、預購、等待，讓賣方維持售價、安排產能、控制存貨；而消費者期待一件心中的事物，可以得到盡早擁有的早佔優越感。

⑤ 投資理財：消息面鈍化與投資人情緒

市場消息是日常會接觸到的市場資訊，包括新聞媒體報導、營業員建議等，社群的投資建議也是一環。消息面指關於個股公司的各項消息，包括公司政策、產品研發、產品組合、營收狀況等，有好消息與壞消息的區分，不同的資訊會影響投資人的情緒，容易出現盲目跟風的投機行為。投資人根據消息的解讀，研判做出買進或賣出的動作，價格的變動是經由市場解讀新聞所決定出來的方向。

了解發生的事培養世界觀，分析有關的消息，包括公司發展、行業成長、國家政策等，判斷股價因為這些新聞上升或下跌，有利長期投資的部署和獲利。必須評估消息是否正確而非照單全收，要有產業與財報知識來證實或評估消息面，否則就會陷入資訊陷阱。具備特定產業知識，可以更容易看懂財報，而藉由研究與比較同產業內不同公司的財報，也會獲得很多寶貴的產業知識，甚至能了解個別公司的優勢所在。

當預期性的利多出現在報章雜誌時，股票會開始反應上漲，直到實現日來臨，可能變成不漲或下跌。不明原因持續上漲一段時間，然後利多終於出現在媒體時，股票可能變成不漲或下跌。原本可以帶動股價上漲的利多消息，由於在市場流傳已久，等到正式公布消息時股價不跌反漲，稱為利多出盡；會帶動股價下跌的不利消息，在正式發布時卻不跌反漲則是利空出盡。當預期性的利空出現時，股票會開始反應下跌，直到實現日來臨可能變成不跌或上漲。不明原因持續下跌一段時日，然後利空終於出現時，股票可能變成不跌或上漲。

每次股票大漲的背後都有其利多原因，跟著利多消息衝動進場，結果就是等解套出場，因為利多消息鈍化時，股票漲多了需要修正。股價與國際相關業者背離的貨櫃三雄，市場一波拉到頂，然後船運公司開始積極下訂單造船，運費頻創新高不再，甚至要維持高運費也不易，景氣循環股不排除打回原形。要維持不斷的高成長不容易，對未來獲利能力的不確定性是股價無法續漲的原因。利多大漲常是股價尚未被高估仍獲

投資人認同，當利多消息出來後股價不漲甚至反向下跌時，可能要小心股價已經偏高，甚至有人趁利多出貨。出現利多不漲的狀況，最好適度的減碼或是設定較嚴謹的出場條件，不要只專注在眼前的利多消息而忽視背後的風險。

當利空消息不斷打擊股市，股價也有大幅度的下滑反應之後，即使再出現利空消息股價反而不會下挫。利空不跌甚至上漲突破先前高點，常代表最壞狀況已經過去。疫情利空急跌後，台股迅速展開彈升行情，雖有疫情再起，但隨著歐美市場回溫，加上電子產業鏈的運作未受到影響，持續帶動反彈行情。經歷多重利空測試反覆消化利空消息，底部支撐逐漸形成。交易策略也要在良好的心理之下才能獲利，若在交易中無法專注過程，會因為遲疑和膽怯破壞原有的交易計畫，導致交易策略正確的情況下也產生虧損。

十二、複合式經營～最佳消費組合

透過異業結盟讓服務項目能更全面性，推出組合行銷或聯合折價券，讓客戶能在同樣或鄰近地點有更多元的選擇；除了吸引更多客源還能提升消費金額，充分運用既有資源，一旦綿密的蜘蛛網通路形成後，便能發揮很強的綜效。藉品牌的影響力及既有客戶群的優勢，也是複合式經營的運用，提高坪效增加店面空間使用率；商品增加滿足顧客一次購足的願望，提高來客數及營業額。

複合式經營時必須注意不影響本業，也就是二者的行業屬性必須能夠相容，不會因為新增加的產品而影響到原有行業的經營。複合式經營主要是將原有相同客層再延伸出新的消費，因應新需求推新組合商品以守住客源，而非二者的顧客群不同以吸引新的消費者上門；提供全方位及便利服務，充分運用企業現有資源，推出新服務擴大客戶群。

消費者購買多種商品時會衡量所能獲得的滿足感（邊際效用）、價位與支付能力等因素以取得均衡，在有限資源（預算）下能得到最大滿足（總效用）。因每一商品有邊際效用遞減的現象，消費者會選擇多樣商品，增加消費邊際效用較高而減少消費邊際效用較低之商品，直到多種商品的每元邊際效用相等時，即達到消費者均衡之穩定狀態（最佳消費組合），消費行為不再變動的穩定狀態為消費者均衡（consumer's equilibrium）。

百貨公司湧入大批搶購特惠組的消費者，美妝業者不少開架與醫美品牌也加入檔期，提供消費者更多選擇。品牌推出的特惠組，通常是由不同款功能相近的正品組合而成，對消費者而言是更實際的優惠。開架最大通路屈臣氏表示，由於價格比較親民，搭配的商品組合盡量都以正貨合購，減輕消費者的荷包負擔，也讓消費者能體驗到更多新產品。

不同商品的計量單位不同，因此不同商品間單位消費量的效用變化量（邊際效用）亦不能直接比較，將邊際效用除以價格（MU_X/P_X）成為每元邊際效用，使不同商品的邊際效用有相同單位（每元）為基礎來比較，同時亦考慮到消費者的支付能力，高價商品會降低其每元邊際效用，消費者須將有限預算分配給每元邊際效用較高之商品。

消費的商品或服務達到一定數量，帶給人們的滿足程度就會下降。除非公司提供特點使顧客有濃郁的新鮮感，用戶為了獲得更大程度的滿足，甚至願意付出更高的費用。

價值矛盾（paradox of value）又稱為鑽石與水的矛盾。一般而言，水比鑽石有用（總效用），但鑽石卻比水更貴，此因鑽石稀少而水量卻大得多，依據邊際效用遞減法則，消費量少的鑽石邊際效用（$MU_鑽$）大而消費量大的水邊際效用（$MU_水$）小，而在消費者均衡時，$MU_水/P_水 = MU_鑽/P_鑽$，因此 $P_鑽 > P_水$，消費者願意支付的價格決定於邊際效用而非總效用。

持有貨幣（M）亦可使消費者獲得效用（儲蓄財富），因此可將持有貨幣的邊際效用與購買商品的邊際效用比較，如 $MU_X/P_X > MU_M/P_M$，表示持有貨幣的邊際效用小於將最後一元貨幣支出以購買商品 X 的邊際效用，此時消費者會理性選擇支出貨幣（減少持有）而增加消費（購買）商品X；反之亦然。

互補式經營對景氣起伏具抗壓作用，企業長久經營的環境因素考量下，複合式經營是市場主流之一。消費可以一次滿足的行為，促進複合店的快速拓展；推出新產品以穩固客源，端視經營的型態與消費者接受的程度。

加油站市場在贈品戰及價格戰告一段落後，已邁向複合式經營模式，進一步提升非油品的業外獲利。從洗車、設置提款機，延伸到便利商店、汽車百貨、停車場及速食餐飲等服務，加油站經營在大型集團化下具有通路優勢，導入複合式經營可以提升通路效益，積極創造業外收益。

時間因素加入消費者行為分析，在資源有限慾望無窮的經濟條件下，任一經濟活動都會面對選擇問題，以滿足最大慾望，跨期分析（inter-temporal analysis）即將時間視為主要的有限資源之一。

取捨選擇表示放棄其他機會以換取獲得所要的事物，機會成本意即任何選擇所須付出的最大代價，跨期分析強調時間成本。花費時間從事消費活動之機會成本為薪資所得，代表放棄工作時間的最大代價；支出預算從事消費活動之時間機會成本為利息，代表放棄儲蓄所得的最大代價。

消費者現在與未來之消費選擇行為，跨期消費分析消費者衡量之時間機會成本，跨期決策的關鍵為利率。

為維持實質所得（購買力）不變，由於利率（使用貨幣價格）變動引起兩期的消費量改變。利率的替代效果因利率上升使第一期消費的機會成本提高，消費者選擇減少目前消費（增加儲蓄）以增加更多未來消費。因此在其他條件不變下，利率高表示資金需求者機會成本提高，資金需求量減少，利率下跌時需求量增加，亦即利率與資金需求量（購買）之間呈反向變動關係；利率高則資金供給者所得提高，資金供給量增加，利率下跌時供給量減少，亦即利率與資金供給量（儲蓄）之間呈同向變動關係，所以資金市場與一般商品市場同樣有負斜率需求線與正斜率供給線。

利率上升使貸放（儲蓄）者利息收入（所得）增加而增加消費量，但借款（購買）者卻因利息支出或機會成本增加（所得減少）而減少消費量。市場消費者包括貸放者與借款者，因利率的所得效果不一定，所以利率變動對市場消費量的總效果並不一定，須視替代效果與總所得效果之大小而定。

利率的消費效果包括替代效果與所得效果，當利率上升，若利率的替代效果大於利率的所得效果，消費者會減少目前消費，所得效果大於替代效果則增加目前消費；利率下跌時，若利率的替代效果大於利率的所得效果，消費者會增加目前消費，所得效果大於替代效果則減少目前消費。

當期所得增加使當期消費增加，儲蓄亦增加而提高未來消費能力。預期所得提高使未來消費增加，且願意以借貸增加現在消費，因此透支亦增加。

♀ 生活智慧：由奢入儉難

宋代司馬光的《訓儉示康》：「人之常情，由儉入奢易，由奢入儉難。吾今日之俸豈能常有？身豈能常存？一旦異於今日，家人習奢已久不能頓儉，必致失所。」社會風俗習慣變得日益奢侈腐化，人們競相講排場比闊氣，奢侈之風盛行。為使子孫後代避免蒙受不良社會風氣的影響和侵蝕，司馬光特意為兒子司馬康撰寫家訓，以教育兒子及後代繼承發揚儉樸家風，永不奢侈腐化。個人要由簡樸轉變為奢侈的生活很容易，但

是奢侈後要改變回來簡樸的生活卻相當不容易，人要時時自省自身，生活消費方式會長遠影響未來。

人生來都有過好日子的願望，改善生活由儉入奢容易被接受；而丟掉已經得到的一切由奢入儉，在心理上習慣上都難以適應。生活方式、生活觀念、消費水平與價值觀緊密相連，沉湎於物質享受必然玩物喪志，不可能有更高的精神追求；由奢入儉固然不易也並非不能做到，在崇高理想的鼓舞下，可以精神追求適應艱苦生活乃至改變生活方式。

一般人的消費習慣由儉入奢易，一旦消費習慣養成要由奢入儉就難了，這種不可逆的消費行為在短期下更為明顯，消費支出只能上升，而難以在當期收入下降時也隨之下降。因此短期所得發生變化時，消費的變化與調整幅度相對較小；長期下若能改變消費習慣，所得變動引發消費變化與調整的幅度會相對較明顯。

錢是一種枷鎖，有了錢以後會養成很多習慣，例如房貸、車貸、吃餐廳、搭頭等艙、度假等。減少選擇的能力，而減少了價值；在抉擇的時候，思考的不只是當下的享受，也要思考是否逐漸把自己束縛起來。只要沾染奢靡之氣，就會擋不住誘惑，要擊敗別人得活像在戰場，這種人生物質生活豐富但也不會幸福。

富不過三代也是普遍現象，第一代創業維艱，艱苦奮鬥得富不易；第二代看到父輩的奮鬥，不敢稍怠至少守成；第三代則不知苦為何物，享受一代傾空。古代的家訓包含很多立身處世的智慧，而且都是質樸而實用，提倡並重視家庭教育，可破除富不過三代的咒語。很多人因為借錢方便，未考慮到自己的負擔能力，過度消費舉債養債；同時也有人心存僥倖擴充信用，最後自食惡果，但是整個社會付出的成本更高害人害己。

拜金主義（Money worship）是一種在社會上無錢萬萬不能與金錢至上的價值觀，起源於資本主義鼓勵人類追求自我物質利益的思想主張，重視物質和現世生活的傾向，被認為是普世文化通則。

過度追求物質享受，導致整個社會的價值觀、人生觀極度扭曲。從傳統美德的角度來看，要繼續保持節儉的習慣發揚光大；但個人合理消費也是在為社會貢獻，國家要鼓勵消費，使民眾一起分享經濟建設的成果，也藉此全面推動經濟社會高質量發展。

👤 經營管理：多功能產品組合

商業模式（Business Model）是指為實現各方價值最大化，把能使企業運行的內外各要素整合起來，形成一個完整、高效率、具有獨特核心競爭力的運行系統，並通過最好的形式來滿足客戶需求、實現各方價值，包括客戶、員工、合作夥伴、股東等利益相關者，同時使系統達成持續營利目標的整體解決方案，描述與規範了一個企業創造、傳遞以及獲取價值的核心邏輯和運行機制。創造價值是基於客戶需求提供解決方案，傳遞價值是通過資源配置活動安排來交付價值，獲取價值是通過盈利模式來持續獲取利潤。

蘋果公司的業務包括設計、開發手機通信和銷售消費電子、電腦軟體、個人電腦。硬體產品有智慧型手機 iPhone、平板電腦 iPad、個人電腦 Mac、音樂播放器 iPod、智慧型手錶 Apple Watch、媒體播放器 Apple TVs、無線耳機 Air Pod 和智慧型喇叭 Home Pod 等；通過 iCloud 提供雲端服務包括文件、相片、音樂、裝置備份和應用程式資料，以及音樂和影片流服務 Apple Music。Phone+App Store 的組合為蘋果引領手機革命，出售超過5000萬部 iPhone，而 App Store 的程序總量也已經超過20萬款，總下載量約為 30 億次。蘋果公司不僅在於它為新技術提供時尚的設計，更重要的是把新技術和卓越的商業模式結合，將硬體、軟體和服務融為一體，為客戶提供前所未有的便利。

創新商業模式的企業往往不會選擇一個現有的市場和競爭對手火拼，而重新審視消費者，選擇提供一個和現有產品不同價值主張的產品，從而創造一個新的市場。iPhone 的核心功能就是一個通訊和數位終端，融合手機、相機、音樂播放器和掌上電腦的功能，為用戶提供超越手機或 iPod 的單一功能。蘋果的 APP Store 擁有近 20 萬個程式，這也是客戶價值主張的重要組成部分。盈利路徑主要是靠賣硬體產品來獲得一次性的高額利潤，靠賣音樂和應用程序來獲得重覆性購買的持續利潤。為用戶提供音樂和應用產品的選擇，從而可以為硬體設備設置一個較高的定價，在賣產品的時候獲得很高的利潤。

小米集團是中國一家以手機、智慧型硬體和物聯網平台為核心的企業，專注於先進智慧手機、互聯網電視以及智慧家庭生態鏈建設的創新型科技公司。在互聯網電視機上盒、互聯網智慧電視，以及家用智慧路由器和智慧家庭產品等領域也顛覆了傳統市場。旗下擁有多個子品牌，面向不同產品品類、地區市場及消費人群。通過與其生態鏈企業的研發

翻轉吧～經濟學！給您看得懂用得到的經濟原理

與合作，產品涵蓋了智慧型手機、手環、電視、空氣清淨機等多種智慧化的消費電子產品。小米擁有其直接控股或間接控制的生態鏈企業多達近400家，產業覆蓋智慧型硬體、生活消費用品、教育、遊戲、社群網路、文化娛樂、醫療健康、汽車交通、金融等多個領域。

企業要想獲得成功，就必須從制定成功的商業模式開始，商業模式關係到企業生死存亡興衰成敗的大事。當今企業的競爭，不是產品之間的競爭，而是商業模式之間的競爭。

Ⓢ 投資理財：資產配置多元化

資產配置（Asset Allocation）是一個理財概念，投資者依據個人的情況和財務目標，把投資分配在不同種類的資產上，在獲取理想報酬之外，把風險減到最低。積極型投資者較願意承擔高風險去換取高報酬，穩健型投資者傾向於低風險、低報酬的投資工具以保護資產。尋找不完全正相關的投資產品可以做到投資組合的多元化，減少報酬率的巨大波動降低風險，根據財務目標、風險承受度和年齡等因素來最大化投資報酬率。

未來無法預測，任何現在好的資產在未來都可能出現無法預知的結果，透過資產配置可以減少未來的不確定性（風險）。股票長期向上的過程中也有巨大的波動，拉長時間可以有合理報酬，但中間過程可能心理壓力很大，同時持有不同類型資產（股票、債券），就可以在不降低太多報酬率之下，大幅降低波動性。資金分配到不同類別資產後，當單一資產（例如股票）發生大跌，其他資產可能影響不大甚至會上漲，最終會導致波動性減少，但長期報酬率卻不會下降太多。資產配置的重點不是追求最高報酬率，而是在風險與報酬率之間追求個人安心可接受的平衡，任何再好的投資如果不夠了解特性，可能在中途一遇到波動就放棄。

剛踏入職場的年輕人，最常犯的錯誤是透支成為月光族。必須先培養儲蓄的習慣並學習投資理財，嘗試任何投資方法，擁有充足的時間風險承受度較高。成家立業後大多已經確立職涯方向且具有一定的專業性，正處於衝刺階段，經濟來源更加穩定，也累積了一定的資金，知道自己的個性，對於適合的投資策略也有方向。步入45歲至60歲，專業、智慧及財務狀況都有著明顯的提升，收入相對更加穩定，但經濟負擔仍然不小，應該思考退休規劃，在投資方面風險承受度下降，追求更加穩健的投資報酬。進入退休階段後享受過去人生所累積的成果，風險承受度

更低，應以保本、穩健的資產配置為主。在收入減少的情況下，將較多的資金配置在以配息為主的金融產品上，以領取固定的金流為目標，降低虧損的風險。

　　資產（Asset）類別大致可以分為股票、債券、外匯、不動產、原物料商品及收藏藝術品……等。股票與固定收益的相關性及連動性不高，因此以股債作為投資組合，達到互補與平衡的效果，就能夠帶來更加穩健的投資績效。各年齡層在股票和固定收益配置的投資，沒有所謂最好的黃金比例，因為每個人的資產、環境需求及生活條件不同，對於投資理財的知識程度也不相同。應該根據自身現況及條件，做出最適合自己的資產配置，最重要的還是確實執行，並有紀律的堅持下去。

　　投資最困難的永遠在人性，即便訂定好決策，要確實的長期執行卻比想像中來得困難，透過資產配置投資策略能夠撐過短期的市場波動，並獲取長期的市場報酬。

十三、保險理財規劃～風險態度與保險決策

　　投資理財組合須考量個人對風險的承受程度，並依生涯規劃隨年齡而調整，消費者可以根據不同需求規劃。30 歲以下的族群因經濟能力正起步階段，可負擔保費的能力有限，加上離退休年齡還有一段長距離，故選購保單應側重保障功能較高、長期穩定增值的的分期繳終身保障型商品。30 至 50 歲的族群，保障需求偏高加上經濟能力較好，離退休年齡適中，著重理財與儲蓄，可選擇針對退休生活規劃的還本型分紅保單。至於 50 歲以上屆臨退休時點，保障需求降低，而資產配置、節稅與儲蓄需求明顯升高，可選購養老儲蓄型分紅壽險。

　　購買保險最主要的目的就是要照顧家人，父母、配偶、子女的生活所需、債務或遺產的費用（房貸、車貸、卡費、遺產稅）、身後事的費用等，可以讓保險來分擔。再來是照顧自己，一旦不幸生病、發生意外，相關的醫療費用、收入中斷的補償，都可以轉嫁給保險，才不會造成家人的負擔。行有餘裕再做投資理財及退休的保險規畫，定期定額的投資方式不但能持續掌握全球投資市場脈動，更能維持資產穩定成長與分散風險的特性，為財富增值增添動力。

風險（risk）是未來有可能發生而可以估計其發生機率的各種事件。決策者以期望值及風險度作為依據，期望值是各種事件可能產生的財富收支與其發生機率（權數），計算所得之加權平均值；而風險度則是各種事件可能產生的財富收支範圍，因此通常高獲利的事件亦具有高風險（變動範圍大）。

　　未來有可能發生，卻對其發生的機會與可能結果完全不知的事件為不確定性（uncertainty），通常是無法掌握相關訊息所致。風險下的選擇，是決策個體在知道各種可能結果的機率分配所作的決定，而以預期效用來衡量風險選擇可以獲得的福利；決策者依各別的風險態度，評估其財富邊際效用變化，並選擇預期效用最大的消費（投資）組合。

　　個人對獲得財富的滿足程度為財富效用（utility of wealth），通常亦有財富邊際效用遞減，亦即總效用增加趨緩的現象，但會因決策者面對風險時的不同態度而異。依據邊際效用遞減法則，不論是風險逃避者、風險中立者或風險愛好者，在成本支出達一定程度後，雖然其財富期望值累計增加，終究會因過高風險（損失可能）而使財富邊際效用遞減。

　　決策者面對風險下的選擇，對於現在支出成本（財富效用減少）以獲得未來報酬（財富效用增加）的評估差異，或高獲利事件的滿足感（財富效用增加）及高風險壓力（財富效用減少）的承受力不同，因此總效用隨財富增加，但財富邊際效用因決策者的風險態度（risk attitude）而不同。高報酬事件可以增加決策者高獲利的滿足感（邊際效用增加），但亦具有高風險而抵消獲利的滿足感（邊際效用減少）。

　　預期增加一元財富（高風險）可獲得的效用，低於減少一元（成本）所減少的效用，風險逃避（risk averse）決策者面對高獲利風險時須投保避險，因此效用隨財富增加而增加趨緩，有財富邊際效用遞減現象，即財富效用曲線斜率遞減。預期增加一元財富（高風險）可獲得的效用，等於減少一元（成本）所減少的效用，風險中立（risk neutral）決策者面對高獲利風險既不逃避投保也非偏好冒險，因此總效用隨財富增加而呈固定比例增加，財富邊際效用固定，即財富效用曲線是斜率固定的直線。預期增加一元財富（高風險）可獲得的效用，高於減少一元（成本）所減少的效用，風險愛好（risk loving）決策者偏好冒險以獲得更多的財富，因此總效用隨財富增加而增加，有財富邊際效用遞增現象，即財富效用曲線斜率遞增。

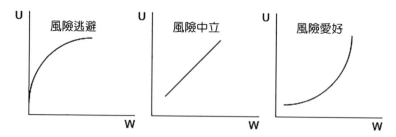

風險逃避保守性格者不願意參與過高風險而使財富邊際效用遞減，高度風險愛好之賭徒性格者會不計成本風險參與賭局以追求高財富。

面對未來可能發生的不利事件（風險），可以先繳付小額保費，若不利事件發生而造成的損失可以獲得補償（避險）。保險（insurance）保費支出等於預期補償期望值，即期望值為 0 之保險稱為公平保險，期望值正者為有利保險，期望值負者為不利保險。投保不利保險又稱為過度保險（over－insure），當不利事件發生時反而會獲利；只投保有利保險又稱為低度保險（under－insure），當不利事件發生時將只能減少部分損失。當補償獲利（損失減少）的預期財富效用，大於支付投保成本所減少之財富效用，則決策者願意參與，因決策者面對風險時的態度（效用）不同，是否參與保險因人而異。

決策者依各別的風險態度，評估其財富邊際效用變化，並選擇預期效用最大的保險商品。

風險態度不同，參與保險之決策亦不同：風險逃避者預期減少一元（支付保費）所減少的財富效用，低於減少高風險損失可獲得的效用，因此風險逃避者願意投保有利保險及公平保險，不願意投保保費過高之不利保險。

風險中立者預期減少一元（支付保費）所減少的財富效用，等於減少高風險損失可獲得的效用，因此風險中立者會投保有利保險，不願意投保不利保險，公平保險則不論是否投保其效用無差異。

風險愛好者預期減少一元（支付保費）所減少的財富效用，大於減少高風險損失可獲得的效用，因此風險愛好者只願意投保保費極低之有利保險，不願意投保不利保險及公平保險。

檢視您目前的保單是公平保險、有利保險、或不利保險，並分析自己是屬於風險逃避、風險中立、或風險愛好者。

♀ 生活智慧：面對風險的態度與深度

　　面對風險的態度主宰風險管理的深度，風險態度（risk attitude）是由內在自我應對風險的方法。對目標產生影響的不確定性可能如何反應，情緒在風險認知上扮演重要的角色。多數人在面對不確定性下，產生感性（情緒）蓋過理性（邏輯）的不理性行為。風險態度是一種心理素質養成，感性上是屬於主觀的自我情緒調適，無明確標準化可依循，須經長時間的修練。

　　雖然計劃趕不上變化，要隨著事態的發展不斷調整自己的策略，但是在任何時候應該有提前謀劃的意識，分析預判未來發展的每一種可能性，以備不時之需。用發展的眼光看問題，用警惕的態度審視風險，理性地面對問題做出應對方案，使未曾發生的問題消失在萌芽階段，或者將突如其來的問題控制在最小損失之中。只盯著利益而忽略了風險，或者面對本來能夠提前規劃的事情，卻因為主觀的盲目自大，失去處理問題的正確手段。預先謀劃謹小慎微，才是在最大程度上防患未然的處世道理。

　　想要達到與眾不同的成就，必須能掌握以風險為中心的理念，提供前所未有的機會，追求更豐碩的回報；讓不敢冒任何風險的極端保守者、追尋高風險的投機客、不知風險的賭徒，皆能成為更理性成功的人。風險是企業經營、股市投資、金融保險等一切行為得以建立的要素，也是化人類賭性為經濟成長、生活水準提高、科技發展的動力，把風險從受到損失的可能變成獲利的良機。人類開始能夠計算、選擇承受風險，懂得掌握自己的命運，才能在各個領域突破性的進步，試圖掌握各種可能的結果，然後願意承擔風險。透過機率運算和風險控制，選擇一個最可能有利的作法，不再只是純粹靠運氣的賭博。

　　風險是永遠有機會發生意想不到的事，對風險精密與數量化的分析，有時反而會忘記風險，合理的邏輯或計劃在執行當中一定會產生意外，面對風險仍需保有敬畏之心。突發狀況發生時，首要之務就是先冷靜，別讓自己的思緒變得紊亂，迅速做出正確的決定，減少意外造成的影響。在規劃事情或下決定前，必須進行全面的分析，並預先設想到後果，隨機應變的能力從日常開始培養，等事情發生再來想辦法，情況會更難掌控。迅速啟動替代方案，雖然未必比原計畫合適，但至少不會整個被摧毀，而且能夠從容不迫的處理，優雅地度過難關。根據實際發生的事情，運用聯想串聯更多可行的觀點及改善方法，平時多閱讀吸收新知，知識

面更寬廣就能想到更多辦法去處理事情。

　　天下沒有恆久不變的事物，人生際遇也不可能永遠一帆風順，總有高潮起伏和重重波折，在順境時多為逆境預作準備，遭逢逆境時才能處之泰然。在人生既定目標和未來願景中築夢踏實，遇到變化可以當作一種磨練與考驗，山不轉路轉，而不是赤手空拳地去挑戰自然。有計畫性的朝目標邁進，雖然無法完全掌握未來，但可以加強預測、控制變化的能力，接下來就是盡人事聽天命了。

人 經營管理：企業風險管理

　　管理事件產生負面結果的可能性或不想要結果的出現機率，辨識企業所面臨的各種風險以及如何化危機為轉機，改善企業的經營體質。藉著管理方式將許多預知或未知的風險降到最小，依照企業可能會遇到的問題提出如何降低風險的辦法，不是等到問題發生後才開始管理。風險管理應作為不確定性的發現，常被視為是一種保險，一個對於不確定性的緩衝區。

　　衡量風險數量以及驗證管理的品質，診斷資產組合、程序，以及人員的問題所在，促進健全的風險管理。適當的準備與資本以及強化透明度，早期反應風險開立預防處方，及早斷然地認定及處理不當行為。避免過度反應、無作為以及寬容，維持信用授與的能量以及控制事務之能力。

　　隨著非核心產品及服務委外處理，顧客、供應商、合作夥伴及競爭者間之關係越加緊密。企業是金融風險、產品風險、市場風險及供應風險的集合體，在為股東爭取利益最大化的同時，亦需要降低營運風險，故規避風險核心策略成為企業需求，風險管理已是整體競爭模式下的必要手段。

　　企業風險管理（enterprise risk management；ERM）首先必須辨識企業各個層面可能面臨的商業風險，方法包括決策分析、風險值計算和情境規劃等，評估企業特定事件的發生機率。最後對風險進行管理，運用內部資源的自我保險，或是將風險轉移分擔給第三者，外包相關事務上有專長的企業。

　　風險管理並不是要去除全部風險，而是在公司願意承受的最大風險範圍內進行各項風險性資產及負債管理，以系統化、制度化的方式控制經營風險，追求公司永續的發展，訂定各項風險額度以及相關的控管原

則。風險管理工作包括風險的確認、衡量、監控與管理，整個流程必須從整合性的投資組合角度來衡量。風險衡量方法除了用來設定及監控交易部門的各項風險限額外，也要能以風險調整後之損益為評估經營績效之標準。基礎建設包括以整體性風險為考量的組織設計、受過適當訓練的人員、專業知識、獎懲制度、足以支援決策的資訊系統等。壓力測試針對其中一個風險因子的變動所造成總價值之變動金額，將預先設定的風險因子變動對總部位之短期衝擊獨立出來，最常用的方法包括歷史情境模擬與假設情境模擬。

　　風險管理部門每日監控所有業務的風險值，當有業務單位的曝險程度超出其風險限額時，應對該單位發出風控警示通知書，並且按機制採取相關的處理。對各業務部門進行風險調整後的績效評估，以作為公司資本配置及風險額度分配的依據。執行的結果藉由風險管理報表、風險資訊定期揭露以及風險管理執行結果報告，來協助高階主管制訂決策，並達成即時的風險管理。業務單位須控管其核准之各授權額度內，確認風險於可承受及願意承受之範圍內，亦透過持續開發出之風險管理資訊系統，進行即時監控及分析，同時提供定期及不定期風險管理報告予高層作為決策之參考。

⑤ 投資理財：投資一定有風險

　　當投資的成果變化很大時，代表投資的報酬變動範圍很廣，投資組合的波動程度越大，不確定性就越高，風險也就越高；或許能獲得很高的報酬，但也可能損失慘重。系統風險是指因為總體因素，如政府政策、天災、戰爭、經濟衰退等因素，影響整體市場狀況，所有投資商品報酬率也因這些影響而波動，是無法分散的風險。非系統風險事件對各種資產價值的變動影響是局部性，例如產業動態、經營方針、管理能力等影響個別企業發展的事件，股價會因公司經營管理、財務意外狀況、訂單爭取、新產品開發成敗、訴訟等特殊事件影響，可分散投資加以規避。

　　資產價值波動幅度較大，可能獲利的報酬與可能損失的風險高，因此高風險性資產亦須相對較高的預期報酬作為補償。較保守的投資人會選擇將大部份財富投資於無風險資產組合，小部份財富投資於風險投資組合。較積極投資人以無風險利率向他人借款，並將其原先所有財富一起投資在風險投資組合，追求較高報酬率及較高風險之組合。當投資人風險趨避態度變大時，每承擔一單位市場風險所要求的報酬率將會變大，會選擇較保守的投資策略，若欲吸引投資人，則必須提供更高之權益證

券報酬率。當市場對該公司未來獲利能力的評價提高，即預期每股盈餘與可接受之本益比提高，投資人認同該公司股票投資報酬率高，而願意高價購買其股票。

投資一定有風險，投資有賺有賠，申購前應詳閱公開說明書，一切投資標的，其發行或管理機構以往之投資績效不保證未來之投資收益。藉由分散投資各種不同資產或不同公司證券，當部分資產因不利事件而價值下跌時，其他資產卻可能因有利事件而價值上漲，因此抵消損失而降低風險。衡量未來風險與增值報酬，選擇最適資產分配比例將使個人的財富效用達到最大。個人同時持有流動性資產與持有投機性資產，未來風險與增值報酬決定個人資產持有組合。單一股票之風險值以價格報酬率之標準差計算，投資組合風險值則是估算個別資產風險因子之共變異性，擁有動態管理、可量化風險、以及可跨資產比較之優點，其估計方法與應用範圍愈來愈多元化。

瞭解自己的性格弱點，有助改善與金錢的關係，也能減少衝動購物、控制花費、聰明投資。經由簡化、量化風險，但若誤導風險的本義，投資決策時忽略風險，反而對投資決策的品質帶來傷害。虧損並不恐怖，可怕的是虧損發生後沒有正確處理、甚至沒找到適合自己的投資方法又重新進場重蹈覆轍。投資理財組合須考量個人對風險的承受程度，以決策者面對風險時的不同態度，依生涯規劃隨年齡而調整。依照不同人生階段適時調整投資組合，在面臨金融市場波動時，首先應擴大投資的空間，多元化的配置資產來分散風險，同時拉長投資的時間，只要有紀律定期定額扣款，逢低佈局累積更多單位數，也會是獲利的不二法門。

十四、三個和尚沒水喝～邊際報酬遞減法則

一個和尚挑水喝，兩個和尚抬水喝，三個和尚沒水喝。有一間寺廟住著一個和尚，沒水喝時就自己下山挑水回來；又來了一個和尚，兩個和尚一起下山抬水回來；後來又來一個和尚，一跟扁擔只能兩人去，三個和尚誰都不想去，所以就沒水喝。

小公司在人員的運用以及整體效率上相對比較高，人少省卻層層溝通以及等待的時間，每個人經常要身兼數職，因此一個工作的循環也比較快。然而公司規模大也代表有更多的成員加入，一個更大的團隊能夠作更多的事情。如何避免長大之後的沒效率，以及潛在的組織或人員的浪費內耗，也考

驗管理者的能力以及一個企業的未來競爭力。

　　廠商投入要素以生產各種財貨勞務，四大生產要素勞動、土地、資本、
企業能力可簡化為勞動人力（labor；L）與資本物力（capital；K），在一定
的技術水準下，投入最少生產要素（最低成本），以產出最大產量（最高利
潤），亦即將有限的生產資源作最有效配置。

投入 ──────→ 產出（產量） ──────→ 收益（P×Q）──────→ 利潤
生產要素　　　　　　　　銷售　　　　收益－成本（TR－TC）

　　產出同一產量水準所使用的生產要素組合，若所需勞力（L）之比例相
對較高，稱為勞力密集（labor － intensive）；所需資本（K）之比例相對較高，
則稱為資本密集（capital － intensive）。

　　**資本節約型與勞動節約型代表對要素之不同雇用組合，可以提高邊
際生產力；中性技術進步代表兩要素的邊際生產力等幅提升，使總產出
成長。**

　　短期內不易變動的生產要素，固定要素（fixed factors）通常為會計科目
所稱之固定資產，包括土地、廠房、設備等，簡化為資本K。短期內可以變
動的生產要素，變動要素（variable factors）以人力調整為主，簡化為勞動力L。

　　供給者來不及調整部份生產資源以改變其產量或生產線的的期間，短期
生產（Short － Run）指投入固定要素 K 不變，而只能調整勞動力 L，在此一
限制下產出特定水準的生產潛能稱為生產規模。生產函數 $Q = f(L)$，$K =
K_0$（固定）。長期生產（Long － Run）指供給者可以完全調整生產資源，足
以改變產量或生產線的期間，投入的所有生產要素 K 與 L 均能調整，因此產
出之生產規模亦可改變。

　　在一定時間內，技術水準與固定要素（K）不變下，投入某一變動要素
（L），所累積產出的產量總和為總產量（total product；TP）。

$TP(Q) = Q_1 + Q_2 + \cdots = MP_1 + MP_2 + \cdots$

　　在一定時間內，技術水準與固定要素（K）不變下，每增加一單位變動
要素（L），所能增加的產量單位為邊際產量（marginal product；MP）。

$MP_L = \Delta Q / \Delta L =$ 產量變動量 / 要素變動量

　　在一定時間內，技術水準與固定要素（K）不變下，平均每單位變動要
素（L）所能產出的產量單位，平均產量（average product；AP）指平均每單

位勞動力之產量，又稱為勞動生產力。

$$AP_L = TP/L = 總產量 / 總要素量$$

總產量為各個別單位勞動產量之總和，平均產量則是總產量除以總勞動量之總量平均值，代表工作團隊中的整體績效；邊際產量是一個別單位勞動產量，亦即對總產量的影響變動幅度，代表工作團隊中的個人貢獻度。

在一定時間（短期）內，技術水準與固定要素（K）不變下，因為生產規模固定，當開始增加勞動量時邊際產量會增加，亦即總產量增加幅度遞增，但累積到相當勞動量後，隨勞動量增加而邊際產量會逐漸減少，為邊際報酬（產量）遞減法則（law of diminishing marginal returns）。

投入資源過多，有時反而導致產出效益降低，甚至可能虧損。人多好辦事，但相反的情況是人多易壞事，彼此之間拖累。員工要知道自己的重要性及對組織的貢獻，持續進修讓自己變成最好的人才，往完美企業的方向邁進。

一般而言，在固定資產（K）不變下，開始增加投入勞動量，因資產設備充分利用發揮產能，其總產量大增（邊際產量增加）；但擁有勞動量足夠時，再增加勞動量則因每人可用之資產設備減少，其總產量增加幅度逐漸平緩（邊際產量遞減）；擁有勞動量太多，已無更多資產設備可用，再增加勞動量則反而干擾總產出（邊際產量減為負且繼續遞減，累積之總產量因此亦減少）。在正常狀況下，生產者擁有足夠勞動量而邊際產量遞減後，會將有限資源配置轉移以提升生產效益，不至於雇用過量勞工到干擾產出。

新進員工所能增加的產量大於原來之平均水準（MP > AP），使AP持續增加；新進員工所能增加的產量小於原來之平均水準（MP < AP），使AP減少；新進員工所能增加的產量等於原來之平均水準（MP = AP），使AP維持不變。因人事酬庸勞動量過剩，即冗員干擾產出影響經營績效，又稱為技術無效率（technical inefficiency）。

生產合理區在邊際產量小於平均產量但仍為正值之區間，代表從平均產量最大開始遞減至總產量持續增加達到最大，此段為生產資源配置（勞動雇用量與固定資本組合）最佳之理想生產狀態。在固定資本不變下，勞動量遞增導致（K/L）比值（每人可用之資產設備）遞減，擁有勞動量足夠之後，勞動生產力受限於固定資本而不能再提升，稱為瓶頸（bottleneck）。勞動量遞增導致變動要素（L）之投入與固定要素（K）的組合比例改變，生產資源

配置愈趨不適，稱為變比法則（law of variable proportion）。

在生產現場的工作人員掌握多種技能，根據生產情況積極推行標準化作業，針對生產方法和生產工序進行徹底改善，人員精簡可以達到降低成本的效果。只要改善持續進行，非人性化的裁員就可以避免；與其先雇用大量人員，再精簡措施將其解雇，不如採取創新與智慧的生產目標，少人化一開始就雇用少量員工。

♀ 生活智慧：一鼓作氣掌握成功契機

左傳・莊公曹劌論戰：「夫戰，勇氣也。一鼓作氣，再而衰，三而竭。」第一次擊鼓能振作士兵們的勇氣，第二次擊鼓士兵們的勇氣低落，第三次擊鼓士兵們的勇氣就消失了。作戰時第一次擊鼓士氣最旺盛，比喻做事要趁著初起時的勇氣去做才容易成功，在銳氣旺盛的時候一舉成事。魯庄公十年春天，魯國面臨齊國大軍進攻的緊急保衛戰。曹劌是很有智謀的實戰將軍，擅長掌握心理狀態分析敵我情勢，審時度勢指揮軍隊應戰。魯國齊國的軍隊在長勺作戰，庄公打算擊鼓命令進軍，曹劌說不行。齊國軍隊敲三次鼓，曹劌說可以進攻了，齊國的軍隊大敗。庄公準備驅車追去，曹劌說不行，下車低頭觀察齊軍車輪留下的痕跡，然後又上車朝遠處望奔逃的齊軍，說可以安心乘勝追擊了。

作戰是靠勇氣的。第一次擊鼓振作勇氣，第二次擊鼓勇氣低落，第三次擊鼓勇氣就消滅了。敵軍擂過第三遍鼓，我才擂第一次鼓，以勇氣旺盛的部隊衝擊已經喪失勇氣的敵人，所以戰勝了。大國不容易估計，怕有伏兵；看見他們的車輪痕跡混亂，望見他們的旗幟倒下，這是士氣渙散的表現，所以追擊齊軍。作戰時第一次敲鼓最能激起士兵們的銳氣，多敲幾次鼓銳氣也就慢慢減弱了，一鼓作氣形容作事時要勇往直前，打鐵趁熱掌握成功的契機。

面臨重大考驗時，要趁最初的勇氣去做，一口氣完成才容易成功。當一鼓作氣之後沒能發動攻勢失去先機，二鼓就軍心大亂，三鼓又沒能出戰導致士氣衰竭，遇上乘勇發動的大軍，最終落荒而逃。但是單靠一鼓作氣的勇氣去迎接挑戰，若沒有其它條件相輔相成，反而在氣衰之後成為敗兵。劍拔弩張的情勢下審時度勢，按兵不動等待時機，從而取得應戰的優勢，最後贏得勝戰。一鼓作氣把目標攻下，如果原有的勇氣和力量逐漸衰退而盡就衰竭。

做事情要一氣呵成，懶散容易失去戰鬥力，變得沒有激情得過且過。

忙碌不僅可以提升自己的能力，還能夠治癒很多煩惱；閒著的時候心中會胡思亂想，煩惱反而變多。平時遇到難題時沒有想辦法解決而是躲避，不成長導致在職場中光有資歷卻沒有能力。太閒的人喜歡抱怨，而忙碌的人根本沒有時間抱怨。閒著的人習慣抱怨，身上的怨氣越積越深，日子過得越來越鬱悶；忙碌的人能力一天比一天強大，平時沒有時間抱怨和煩惱，生活卻一日比一日充實。

　　東西長期閒置就無法使用，金屬製品太久不用就會生鏽，電子產品長期不用就壞了。無論學習還是打拼事業，都需要持之以恆方能有所成就；若總是半途而廢，就很容易出現再而衰三而竭的後果。多數人容易在中途放棄，一方面承受不住其中的苦楚，更重要的則是企圖用更便捷的方式來達到目的。渾渾噩噩貪圖快樂等於墮落，自己沉下心來默默練習，減少外界人或事帶來的干擾，才能持續達成目標。無法計畫未來的好運會怎麼發生，而是善用眼前的資源做好準備，增加未來抓住好機會的機率，培養做事情的熱情和增加有效溝通，可以創造自己的成功契機。

經營管理：績效管理與目標管理

　　績效管理（performance management）針對組織活動的過程與結果，選擇適合的評估方式重點管理，以提升公司的營運能力。須反應明確的目標、組織的生產力與應變力、獲取資源與利用環境的能力、投入到產出的品質與效率、成員的凝聚力與安定性、以及全體的成長與報酬等。

　　績效模式重視組織架構的部門活動，評估以理性方法達成目標的程度；系統模式強調組織的管理方法，評估決策者配置資源有效運作，並與市場環境良性互動的能力；過程模式著重組織中的人力資源，評估成員的生產力與管理效能；發展模式觀察人力的運作過程，評估員工的士氣、滿意度、創新能力等；功能模式整合組織的活動，評估各專案、事業部、策略聯盟等的組織文化、適應力、領導力等全體運作過程。

　　績效管理所評估的目標通常偏重較易衡量的表面成效，而不能完全反應實際的工作績效；員工為達成表面目標，行為替代（behavior substitution）致力於容易獲得評價與獎賞的特定項目，而忽略專業素養與幕僚服務的實質貢獻與長期發展。組織內部各專案、事業部、功能部門等為爭取本身的績效評價，各自為政暗中較勁，局部最適化（sub — optimization）各自績效達到最佳，但本位主義妨礙協調合作卻忽略了組織全體的最適化。

培養員工的思考能力、運用開放空間激發創意，並協助員工去除障礙，真正能激勵員工的其實是工作進展的力量。由員工參與設定工作目標，增強對組織的認同感與向心力，進而貢獻努力達成組織目標。目標管理（management by objectives；MBO）配合公司運作設定個人目標，並與管理者溝通以獲取共識及支援，訂定工作內容、計劃、期間、標準等作為考核依據，並隨時追蹤改善問題，提升組織全體的管理績效而完成企業目標。

　　教育訓練（training）是針對員工目前的工作，教導相關之技能行為與流程規則，使其符合現實工作要求的系統化過程，強調即訓即用的組織目標。能力開發（ability development）則是培訓幹部提升其價值的成長過程，增進員工的工作能力與動機，培養未來所需之專業技術與管理方法，著重知識的理論基礎和自我學習的思考能力。

　　訓練與開發須配合工作目標進行組織分析、工作分析及個人分析，有系統地事前規劃設計，並提供激勵誘因與績效標準，提升員工的生產力、執行力、忠誠度、服務態度以及品質水準，降低作業疏失、意外事故、產品瑕疵、顧客抱怨、員工缺勤等，以達成組織要求的長短期目標及願景。重新設計組織架構與作業流程，再造工程（reengineering）改善品質與降低成本，提升管理效能與附加價值。先導正策略目標，配合新的管理方法和技術工具，賦予成員新的任務使命；須不斷改善問題，使企業組織持續成長，追求更高的績效標準與成長機會。

⑤ 投資理財：資金的邊際報酬

　　投資邊際效率（marginal efficiency of investment；MEI）又稱為預期投資報酬率（expected rate of return on investment），是投資收入扣除成本的差額與投資金額之相對比例，即增加一單位投資金額可以獲得的報酬，當風險較高的資產承諾有較高的報酬時才值得投資。

　　與使用資本的單位成本比較，當投資報酬率 MEI 大於市場利率 i 表示投資有利使投資需求增加，當投資報酬率 MEI 小於市場利率 i 表示投資不利使投資需求減少。因此市場利率愈低則投資有利的機會愈大，而市場利率愈高則投資有利的機會愈小，亦即投資需求變化與市場利率變化呈反向變動關係，形成負斜率之投資需求曲線。市場利率以外影響投資需求的因素，包括技術創新、現有資本、未來預期、產品需求、要素成本、經營能力、所得水準、政策制度等。

隨投資金額（I）增加而其投資報酬率（MEI）降低的現象，投資邊際效率遞減因為隨商品供給增加而售價降低，競爭激烈使單位收入減少；要素價格卻因需求增加而上漲，且邊際資本生產力遞減造成單位成本上升。價值投資就是以低於企業內含價值的價格，買進並且以經營企業的態度長期持有股票，不會有立即性的高報酬，但是長期下來卻是高勝率、高報酬的投資策略。

在評估買入價格時，把原先估價再更保守估計並在更低的價格買進，就是透過安全邊際（Margin of Safety）來減少風險增加利潤。安全邊際是股票內在價值與股票價格的差距，巴菲特的老師—價值投資之父葛拉漢（Benjamin Graham）認為，只有當股票內在價值大於股票市場價格，有足夠安全邊際的時候才值得出手買入投資。包括資產、利潤、股息、公司發展前景等，都可以作為內在價值評估的依據，安全邊際越大就能讓投資人減少投資虧損的風險，放大潛在的獲利空間。安全邊際常常不存在，因為大多數擁有高價值的優質企業，往往也有較高的價格，但總有出現便宜的時機，這時就可能有較大的安全邊際。

公司發展前景看好，也不能太過樂觀高估成長性，評估未來價值時要保守預測。安全也意味失去一些機會，如何在降低風險與承擔合理風險間找到平衡。衝擊事件影響若是暫時性，是好的進場時機，難的是漫長的等待，以及買進當下的決策力。

開始投資時只要經過簡單的學習，年化報酬率可以很容易就接近市場報酬率（約5%～10%），想讓長期年化報酬再提高，則需要付出大量時間與金錢，甚至達不到，因為投資的邊際效益增加已經非常有限。最初建立基礎觀念取得市場報酬時邊際效益最大，隨後邊際效益就開始遞減，所以投資只需要有合理報酬就夠了。時間要選擇花在對邊際效益最大的事情，帶來的價值大於所付出的時間才值得去做。學投資是有成本的，需要付出時間了解、研究、實際行動到建立長期操作的信心；留意隨著投入成本增加而邊際報酬遞減，除了本金和潛在的虧損，還包括精力與時間。

十五、居高思危～廠商均衡

　　心理學家說，貪婪與恐懼是騙徒最常利用的兩個人性弱點。人類的投資行為受到群眾心理、貪心、恐懼、信心、後悔、快樂等情感控制，不敢在市場低迷不振時大膽買進，反而在市場趨於狂熱時不自覺跟著群眾走。

　　克服人性的弱點精確判斷，沒有絕對萬無一失的策略。所有的成功策略都必先考慮到失敗，不能因為害怕就放棄機會。居高思危指處於優勢或有利地位，也要隨時為應付突如其來的意外事件等危機做好準備。

　　在一定時間內，技術水準與固定要素（K）不變下，隨產量增加而遞增之成本為變動成本（variable cost；VC）。短期內不易變動的固定要素成本，固定成本（fixed cost；FC）不隨產量的變動而變動，生產前已先行支付；即使未投產仍須負擔，則稱為沈沒成本（sunk cost）。

　　邊際成本（MC）是每一單位產量的成本變動幅度，而總變動成本為所有邊際成本之總和，平均變動成本（AVC）則是總變動成本除以總產量之平均數。

　　當增加產量，所須增加的變動成本小於原來之平均水準（MC < AVC），使 AVC 減少；當增加產量，所須增加的變動成本大於原來之平均水準（MC > AVC），會使 AVC 增加；增加產量所須增加的變動成本等於原來之平均水準（MC = AVC），使 AVC 維持不變。因此，搶訂單時須評估增加產量對成本控制的可能影響。

　　在一定時間（短期）內，生產規模固定下的廠商產量與市場價格，使其獲得最大利潤或最小損失，則廠商的短期生產達到最佳之穩定狀態（均衡），產出最適產量不再變動，廠商均衡（firm equilibrium）又稱為生產者的短期均衡。其條件為 MR = MC，亦即使廠商的邊際收益等於邊際成本時之產量（Q*）。

　　利潤為總收入扣除總變動成本後之淨利，利潤變動 $\Delta \pi = \Delta TR - \Delta TVC$，一單位產量變動之利潤變動即為 $M\pi = MR - MC$，邊際利潤為邊際收入扣除邊際成本。當 MR = MC 時邊際利潤為 0，表示總利潤已達頂點（Max）。 MR（邊際收入）= MC（邊際成本）時之產量，為生產者短期均衡的最適產量，產出最適產量（Q*）不再變動。

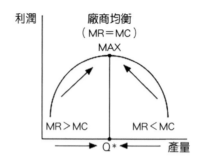

利潤

廠商均衡
（MR＝MC）

MAX

MR＞MC　　　MR＜MC

Q*　　　　產量

　　若 MR ＞ MC，表示增加單位產量獲得的收入大於所須支付的成本，因此增產會使利潤持續增加（邊際利潤為正），而尚未達到淨利最大之均衡狀態，即當時產量小於最適產量（Q*），廠商應再增加產量，調整直到邊際利潤為 0。

　　若 MR ＜ MC，表示增加單位產量獲得的收入小於所須支付的成本，因此增產會使利潤持續減少（邊際利潤為負），並非淨利最大之均衡狀態，即當時產量已大於最適產量（Q*），廠商應減少產量，調整直到邊際利潤為 0。當廠商投資獲得利潤，可繼續擴大投資以加速資本累積，當經濟利潤（資本報酬）為零，廠商停止投資，資本累積停滯又稱為經濟成長停滯狀態均衡（stationary － state equilibrium）。

　　在貪婪的驅使下把目標定得更高而盲目樂觀，市場若發生較大的轉折將一舉套牢。往往在最需要冷靜的時候，由於貪婪或恐懼的心理作出相反的決定。

　　會計利潤記錄帳面上之盈虧，而經濟利潤多扣除一項隱含成本，用以評斷生產者是否做了理性抉擇，廠商評估選擇有利方案以獲得最大利益。當經濟利潤為 0 時之會計利潤稱為正常利潤，亦即帳面盈餘恰可彌補隱含成本，為中立選擇；經濟利潤為正稱為超額利潤，表示該資源配置較投入其他用途獲得更大的報酬，為有利選擇；經濟利潤為負稱為經濟損失，則是不利選擇，因為不論會計帳面盈虧均無法彌補隱含成本，表示該資源配置較投入其他用途獲得更少報酬，並非理性抉擇。報酬超過機會成本的部份，供給者多得的淨利，超額利潤又稱為生產者剩餘（producer's surplus）。

　　當廠商的總收入 TR ＝ TVC，其淨損即為固定成本，表示平均收入恰可彌補平均變動成本，但固定成本則已無法回收。因此 AVC ＝ AR ＜ AC 時，廠商應考慮停業，不論是否停業均損失固定成本。若市價下跌至最低平均變動成本以下，即 AR ＜ AVC，表示平均收入已無法彌補平均變動成本與固定

翻轉吧～經濟學！給您看得懂用得到的經濟原理

成本，持續生產（變動成本增加）將造成虧損擴大，廠商必須停業以減少虧損。

　　當市價在最低平均成本與最低平均變動成本之間，因為 AR > AVC 表示平均收入彌補平均變動成本後仍有餘，可逐漸回收固定成本，廠商應繼續營業，又稱為有虧損的短期均衡。此時若因帳面虧損（AR < AC）即予停業，將立即損失固定成本而失去回收機會。個別廠商的 MR = MC 時產出最適產量為短期均衡，當 AR > AVC 時廠商可得最大利潤，AR < AVC 時廠商只得最小淨損，AR = AVC 時廠商損益兩平，為新廠商考慮是否加入市場之轉折點（進入價格）。AVC < AR < AC 時雖有虧損仍無須停業，AR < AVC 時則虧損擴大必須停業，AR = AVC 時為廠商考慮是否停業之轉折點（停業點）。

　　AR > AVC 表示平均收入彌補平均變動成本後可逐漸回收固定成本，銀行應予以紓困貸款，協助還有救的企業繼續營業，此時若停業將失去回收機會。

　　產能（productivity）指公司利用現有的資源，在正常況狀下所能達到的最大產出數量；產能利用率（Capacity Utilization）是廠商實際總產出佔總產能的比率，越高代表閒置產能越少象徵製造活動熱絡，但若太高也可能代表景氣過熱。產能決策須反應未來外部環境變化與市場需求，調整加工設備與作業流程。廠商短期可以透過員工加班或增加臨時工人使產出增加，廠商的長期產能增加則有賴資本投資的增加。

♡ 生活智慧：見好就收急流勇退

　　老子：「富貴而驕，自遺其咎；功成身退，天之道。」人到了富貴的程度容易驕傲輕慢，就是自招災禍；成功就應該退出歷史舞台，盛極而衰盈滿則虧，強大時也就意味著已在走向死亡。遇到適當時機就收手，做事要拿捏分寸，適可而止別太貪婪；小心偷雞不著蝕把米，得意忘形功虧一簣。人生態度悠然自得而非頭破血流，確保成果不受損失；為人處世行之有度，得饒人處且饒人，趕盡殺絕沒好處；故事講的好的人，總是知道留下最好結尾。

　　後漢書鄧禹傳：「功成身退，讓國遜位，歷世外戚，無與為比。」大功告成自行隱退不再復出，事情做圓滿了就要含藏收斂，符合自然規律的道理。身居高位之時，越成功越要學會低調，才能防止自身的成就帶來禍患。陷入低谷未必是人生的壞事，如果覺得特別順利，要注意背

後存在的致命問題。不要拿自己的勝利耀武揚威，成就在經歷黑暗和低谷之後出現，災難在驕縱和疏忽之後引發。萬事之中福禍相依，福氣會降臨在有智慧的人身上。人無千日好花無百日紅，人生有高潮和低潮階段；做人不要做絕，說話不要說盡，做人做事一定要懂得留餘地。

　　事情要做得恰到好處，過分和不及同樣不好，謹守中庸之道最適合；太注重個人的追求與造就，會忽視整體社會人心的平和穩定。中庸不是主張無原則的調和，必須符合禮的規範和體現仁的精神。成就已經到了頂點應該急流勇退，沒有人能永遠站在頂端；舊事物減亡新事物出現，是宇宙發展的必然規律。易經：「窮則變，變則通，通則久。」事物發展到頂點，由頂點向相反面轉變，之後又開始新的發展，需經過這些變化的過程之後，才能長期存在發展。

　　運勢來到最低潮的谷底，只要撐過去就會慢慢往上爬，大難不死必有後福，好運就會緊接而來。天地間的事物盛極必衰，在旺盛圓滿的景象中預示衰敗凋謝的徵兆；當花開滿園芬芳香艷之際，花落滿地蕭颯寂寞的景況就快到了；人在富貴榮耀到高峰的時候，就潛藏衰敗式微的遠因在內。在安樂的時候不可放逸怠惰，應心存戒惕以防災禍發生，更要有處變不驚的勇氣與臨大節遇大難而不屈的精神，堅苦忍耐以圖奮鬥成功。得意順遂時，在湍急的水勢中當機立斷退出，往前衝固需勇氣，但急流勇退更需智慧。

　　在一個鼓吹貪婪的時代，是一種永遠不滿足的心理狀態。求名逐利時常多爭鬥，必須換個層面去挑戰極限突破自我。善待自己的身體自己的心，為喜歡的事情全心投入，學會適可而止，停下來享受人生旅途的風景，而不是盯著目的地不停地往前走。過分追求名利，就要付出更多代價；積斂過多財富，會遭致更慘重的損失。消耗大量時間和精力甚至拿生命去賺錢，不懂得勞逸結合，最後身體突然垮掉，一切都化為烏有。對物質需求少一點，精神層面反而能更加富有自在，繼而內心生成更多快樂。當全盛的時候急流勇退，置身於與世無爭的地位，才是受人尊重之處世之道。

　經營管理：產能過剩擴產風險

　　產能過剩是指以固定資本、勞動力、原材料等要素投入在一定技術水平下的最佳產出，超過了由市場需要決定的實際產量的狀況。設備利用率的正常值在80%左右，超過90%則產能不夠，若低於80%則可能存在產能過剩的現象。

面對全球晶片荒，不只台積電等台灣廠商展開擴產，英特爾、三星等國外廠商也提高資本支出計畫擴產，市場疑慮晶圓代工是否會從供不應求走向產能過剩。面對疫情等不確定變數加上遠距商機，半導體業客戶端拉高庫存量，整體供應鏈屬賣方市場。因 5G、物聯網與車用市場應用面廣需求殷切，業界擔心各家擴產屆時產能開出恐變產能過剩。聯電、力積電為了降低擴產風險，與客戶簽約，成熟製程的市場需求預收訂金，顯示業界相當謹慎。

產能過剩問題是中國經濟的一大痼疾，政府試圖以 4 兆人民幣的投資計畫解決部分產能過剩問題。增加公共工程建設可以增加對鋼鐵等產品的需求，從而降低閒置產能，也放寬了銀行貸款，並倉促批准石化廠等大型項目建設，經濟刺激計畫最終可能又造成產能增加並過剩，再次成為經濟問題。中國配置資源的主體沒有轉向市場，發展經濟的主體沒有轉向民營企業，只要政府在資金流通領域中不肯退出，這種折騰就會一再重演。大量低水準的重複建設成就了無數的三高一低（高投入、高能耗、高汙染、低效益）企業，不僅耗費財政資金和耕地資源，而且還破壞生態環境。

宏達國際電子（ HTC）成立於 1997 年，為臺灣的跨國消費性電子產品公司，目前為全球第二大 VR 顯示器製造商。 HTC 初始以 ODM 及代工生產為主要業務，設計並製造多種裝置，2007 年加入由 34 家公司成立的開放手機聯盟，並推出全球首部搭載 Android 系統的智慧型手機，開始行銷 HTC One 系列等自有手機產品。2005 年 2 月以股價 232 元首度登上股王寶座，2006 年 4 月以 1,020 元的股價成為突破千元的股票，2011 年 4 月底股價高點 1,300 元，當年稅後 EPS 賺了 73 元。但隨著智慧型手機市場飽和，宏達電於全球智慧型手機市場的占有率不斷下降，2012 年已跌出全球手機銷售前十名，2013 年 10 月公司出現上市後首度虧損，股價跌至九年以來的新低 128 元，市值蒸發超過 9,000 億元，其股價已經下降超過 95%。2016 年擴展其業務到虛擬實境硬體，經歷了連續淨虧損超過一個股本，2017 年 EPS － 20.58 元，9 月宣布出售製造手機的部門及授權專利給 Google，2018 年 10 月股價跌至新低 30 元。

宏達電的輝煌歷史，包括在 2005 年全球首款微軟智慧手機、2008 年全球首款 Android 手機、2010 年全美第一支 4G 安卓智慧型手機、2013 年全球首款全鋁合金金屬機身手機等。每一檔股王的出現，背後都有一段刻骨銘心的故事；在產業火熱時會過度的樂觀期盼，當創下超級天價時，往往也是摔成重傷的起點。歷任股王都曾是投資人的最愛，只是最

後幾乎都血本無歸，當媒體、市場再度為天價瘋狂時，那恐怕不是好買點，而是最後的賣點。

⑤ 投資理財：轉機股與成長股

　　投資眾人皆知的績優股雖然比較穩健，但也很難創造超額報酬；當基本面稍有風吹草動，市場對它的態度大幅改變，績優股變成積憂股，股價跌得悽慘。股價已經跌到很低的水位，市場對它沒什麼期待，但只要基本面稍有轉機，股價就有機會走一段噴出行情。公司一次性改善對股價的激勵也只是一次性，隨即重拾下降軌跡，這不是轉機股而是陷阱股。體質永久改善的公司，不斷帶給市場驚奇，股價才會有源源不絕的上漲動力。

　　公司體質不好營運表現不佳，可能是技術不對、產業前景不佳、經營團隊有問題、市場競爭過於激烈等。當公司面臨危機，就是企業尋求轉機，需要進行變革之時。公司力圖振作尚未收到成效之前，沒有耐心的股票市場在股價上反映，以不如預期的失望下跌。這類公司需要較多的時間與精神才能達成目標，切忌因為股價上漲而過度樂觀，否則極易在過度期待的落差下誤判局勢，淪為短期的利益輸送，股價上漲曇花一現。

　　價值型轉機股的股價跌到其市值低於其真實價值，當企業成長停滯甚至是虧損瀕臨破產之際，須進行重整強化公司競爭力，才能改善經營績效。企業重新評估內外部環境，內部因素如事業或產品組合、資源能力、組織架構等，外部環境因素則有技術與市場發展、產業生態、政治經濟情況變化等。企業也可透過購併與策略聯盟，快速從外部獲取槓桿所需資源及技術。

　　超過 50 年歷史的科技大廠超微（AMD），在面臨虧損後於 2014 年任命新執行長蘇姿丰，大力改造公司的策略重點，近年的營收顯著增長。2018 年轉虧為盈獲利持續增加，股價翻漲約 30 倍，市值突破千億美元。裕隆 2019 年大舉認列發展自主品牌事業損失新台幣 244 億元，每股大虧 16.24 元；同時將股本瘦身啟動策略轉型，對外全面開放汽車價值鏈中的車型平台和研發，與鴻海集團結盟合作，以輕資產的營運模式迎接全新的電動車世代。甩開沈重包袱後 2020 年轉虧為盈，配合減資效益，每股盈餘創下 15 年新高。

　　公司從開始的轉機到營運步上坦途，最後躍升為成長股，背後所反應的轉虧為盈題材，更具備爆發力的想像。成長股是營運最壞的時候過

翻轉吧～經濟學！給您看得懂用得到的經濟原理

去了，公司的銷售額和利潤額持續成長，而且其速度快於本產業的成長；沒有增加股份的前提下，淨資產在不斷成長。

本益比、股價淨值比低的個股，本身具有評價面相對便宜的優勢，要留意其營收與獲利的成長性，以及成長力道是否持續，加速成長容易使企業走向再而衰三而竭的境地。成長股在上漲前具備的條件有稅後淨利逐年成長、毛利率達15%以上、股東權益報酬率達15%以上、本益比低於15倍、現金股利逐年增加等。每個月檢查公司月營收年成長率是否符合進度，每一季檢查財報，不用每天在股海裡衝浪。投資正在成長的股票，才能快速累積本金；若已進入成熟期或沒有成長潛力，代表股價最美好的時光已過了。

十六、數大就是美～規模經濟

徐志摩散文：「數大」便是美，碧綠的山坡前幾千隻綿羊，挨成一片雪絨，是美；一天的繁星，千萬隻閃亮的眼神，從無極的藍空下窺大地，是美；泰山頂上的雲海，是美……數大了似乎自然會有一種特別的排列，一種特別的節奏，一種特殊的式樣，激動我們審美的本能，激發我們審美的情緒。

數大就是美是散文的一句詞，形容數量龐大所產生的美感。這句話被企業界奉為圭臬，處在微利時代必須追求數大，購併則是擴量的捷徑。台灣人因為寧為雞首不為牛後的心態作祟，到處充斥中小型企業。長年發展下來，在許多產業領域上的競爭早已延伸到國際市場，但是企業規模不夠大很難用最低成本在市場上競爭。

規模報酬（returns to scale）是指在其他條件不變的情況下，企業內部各種生產要素按相同比例變化時所帶來的產量變化，分析企業的生產規模變化與所引起的產量變化之間的關係。若產量增長率快於各種生產要素投入增長率，稱該生產函數為規模報酬遞增；若產量增長率慢於各種生產要素投入增長率，則該稱生產函數為規模報酬遞減；若產量增長率等於各種生產要素投入增長率，則該稱生產函數為規模報酬固定。

長期平均成本（long run average cost；LAC）為平均每單位產量所須支付的長期總成本，長期指供給者投入的所有生產要素（K與L）都能調整並支付成本，因此產出之生產規模亦可改變。

LAC = LTC/Q

規模報酬指生產者根據經營規模設計不同工廠，在企業擴大規模的長期生產過程中，一般會經歷規模報酬遞增、規模報酬不變和規模報酬遞減三個階段。

規模報酬遞增（increasing returns to scale；IRS）使長期平均成本下降，即生產報酬隨規模擴充而增加，又稱為規模經濟（economy of scale），意指擴大生產規模具有經濟效益，因此應持續擴充生產規模。

內部規模經濟（internal economies to scale）為規模報酬遞增的內在（廠商內部）因素，包括組織規模擴充促進專業分工，提高了生產要素的生產效率；大量採購進貨可獲得折扣優惠而降低平均成本；大量產出可分攤大額前置固定成本，並提升要素使用效率等，使得大量投入要素的單位成本降低，且大量生產的經濟效益提高。

外部規模經濟（external economies to scale）為規模報酬遞增的外在（外部環境）因素，包括規模擴充表示產業前景樂觀，可吸引人才投入，因而提升人力資源素質及生產力，研發意願提高亦提升資本生產力；產業規模擴大提高了影響力及議價能力，較能爭取有利政策、行政支援與各種折扣優惠，使單位成本降低且經濟效益提高。

新興產業的新進廠商，當擴大生產規模具有經濟效益，應以追求成長為經營策略，持續擴充至最適規模的目標。

規模報酬固定（constant returns to scale；CRS）當產量增加幅度等於長期成本增加幅度，為長期平均成本最低且固定，即生產報酬達到最大，不再隨規模變化而變化，生產要素使用效率為最佳之均衡狀態，又稱最適規模（economy of scale）。意指生產規模已產生最大經濟效益及最低平均成本，因此應維持此一最佳生產規模，為生產者的長期均衡。

規模報酬遞增階段的成長策略獲致成效，廠商享有最適規模產生最大經濟效益及競爭力，稱為收割（harvest）；產業前景不明而考慮進行組織改造或策略調整，避免盲目擴張造成規模不經濟，稱為暫停（pause）。

規模報酬遞減（decreasing returns to scale；DRS）使長期平均成本上升，即生產報酬隨規模擴充而減少，又稱為規模不經濟（diseconomy of scale），意指擴大生產規模不具經濟效益，因此應縮小生產規模。

規模報酬遞減的內在（廠商內部）因素為組織規模過大而分工複雜，管

理階層擴大使得成本提高卻不易協調控制，制度僵化而降低了管理效率，因此大量投入的要素單位成本提高，且大量生產的經濟效益降低，又稱為內部規模不經濟（internal diseconomies to scale）。規模報酬遞減的外在（外部環境）因素為規模過度擴充，使生產要素需求大增，因而要素價格（成本）上漲，而產量大增又使產品市場價格（收益）下跌，生產行銷及倉儲物流等成本亦提高，造成單位成本上升而報酬降低，即不具經濟效益，又稱為外部規模不經濟（external diseconomies to scale）。

企業盲目擴張，當擴大生產規模不具經濟效益，應檢討改善規模不經濟的影響因素，否則即須縮小生產規模至最適規模。

最小效率規模（minimum efficient scale；MES）為使長期平均成本下降至廠商可以生存的最小規模水準，無法擴充至足夠規模（MES）的廠商，將因長期平均成本過高而被迫退出市場。

多樣化（範疇）經濟（economy of scope）為生產報酬隨不同產品服務的生產線擴充而增加，擴大多樣化類別具有經濟效益，因此應持續擴充生產線，增加類別至最適多樣化。

廠商研發創新開發多樣化產品與市場，在相關產品服務的生產營運過程中使用共同資源，因共同成本（joint cost）固定，多樣產出可分攤大額成本而降低平均成本；以核心能力開發的不同產品服務可以快速獲得市場客戶認同，節省廣告促銷成本，使單位成本降低且經濟效益提高。

當生產多樣化的共同成本比例較低或品牌擴張效益不大，使成本增加幅度大於不同產品報酬增加幅度，使長期平均成本上升，即生產報酬隨多樣化生產線擴充而減少，則稱為多樣化不經濟（diseconomy of scope），意指擴大生產多樣化不具經濟效益，因此應縮減不同生產線，減少產品服務類別。

依靠平台支撐和產業鏈延伸，企業連接價值鏈的各個點，構建起自身的生態圈，各子公司和下屬部門是財務上獨立的核算單位，管理摩擦問題不可避免。

♀ 生活智慧：後疫情時代去規模化

新冠肺炎疫情導致社交距離與地域封鎖，重創企業的運行，而中小型企業因資源調度受限，更考驗其風險應對能力。但疫情也使小平台靈活有彈性的優勢顯現，後疫情時代規模經濟不再是鐵律，靈活生產成為重點。訂單需求趨向少量多樣，生產基地也更分散，如何運用科技增加生產效率，提高訂單並控制成本，成為企業發展焦點。

醫療科技公司利用 AI 技術和行動裝置減少病人進出醫院的頻率，醫療照顧不再僅限醫院或診所。避免病情惡化進入醫院，監測分析如有異常值將有專業醫療人員及時處理，大幅節省醫療開支，提供成本較低且個人化管理病情。疫情期間進出醫院不便也不安全，提高顧客使用遠距醫療的意願，一旦習慣新模式就難以返回舊模式，虛擬健康照護就成為主流。

全球關鍵醫療設備如面罩、呼吸器等大缺貨時，愛爾蘭利用 3D 列印生產呼吸器，香港理工大學實驗室利用 3D 列印製作防護面罩支援，3DHubs 也計畫利用醫院附近的 3D 列印機協助製造醫療相關產品。利用雲端技術建立 3D 列印機的網路，只要透過軟體傳輸即可在客戶附近生產，無須模具並減少運送成本。

疫情帶動遠距工作的發展，省去通勤時間、資料上傳雲端，科技工具、視訊會議使辦公室去規模化甚至虛擬化。彈性、個人化服務更趨主流，改變產業及消費面貌。差異化不在產業或商品本身，而是成本控制、價格策略、人力資源的品質，甚至策略結盟也是差異。創新必須持續不斷，最大的差異是在創新力與執行力，這是去規模化的新服務。

目前常見的部落客、網紅、電競選手，或是 Uber、foodpanda 等共享服務形成零工經濟工作模式，乃至於 APP 創業、程式創作，或數據分析與數位行銷行業，是受到社會新鮮人歡迎的新興工作型態。新興工作包括新媒體社群行銷、雷達演算法工程師、教練管家、知識網紅、經紀人、遊戲數值企劃師、遊戲角色動作師、寵物保母、遊戲劇作、IP 經理、生理訊號演算法開發工程師、數位鑑識分析師、科技農夫、網路輿情分析師、照護系統整合管理師等。電商主播網紅利用直播平台、線上電商等網路服務，憑藉個人魅力吸引網友互動，進而刺激購物行為，透過分潤、抽成等方式獲利。部落客等內容創作者也從業餘形式逐漸轉變成自媒體形式的職業，創作領域從圖文涵蓋影音，甚至內容也更加專業，許多商業宣傳內容操作也更有彈性。

行動網路普及應用，針對日常生活需求的網路服務，讓更多原本以臨時工接單的工作模式，能更具規模、更有效率分派工作機會，讓零工工作者能有更多收入來源。因為工作時間相對有彈性，同時也能依照個人狀況調整工作模式，也吸引不少年輕族群作為額外收入來源，甚至成為全職投入工作項目。過往工作在追求薪資與穩定，目前有更多工作朝向自我成就，甚至以完成個人理想為目標。

翻轉吧～經濟學！給您看得懂用得到的經濟原理

👤 經營管理：中小企業與大型集團

　　經營規模較小的企業，雇用人數與營業額皆不大，多半是業主直接管理，較少受外界干涉，中小企業甚至可以小至僅有夫妻兩人之小公司，或是開設在服務式辦公室內。將整家公司劃分成細小的組織，並容許組織內部的單位領導人有更大的自主權，公司更容易適應外來環境的轉變。台灣中小企業的定義，製造業、營造業、礦業及土石採取業實收資本新台幣 8000 萬下，其他行業前一年度營業額新台幣 1 億元以下。配合輔導需求可採員工人數認定，亦即前列三項行業經常雇用員工未滿 200 人，其他行業未滿 50 人。

　　台灣中小企業憑藉其彈性靈活特性，發揮高度興業精神，提升管理能力與強化技術水準，有效利用其專業領域利基優勢。秉持冒險犯難意志，在遭遇挫折時亦能再接再厲屢仆屢起，重建企業生生不息。於各種挑戰中不斷學習並累積經營經驗，決策過程迅速使得資源運用效率提高。但是因經濟規模不大與設備不足，極易受到原料價格波動影響使生產成本偏高；資訊運用程度偏低與市場掌握不足，採取削價競爭而導致獲利有限；工作環境不佳與升遷管道狹隘，員工流動頻繁使專業人力吸收不易；研發能力薄弱與資金有限，技術創新不足而導致升級轉型不易；財務透明不足與會計制度欠缺，融資貸款不易而不利永續經營。

　　企業集團是一個商業組織，母公司與子公司及交叉持股的兄弟姊妹公司等，如台灣鴻海集團、台塑集團、遠東集團、統一企業、三商企業等。兩家獨立之公司，概括移轉由一家公司繼續營運的情況稱為合併（merger）；一家企業購買或證券交換其他企業所有權，掌握其經營控制權稱為收購（acquisition）；與其他企業合作成立一獨立之新公司，以轉投資取得新公司之部份所有權稱為合資（joint venture）；持有其他公司股份，以支配控制其經營活動稱為控股公司（holding company）；企業原有事業部門擴大營運，獨立成為新公司稱為分生（spin – off）。

　　清華紫光集團是中國半導體國家隊，一肩扛起中國製造 2025 政策目標的要角，為追求事業多元化，不斷向外併購擴張。2013 年起斥資近千億人民幣，併購 20 家公司，包括中國展訊、銳迪科和華三通信。2015 年大肆進軍海外，揚言要收購美光、威騰電子和 SK 海力士，甚至還想來台買下聯發科、台積電。然而自 2020 年底以來債務頻傳違約，財務狀況持續惡化。由於融資和併購過於躁進造成集團資產虛胖，無法變現產生

現金流不能償債，虧損逐年擴大，顯示中國瘋狂補貼的模式，並沒有讓紫光順利成長。

大而無當不如小巧靈活，最好量力而為；有些產業有其規模經濟性適合大規模經營，有些則維持小規模經營反而有利。規模的追求應該在創造競爭優勢的前提下進行；與其追求規模的提升，不如設法在競爭優勢上追求升級，更具策略上的意義。

⑤ 投資理財：小型股與大型股

市值 100 億美元以上的藍籌股市值占美國股票市場的 90% 以上，許多指數追蹤大型公司，例如道瓊工業指數（DJIA）、標準普爾 500 指數（S&P500），通常被視為核心投資組合。

大型股是指公司資本額（股本）在 100 億元以上的個股，股本超過 1,000 億為超大型股。大型股因為股本很大流動性也好，因此股價通常波動相對小，多為國際知名企業及各產業龍頭，處於商業週期高峰階段的公司，是市場領導者具有穩定的收入。報酬穩定風險低，投資通常以保值為主，由於長期增資股本增大，盈餘成長已經趨於穩定，股價狂飆的機會就相對減少。

中型股係指公司資本額（股本）在 20 億元至 100 億元之間的個股，報酬、市值、生產力仍處於成長期的公司，風險比大型股更高，但比小型股安全。具有小型股股價活潑的好處，但在不景氣中的財務風險相對低；在資本的成長上

仍有發展空間，沒有大型股成長極限的缺點。通常由小公司擴充而來，企業規模已經成形，經營趨於穩健的成長股。

小型股可能有更大的成長潛力，是個人投資者較有優勢的市場，因為機構投資者通常只投資大型股。但是市值較小，會有流動性風險，也有很多公司就只是規模小並沒成長潛力，價格波動大不見得能確實反應基本面。投資微型股的風險較高，但是成長潛力有可能獲得較高的報酬。許多微型股是新公司，沒有歷史資料可供判斷，可能沒有重要的收入，因為產品正在開發中。交易量低、流動性差，任何大規模的拋售會對股票價格產生重大影響，也很容易出現詐欺和公司治理問題。

在 2020 年疫情嚴重期間，小型股的表現明顯不及大型股，與 2008 年金融海嘯的情況類似，當時小型股的跌幅超過大型股。不過在經濟復甦的過程，小型股呈現更具力道的反彈走勢；MSCI 全球小型股指數的表

現，每年超出 MSCI 世界國家指數（ACWI）。中型股與大型股表現相對穩定、下跌時傷害也小，但是在市場從恐慌谷底反彈時，小型股和微型股的反彈力道最強。隨著獲利增長，從小型股成長至中型股再擴大規模至大型股，是中小型股的投資魅力。

許多高市值又高成長的巨獸，企業提供的產品和服務，對當今世界生活產生巨大的影響。美國股票市場的尖牙指數（FAANG+ Index）包含 Facebook（Meta）、Apple、Amazon、Netflix、Google、NVIDIA、TESLA、Twitter 等股票，都是市值規模巨大的企業，績效卻非常驚人，超越其他股的表現。全球最大的晶圓代工廠台積電市佔率高達 50% 以上，樹立高度技術及資本進入障礙，早在 1994 年掛牌之初股價已大漲至百元，成為當年少數的百元高價股；2000 年網路泡沫股價回落至兩位數，再次破百元已是 2013 年；2020 年 6 月站穩 300 元大關，為後來的陸直上漲拉開序幕；2021 年 1 月股價飛越 600 元，成為世界市值第 10 大公司，佔台灣加權指數近 24% 權重。

十七、有便宜的為什麼要買貴的～價格接受者

針對同類型的產品，功能或效用幾乎一樣，只是包裝、成分稍微有點不同，實在沒道理買比較貴的品牌。廠商都瞭解消費者心態，所以在功能與價格之間會極盡一切美化之能事，只為讓消費者覺得自己端出來的產品組合最划算。很多商店以買貴退差價來保證最便宜，直接鎖定競爭產品來規劃自己的產品，價格幾乎不會有差異，甚至連促銷策略都一樣。

完全競爭市場廠商的商品留存成本不高，採取批量生產大量標準規格產品，分攤大額前置固定成本並降低短缺成本，配合密集成長與整合策略，提升銷售利潤及經濟效益，生產報酬隨規模擴充而增加。

完全競爭（perfect competition）市場參與者之買賣雙方數量眾多、有完全訊息、交易的商品具同質性、廠商進出市場容易幾無障礙；廠商移動生產資源而自由進出，完全依市場機能運行，沒有人可以干預，即新廠商的加入或原有廠商的退出，都沒有人為的障礙。完全競爭市場的賣方（供給者）與商品（財貨勞務）數量眾多，購買者最在意的是價格，對個別廠商沒有主觀上的偏愛，形成商品同質性（homogeneous）。

需求者認定所有同類型商品並無差異，即具有完全替代性。商品是否同質是由消費者主觀認定，並表現在消費行為上；既使各家廠商生產供應的商品未必毫無差異，但只要需求者在消費行為上，將該等商品彼此完全替代，即為商品同質性。

完全競爭市場有完全訊息（perfect information），買賣雙方對彼此及市場交易情況（供需、價量、商品等）均完全掌握了解，沒有人為干預，並能迅速自由調整資源配置達到市場均衡，維持市場穩定及雙方利益。

在完全競爭市場的特性與條件下，市場均衡價格由所有需求者與供給者共同決定，個別廠商為市場的價格接受者（price taker），買賣雙方都只能接受該價格。產業內的廠商數很多，每一家廠商的銷售量佔市場總銷售量的比重很小，任一家廠商都無法影響產品的價格。

個別廠商只能接受整體市場決定的均衡價格，而在此固定價格下，依其產能決策決定數量。需求者亦只能接受整體市場決定的均衡價格，而形成價格固定之水平需求線，即個別廠商沒有自行定價的能力，個別需求者也沒有影響市場價格的能力。若個別廠商定價高於市場均衡價格，將被其他相對低價之同質商品完全替代，而被迫退出市場或調整回均衡價格；若個別廠商定價低於市場均衡價格，其他相對高價同質商品將被完全替代，但個別廠商其供應量在整體市場中所占比例極低，因超額需求而將定價調整回均衡價格。

同質性高的商品，若廠商定價高將被完全替代，而被迫退出市場或調整價格，由價格競賽調整至市場公認價格。

當市價大於長期平均成本時，廠商有利可圖（可得超額利潤），在無進入障礙之完全競爭市場，經過長期調整將吸引廠商擴大生產規模增加產量，新廠亦建立生產線進入市場，使整體市場的供給增加且均衡價格下跌，而所有個別廠商為市場的價格接受者，只能跟著降價，整體市場均衡量增加，而個別廠商最適產量卻減少。直到市場價格下跌至長期平均成本最低，此時個別廠商之經濟利潤為 0，廠商可得正常利潤。

在無進入障礙之完全競爭市場，有利可圖將吸引新廠一窩蜂跟進；當無法承受虧損的廠商退出市場，繼續生存的廠商危機就是轉機。

若市價低於長期平均成本則淨利＜0，經過長期調整，無法承受虧損的廠商將被迫停業退出市場，使整體市場的供給減少且均衡價格上漲，整體市場均衡量減少，繼續生存的廠商最適產量增加，獲利回升至正常利潤，即經濟利潤為 0 之均衡穩定狀態。

翻轉吧～經濟學！給您看得懂用得到的經濟原理

因長期經濟利潤為 0，完全競爭廠商只顧衝刺銷售數量，失去研發創新的能力與動力，消費者不能享有更多樣商品。

開放市場自由競爭對經濟社會的可能影響，完全競爭廠商須以最低長期平均成本產出最適產量，具有生產效率；而消費者也可以最低價格滿足最大效用，具有配置效率；因此整體市場的資源最有效率，經濟福利最大；廠商沒有超額利潤，經濟福利全部由消費者所獲得。對知識的有效創造、獲取、累積、傳播及應用，並使其運用最有效率，達到最大經濟效益，進而產生使組織具有競爭優勢的創造革新。

網路創造趨近完全競爭的市場，同時也造就邊際成本趨近於零的商品；廠商和消費者得以突破地理空間的限制，成為一個高度競爭的共同市場；許多資訊產品的複製與流通成本同時趨近於零，也讓邊際成本趨近於零成為可能，將價格訂為零比向消費者收取微幅的費用更有利。

一隻看不見的手（an invisible hand）是現代經濟學之父亞當・史密斯（Adam Smith）所描述的市場神祕力量。這隻促使自利（對個人最有利）與公益（對社會最有益）調和的看不見的手，就是自由競爭的市場機能，或稱為價格機能。在一個自由競爭的市場裡，任何一個產品的價格，是由所有買方與賣方各自根據自利動機，互動而共同決定，自然達到對社會最有益的結果。

完全競爭廠商只能接受市場均衡價格，廠商之策略唯有控制成本至長期平均成本最低，採取低成本優勢競爭（cost－down）。在最低長期平均成本生產，可使現有資源配置最有效率，但因長期經濟利潤為 0，廠商亦失去研發創新的能力與動力，消費者不能享有更價廉物美的多樣商品，對未來經濟發展與社會福利未必有利。以高度化機械作業流程產出大量標準化產品，改善作業流程控制成本，可以增進組織的生產力。

低價搶出口訂單，代工毛利愈殺愈低的結果，等於間接補貼了歐美消費者低價購買便宜的產品，讓台灣部分勞工變成全球供應鏈中的輸家，在剩餘價值分配上處於相對劣勢。

♀ 生活智慧：危機就是轉機

危機是由危險與機會兩個詞意組成。只要從正面去思考，臨危不亂堅信危機就是轉機，就是脫胎換骨挑戰更上一層樓的好時機。人的一生之中，不可能事事稱心如意，挫折、困難、失敗、困窘、逆境是人生必

然的過程。面臨挫折要勇敢面對努力向前，是歷鍊成長的機會，也是邁向成長成熟的階梯。天無絕人之路，受苦的人沒有悲觀的權利，一鼓作氣勇往直前；徹底反省檢討，奮發圖強振衰起弊，轉危為安反敗為勝。

新冠肺炎疫情對全球造成重大影響，有人扛不住衝擊宣布結束營業；但也有異軍突起趁勢打下江山，以智慧化危機為轉機，如鳳凰浴火重生。勇於挑戰的人，在危機中永遠看到轉機；勇敢面對檢視危機中的希望光芒，奮勇與危機搏鬥，永不放棄的接受挑戰，才能成就生命的璀璨光彩。

平常要未雨綢繆打好體質，有突發狀況發生才能迎刃而解。防疫的同時更是檢驗反省的時刻，藉此進行企業升級，培養自己的財力及體力健康，待疫情過後就能把危機變轉機，從容因應產業及市場消費行為與互動模式的轉變，產生許多機會。求生心態愈強不拖泥帶水的人，在生存競爭下存活率會比較高；在行動上更積極主動，蒐集資訊跳脫框架，有系統地檢視未來策略，才能在變革中突圍。

若能瞭解危機，善於運用危機來改變自己改變環境，就能使千頭萬緒的事迎刃而解，成為一個成功者。只有充分準備，才能在面對緊急情況的時候臨危不懼，解決問題抓住機遇，收穫更加成功的人生。根據自己面對的實際情況，找到適合自己的辦法，及時解決問題化危機為轉機。淘汰體質不佳、不思改變、不願變革與創新的人與企業；對於清楚認知應變、快速調整變革的人與企業，反倒是絕佳快速崛起的時刻。

在疫情重創下逆勢操作，日本也出現辭職創業潮，在商圈夜市開店，趁時機拚創業，完成人生夢想。上市公司徵求自願請辭的人數超過 1 萬人，以疫情為契機，獨立創業的中年上班族日益增加，大叔級的創業越來越多。疫情影響改變職場生態，對這些創業者來說，疫情危機似乎就是創業轉機。疫情重創觀光業，讓飯店業面臨經營生存權，部分飯店傳出無薪假後熄燈，但也有不少飯店自立自強趁機裝修，強調絕不會裁員，希望利用時間將設備服務升級後重新再開張，度過疫情危機。

以往的觀光行程太重業績，失去旅遊業的價值。應該讓旅客擁有更多的經驗價值，例如對於名勝景點典故的解說，把地形、氣候和人文結合在一起，讓旅客完全理解而深入腦海。藉此機會籌備新的旅遊公司，讓閒著的同事繼續規劃絕佳的行程，編輯最佳的導覽模式，還有廣告宣傳、聯絡客戶等工作，希望疫情結束的時候，規劃出別出心裁的旅遊行程，建立素質最高的旅遊公司，提供旅客最富價值和意義的旅遊行程。

翻轉吧～經濟學！給您看得懂用得到的經濟原理

🧍 經營管理：買貴退差價

　　買貴退差價是店家的廣告行銷手法，用來塑造最便宜的形象，以吸引更多消費者上門。如果在同區域的其他店家發現相同產品賣得便宜，只要拿出購物發票與對方DM型錄，立刻退價差。除了量販店和網路商店之外，生活百貨、3C產品、小家電、藥妝、寢具等都可以看到這段耳熟能詳的廣告詞。消費者購買同一款產品，會事先比價然後轉往價格特別優惠的店家購買，各通路之間為了吸引更多顧客上門，降價就變成一種競爭的手段。

　　顧客可以透過買貴退差價得到補償，轉不需要轉向其他通路購買商品。對各別通路來說，並沒有把顧客搶過來，而是削弱其他通路降價搶市場的誘因。最好的作法是直接追隨價格，以確保自己的顧客不會被搶走，帶來的意外效果就是讓價格競爭變小了。推出買貴退差價的店家表面上是市場上的最低價，但價格差距大幅縮小，精打細算的消費者也休想靠著比價佔到任何便宜，最後反倒讓價格戰的壓力變小。表面上看起來享受到買貴可以退差價的福利，但實際上每個人都買貴了。

　　標準化的商品，消費者只會關心價格，容易引發價格戰。既然商店敢承諾，顧客也就會相信價格確實夠低，沒必要繼續貨比三家。但是商店之間有良好的協調，各家店的價格幾乎都一樣。網路時代有很多比價網站，各家的報價一目了然，一個為消費者服務的做法，事實上方便了商家之間的價格協調。

　　商品價格高低係由市場機制決定，同一商品於不同之販售通路、交易時間、販售地域未必有相同之售價，搭配促銷方案更是影響價格之重要因素。買賣契約成立後雙方受拘束，除非合意否則任一方均無從單方面要求變更契約條件。若廣告非以促銷價而以最低價或買貴退差價為方案，則於此交易條件下要求退還價差即屬有理。企業經營者應受廣告內容之拘束，而依廣告內容履行義務，消費者就所為廣告內容，有權要求企業經營者履行。就足以影響購買意願或交易價值之重大事項，刻意為不實之廣告內容，進而影響消費者之購買意願或對交易價值之誤判，即有構成詐欺之可能。若未於促銷廣告內容中明載定義或適用條件，造成企業經營者與消費者就廣告文字解讀不同而生爭議，應向消費者解釋溝通或以調解方式弭平相關爭議。

　　通常業者退差價有限制，包括特價商品不在範圍或活動只針對會員，民眾費時又麻煩，基本上不會大費周章。廣告或公告屬於業者承諾，必

須具體明確才能減少糾紛疑慮的產生。當競爭者提供更好的退貨條款，同業只得跟進，過高的退貨率會讓企業真實營收表現變數大增，多數的業者都已經把退貨成本算進售價，高退貨率雖不至虧損，但是會拉低淨利。適當的退貨率能刺激顧客回購次數，比零退貨更提高企業獲利。企業運用大數據了解顧客後，可以多發折價券給退貨率低的顧客鼓勵多購物。一個退貨原因就是很寶貴的顧客意見，廠商可以藉此改善產品組合，甚至調整營運基礎架構的缺失。

⑤ 投資理財：毛利率趨勢代表產品價值

　　毛利是銷售淨額扣掉銷貨成本，毛利率是毛利占銷售淨額的比例，用來衡量公司的產品價值指標。銷貨收入是出售商品或勞務給客戶所得之營業收入，必須要先扣除銷售折扣和退回後所得的淨額；銷貨成本指出售商品收入時發生的成本，不包括管理、研發或行銷的費用。銷貨成本會根據售出產品數量等比例增加，例如材料、包裝、進貨成本，而人事費用、房租屬於營業費用而不是營業成本。附加價值可能來自品牌價值、技術專利、獨佔等，能為股東帶來更多超額利潤，延續公司的競爭優勢，維持或提升在產業中的地位。

　　出現毛利率成長的趨勢，代表企業產品的附加價值不斷在提升。毛利率、營業利益率、純益率都已經連續衰退的公司，須避開後面的股價大跌。毛利扣除營業費用後就是營業利益，營業利益率是營業利益占營收的比例。淨利再扣除稅額之後才是稅後淨利，也就是公司賺錢的終極指標，淨利率是淨利占營收的比例。毛利率代表公司產品的競爭力，營益率則是衡量公司本業獲利的能力。若公司的毛利率和營益率同步上升，代表公司獲利能力全面改善，可考慮買進或持有，直到公司的獲利能力反轉向下；若毛利率與營益率同步衰退代表公司狀況全面轉差，可考慮將持股賣出；若毛利率與營益率皆平穩，則可等待未來方向明確後再調整持股。業外屬於非固定的項目，可能是公司處份資產或投資所產生的損益，故不列入公司競爭力強弱的觀察指標。

　　高毛利一旦營收成長，對獲利的貢獻度就很明顯，財報公佈數字經常會優於預期。公司在研發及佈局的時候，很多的研發或行銷支出都是營業費用，會造成高毛利但低獲利，一旦不再隨營收規模去研發及行銷支出時，獲利就會明顯跳上來；掌握高毛利低獲利的公司開始展開高成長的時間點，股價也跟著明顯上揚。如果公司的競爭力衰退，造成營收、獲利遞減，就要有所警覺。有時候公司因為調整營運策略造成營收短暫

下滑，如果毛利率和營業利益率更好，公司的經營績效和獲利更好，股價下跌反而是很好的買點。

牛皮股是股價波動很小的股票，也因為漲跌不大所以交易量通常較低，想要賺價差的人通常不會選擇此類型股票。牛皮股通常股本龐大且屬成熟型產業，盈餘大多穩健呈緩慢成長，由於籌碼不易控制，市場作手不願輕易介入炒作，股價沒有爆發力。牛皮股在某一價格幅度的最高價與最低價之間具有較強的支撐與壓力，其股價經常在該價格區間內來回震盪，投資者可以利用高低價所形成的股票箱操作，低進高出。

殭屍股指長時期橫盤不漲不跌的股票，表現如殭屍一般，成交量少，業績長期沒起色難吸引法人進場，股價容易因處份資產或是持續虧損而暴漲暴跌。產業具有景氣循環的特性，當市場供需好轉立刻轉變成為熱門股，由殭屍股成為轉機股。

十八、綁標與圍標～法定獨占與自然獨占

綁標主事者會勾結標案者設定為其量身訂做的規格，讓其他業者因為規格不符而無法參與投標；最後的價格標可能由審查小組洩漏底標，讓投標廠商高價得標。一般是以限制廠商資格與工程規格的方式進行，要求提高廠商施作能力及工程設計規範，表面上是提高工程品質之動機，甚難區分容易綁標，限制越高越有可能綁標。造成工程造價高昂、縮小廠商之競爭對手、提高取得工程的機會、賺取不合理的利益，最終目的是使工程得標的廠商與價格合乎綁標者預期。

政府採購法受機關委託提供採購規劃、設計、審查、監造、專案管理或代辦採購廠商之人員，意圖為私人不法之利益，對技術、工法、材料、設備或規格，為違反法令之限制或審查因而獲得利益者，處一年以上七年以下有期徒刑，得併科新臺幣三百萬元以下罰金；其意圖為私人不法之利益，對廠商或分包廠商之資格為違反法令之限制或審查，因而獲得利益者亦同。

獨占（monopoly）市場中僅有唯一一家供給者，且商品特性獨特，無其他相關商品可以替代，又稱為完全壟斷市場。通常因為該市場有進入障礙，或因資訊不完全、資源不易流通等因素，使該唯一廠商可以維持獨占地位，因為沒有競爭者，而成為價格決定者。

法定障礙（legal barrier）因政府法令規定，須具備特定條件才能獲得許可設廠生產，或為鼓勵研發創新而給予獨家生產專利權，廠商亦可以藉由取得稀有關鍵資源（原料、要素、技術等）的控制授權而成為獨占者。

　　智慧財產藉由專利權或著作權的法令保障，非經他人同意不得複製、生產、傳播、銷售；權利擁有者藉由獨家生產或授權經營權利金，享有研發創新的獨占利益。廠商亦可藉由研發創新技術、方法、零件等而享有超額利潤，或取得關鍵技術的控制授權而成為獨占者。

　　不良廠商常利用黑道，或黑道利用不良廠商租牌，以利誘與威脅方式取得領取標單廠商名單，對於不同意配合之廠商以脅迫方式要求退讓；或於開標中心控制現場使出席廠商膽怯而放棄，以取得工程的決標權利，謀取不當利益。公共工程受到地方派系與黑道綁標介入，工程造價成本不合理增加，工程品質低落，正當廠商失去合理競爭生存空間，社會正義蕩然無存。

　　自然障礙（natural barrier）非由外力人為限制所造成，而是因產業特性或市場環境自然形成的獨占。通常為設廠固定成本或技術層次極高，其他廠商進入障礙大。

　　當獨占廠商處於長期平均成本遞減之生產狀態（規模經濟），其產量已足以供給整體市場，新進廠商因所須成本較高，不易達到最小效率規模，而自動不願加入。也可能因為資訊取得或資源流通不易而成本過高，例如特殊偏方、地理區隔、交通困難等因素，使其他廠商不得其門而入。

　　當偏遠地區的小吃店處於最適規模，其最適產量已足以供給整體市場，新進廠商難以競爭獲利，形成特定範圍的獨占現象。

　　獨占市場中僅有一家供給者，整體市場的需求即為對該獨占廠商的需求，個別廠商的需求線與整體市場的需求線同為價量反向的負斜率曲線，為價格決定者（price maker），獨占廠商依據市場需求的量價，決定適當的價格與產量以獲得最大利潤。獨占廠商只要能繼續營業，經過長期調整亦無其他廠商進入，但該獨占廠商可調整生產資源，尋求最大利潤之規模產量與定價。

　　獨占廠商為價格決定者，因此廠商的定價能力愈強代表獨占力愈大。價格加碼愈高，廠商可得超額利潤的能力愈強，即獨占力愈大。需求彈性小代表商品替代性小，則廠商的定價能力愈強，獨占力愈大。

　　當獨占之特殊傳統技藝市場需求減少或生產成本過高，亦可能無利可圖，甚至沒落失傳。

翻轉吧～經濟學！給您看得懂用得到的經濟原理

獨占市場的影響包括 X 無效率、Y 效率、競租行為、自然獨占優勢等。因缺乏市場競爭，獨占廠商組織鬆弛，浪費資源使成本偏高，稱為 X 無效率（X － inefficiency）。生產資源配置未達最佳效率，需求者亦須以較高價格獲得較少消費量，而降低社會經濟福利。

有利可圖的獨占廠商完全壟斷市場機會，但影響需求者權益稱為 Y 效率（Y － efficiency）。獨占廠商為供給整體市場而持續擴充產能，可能進入規模不經濟之生產狀態。

獨占廠商為維持其獨占利益，可能將資源耗費在公關、遊說、賄賂等非生產用途，稱為競租（rent － seeking）行為，因而提高經營成本，降低生產效率。政府可以公開競標權利金，即獨占利潤為政府公開收入由全民共享。廠商以最高經營權利金或最低商品價格得標，將致力提升生產效率並降低成本。

廠商將資源耗費在公關、遊說、賄賂等官商勾結黑金體制，政府圖利特定廠商，反而造成資源浪費與分配不公平。

自然獨占可節省小廠林立的社會成本，使產業規模在最低長期平均成本。廠商為維持其自然獨占地位，將不斷研發創新多角化經營，或以先進技術管理提升生產效率並降低成本。在自由競爭的市場環境下，企業提升競爭力亦可以成為獨占廠商。

獨占廠商在成本相同下針對各種不同需求者或購買量訂定不同價格，差別訂價（price discrimination）條件為不同購買者可有效區隔，且彼此間不能轉售套利。獨占力愈強則廠商之差別訂價策略愈有效，需求者特性（偏好）差異愈大，廠商可有效區隔不同購買者，差別訂價空間愈大，使利潤愈高。

傾銷（dumping）是在國際貿易上，廠商對不同國家市場的銷售對象差別訂價。廠商對需求價格彈性較小的國內（壟斷）市場訂定較高價格，而對需求價格彈性較大的國外市場（國際競爭）訂定較低價格，亦即廠商以其在國內市場獲得補貼，而到國外市場低價促銷，形成國際貿易不公平競爭，廠商可以增加產量與利潤。

♡ 生活智慧：多元社會與菁英主義

在多元社會中，不同種族、民族、宗教或社會群體在一個共同文明體的框架下，持續並自主地參與及發展自有傳統文化或利益，並且互相尊重以及互相學習、交流、合作。不同族群相互間展示尊重與容納，從而安樂共存、相互間沒有衝突或同化。在威權主義或寡頭政治的社會權

力高度集中，各項決定由少數人做出。在多元社會，權力、決策過程及利益分享相對較為分散，鼓勵社會成員更廣泛的參與及更佳的成效。多元主義是知識快速增長的重要因素，通過提高生產力、經濟增長、改善醫療等來增進人類福利。

在多元文化的社會中，任何人不論性別、種族、民族、宗教、身心障礙、年齡、性傾向，都不應有任何歧視或差別對待，應互相包容，任何人的自由意見和立場都必須彼此尊重。一種文化的勝出，其實只說明了它的強勢，但不一定就是最好的。多元文化提供許多藝術欣賞和創作的機會，增添生活的情趣，豐富我們的生活。多元社會是對自由的保障，文化多樣性也從不同的角度看待周遭的世界；低估多元文化的重要性，覺得只有自己的文化或強勢文化比較值得推廣，將被侷限在少數文化中，生活方式沒有變化的可能。

威權主義政府常運用壓制性手段來維持和執行社會控制，依靠行政手段、法令、軍警以控制國民言論、結社、集會等自由，以維持自身統治。極權主義政府更強調意識形態的重要性，透過宣傳機器資源動員破壞公民社會，對每一公民個體的思想和生活各層面全面控制，把凝聚力集中在國家層面上。

菁英主義（Elitism）認為應該由少數具備知識、財富與地位的社會菁英來進行決策，主導社會走向；強調菁英貴族才擁有統治的能力與智識，認為人民易受煽動帶來暴民政治。然而，以菁英主義來對抗民主潮流，受到來自多元主義、社會主義等思潮的批判和挑戰。

權力使人腐化，絕對的權力使人絕對的腐化；絕對堅持使人誤判，不盲從任何黨派，民主制衡才是真理。菁英其實只想維護地位，當處於有利位置時，往往有權力成癮現象，當權者不願意放棄手中的利益，才需要有制度化限制權力的民主機制。菁英作為既得利益者，傾向於奴役其下層階級，成為剝削者的代名詞。菁英主義甚至被認為是對普通大眾的蔑視、嘲笑、仇視，而菁英主義者認為大眾是無知、盲動又自命不凡的群體，對民主政治抱有悲觀情緒，不認同迎合大多數人的利益，只有菁英才是民主政治的堡壘，免於暴民政治。

社會被少部分人壟斷，公共政策是由少數菁英份子所制定，絕大多數的社會大眾並未參與過程。菁英藉由他們所占據的重要職位而決定政策，同時壟斷政治、媒體、教育研究經費、社會威望等。縱然短時間在專業領域上享有獨佔，但是後起之輩源源不絕，沒有人是不能被取代。

屬於公共財的教育資源集中於少數人形成特權，菁英主義不僅違背人權平等觀念，且助長強化階層主義與隔離主義的滋長，是民主社會之敵。

⚇ 經營管理：廠商維持優勢策略

結構性進入障礙（structural entry barriers）為因法令規定限制造成的法定進入障礙，以及因產業特性或市場環境形成的自然進入障礙，並非個別廠商策略。市場中的個別廠商運用策略，使其他廠商難以進入市場參與競爭，稱為策略性進入障礙（strategic entry barriers）。廠商可以擴充產能，使其產量足以供給整體市場，新進廠商因不易占有市場而自動不願加入。個別廠商運用策略時明確告知對手並展現決心與公信力，使其他廠商慎重考慮進入市場參與競爭之可能後果，而達成策略性進入障礙的效果，稱為策略性承諾（commitments）。

採取策略而優先掌握市場競爭優勢的廠商，享有品牌權益賺取超額利潤，市場進入障礙小將吸引其他新廠模仿跟進，廠商須運用策略維持先占優勢（first mover advantage），使其他廠商難以進入市場參與競爭。先占企業品牌及商標連結所累積建立的商譽資產，足以吸引消費者提高偏好，願意付出較高代價，成為市場區隔的名牌忠誠度差異與企業重要的品牌權益。正面形象之品牌聯想效果與顧客關係，轉換成本使其他廠商不易獲得消費者認同，形成進入障礙效果。品牌延伸在相關產品服務的營運過程中使用共同資源，節省廣告促銷成本形成品牌擴張效果，使單位成本降低且經濟效益提高，對於難以突出品牌差異的廠商而言，即具有市場進入障礙。

廠商採取限制定價（limit pricing）壓低市場價格，新進廠商因所須成本較高，難以競爭獲利致知難而退。掠奪性定價（predatory pricing）則是財力雄厚的廠商，定價低於邊際（變動）成本，其他廠商因不堪長期虧損而被迫退出市場。廠商採取掠奪性定價，其財力與成本優勢必須足以逼退對手，享有優先利益使潛在新進廠商因難以競爭而不願加入，達成目的後可以賺取超額利潤彌補定價低於邊際成本的損失。先占廠商爭取通路的認同，交通便利與地理位置使消費者購買方便，降低行銷倉儲成本並提高銷售量。

廠商可以先進技術、方法、零件等而享有超額利潤，或取得關鍵技術的控制授權而成為先占優勢者。先占企業規模擴充促進專業分工，經驗累積提升人力資本與技術進步，使產量大幅成長並降低單位成本。人力素質與資本品質不斷增進使經濟效益提升。創新發明亦是由人力資本

研究發展而得，有利增進技術能力並發揮規模經濟效率，使規模報酬遞增。

　　廠商為自行取得關鍵技術，又避免侵犯他人專利權，而研發以不同方法獲得相同功能的技術或生產類似產品。迴避發明（invent around）使專利權或著作權未必能完全保障研發創新的智慧財產，降低了市場進入之法令障礙與廠商獨占利益。優先採取競爭策略的廠商承擔不確定性的代價，先占劣勢（first mover disadvantage）方向錯誤則無利潤。先占廠商必須不斷創新，足以吸引消費者提高偏好，才能維持利潤。選擇利基市場切入建立知名度，並具有品牌忠誠度，模仿跟進者若未能掌握市場競爭優勢，有經濟損失將被迫退出。

⑤ 投資理財：美國反壟斷調查科技巨頭

　　美國 1880 年即有反獨占法，反托拉斯法（Anti － Trust Law）又稱為雪曼條款（Sherman Act），為防止廠商在市場中的不當行為及聯合壟斷之企圖，以避免影響市場秩序，傷害消費者權益。我國於 1991 年通過公平交易法，1992 年成立行政院公平交易委員會監督執行，以維護交易秩序與消費者利益，確保公平競爭。

　　美國國會兩黨議員在 2019 年啟動對 Amazon、Apple、Facebook 與 Google 的反壟斷調查，歷經 16 個月之後公布長達 430 頁的報告，結論是這些科技巨頭都具有壟斷市場的力量，需要由國會或執法者來制衡，業者相繼反駁但可能難逃被拆分或改變其商業策略的命運。

　　調查顯示 Amazon 占據了近四成的美國電子商務市場，不公平地自第三方賣家蒐集數據及資訊，用來強化自己的零售業務，而且在搜尋結果或商品排列上獨厚自家產品；亦以其獨大的通路地位提高賣家的上架費用，還制定商品價格不得高於其它賣場的規定。Amazon 認為如果從美國的整體零售市場來看，Amazon 的市占率不到 4%，而且最大零售業者 Walmart 的營收更多達 Amazon 的兩倍。

　　報告認為 Facebook 運用壟斷勢力，透過拷貝、併購及摧毀等三大策略來消除競爭，特別點名與 Instagram 的交易是為了抑制競爭，收購 Onavo 數據分析公司來發現潛在競爭對手；超過 30 億人經常使用這些服務，但用戶隱私被侵蝕，錯誤資訊和有毒內容氾濫。Facebook 在回應聲明中表示，併購存在每一個產業，也是替使用者帶來新價值的方法之一。

翻轉吧～經濟學！給您看得懂用得到的經濟原理

報告中對 Apple 的質疑集中在 App Store，同意行動生態體系同時造福了消費者與行動程式開發商，但批評利用對作業系統及 App Store 的控制能力，從應用開發者的銷售中抽取過多佣金，迫使許多開發者對消費者提高價格或減少對應用的投資，再加上與軟體的深度整合，使得第三方應用和服務很難與之競爭。蘋果則反擊創立 App Store 帶來人們從未想像過的新市場、服務與產品，而且程式開發商就是此一生態體系的主要受益者。

報告認定 Google 建立了一個交錯的壟斷體系，不僅破壞了垂直領域的搜尋服務，於搜尋引擎結果中嘉惠自己，也透過對 Android 平臺的掌控促使人們仰賴 Google 搜尋。Google 則說，該公司耗費了數十億美元的研發經費來改善免費的搜尋、地圖與 Gmail 服務，在快速發展且競爭激烈的產業中公平競爭。

報告表示，這些公司濫用優勢的地位規定條款和向競爭對手索取讓步，制定並支配商業、搜尋、廣告、社交網路和出版的價格和規則。透過收購小型科技公司造成市場壟斷，損害整體市場競爭力，使創新生態系不再健康。美國上市公司的數量是 22 年前的一半，而創新經濟中大多公司的生路，不是找到富爸爸被巨擘收購就是關門回家。大型科技企業利用現有的壟斷、用戶數據、收購和反競爭行為捍衛主導地位，專注於收購人工智慧其他新興技術的創業公司，以控制未來的市場。

十九、藍海策略～商品異質性

避免正面衝突，而在原有的行業中創造新的需求、新的市場，以創意而非競爭的模式來擬定策略，提出不靠競爭而取勝的全新策略思維，力求差異化並追求獲利永續成長；把現有的商業競爭環境稱為紅海，也就是同業殘酷地面對面廝殺，企業競爭激烈以搶占市占率優勢。

在紅海中廝殺的企業，只能靠大量生產、降低售價來薄利多銷，彼此競爭的是價格，割喉削價競爭的下場就是血染紅海，不分敵我都獲利縮減；而成功的企業擺脫其他競爭者，創造出屬於自己市場的一片蔚藍大海，只要找出產品獨特價值就能提高售價。真正持久的勝利不在競爭求勝，而是創造嶄新未開發的市場空間（藍海），策略為創新重大價值，讓對手無法趕上。

壟斷性競爭市場（monopolistic competition）交易的商品具異質性，而不能完全彼此替代，因此廠商有部份價格決定權；具有部份壟斷性的競爭市場，其基本特性及條件與完全競爭市場雷同，均為市場參與者買賣雙方數量眾多，且廠商進出市場容易。

　　壟斷性競爭廠商必須不斷研發商品特性並促銷推廣，爭取消費者認同表現在消費行為上；壟斷性競爭市場中資訊流通自由，但廠商間及消費者對各種異質商品特性不易完全了解，因此並非完全資訊。對於難以負擔成本來突出商品異質性的廠商而言，亦具有市場進入障礙，因此資源流動並非完全自由。

　　賣方（供給者）與商品（財貨勞務）數量眾多，但壟斷性競爭市場具商品異質性（heterogeneous），需求者在消費行為上認定有同類型商品存在差異，即不能完全彼此替代。商品是否異質是由消費者主觀認定並表現在消費行為上，各家廠商生產供應的商品未必有明顯差異，但只要在消費行為上將該等商品彼此不能完全替代，即商品具有部份特性，包括商品用途、外觀、耐用、服務、便利、名牌忠誠度等，足以吸引消費者提高偏好者。

　　「張君雅小妹妹」廣告中的主角維力手打麵播出後半年，就締造了一億六千萬元的銷售實績，是先前的 2.5 倍；至於張君雅系列產品，更帶來了二億元的業績。所謂的「張君雅現象」，透過廣告人物的幽默逗趣帶出商品特色。

　　當均衡時之平均收入大於長期平均成本，代表有超額利潤。因市場進入障礙小，經過長期調整將吸引其他新廠模仿跟進，使整體市場的供給增加；原廠商的需求被瓜分而減少，即個別廠商之售價下跌且銷售量降低，造成平均收入減少。直到個別廠商之經濟利潤為 0，整體市場的供給不再變動，表示廠商進出達成均衡之穩定狀態，產出最適產量，使其獲得正常利潤。

　　若有經濟損失將迫使部份廠商退出，整體市場的供給減少，存活的個別廠商市場需求增加，即個別廠商之售價上漲且銷售量提升，造成平均收入增加，直到經濟利潤為 0。因此壟斷性競爭廠商長期只能獲得正常利潤。

　　廠商將資源配置於不斷研發商品特性並促銷推廣，以爭取消費者認同其異質性，非價格競爭使整體市場享有高品質多樣化的商品，可增加消費者福利。研發促銷可以在壟斷性競爭市場中增加競爭力，但亦須支付研發促銷成本，因此須評估成本效益後，找出最適均衡點。

積極思考如何擴大市場，比消極的討論不開放或是給予進口損害救濟要來得正面。重點不是消極的防止人家進來，而是有積極的策略能夠提升競爭力。

廠商針對整體市場，差異化策略（differentiation strategy）全面採取差異化優勢競爭。商品具有部份特性足以吸引消費者提高偏好，願意付出較高代價。差異化聚焦（differentiation focus）針對特定利基市場區隔，局部採取差異化優勢競爭。在強烈競爭威脅的主要市場之外，避免直接與強大對手的雄厚實力正面對決，而依據企業的差異化優勢與市場適合度，選擇特定利基市場切入，以集中有限資源的使用效能。

壟斷性競爭廠商必須加強壟斷性，減少流失客戶，增加獲利能力；廠商間商品需求替代低，愈接近獨占廠商，定價空間愈大。

最先採取競爭策略而優先掌握市場競爭優勢的廠商，第一行動者（first mover）在新廠模仿跟進瓜分銷售量以前，可以賺取超額利潤。隨後其他廠商以較低成本複製生產，低價競爭搶占市場，因此第一行動者必須不斷創新才能維持利潤。

模仿跟進採取第一行動者競爭策略的廠商，第二行動者（second mover）立即瓜分市場銷售量，卻不必承擔不確定性的風險。但整體市場的供給增加，造成平均收入減少，其他廠商跟進直到經濟利潤為 0。

先進廠商不斷研究創新，智慧財產藉由專利權或著作權的法令保障，獨家生產或授權經營權利金，享有研發創新的利益。然而，隨後跟進的其他廠商可能以低價競爭搶占市場，因此先占廠商未必具有優先利益。壟斷性競爭廠商應不斷領先創新才有競爭力，落後跟進之廠商售價下跌且銷售量降低而無利可圖。

訂貨生產（by orders）以技術能力產出特定異質化產品，創新發明與經驗累積可以刺激不同市場需求之訂單，符合消費者主觀認定商品存在差異並使用滿意，不易被其他商品替代。接受客戶的訂單開始生產到交出客戶所需的產品，所創造的獨占性可獲得高的附加價值，廠商可決定適當的價格與產量以獲得最大利潤。壟斷性競爭市場交易的商品具異質性，但是並非唯一不可替代，若產品週期較短，大量生產的存貨無法符合市場需求變化，產品市場價格（收益）下跌，因此留存成本提高而短缺成本不高。可以採取訂貨生產，產出特定消費者需求之異質化產品，降低留存成本，提升銷售利潤及經濟效益，市場擴大有利專業分工與經驗效果，刺激廠商加速創新發明並增進技術能力。

綜合零售業主要的差異在於營業時間長短、營業處所的開設位置及商品服務的市場定位不同。許多綜合零售業與國外業者合作，將國外的經營技術引進國內，不管是賣場環境或是內部的營運管理，普遍性的國際化程度高。以差異化為目標，透過開發新的鮮食產品、製販同盟獨家商品，或是創新話題與行銷活動，來增加人氣與買氣。

💡 生活智慧：天生我材必有用

不知道生命真正意義的人拼命求財求官，在紅塵濁世中漫無目標隨波逐流。學習知識不只是要找工作，而是在累積知識的過程中培養智慧，讓自己具備面對問題、思考問題以及解決問題的能力，不管做什麼工作都可以勝任愉快。

李白〈將進酒〉：「人生得意須盡歡，莫使金樽空對月，天生我材必有用，千金散盡還復來，烹羊宰牛且為樂，會須一飲三百杯。」李白儘管受到挫折，但仍對自己充滿信心，對未來也持樂觀態度。他認為自己的才能終將得到發揮，因此應該高歌痛飲，即使散去千金還會重新回來。這是對自我、對人生的有力肯定，表現出詩人頑強的生命力與豪爽高尚的氣質，催人奮發向上。

內心強大的人有解決問題的能力，當面對挫折時心裡猶豫或者臨陣脫逃，很難得到真正的成長。保持進步的姿勢，在逆境中敢於突破自己，人生才會有質的蛻變。分析其原因、局勢、自我的優勢，才有能力戰勝挫折。不管途中有多少風雨，世界上最可怕的敵人是自己，只有打敗內心的畏懼才得以成長，內心就會越發堅定強大。

每個人都非常獨特，都有不同的優勢。因為每個人擅長的特質不同，不能用自己的觀點來評價或批評別人。僅看見自己的觀點或處理事情的方式，就覺得別人應該也要這樣做，而忘記了人的多樣性，忘記了每個人都很獨特。每個人有不同的特質，面對與處理事情的方法也不同，沒有哪種方式才是對的。每個人都善用自己的優點忠於自我，也能夠欣賞其他人的優點，欣賞每個人的多元樣貌，這個世界一定會非常美麗。每個人的成長經驗不同，因此心裡所想不盡相同，以對方的角度深刻體察對方的心，將有助於人與人之間的溝通與合作。

團隊成員的特質、專長不同，彼此才得以互補、學習，激盪出更多的創意、能量和火花，個人不需要成為完美的人，但團隊可以更完美。只要了解自己的特質優勢並且盡力發揮，極大化天賦能力，就有可能開

創出屬於自己的一片江山。找出天賦組合後，選擇適合自己的職業生涯快樂地工作，並不斷地運用與練習，讓自己的長才發光發熱，成為各個產業的明日之星。

愛因斯坦：「每個人都是天才。但如果你用爬樹能力來斷定一條魚有多少才幹，牠整個人生都會相信自己愚蠢不堪。」若不因材施教，只是逼迫一隻擅長游泳的魚爬樹，無法發揮所長。一個人的特質個性是否運用得當，若專注在自己的缺點和不足，反而忽略了天生我才必有用的個人特質和長處。

一個有自信的人相當了解自己，肯定自己優點也接納自己缺點，也就是接納完整的自我，並在自卑與自大之間找到自信的平衡點。與其把力氣花在矯正自己的弱點，不如找出優點，能更具生產力、更滿足也更成功。人類最大的發揮及成長空間並不在其弱點，而是要專攻與生俱來的天賦能力。天賦不僅是一種本能反應、一種不由自主的驅力，同時也是讓人感覺舒服的特質。化天賦為能力在適當的位置上發揮所長，享受滿足的成就感，成為自己的伯樂。

經營管理：差異化策略永續經營

微笑曲線（smile curve）表達企業從產品創意到消費者使用滿意，各階段之附加價值變化。科技業宏碁集團創辦人施振榮先生在 1992 年所提出的理論，原先目的是為了再造宏碁，加以修正後作為台灣各種產業中長期發展策略的方向，企業體只有不斷往附加價值高的區塊移動與定位才能永續經營。

往外拉伸也就是延伸兩邊、提升中間的產業升級中長期發展策略，將研發、生產、行銷結合，以知識經濟、智慧財產、經營品牌、綜合服務、管理效率、人力素質等的精進，提升企業的附加價值與競爭力；加深研發工作增進技術能力，降低製造過程的複雜程序提高附加價值。傳統以成本為中心的生產導向逐漸改變為以價格為指引的市場導向，研發與行銷效能逐步放大，即品牌總體效益超過傳統組裝生產，也就是一方面加強研發創造智慧財產，一方面加強客戶導向的行銷與服務。

前段從創意的發揮開始，包含研究、開發、設計等，屬於智慧密集的作業，以工業先進國家較為領先，利潤來自創新所創造的獨占性，可獲得相當高的附加價值。中段從接受客戶的訂單開始，包含加工、製造、組裝等，到交出客戶所需的零件、組件或完整的產品。必須投資土地廠房、機器設備並雇用足夠的人力，屬於勞力密集與資本密集的行業，適

合人工成本較低的新興國家。由於沒有自己的品牌而受制於人，其附加價值也較低。後段包含行銷、銷售、服務等，掌握行銷通路並進行售後服務，需要高成本的品牌維持費用。

品牌權益（brand equity）是企業與品牌及商標連結的商譽資產，提升商品的附加價值與競爭力。品牌差異吸引消費者注意，商譽資產可增加消費者的購買信心，對其他商品需求替代低，使需求彈性小（差異大）的商品廠商定價能力較高。品牌權益同時爭取通路的認同，交通便利與地理位置使消費者購買方便，降低行銷倉儲成本並提高銷售量。

病毒式行銷（virus marketing）藉著電子郵件、免費空間、免費網域、及時交流軟體傳播的行銷方式，就像電腦病毒一樣可以讓資訊很快的複製以及傳播，廠商創造出一些有特殊性及價值的訊息讓人樂於主動散佈。透過第三者傳染給他人，通常人們更願意相信他人介紹而非商家自己介紹。開展快速傳播產品或服務，獲利越大則傳播的速度也越快，這是典型的雙贏。

品牌忠誠度的形成包括消費者購買習慣的品牌知名度效果、高品質商品的品質認知效果、顧客所連結的產品定位與正面形象之品牌聯想效果、顧客關係密切使其他廠商不易獲得消費者認同之進入障礙效果。品牌所連結的正面印象是企業的無形資產，提高品牌權益與附加價值。品牌聯想（brand association）成為企業重要的辯識效果，顧客對品牌聯想所連結的產品定位與特定形象，形成市場區隔效果；廠商欲以改變形象特性進入新市場，不易獲得消費者認同購買，稱為移動障礙（mobility barrier）。

⑤ 投資理財：善用自己的投資風格

投資標的選擇，在於對某個投資風格的認同度，這是個人風格的展現，風格需要累積，操作最順手的模式就是最擅長的風格。投資風格最重要的策略可分別為動能風格及基本風格兩類。對動能風格來說，選股是找短期會上漲的熱門股票；但是對基本風格來說，選股是選有安全邊際的價值股票。

基本風格（fundamental style）中心思想為預測，憑藉經驗、分析目標價、基本面、技術分析、直覺……等。下跌過程中預測股價低點，提前分批買進向下攤平；上漲過程中預測股價高點，提前分批賣出獲利了結。適用於長線且基本面好的股票，但時間成本大、風險高獲利潛力多。若進場前沒研究基本面，聽消息買股票套牢，卻不斷向下攤平或蓋

翻轉吧～經濟學！給您看得懂用得到的經濟原理

牌不看，這不是基本風格，也不是長期投資，是死不認錯的凹單。

動能風格（momentum style）中心思想為等訊號，以價格變動為依據。下跌過程中不買，等股價觸底反彈且持續上漲的訊號才買進股票。上漲過程中不賣，等股價觸頂回檔且持續下跌的訊號就賣出股票。適用於有話題的股票，短線或中期波段操作，時間成本低、風險較低但短線進出獲利較少。

自成一格自創流派的中心思想是堅守紀律，打造自己的系統。掌握大局看不懂就冷眼旁觀，主觀預測股價也尊重市場看法。大抵順勢操作，但洞悉市場時會逆勢操作，有勝率更高的獵物就會換股，重點是當下的市場情緒。出場點有時預測摸頂停利，有時反轉才下車，重點是提高總勝率。策略有時順勢加碼，有時分批獲利了結，更在意產業市場波動。短線、長線都有部位，長線堅守固定百分比穩定投入，關注公司體質變化；短線預測抓題材，動態調整部位。

價值投資風格是以公司內在價值為核心，評估質量要求嚴格，購買後進行長期投資，一般長期持股交換率低。考慮多個行業的均衡選擇，收益表現並不特別突出，但長期相對穩定。成長投資風格與價值投資風格高度互補，更注重處於景氣周期高速增長期的公司，能迅速賺取市場波動的高彈性投資模式。對公司淨利潤增長等指標要求嚴格，喜歡新興行業；換手率普遍較高，淨利潤在短期內大幅增長的可能性較大，但是也許有相反的效果。紅利投資是比較保守的投資風格，對殖利率的要求高，在牛市投資攻擊性相對較弱，大多處於成熟期的公司。

在投資的時候都有個人不同的觀點，會帶出不同的選股條件。透過自己的投資成果來實證，可以統計自己的每一筆交易，除了檢討失敗，更要思考成功的因素，才能複製成功的成果，達成自己的投資目標。不一定要堅持一個固定風格，當運作變化之後，舊的風格不管用會衍生調整出新的風格。身為一個投資人，應該要有自己專屬的投資筆記本，檢查投資清單，建立自己的投資工作資料庫，決定適用自己的選股標準。只要能夠長期穩定獲利的方式，都是好的交易，適合自己的交易風格才有獲利可能。

二十、合縱連橫～寡占市場賽局

　　秦國於戰國後期成為最大國，於是以蘇秦為主導的六國集團，主張六國縱深合作，對抗想吞併六國的強秦。為此張儀等提倡連橫，幾個國家聯合秦國進攻其他國家，使六國不能團結一致造成彼此的內訌；秦憑著雄厚武力收到實際的效益，瓦解六國的聯合。秦國位於西方，六國位於其東，六國結盟為南北向的聯合故稱合縱；六國分別與秦國結盟為東西向的聯合，故稱連橫。

　　合縱連橫是戰國時期各大國進行的外交、軍事鬥爭，合縱與連橫是當時存在對立的兩方思想。合縱的目的在於聯合許多弱國抵抗一個強國的兼併；連橫的目的在於奉一個強國為靠山從而進攻另外一些弱國，以達到兼併和擴展土地的目的。

　　寡占市場（oligopoly）中僅有少數幾家廠商，個別廠商有部分市場影響力與價格決定權。因非完全獨占且競爭對象明確，廠商彼此牽制相互影響；與獨占市場同樣具有進入障礙，但條件較為寬鬆而能有少數幾家廠商（非唯一獨占）；條件愈寬鬆則進入市場的廠商愈多，愈接近競爭市場。只有兩家廠商之市場或產業，又稱為雙占（duopoly）。

　　少數幾家廠商生產同質商品稱為完全（perfect）寡占，又稱為同質（pure）寡占，通常須巨額固定成本與大規模經濟，如石油、鋼鐵、水泥等礦產開採煉製。少數幾家廠商生產異質商品稱為不完全（imperfect）寡占，又稱為異質（differential）寡占，通常具備關鍵技術，如高科技電子、電信、電器、汽車等大型製造業。

　　寡占廠商為維護其寡占利益，少數幾家廠商之間可能為結合或競爭，視對手反應而定，寡占廠商的行為策略無一定準則，相互依存度頗高。

　　衡量各寡占市場或產業中，個別廠商的市場影響力大小，亦即個別廠商大小占整體市場之比例稱為集中度（concentration ratio）。衡量方式包括有：以資產規模為標準的資產集中度、以市場占有為標準的銷售量集中度、以獲利能力為標準的利潤集中度，若少數幾家廠商之集中度愈接近1，表示獨占力愈大，代表該產業愈接近寡占市場。

　　由限制、開放至合併的過程，開放則進入市場的廠商愈多，愈接近競爭市場，收購、合併使廠商之間結合為少數幾家而壟斷市場。

卡特爾（cartel）即聯合壟斷，寡占市場中的少數幾家廠商之間結合成一合作組織而採取一致策略，其市場行為形同獨占。以聯合減產或協議定價方式，哄抬市場價格或共同瓜分市場配額，稱為合作性行為（cooperative behavior）或勾結（collusion）。限制總產量避免產業規模過度擴充，稱為數量卡特爾；採取一致的銷售條件策略，包括付款、折扣、品質等，稱為銷售條件卡特爾。

若組織成員多或彼此間差異大，將使合作協議難以達成，不易約束所有成員遵守協議，造成卡特爾組織瓦解，轉變成相互競爭，其市場行為接近競爭市場則稱為非合作性行為（non－cooperative behavior）。

寡占市場中影響力較大的廠商決定價格，其他廠商則認同跟進，價格領導（price leadership）形成寡占市場價格一致的現象，所以價格實際上呈現不易變動，僵固一致的特性，價格僵固性（price stickiness）如同無形的聯合勾結定價。領導廠商（dominant firm）一般有由生產成本最低之廠商決定市場價格的低成本領導（低價跟進），或由生產規模最大之廠商決定市場價格的大廠商領導（影響力較大）。認同跟進領導價格的其他廠商不能影響市場價格，稱為邊緣廠商（fringe firm）。

寡占市場有價格領導現象，因此寡占廠商多採取非價格競爭策略，並致力研究發展及規模經濟之達成。新競爭者的加入帶來新產能並改變產業生態，若有其他廠商爭奪領導廠商的優先利益，將使市場價格下跌而降低領導廠商的利益。邊緣廠商若所須成本較高，難以競爭獲利而被迫退出市場，當領導廠商之最適產量足以供給整體市場，將形成獨占現象。

市場中影響力較大的中油決定價格，台塑石化則認同跟進，形成寡占市場價格一致的現象，而造成台灣油品市場的價格僵固性。

兩共犯被捕偵訊，若都認罪則同獲減刑；若都堅持不認罪，可能因罪證不足而同獲開釋；若其中之一認罪獲減刑，另一不認罪者將加重刑責。雙方都不認罪可共享最大利益，但在互信不足下，多預期對方會認罪，為求自保而都選擇認罪。此一囚犯困境（prisoner's dilemma）之社會心理行為理論，廣泛應用於人際關係、科學辦案、戰術謀略、談判技巧等領域，並在經濟學界發展出賽局理論，分析廠商之間的策略互動行為關係。

賽局理論（game theory）由數學家紐曼（Neumann）提出後與經濟學家摩根斯坦（Morgenstern）合作，用以分析不同個體間策略互動的行為關係，可以說明寡占市場個別廠商間之彼此牽制相互影響。1950 年納許（John Nash）

獲得美國普林斯頓大學的博士學位，他在僅 28 頁的博士論文中提出後來被稱為納許均衡的博弈理論，被運用在市場經濟、演化生物學、人工智慧、會計、政策和軍事等。諾貝爾經濟獎得主納許罹患精神分裂症的真實故事，被拍成電影美麗境界（A Beautiful Mind）。

　　寡占廠商之間可以合作聯合壟斷市場，其市場行為形同獨占；但廠商為維護其個別利益可能違反協議，當合作破局則彼此牽制相互競爭。一般而言，合作可使雙方共享市場利益，違反協議的一方可以獨得更大利益，但對方亦會反制則協議失效，雙方競爭市場利益。

　　隨著市場競爭的日趨激烈，大品牌、大商家、大企業形成行業壟斷的態勢，為了對抗強大品牌的衝擊，合縱連橫的商業策略發揮作用，通過組織機構、網站等，將大量的小企業聯合起來，實現統一銷售節約成本，甚至聯合促銷對抗強大品牌的商業目的。在異業聯盟模式的推動下，各聯盟企業的合縱策略對抗強大品牌；另一方大企業連橫小企業，深度開發自身資源優勢。

♡ 生活智慧：共創雙贏與兩敗俱傷

　　雙方相互預期的選擇組合，在互信不足下多預期對方會違約，為求自保而選擇違約，雙方選擇違反協議後，不再改變所作之選擇稱為納許均衡，又稱為納許不合作解。雙方應合作以共享市場利益，但廠商為維護其個別利益以獲得最大利潤，或避免對方獨得更大利益，雙方會選擇違反協議。

　　當雙方須長期互動，或經過多次賽局後達成共識互信，重複賽局（repeated game）體認合作可使雙方共享市場利益同獲最大利潤，並為維護其合作關係及共同利益，而達成雙方均遵守協議的合作均衡解。

　　一般人明知合作可使雙方合則兩利，卻常流於競爭利益鬥爭內耗，在互信不足下為求自保而選擇違約。當雙方長期互動後達成共識互信，建立長期合作機制，雙方均遵守協議。愈想贏就愈會輸，這是賽局理論道出的困境，也是人類相互衝突、背叛、彼此威脅、耗盡資源的原因。了解僵局如何形成，才能扭轉情勢提高合作效率；即便彼此沒有信任，應用策略還是可以創造穩固合作。用賽局理論來了解合作時面臨的問題，人類在面對全球暖化、資源耗竭、環境汙染、恐怖主義、戰爭等議題，勢必更需要合作。

翻轉吧～經濟學！給您看得懂用得到的經濟原理

在不知道對方策略的前提之下，很容易會陷入囚徒困境落得兩敗俱傷。有人為了共同利益而願意合作，但有人為了私利而破壞合作，就會使合作破局；人人都想自私自利，最後反而人人都是輸家。以符合自身利益為出發點將整體的餅做大，但每個參與者又希望自己分到大一些，最後就會為貪婪所困，先認識這個邏輯陷阱才可能加以避免或脫困，進而達成合作。利用自身利益，讓合作達成自我規範自動運作，如果各方都覺得協議很公平，就比較不會打破協議。最好的成果來自於每個人都為自己和群體的利益而努力，沒人擁有改變決策的動力，因為只要改變決策就會使自己的收益減少。

奈許均衡不一定是賽局中的最優解，能掌握或與對方預先共謀，便能在賽局中取得雙贏，反之則是兩敗俱傷。大企業可以開拓市場，也有很強的能力創造高營收，小企業一樣也能開拓市場與獲利，最佳的策略就是等待大公司把市場開拓好了再踏入，以大企業走過的道路為基礎，發展更精確的事業體系。

無限賽局不講輸贏，只有領先與落後、存活與淘汰。終極目標不再是打敗別人，而是如何讓自己不斷更好更進步，充滿動力前進。有限思維只關注短期利益，追求有時限、能夠量化的目標，像倉鼠在滾輪上不斷地奔跑毫無成就感。有限思維認為結果（績效）比較重要，傾向獎勵成功懲罰失敗，過分專注於擊敗對手會扼殺創新；無限思維會打造具有安全感的環境，讓團隊彼此信任勇於求救，致力於合作解決問題。專注於過程和不斷改進，有助於發現新能力、組織更具韌性。不管是個人、企業、各種組織、甚至於國家，真正的賽局不在贏或輸，重點是能找到自己的核心價值並且直到永遠。

𖠋 經營管理：策略聯盟提升競爭力

籍由資源共享和功能互補及執行，基於共同的策略目標而形成的策略聯盟（strategy alliances）；包括法律上正式與私底下非正式的合作關係。在國際化與科技化之下，企業不再像以往單打獨鬥闖天下，而必須以群體戰的策略，提升競爭力攻占全球市場。台灣許多產業積極透過整合、併購或策略聯盟的方式，集合多方能量提升戰鬥力。各廠商發展出差異化產品後，不僅消弭殺價的惡性競爭，更基於同業的群聚效應，滿足國外買主來台一次採購的服務，可以到各種工廠看樣品，讓業者擁有訂單優勢。

併購策略可達成擴大企業規模或跨領域經營的目標，兩者產品具有互補性，完成上下游垂直整合效益，橫向擴張則擴大經營規模，取得與同業競爭的成本優勢。買下部分股份取得與投資公司的同業或異業合作，不僅能取得技術也可以拿下訂單，達成事業上的策略聯盟。產業聯盟可以緊密結合上、中、下游廠商的關係，讓彼此之間從設計、生產到銷售都可以做到更好的合作機制，以提升產品生產速度、降低採購與生產成本。台商為求成功布局全球市場，在早期研發階段就引進國際夥伴或是加入國際組織，加速技術商品化進程，以降低台灣產業進入國際市場的障礙。

透過異業結盟實現產業升級轉型的目標，尤其在科技化時代，各行各業都積極尋求合作，讓自己朝高值化產業邁進。資金較充足的大型企業，通常採取購併或持股方式，取得合作的機會，中小企業可以尋求籌組或加入產業聯盟的方式，以提升自己在技術研發上升級。要在技術或產品上有所創新，必須凝聚產業上、中、下游的能量，發揮群聚效應才能突破產業經營與發展困境。透過產業聚落共同開發關鍵技術與產品的策略，減少研發支出與提升創新能量，加速產業朝高值化發展。同業之間的合作，則可以實現降低採購成本，取得更大訂單的機會。

MIH（Mobility in Harmony）電動車開放平台正式創立，旨在使電動車相關技術規格更趨透明，廣邀產業上、中、下游夥伴加入，以共同建構電動車軟、硬體與零組件的生態系，創造共生、共榮、共享的技術平台。不只整合國內的電動車供應鏈，更囊括軟、硬體外商企業，透過平台資源共享特性，降低產品研發時間與成本。不僅提供成員企業電動車零組件規模化的好處，更可以專注於研發企業自身的強項。聯盟由鴻海催生，不過將會成為一個獨立運作的組織，並指派專業經理人領導，以確保中立公平。

鴻海與 Gogoro 形成策略聯盟，將涵蓋智慧電池交換系統、車輛工程和生產製造等多個領域。透過鴻海的生產能力、全球化工廠佈局與嚴格的品質控管，Gogoro 將更聚焦在產品設計、技術研發、品牌行銷、通路擴展、客戶服務等面向。在技術與生產上進行合作，可大幅提升電池交換技術與電動機車的產量規模，將有更多能量進軍海外市場，加快電池交換網路的佈建速度。

⑤ 投資理財：OPEC 聯合壟斷油價

1960 年成立，由 13 個國家組成的國際石油輸出國組織（Organization

of the Petroleum Exporting Countries；OPEC），成員國的石油總量占全球產量的38%、全球儲量的71.8%，對全球原油價格產生重大影響。目前成員有阿爾及利亞、安哥拉、赤道幾內亞、加彭、伊朗、伊拉克、科威特、利比亞、奈及利亞、剛果共和國、沙烏地阿拉伯、阿聯和委內瑞拉。前成員有厄瓜多、印度尼西亞和卡達。

OPEC 的使命是協調統一成員國的石油政策與價格、確保石油市場的穩定，為石油消費國提供有效、經濟而穩定的石油供給，為產油國提供適度的尊重和穩定的所得，為石油業投資人提供公平的報酬。該組織也積極研究國際石油市場風向，參與發布大量油市動向資訊。其決策在全球石油市場和國際關係中發揮重要作用，為其成員國制定生產目標，減少石油產量使價格上漲。各產油國通過該組織內部的合作減少市場競爭，還受國際法下國家豁免原則的保護。由於卡特爾的管理模式較為鬆散，個別成員國為追求自身利益亦會超額生產，從而威脅到該組織的影響力。

2014 年美國大力發展並推廣頁岩技術，其產油量接近產油國沙烏地阿拉伯和俄羅斯的產量。技術進步導致美國石油進口需求暴跌、全球石油存量創下紀錄、油價持續暴跌。2016 年美國、加拿大、利比亞、奈及利亞和中國的石油產量大幅下降，緩解了石油供給過剩的局面，OPEC 重新獲得市場占有率，取消許多相互競爭的鑽井專案，並支持以適合生產者和消費者的價格水準進行石油交易，只是許多生產者仍面臨嚴重的經濟困難。大多數 OPEC 成員國會遵守該組織關於石油產量和價格的協議，扮演卡特爾的角色。

2016 年由俄羅斯領導的十個非 OPEC 石油輸出國，俄羅斯、亞塞拜然、巴林、汶萊、哈薩克、馬來西亞、墨西哥、阿曼、南蘇丹、蘇丹組成了OPEC+（維也納集團）。商定生產定額來影響全球原油價格，同時也積極響應 OPEC 的倡議自願減產，進一步協調 OPEC 和非 OPEC 成員之間的政策目標；以觀察員身份參加了許多 OPEC 會議，是政策協調的非正式機制。

為了方便包括期貨市場在內的買賣雙方定價，「原油基準」選擇一種原油作為標準的石油產品，以它的價格為基礎定價。不同地區有不同的石油基準，北海布倫特原油是大西洋原油基準，全球三分之二以上的原油與布倫特原油定價掛鉤，與西德克薩斯原油、杜拜原油合稱世界三大原油基準，其他常用的原油基準還有阿曼原油、烏拉爾石油等，一攬子石油參考價格是計算 OPEC 成員國石油的加權平均數。

在全球經濟逐步復甦之際，石油輸出國家組織和俄羅斯等產油國聯盟拒絕加速石油供應。全球最大石油消費國的美中透過釋放戰略儲油來穩定能源市場，共同遏制不斷攀升的能源成本。

二十一、市場導向～最終需求衍生引申需求

　　具有市場導向的企業會關注顧客、市場調研和產品開發，企業中營銷部門在組織結構、地位以及戰略方面都具有重要性，市場導向必須在過程和結構的設計上提高顧客滿意度以及長期利潤。為使組織長期績效最大，企業必須建立並維持與顧客間長期互利的關係，市場導向是達成這種關係最有效率與效果的組織文化。要實現企業的生存與發展，需要考慮各種利益相關者的需求和欲望，市場導向應該適應營銷觀念的發展和變化。

　　以客為尊的服務從結果面來看，是讓顧客在經過整個服務過程後達到滿意，並且願意跟親朋好友介紹；不論是有形的產品品質，及無形的服務品質與品牌價值，都是讓消費者滿意而成為首選。以顧客為尊的定義是滿足顧客的期望，提供符合他們需求的產品、讓顧客更容易能找到、購買及使用商品，都是客戶體驗的關鍵。

　　為完成生產活動，廠商需投入土地、資本、勞動及企業能力四大生產要素（factor）。土地是廠商生產所在的地表及其所含的自然資源，報酬為地租；資本指生產所用的廠房、機器、設備等生產工具，報酬為利息；勞動為從事生產活動勞心勞力的一般員工，報酬為工資；企業能力則為管理人規劃、組織、領導、控制生產資源，報酬為利潤。

　　資本要素不包含貨幣資本（資金），因資金投入已包含在所有要素之成本支出中；原料、零件等生產製程之投入，因已包括在產出之各種財貨勞務中，屬於上游製程之產品或整體製程之部分半成品，而不屬於生產要素。

　　因拿破崙戰爭破壞農業生產，穀物減產使穀價上漲，帶動土地需求導致地租上漲，而非地租上漲使穀價上漲。觀察工業革命成熟發展的社會問題，強調勞動價值，認為總體經濟活動依報酬遞減現象進行分配，決定資本累積、勞動雇用、所得成長等。英國經濟學家李嘉圖（D. Ricardo）於 1817 年出版《政治經濟學與賦稅原理》，認為勞動者使用資本與機器，由土地生產報酬分配給勞動者、資本家及地主三大階級；儲蓄與投資可以加速資本累積，但人口

快速增加將受限於邊際生產力遞減現象，經濟成長終將停滯，平均每人實質所得維持在基本生活水準。

李嘉圖發展了有關地租、工資和利潤的理論，利潤取決於工資的高低，工資取決於生活必需品的價格，生活必需品的價格取決於食品的價格。使用土地的人口、用途與產值增加時，土地需求增加，需求者成本提高，而必須將有限資源作最有效的使用。因此地租可發揮其價格機能，不同等級之土地依品質、位置、報酬等而有差額地租。

英國經濟學家彌勒（J. S. Mill）於 1848 年出版《政治經濟學原理》，區隔財富生產與財富分配之差異：財富生產決定於技術環境，財富分配則決定於人為制度，以生產論與分配論將亞當斯密與李嘉圖等人的古典經濟學理論總其成。生產決定於勞動、資本、土地等要素，專業分工提升生產力而擴大規模效益，持續技術改良可以改善報酬遞減現象。儲蓄使資本累積增加，但以昂貴機器大規模生產，將使資本累積集中於少數資本家，因此主張自來水、煤氣等大規模民生事業由公制經營。

生產者對生產要素的需求，是由於產品市場上消費者的需求，生產者為生產該財貨勞務而須投入生產要素稱為引申需求（derived demand），消費者對最終產品的需求則稱為最終需求（final demand），要素需求即是由最終需求所衍生出來之引申需求。

廠商將供給財貨勞務所得的營業收入，用來購買生產所需求的生產要素，是產品市場的供給者（賣方），也是要素市場的需求者（買方）。要素需求者（廠商）使用生產要素，須支付要素報酬而成為其生產成本。

產品的需求大使市場價格上漲，則要素需求增加，反之則要素需求減少。邊際報酬遞減法則主張，隨要素量增加而邊際報酬會逐漸減少，因此生產者願意支付的價格也降低，形成隨要素量增加而要素價格降低的需求法則，生產者願意支付的要素價格決定於其邊際產出收益而非總收益。

生產技術、作業方式與產業特性會影響生產者對各種要素的不同需求，例如資本密集產業對資本要素需求較大，而勞力密集產業對勞動要素需求較大。一般而言，生產任何產品需要許多不同要素，因此各種要素替代品的價格與生產力變動，以及互補品的成本與配合效率等因素，須綜合整體考量而非只衡量單一要素。

當產品的市場需求小則要素需求減少，因此關廠裁員產業外移；產品市場的需求增加才能增加國內要素需求，經濟復甦帶動資本支出，企

業也恢復徵才。

　　一般而言，生產者在成本預算有限下，會理性選擇邊際實物產出收益較高的要素，將其有限資源作最有效配置。在有限資源（成本預算）下能得到最大收入，其特定收入的成本亦達到最低之均衡狀態，此時最大收入之要素雇用組合達到最理想之狀態，但每一要素之個別雇用量未必最佳，因此並未達到最大生產利潤。當所有要素達到最佳雇用量時，其生產利潤達到最大，表示每一要素的使用達到最理想之均衡狀態。

　　以最大生產利潤的邊際條件，為企業診斷並適當調整其生產結構，若處於不均衡狀態，生產者須再調配其成本支配。

　　生產者每增加一單位產量須增加雇用生產要素，變動成本提高則要求的最低邊際收益亦須提高，要素邊際成本遞增對應商品價格與其供給量之間呈同向變動關係，為供給成本效果形成的供給法則。當生產者實際收入的市場均衡價格高於其願意供應價格所多得的利益，亦即生產（銷售）商品所獲得的邊際收入大於雇用要素所支出的邊際成本，產生生產者剩餘（producer's surplus；PS），代表生產者的經濟福利。

　　伴隨景氣春燕回來，勞動市場從關注就業問題轉成積極爭取人才議題。

生活智慧：新經濟的實踐基礎

　　舊經濟將固定資產，土地及其他自然資源、勞力與資本等生產要素視為主要的競爭要素，著重直接從降低生產成本及增進經營者的誘因來吸引企業投資，以帶動產業的發展及提升經濟的競爭力；政府的功能則是設法提供足夠的基礎設施與財政貸款以滿足企業設廠的需求，還以租稅補貼、降低稅率及降低勞動成本等措施直接增加企業的競爭力。提升競爭力的焦點集中在降低生產成本而非增進生產力，結果導致國家的財經政策停留在競相殺價的惡性競爭。

　　隨著知識與科技產業的迅速發展，經濟競爭的重點已經從傳統產業既有的產品降低價格，轉變為透過創新促進產業升級以推出新產品。知識與科技發展而增進的經濟效益能為最大多數人所享有，而非僅是掌控知識與科技的少數大企業，以致失業率及貧富差距隨著知識與科技的發展而擴增；政府應積極提升國民經濟的體質及競爭力，也須提供足夠的知識公共財及建立終身學習的機制與管道，以提升國民的勞動素質增進國家的競爭力。

知識經濟的時代，知識資源的取得有賴於政府建構一套創新導向的制度架構，包括提供良好的公共教育、在職訓練、終身教育及有利研發的社經條件和基礎設施等，政府本身也必須自我創新，增強政府本身的知識化及數位化以提升施政的品質。

知識的創造、流通與應用稱為知識經濟活動。知識的創造牽涉傳統的誘因與智慧財產權問題，是各種要角間互動的結果。資訊科技網路提高知識的流通速率，組織內須加強知識管理，以免可用的知識流失，組織之間的互動與合作則便於隱性知識跨組織流通。知識的應用在研發成果商品化，研發成果須搭配生產力、通路等互補性資產，運用於建立新的營運模式以開創附加價值。

由建構在知識上的經濟基礎，轉為更積極的知識驅動力，帶動經濟成長、財富累積與促進就業，從高科技產業擴大至所有的產業部門，逐漸朝向知識密集的發展。政府規劃亦須從不同的創新體系、基礎建設、企業環境、教育體系等來加以探討，普遍提升各級產業的競爭力。

知識產業能高度運用資訊科技營運，知識的經濟化將知識變成經濟活動，並以創新價值的智財權或經營知識為核心競爭力的產業，人力管理、傳統產業、高科技產業、教育、法規、電子商務等都與知識經濟有關，在生產過程中不必用太多自然資源也沒有太複雜的技術，就可以創造很大的價值。

以知識資本為主要的生產要素，透過資訊的不斷創新，提升產品附加價值，同時善用現代化的資訊科技，勞力、土地、資金的重要性都降低。新興高科技產業屬於知識經濟，但傳統產業善用知識、不斷創新、技術研發、提高附加價值、改善企業體質，也是知識經濟的類型；任何產業透過創新提升附加價值，都可以轉變成知識經濟產業。研發的成果如何轉化成有價值的產業，帶動經濟發展、創造就業機會回饋社會，是發展知識經濟必經的過程。

經營管理：長期需求帶動資本支出

資本支出（Capital Expenditure，Capex）指使用年限較長遠的支出，如各項硬體建設以及其他設備等，也屬於固定成本的一部分，並不是每年經常發生，係視發展需要而增列。公司為了維持現有競爭力或創造未來更多可能的營收而購買新資產，也就是獲得或延長固定資產耐用年限的費用，主要包含投資固定資產、土地、機具設備的投入，包含無形資產如專利或智慧財產權。只要是在成長的企業，有高額資本支出甚至年

年增加，基本上都是常態；用當下的資本支出換取未來更長一段時間保持競爭力與利潤，不能換成未來獲利的資本支出就會侵蝕獲利。在會計記帳時，資本支出並不是在支出的當年全部計入費用，而是按照折舊的方式計入每一年的費用。

　　庫存、資本支出及合約負債都屬於領先指標，當企業提撥資金為未來研發、廠房、擴產等生財工具的行為即為資本支出。若是較短期的需求，企業通常藉由調度庫存來因應，要擴充產能就不只是暫時性的市場買氣，更可能是未來 5 至 10 年的長期需求。公司成長要先找地蓋廠房、訂設備、試良率、徵人，是整個擴產的流程，也就是訂單是可預見而長期的需求。

　　台積電每年資本支出都是法人對景氣的主要參考指標，從 2018 年資本支出 105 億美元，到 2021 年的 300 億美元，3 年內投資 1000 億美元的計畫不變，主要投資在建置南科廠的 5 奈米及 3 奈米產能，同時擴建極紫外光（EUV）的生產線。晶圓廠已展開 2 奈米技術研發，加上美國 5 奈米廠開始興建，日本及南京廠的 28 奈米投資計畫陸續展開，2022 年資本支出調升至 350 億美元。台積電資本支出突破新高，代表將花更多錢在核心事業，這是預估一家公司營運狀況的領先指標。晶圓代工產業屬於高度資本與技術密集產業，建設一座 12 吋晶圓廠需要高達約 30 億美元的支出，而奈米製程每進一步都需要購買昂貴的設備，投入龐大的研發支出。台積電的資產項目超過 1 兆元為不動產、廠房及設備，達總資產的 5 成以上，大幅超越同業。

　　台積電透過滾動預測（rolling forecast）制度，緊密掌握供應鏈上下游的變化、控管營運數字，迅速因應產業景氣循環和突發狀況。資本支出投入擴廠產能於數年後才會實現，台積電已掌握大客戶的中長期需求，也看好未來數年半導體產業的發展，高資本支出主要看好包括 5G 及高效能運算的大趨勢，將帶動先進製程強勁需求。

　　資本支出涉及的金額通常較為昂貴，因為製造、建築、機械和軟體技術等固定資產的初始成本非常高。缺乏規劃的資本支出可能導致公司虧損或讓公司承受資金短缺的局面，這些負面結果難以被逆轉，必須確定業務收入足以涵蓋營運所耗費的資本支出，並能有效產出可觀的盈利。企業應該制定一個結構良好的支配額度計劃，包括資本支出預算、其目的和收益，為管理部門和員工制定透明可行且高效的政策。

Ⓢ 投資理財：智慧化製造帶動自動化設備

　　智慧化製造系統包含生產智能化、設備智能化、能源管理智能化、生產供應管理智能化，主要是縮短產品研製週期、降低成本、提高生產效率、提升產品品質。自動化設備將製造過程轉為即時、高性能，智慧製造貫穿設計、生產、管理、服務等各個環節，具有深度感知、智慧優化、自主決策、精準控制執行等功能。製造流程智能化，輔以數據流為基礎並以網路互聯。機械設備必須具備智慧化能力，整合各種智慧技術元素，使其具備故障預測、精度補償、自動參數設定與自動排程等智慧化功能。

　　自動化與機器人趨勢持續升溫，受惠工業4.0及智慧製造需求強勁，將利用機器人實現自動化營運，從工廠全面往外擴散，大幅滲透生活，走入醫療、公用事業、服務機構、電子商務等領域，投資市場資金陸續展開新一輪部署。推動新基礎建設、打造智慧化城市、5G需求增溫，以及客戶自動化程度持續提升的帶動下，企業加速導入自動化設備，整體自動化產業景氣的上升趨勢相當明顯。人口老化及疫情衝擊勞動力市場，更加速企業機器人與自動化生產，由於工業自動化大幅降低成本並適度填補勞動力缺口，自動化設備的訂單湧入。

　　政府及產業應該著眼中長期規劃，協助工具機廠商與自動化（工業機器人、工業電腦等）、智慧科技（AI、機器視覺等）及系統整合廠商合作，發展智慧製造的整體解決方案，打進海外市場。5G的高網速低功耗，讓未來無人工廠的每一個感測器都能與雲端連線，進一步提取資料分析驅動人工智慧。雲端運算需要處理龐大數據長時間運作，晶片需求特性為功耗高效能強，因此AI晶片與高效能運算（HPC）晶片的需求將逐漸增溫。

　　高速運算需求殷切帶動高效能晶片（GPU、ASIC）等先進製程持續精進、資料中心廠為提升傳輸速度與容量，增加對光纖100G的需求、帶動交換器成長，以及可滿足龐大儲存需求的3D NAND Flash等。包括智慧型手機、人工智慧晶片、汽車駕駛輔助系統（ADAS），相關廠商在產量、成本和投資回報率等因素考量下，選擇訂購客製化晶片，使IC設計服務供應商業績增加。物聯網（IoT）應用範圍廣，包括自動駕駛車、智能家居、工業4.0、廣告投放，須要透過感測器來連接，受惠產業包括多鏡頭、感測器（3D Sensing、RFID）以及聲音傳輸／接收（類比IC）產業。

　　AI是大腦、終端就像是眼睛和嘴巴，機器人就像是四肢，輔助執行原本人類做的事，是自動化＋智慧化的機器。智慧化是機器透過演算法

分析數據以學習執行，目前以人工神經網路演算法為主，有助於提高圖像識別率能強化監控，更能提高手臂運作效率，成為完整的自動化智能工廠。隨著汽車自動化程度提高，AI 的深度學習將提供駕駛路線設定、定位等功能，還能進行臉部或語音辨識，需要更多鏡頭、雷達、計算晶片等，自駕車及車聯網將帶動汽車產業另一次革命。

二十二、同工同酬～工資結構的設計

　　同工同酬是指用人單位對於技術和勞動熟練程度相同的勞動者在從事同種工作時，不分性別、年齡、民族、區域等差別，只要提供相同的勞動量，就獲得相同的勞動報酬。同工同酬體現價值取向，確保貫徹按勞務分配原則，即付出同等的勞動應得到同等的報酬；防止工資分配中的歧視行為，即要求在同一單位對同樣勞動崗位、在同樣勞動條件下，不同性別、不同身份、不同戶籍或不同用工形式的勞動者，只要提供的勞動數量和勞動質量相同，就應給予同等的勞動報酬。

　　同工是指從事同一工作所需要的技術、生理和心理能力的付出、所需要負擔的責任及所處的工作環境都相同，不論從事這項工作者的性別、年齡、宗教或種族，雇主都必須支付同樣的報酬。我國勞動基準法規定，若工作相同效率相同，即應給付相同工資，不能有性別差異；美國在 1963 年即提出公平待遇法，建立同工同酬的法律基礎。

　　生產要素中所使用的人力，包括各種勞心與勞力，勞動市場中有能力且有意願提供勞動的人力為勞動供給，提供勞動的人必須親自投入，隱含機會成本；需要雇用勞動投入生產為勞動需求，雇用勞動的廠商必須支付使用價格，為生產成本。貨幣工資的實際購買力，實質工資（real wage）為貨幣工資除以物價水準。當物價上漲而貨幣工資維持不變，其實際購買力降低，亦即實質工資減少。

實質工資率＝名目工資率 / 物價水準

　　勞動每單位時間的報酬為工資率（wage rate；w），也就是使用勞動者所須支付的單位成本，提供勞動所得的報酬為工資，包括現金薪資給付、實物利益交換、額外福利津貼與相關之工作條件等所合計折算的價值。

　　提高最低基本工資率與降低工作時間，其他條件不變下，造成平均工資

高於均衡工資，雇主的勞動需求量沿勞動需求線減少，勞工的勞動供給量則沿勞動供給線增加，為超額供給的勞動市場失衡，亦即失業。

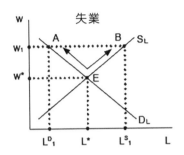

當勞動市場的需求與供給不一致，因法定最低基本工資率使市場力量無法進行調整（工資率下降），而繼續維持勞動市場的失衡狀態。必須改變勞動供需條件，使整條勞動需求線（供給線）位移形成新均衡，所對應的均衡工資率與均衡勞動數量亦改變。

當商品需求增加而價格上漲或勞動技能進步使生產力提高，則勞動引申需求增加，整條勞動需求線向右（勞動量增加）上（工資率上漲）方位移。反之則勞動引申需求減少，整條勞動需求線向左（勞動量減少）下（工資率下跌）方位移，若受最低基本工資率限制而不能下跌，將造成失業。

經濟衰退侵蝕廠商獲利，主要廠商大舉裁員，包括製造業、零售業和其他行業無一倖免，顯示短期內就業成長仍不可得。經濟下挫時廠商通常都會進行裁員以求降低成本，就業市場進入寒冬。

限制外勞進口、提早退休年齡、就業條件嚴苛等，減少勞動供給，整條勞動供給線向左（勞動量減少）上（工資率上漲）方位移；反之則勞動供給增加，整條勞動供給線向右（勞動量增加）下（工資率下跌）方位移，若受最低基本工資率限制而不能下跌，將造成失業。

因景氣衰退而商品需求不振，勞動需求減少，勞動需求線向左（勞動量減少）下（工資率下跌）方位移，若工資受限制而不能下跌，將造成失業。為保障本地勞工權益而限制外勞進口，可減少勞動供給，勞動供給線向左（勞動量減少）上（工資率上漲）方位移，降低勞動需求減少的影響。

不同等級的工作由於其複雜和熟練程度不同，以適當的價格獲取企業所需要的人力資源，即保證企業做出理性的薪酬決策。在企業工資結構的設計中，首先要考慮一些因素對薪酬結構的影響，如稅收、社會保險、最低工資

等；其次考慮是否按照工作系列設計薪酬結構，對性質不同的崗位進行分類，例如分為管理系統、業務系統或產品生產系統等類別。

因工作技能、專業證照、職務地位、社會價值與地理環境的不同等因素，使個體的工資水準具有差異性，工資結構（wage structure）又稱為補償性差異。雇主或股東是廠商的當事人（principal），目標為獲得最大廠商利潤；經理或員工是為廠商工作的代理人（agent），目標為獲得個人最大權益，當雙方目標不同，代理人工作時為追求個人目標而犧牲當事人利益，便產生當事－代理問題。

誘因相容契約（incentive compatible contract）內容揭露利潤分享與預期報酬等資訊，代理人為獲得長期利益，追求個人目標時亦同時達成當事人交付之任務目標。

效率工資（efficiency wage）給予代理人足夠利益，使代理人的工作目標與當事人利益一致，例如績效獎金、入股分紅等薪資加碼。工資率代表勞動者的生產力，效率工資決定於每一單位實質工資的最高效率或每一效率單位之最低勞動成本；當勞動需求者支付的工資高於勞動供給者可接受的預定工資，則勞動者會接受工作，反之則否。

資方以偏高薪資提升勞動生產力，降低監督成本，減少勞工外流，薪資水準不能完全伸縮調整而向下僵固，但工資率不能下跌將造成失業，即無法配合生產力需求的勞工失去工作機會。

最低工資是一種勞工政策，通常由政府設立法律，台灣實施基本工資制度，目的是保障工人能以勞力換取足以生存的維生工資。

♀ 生活智慧：伯樂與千里馬

唐代韓愈《馬說》：「世有伯樂，然後有千里馬。千里馬常有，而伯樂不常有。故雖有名馬，祇辱於奴隸人之手，駢死於槽櫪之間，不以千里稱也。」即使有名貴的馬，只是辱沒在僕役的手中，跟普通的馬一同死在槽櫪之間。當現代伯樂遇上了千里馬，只要掌握仕人、御人、留人的要領，在管治上便可從容不迫，留千里馬為己用。

有些人能力高做事一絲不苟，事事窮根究底，本質與用心良善說話率直，不但不會取悅人，甚至會不留顏面直斥是非；要有胸襟氣量不計較，給他足夠的自主空間，就會安心留下作出貢獻。有些人本質淳樸忠厚心思縝密，處事小心謹慎，表達能力較低不喜歡誇耀自己；感覺上不起眼，不要忽略內在的本質及聰敏的一面。有些人膽識過人喜歡冒險犯

翻轉吧～經濟學！給您看得懂用得到的經濟原理

難，不但可以臨危受命，更義無反顧撥亂反正。能日行千里的馬雖然珍貴，但如果沒有遇到伯樂，終究會白白浪費才華；人才若沒有被發掘出來放在適合的位置，表現也與常人無異，若是懷才不遇也可能意志消沉，連常人都比不過。

　　問題不只於人們拙於發現千里馬，更大的問題是多數養馬人十分粗暴。希望人才能夠得到相對多的資源分配，可能會形成菁英思維，產生更多問題。期待伯樂的出現來自傳統人治思維，古時文人得不到上位者的賞識，必須透過千里馬委婉地比喻，不能直接指責當權者。沒有伯樂並不是最大的問題，必須被檢討的是那些粗暴對待千里馬的庸人；不只無法提供良好的待遇，還反過來怪罪人才要求過多，當這樣的模式逐漸成為一種社會習慣，人才可能連稍微合理的待遇都得不到，對於整個社會的發展無疑是個巨大的傷害。

　　在複雜的人類社會中，不能僅用單一價值來評價一個人的優劣。不能期待所有人都能被放進一個足以被認為千里馬的價值體系中。不能只單方面要求人才的表現，卻不思考是否提供了合理的待遇、資源以及舞台，讓這些人才能夠真正發揮他的實力。貴人栽培後進，除了基於愛才、惜才外，一般多少都帶有一些私心，目的在於培養班底鞏固勢力。也有接班人羽翼豐盈之後另築它巢，導致與師傅失和反目成仇。良好的伯樂與千里馬關係，最好是建立在彼此各取所需、各得其利的基礎上，強調彼此以誠相待的態度。一個組織中即使有無數千里馬，不是被僕役視為駑馬就是成為別人家的千里馬；組織中沒有千里馬，但是只要有識人的伯樂，便有機會向外尋找或吸引許多千里馬來投靠。

　　有些人個性倔強直道而行，不違反自我思想意志去奉承別人，不沽名釣譽急功近利，理財也不會監守自盜。有些人性格孤僻正直剛勁，有節操擇善固執；有獨立思考能力，超然不隨波逐流，容易遭到謗謗。沒有好的管治環境，人的才幹發揮不來，識人要看本質，任人要注意能力，御人要原諒他的缺點，留人要留心。現代伯樂必須有胸襟懂恕道，不獨要慧眼識人，還要防人、任人、御人、留人，製造合適環境把握機遇，才能發揮千里馬與伯樂相輔相成的威力。

👤 經營管理：人力資源管理適才適所

　　人力資源管理（human resource management，HRM）指在管理員工時所需執行的事務與政策，涵蓋員工關係，即人員招募、甄選、訓練、績效考核評估、薪酬福利、管理獎勵等功能的活動，以達成個人與組織的

目標。人力有效運用管理功能，強調組織需要配合人力的提升與運用，將組織內所有人力資源作最適當的確保、開發、維持與活用，而為此所規劃、執行、與統制之過程，以科學的方法使企業的人與事作最適切的配合，發揮最有效的人力運用，促進組織之發展。

　　人力資源管理旨在達成求才、用才、育才及留才的目標，以過程為導向，強調平等、和諧之勞資關係，為整合式組織，以勞資雙方為對象，視員工為有價值的資源，以人力開發為重點，有動態性活動等特性。有別於「人事管理」以成果為導向，強調從屬和對立的勞資關係，為分散式組織，以員工為對象，視員工為成本負擔，以績效考核為重點。人力資源部門充分利用職位分析、工作分析、職位概述、人員選擇和招聘、員工培訓等活動來提高企業員工的效率，被視為提高公司競爭力的戰略手段。協助激勵員工，透過物質的滿足和財務獎勵，增加員工對組織的歸屬感、提升員工士氣和減低對工作的不滿等，最終公司和員工互蒙其利。

　　在員工的任用上，適才適所是最重要的原則。把對的人擺在對的位置上，員工的能力才可以得到充分的發揮。必須要能對個人的發展有所規畫，並且觀察實際表現、檢視內心的需求，利用適當的工具或方法來增進對部屬的了解，提升組織和員工的工作效率。在人力運用上可以容納不同性別、年齡、學經歷等各種背景的員工，讓組織可以多元化，不要封閉的小團體，限制組織的視野和發展。

　　知識勞動力平台興起，有能力的自由工作者可以全球接案，工作機會可望增加，企業會面臨比過去更大的徵才壓力，未來人才不一定需要組織，人才與組織的關係會根本改變。由於工作機會全球移動，企業在成本壓力下，傾向將非核心工作外包。在平台數據能力輔助下，組織呈高度扁平化，即使沒有中央控制體系，成員仍然能夠依據任務，快速建立、部署、解散或重組，以團隊網路方式運作，員工也更有自主性。可以在快速變化的環境下迅速消化訊息做出應變，避免決策盲點。聆聽員工內心的想法、滿足員工的需求，以達到人才成長留任的效果。對於產業的競爭優劣勢、市場狀況、未來發展、利害關係人等，都要有商業的洞察力，才能明確了解人才策略布局。

　　提升管理效能和素質，要設立人力資源架構框架，用最適合的人做最適合的工作。建立平台作為溝通及搜集資訊渠道，將各方意見綜合，以處理薪酬、福利等事宜，培訓及發展以發揮各階層的人力資源潛能，

提高員工的技能，以適應公司所處經營環境中的技術及知識的變化。

$ 投資理財：股東利潤最大化符合企業目標？

在公司的經營者（代理人）與股份持有者（委託人），共同基金的管理操盤者（代理人）與投資者（委託人），或是政治家（代理人）及選民（委託人）之間的關係，都可以觀察到代理問題的存在。企業經理們必須全面關注分析師如何評估自己的企業，對企業的資產負債表進行各種金融操作以提高和維持高股價。各種新金融工具引發的金融交易在整體經濟中的地位和作用上升，整個金融體系演變為一個攫取高額利潤的風險偏好產業。

回購股票通過股票獎勵或發放股票期權作為薪酬的一部份，企業經理和股東利益趨於一致；股票回購提升每股盈利，增加公司股票對投資者的吸引力從而推升股價。然而，若企業的其他各項投入停滯不前，大部份員工的福祉也沒有得到改善，在面對社會、環保、平權意識高漲的年代，許多舊的營運模式，常會威脅到大自然或犧牲員工或供應商的利益。考量當股東和其他利害關係人利益受到衝突時，許多企業秉持股東利益優先原則，認為公司應該還是要依循傳統的方式，不應該貿然為了其他利害關係者的因素，因而追求新的可替代性方案，增加公司研發成本與獲利不確定性。

我國公司法在 2018 年修正，特別增訂企業社會責任的條文：公司經營業務應遵守法令及商業倫理規範，得採行增進公共利益之行為以善盡其社會責任。公司的目的不是為創造股東最大的利潤，經營者必須遵守商業倫理規範，照顧員工、消費者及社區的利益。經營者也有權力使用公司資源，採行增進公共利益之行為，在增進公共利益的基礎上和公益慈善團體有共同的目的。2019 年美國商業圓桌會議（Business Roundtable）聯合 200 位 CEO 簽署宣示，不應只將股東價值最大化當成企業目標，應同時對公司所有利害關係人承諾，要為所有人、公司的未來、社區及國家的成功創造長期價值，應透過公布其具體的，可實現的和可衡量的目標來協助企業永續營運。1997 年曾經宣揚股東至上主義的同一個經營者團體，於 22 年後轉向揚棄股東至上主義，象徵股東資本主義和美式經營迎向了巨大的轉捩點。

公司的創新程度常取決於公司對於其利害關係人，像是客戶、政府、法規制訂者、社群團體的重視程度，為了回應利害關係人的利益，可讓公司更勇於追求創新。近年來台灣也興起一股社會企業風潮，許多創業

家投入以商業模式與市場機制來調動社會力量，致力解決社會問題或改善人類和環境生存條件。企業不應只追求股東利潤極大化，也應兼顧其他利害關係人需要；企業家不能獨善己身、更要兼善他人的思維，正是王道企業之核心精神。王道是一種文化，企業的存在是要關懷天下蒼生，與西方過去只重視股東權益、慣於霸道行事的做法有很大的差異。王道企業的三大核心—創造價值、利益平衡與永續經營，是用來檢視現代企業的重要指標。

二十三、有土斯有財？～地租與利潤

《禮記‧大學》平天下先治國：「是故君子先慎乎德。有德此有人，有人此有土，有土此有財，有財此有用。」品德高尚的人首先注重修養德行；有德行才會有人擁護，有人擁護才能保有土地，有土地才會有財富，有財富才能供給使用。因中國幾千年的歷史都在戰亂中，無法有實際長期之財富，才堅信有土此有財。

國人有土斯有財之觀念及租房是幫別人養房，和建商吹捧早買早享受，都是買房的一大迷思。購買房屋來出租，當個包租公（婆），不只每月有租金收入，又可以靜待房地產升值，是許多退休族夢寐以求的一種投資方式。＜好房網＞針對這項議題對網友做調查，超過7成以上網友支持買房，有土斯有財的觀念仍根深蒂固。

廠商投入生產之所在地，包含其所蘊含的全部自然資源，具有總量固定及可以長久使用的特性。土地的使用價格為地租（rent；r），亦即土地需求者支付給土地供給者的單位（大小、時間）報酬，而非交易價格P。土地雖然總量固定但具有多重用途，因此應支付最低報酬，以補償使用土地的機會成本。

均衡地租決定於土地需求大小，當本身價格（地租）以外因素，例如使用土地的人口、用途與產值等增加時，土地需求增加，整條土地需求線向右上位移，均衡點向上（地租上漲）移；反之則需求減少，整條土地需求線向左下方位移，均衡點向下（地租下跌）移。地租上漲並不能使土地供給量增加，但需求者成本提高，而必須將有限資源作最有效的使用，因此地租仍可發揮其價格機能。土地交易價格P亦可以相同方式分析。

翻轉吧～經濟學！給您看得懂用得到的經濟原理

特定用途的個別土地價值提升吸引地主與建商大量開發，代表在各供給數量下對應的價格（地租）即機會成本，為供給者要求的最低代價。

工商綜合區與郊區別墅可以提升土地價值，使用土地的人口、用途與產值等增加時，土地需求增加，整條土地需求線向右上位移，地租上漲；反之因景氣不佳乏人問津，則需求減少，整條土地需求線向左下方位移，地租下跌。

報酬（均衡地租）超過機會成本（供給者所能接受之最低地租）的部份，經濟租（economic rent）即生產者剩餘（producer's surplus），又稱為準租（quasi rent）。若無機會成本，均衡地租即是經濟租，地租總收入全屬供給者剩餘。經濟租提高代表多餘報酬增加，促使土地的開發與利用會更完善，資源分配更有效率，其他資源亦可以相同方式分析。

房價未炒作前不動產具有保值功能，但房價和消費力脫節，並已產生潛在跌價損失，再進場買在高點，保值功能早已打折。房子也不是都租的出去，會有閒置期，還有貸款利率、稅金要考量。萬一房東遇到房客拖延房租、惡意不繳或者違反使用規則，破壞裝潢擺設甚至造成公共危險，都有可能增加投資成本。

生產者結合其他生產要素（勞動、土地與資本）投入生產的經營企業能力，企業經營能力的報酬，為收入扣除機會成本（正常利潤）後的超額利潤，因此可正可負，是創新的報酬、承擔不確定性的代價、也是由獨占者享有，因此支付機會成本的正常利潤不包括在內。

熊彼得（J. Schumpeter）認為創新包括生產新產品、使用新方法、取得新原料、開發新市場、創立新組織等五種型態。將發明實際應用在市場上獲利就是創新，可因此降低成本或提高售價而增加利潤，但其他生產者跟進將使供給增加而售價下跌，超額利潤因此減少，必須不斷創新才能維持利潤。利潤是承擔不確定性的代價，經營方向正確可獲得超額利潤，方向錯誤則無利潤，若損失機會成本則經濟利潤為負。

不斷創新才能維持利潤，意謂利潤來自創新所創造的獨占性，利潤增加鼓勵企業不斷創新，妥善配置有限資源；若以創新以外的人為力量享有獨占利潤，則稱為競租（rent seeking），轉移他人應得利潤占為己有，不能增加社會資源，反而造成資源浪費與分配不公平。

李嘉圖（D. Ricardo）在論文《論利潤》中說明工資和利潤、利潤和地租的對立，從而揭示了無產階級和資產階級、資產階級和地主階級之間的對立。

先進廠商不斷研究創新，智慧財產藉由專利權或著作權的法令保障，

獨家生產或授權經營權利金，享有研發創新的利益。受雇人於職務上所完成之專利權屬於雇用人，雇用人應支付受雇人適當之報酬；受雇人於非職務上所完成之專利權屬於受雇人，但係利用雇用人資源或經驗者，雇用人得支付合理報酬後，於該事業實施其發明、新型或新式樣。

學習效果（learning effective）隨著時間增長與產量增加，經驗累積提升人力資本與技術進步，提高資本邊際生產力，使產量大幅成長並降低單位成本。在人力素質與資本品質不斷增進下，使經濟效益提升，規模報酬遞增而非邊際生產力遞減。

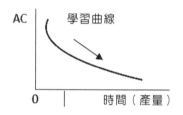

生產作業活動之教育訓練與工作經驗，可以累積知識與增進技能而提升人力資本。透過外在訓練過程，藉由相互學習吸收資訊與知識，觀摩了解彼此的優缺點與勝負關鍵，設定與外部同業比較競爭的標竿評比，培養激勵組織成員內在的學習動機與潛能，產生對組織具有價值的經驗累積，對知識的有效創造、獲取、累積、傳播及應用，進而使組織具有競爭優勢的創造革新。

雲端運算的發展對台灣資訊科技（IT）產業發展是雙面刃，消費端對硬體需求將減少，就硬體產業來看是一衝擊。但平台業者未來對伺服器製造廠的技術能力重視程度將大於品牌知名度，對代工的台廠而言是一大機會。

💡 生活智慧：租屋與買房

內政部不動產資訊平台公布 2021 年消費者物價房租類指數，近年租金指數一路走揚，10 年來漲幅達 0.7%。房價狂飆購屋大不易，許多民眾連自備款都難以籌措，因此租屋的市場需求大，支撐租金指數持續走揚，民眾即便不買房，房租仍會擠壓生活品質。如果每月繳的租金佔房東房貸的 6 成以上，購屋就可能比租屋划算，不過沒有足夠自備款也不用勉強自己去買房，否則恐有負擔過重的狀況。

原本就有其他金錢上的負擔，資金流動受限不建議買進不動產；除了頭期款與房貸之外，還要想現在買的空間與未來換屋。不少建商推出

翻轉吧～經濟學！給您看得懂用得到的經濟原理

坪數較小總價相對低的產品，分期攤還的金額跟每月的房租差不多，當租金夠付房子扣掉頭期款之後的房貸本息，才是真正的租不如買。年紀越大租房子困難越多，房子有無障礙空間規劃，不然老年人會有許多生活上的不便。想買房得克服困難、釐清資產狀況，思考未來需求之後再下手。

租屋的好處，沒有龐大且長期的貸款壓力；如果居住環境不佳，可自由選擇搬至較好的地方；不用負擔房屋的折舊、各項稅費；管線老舊損壞、天花板漏水等房屋的自然損壞可請房東處理。買房的好處，除了天災人禍外不動產是穩定永續的資產；可自住、可投資（賺差價或收租金）兩相宜；把錢放在不動產上強迫儲蓄，減少其他方面的支出；如果區位好，可坐享增值的利益；只要不違反法令可自由使用，租房子須經房東同意。

手上還有貸款、或沒有緊急預備金的民眾就不適合急著買屋，應該考慮未來 5 至 10 年的租屋或購屋計畫，才不會讓手上資金全部卡住。目前房貸利率處於歷史超低檔區，加上對於未來通膨的預期，不少民眾在存夠自備款後，都有由租轉買的打算。在預算有限下，可往新興重劃區覓屋，普遍擁有捷運建設，交通相當便捷，且大量新屋供給，會有不少投資客的低價物件。可支配年所得與房屋總價比例在 4～6 倍，區域租金房貸比高於 60%，且扣除自備款儲蓄後有月負擔房貸能力，才是較適合租不如買的族群，買房後的裝潢、修繕又是一則學問與大開銷。

在房屋買與賣之間總共大約 6% 的房地產經紀人平均佣金，還要支付代書費用、房地合一稅和搬家費，加上房屋維護的成本，這些費用都造成負擔。買房可以當作是強制性的儲蓄，制定理想的理財計畫，將來可以用於頭期款。人生不同時期對房屋有不同需求，投資獲利趨近無償取得房地產，再取得新房屋成本極低，不需要就租給別人，用租金抵負債。資產變成生蛋雞，用舊屋兼職收房租，被動收入無限循環複利放大。

政府應該持續正視年輕人低薪與租賃市場不健全的問題，並加強在都會區外圍創造更多就業機會，才能更有效舒緩市中心的居住壓力，避免無殼族從過往買不起，到後來也租不起。

經營管理：破壞式創新突破現有市場

哈佛大學教授克萊頓・克里斯坦森（Clayton Christensen）提出破壞式創新（Disruptive innovation）。於 1997 年的著作《創新的兩難》（Innovator's Dilemma），將產品或服務透過科技的創新，並以低價的

方式針對特殊目標消費族群，突破現有市場所能預期的消費改變。破壞式創新是擴大和開發新市場，也有可能會破壞與現有市場之間的聯繫，是針對顧客設計的一種新產品或一套新服務。

破壞性創新在技術上利用現有的零件依某種產品架構運作，提供比舊方法更簡潔的方案，一開始並不容易被採用，而在新市場和非主流市場提供不同的貢獻。可能會對既有的公司造成傷害，會影響他們的客戶、研發和發展，無法提供建立大公司所需的成長率。低階破壞（low－end disruption）是針對在高階市場卻不需要完全性能的顧客，而新市場破壞（new－market disruption）是針對想滿足之前未被滿足需求的現在客戶。

破壞者創造的是以往不存在的市場，把非消費者變成消費者。既有業者聚焦在利潤最高的顧客，努力為他們改善產品與服務，而具破壞力的後起之秀成功瞄準被忽略的市場區隔，提供更合宜的功能，價格通常也較低；既有業者在客層中追逐更高獲利，往往對此未作積極回應。新加入者接著更上層樓，提供主流顧客要求的功能，同時仍維持最初獲得成功的優勢，當主流顧客開始大量採用新進業者的產品，破壞就發生了；破壞者一開始訴諸低階或未被滿足的消費者，然後才移往主流市場。針對某個廣泛存在的顧客需求，開發更好、更便宜的解決方案，就會增加總需求，直到品質達到主流顧客的水準。

破壞者的焦點在找到適合的商業模式，而不只著眼在產品本身，一旦成功由低階市場或新市場邊緣往主流移動後，首先會侵蝕既有業者的市占率，而既有業者在捍衛本身權益時，也可能會有很多創意。既有業者在破壞發生時應該回應投資在延續性創新上，持續強化與核心顧客的關係。數位化創新正在科技、消費和醫療等領域發揮滲透力和影響力，包含雲端運算、電子商務、電子支付與遠距醫療等領域。

不是每條破壞路徑都通往勝利，也不是勝利的新事業都循著破壞的道路，真正的破壞者會改良產品往較高市場邁進。既有業者聚焦現有顧客而制度化，以致難以把投資轉向破壞式創新，資源配置以利潤率高且有大市場的延續性創新為優先，而忽略市場較小顧客定義不明確的破壞式創新。創新不必然需要高科技，也不等同創造新事物，而是將勞力、資本、資源和訊息，轉化為高價值產品或服務的過程。許多公司在規劃未來時侷限於現有的核心能力，疏於培養新的能力，也因此錯失成長的機會。企業若擁有破壞式創新，突破市場既有的框架，帶來消費者行為

翻轉吧～經濟學！給您看得懂用得到的經濟原理

的改變，即有機會超越原本的產業龍頭。

⑤ 投資理財：資產營建股與地產基金

全球物價上漲、成本攀升，房地產被游資視為最佳避風港之一，在台股高檔震盪之際，市場預期具有土斯有財、抗通膨概念的營建資產股頗被看好，即將完工入帳、殖利率等題材，財報有期待空間。

營建業向來有火車頭工業之稱，涵蓋住宅、商辦、工業廠房或公共建設等業務。在多數的營建公司總資產中，負債佔比5～6成已是常態，雖然營運及投資風險偏高，但在公司獲利時股東就能享有更豐厚的報酬。營建公司在完成建案之際，營收通常會三級跳，並帶來相當可觀的每股盈餘，但也因為財務風險偏高，每年的營運狀況具有不確定性，所以有較低的本益比。多檔營建股的現金殖利率在5～8%，在股利政策上傲視各大族群。

除國內建商、壽險業紛紛砸錢獵地、買樓，讓土地價格屢創新高，經濟部因應中美貿易戰，順勢推動台商回流的政策，在各大工業區陸續購置土地、擴增廠房，營建業因此受惠。營建業易受景氣影響，因為經濟持續衰退時，恐造成建設停擺、建案難以推動，房價也難逃貶值的下場，當消費者不買房、企業不蓋工廠，營建業持有的不動產價值也會大打折扣，導致股價下跌。

新台幣升值會使資產、營建族群連帶強勢，土地更新若取得實質進展，股價可望有明顯表態機會。優質區段的素地未來只會不斷減少上看更高價位，手頭上有越多優質庫存的營建業者，越有籌碼在房市熱潮中分批推案搶食商機。資產股是股價低於資產淨值的企業，資產可以是房地產、多餘現金或企業資產負債表上的任何其他資產，投資者能以折價買入企業持有的資產價值。無人能夠預測資產股股價何時會追上資產淨值，甚至永遠不能獲利；股票的股價低於資產淨值，但不太可能升至該價位，這便是價值陷阱。

不動產投資信託（Real Estate Investment Trust，REITs）是不動產證券化的商品，將辦公大樓、商場的投資切割成股份，代表該檔REITs名下投資標地的部分所有權。現金流量主要來自租金收入、管理維修費用及承租率等，不動產包含各種可以有出租收入的土地或建物含其上設備。將不動產分割證券化買賣跟股票一樣方便，更有流動性、易於轉手、交易成本也降低。投資門檻低適合小額投資人不動產領域配置資產，每年可分配到股息，而且免徵證券交易稅、投資收益採取6%分離課稅，

不併入綜所稅計算。

在抗通膨投資標的選取上，不妨留意提供穩定配息收益的 REITs 基金或地產 ETF。整體經濟呈現復甦型態，利率處於低點吸引投資人置產，帶動房市明顯轉熱，地產基金資本利得也連帶水漲船高。REITs 是封閉型基金，成交價格根據市場實際的買賣價，若是不動產景氣不好會影響 REITs 價格。製造業、房市強勁復甦，在積極財政、寬鬆貨幣與疫苗普及下，預期全球經濟復甦加速成長，通膨題材有利推升 REITs 租金和資產價值的成長。

二十四、複利效果～報酬與風險

複利就是利滾利，複利效果是運用錢財所獲取的利息或利潤加入本金，獲利再投入繼續賺取報酬。任何一項投資工具報酬率都會波動，並非固定成長，所以長期投資未必能發揮驚人的複利效果。成功不在於一次兩次的暴利，而是持續的努力。

複利效果要達成的關鍵就在每年報酬率的波動不能太大，高報酬高風險，高報酬的金融商品波動就一定大。若選擇波動小的產品，就要接受報酬不高的現實，長期累積複利的效果就無法那麼驚人。投資組合的調整與風險控管之重要性，真正的長期投資要做好資產配置，如何在報酬與風險中得到平衡，才是真正的贏家。

資本（capital；K）即實質資產，例如廠房、設備、存貨與相關之生產工具等，在某一時點所累積的數量為資本存量，在一段時間內的資本存量變化則為投資流量。各種資本都可以貨幣表達其價值，因此資金（money；M）又稱為貨幣資本。使用資本所應支付的代價或機會成本為利息（interest），亦即資金供應者所獲得的報酬；既使使用自有資金亦隱含機會成本，與購買擁有資本所支付的價格不同。每單位時間（每期）之利息占其貨幣資本（本金）的百分比利率（interest rate；i），代表使用資本的單位成本；通常以每年為單位時間，稱為年息化（annualized）。

有多餘資金儲蓄並供應貸放者為資金供給者，資金短缺須借用者為資金需求者。借貸（loan；L）市場具有調節社會整體資金的功能，有效配置運用資金資源協助資本形成，進而提升企業的經營績效，促使經濟活動順利進行

發展。

　　利率以外資金供需變動因素，如生產者資本產值或報酬提高、消費者對產品需求增加、預期通貨膨脹等，使借貸資金需求增加，需求線向右（資本量增加）上（利率上升）方位移；反之則需求減少，整條需求線向左（資本量減少）下（利率下跌）方位移。若儲蓄因私人所得或企業獲利提升而增加、金融市場資金寬鬆等利率以外因素，則資金供給增加，整條供給線向右（資本量增加）下（利率下跌）方位移，反之則供給減少，整條供給線向左（資本量減少）上（利率上升）方位移。

　　資金短缺之需求者亦可發行債券或其他金融工具融資，有多餘資金之供給者承購並支付資金，因此資金需求者為債券供給者，資金供給者為債券需求者。當預期利率水準（ie）可能上升，則預期債券價格（Pb＝利息收入/ie）將下跌，因已發行債券的固定收益報酬率相對降低；反之預期市場利率水準下跌，即債券價格將上漲。

　　景氣前景不明，影響消費、投資，使市場資金需求減少，整條需求線向左（資本量減少）下（利率下跌）方位移。使用資本所應支付的利息成本減少，但資金供應者所獲得的利息報酬亦減少。

　　由市場供需決定的資金使用價格，實質利率又稱純粹利率，為扣除通貨膨脹等風險影響後的實質報酬。實質利率加上預期通貨膨脹率及其他風險溢酬所訂定的名目利率，資產價值波動幅度較大，即可能獲利的報酬與可能損失的風險皆高，因此高風險性資產亦須相對較高的預期報酬作為補償。

　　由金融機構參酌其資金結構公佈牌告利率，債券上記載的為票面利率，金融自由化以前尚有由央行干預規定的官定利率。通常將利息收入固定而價格穩定、且違約破產風險極低的短期（三個月）公債或國庫券視為無風險資產，其利率為無風險利率。

　　調降利率拉大負實質利率，當國人薪水沒有成長，放在銀行的存款利率又追不上物價上漲率，會使得消費意願更加減弱，對經濟成長反有不利影響。

　　風險溢酬（risk premium）又稱為風險貼水，為補貼資金供給者承擔額外風險所給付的利率補償，包括通貨膨脹、借款人違約、變現流動性與利率變動等借款期間資金供給者可能遭受的損失。利率的風險結構（risk structure）因風險不同而造成利率之不同，風險愈高則貼水愈高，名目利率愈高，反之則低。

信用評等愈低的債券，代表風險愈高則貼水愈高，因此名目利率愈高，反之則低。信用評等最低的債券，又稱為垃圾債券（junk bond），為高收益高風險之投機債券。固定收益證券（債券）支付固定利息，債券持有人收入固定，但當市場利率上升時，失去購買其他高利率資產的獲利機會，利率風險（interest risk）即持有固定收益證券的機會成本提高；債券價格亦因報酬相對較低而下跌，未到期出售將發生價差資本損失。

通貨膨脹風險（inflation risk）即整體平均物價水準不斷升高，買方須多付貨幣才能購買。因貨幣的實際購買力降低，若貨幣的名目所得（資產報酬）未增加或增幅較小，代表實質總所得減少，又稱為購買力風險。

資產可以出售變現的難易程度大小稱為流動性，若市場交易量不大或交易成本較高而不易出售變現，即發生流動性風險（liquidity risk）。企業經營管理之收益已無法負擔支付利息或本金，甚至可能倒閉的風險，違約風險（default risk）又稱為財務（financial）風險。

銀行依據市場供需、資金成本、經營利潤等因素，所訂定的最低放款利率，基本利率（prime rate）通常只優惠信用最好的客戶；以此為基準，其他借款人則依其信用評等高低再另加碼計息（1 碼＝ 0.25%）。

風險貼水與基本利率的意義，說明銀行如何針對各種不同借貸形式、條件、對象等，訂定不同的利率水準。

一般人對未來利率水準有一預期安全水準，利率的替代效果使現金持有比例與市場利率變化呈反向變動關係。利率上升使債券持有者利息收入（所得）增加，而增加個人資產持有與財富效用；利率下降使債券持有者利息收入（所得）減少，而減少個人資產持有與財富效用，因此利率的所得效果使現金（收入）持有比例與市場利率變化呈同向變動關係。

💡 生活智慧：富爸爸與窮爸爸

《富爸爸，窮爸爸》的作者羅勃特・清崎童年時，兩位爸爸教他面對財務應該要有的想法和體悟。窮爸爸是清崎的親生父親，鎮日與金錢拚搏最後卻留下債務。而富爸爸說：「窮人和中產階級為金錢工作，富人讓錢為他們工作。」富人買入資產，窮人只有支出，中產階級買他們以為是資產的負債。財務 IQ 更懂得財務的現實，商業界、金融界也將現金流的概念運用在組織發展中。

學校教育只專注於學術知識和專業技能的培養，卻忽視了理財技能的培訓。錢是一種力量，但更有力量的是有關理財的教育，大部分人沒

有掌握金錢真正的運轉規律，所以終其一生都在為錢工作。意識個人財務問題並檢視自身財務狀況，才能進一步改善問題的本質，養成良好的財務習慣。將薪資買入資產，讓資產帶來收益再繼續投入或創造資產並帶來收益，當資產收益大於支出，就能達成財富自由。透過職場的訓練及學習來提升自己，幫助個人的職涯成長及成就，賺錢僅是付出後的附屬品。

假設購買一間套房出租，每個月帶來穩定的收入，這一間套房就是資產；而購買一間房子自己住，須繳交房屋稅、地價稅及維修費用等，這一間房子就是負債。富人會讓他的資產收益大於負債支出，讓資產去創造收入。增加資產項目來提升收入，創造被動收入帶來收益，而不用為了錢去工作；損益表是個人收入的增減，開源卻無法節流也是一場空。

記帳瞭解現金流的狀況，不讓自己入不敷出，注意自己在哪一個部分開支過大，對自己沒有實質的幫助也帶不來快樂。如果現金流處理不當，可能導致資產還未產生收入，為了應付緊急狀況而認賠賣出，資產就無法產生收益，可能還成為負債。清楚自己的資金流向，將薪資購入資產日積月累，當資產的收入可以應付支出，就可以不用為了錢而去工作了。

工作是在學習所欠缺的技能，許多人把錢看得太重要，導致在工作上得不到快樂，自己被迫去工作支應生活所需。如果平時倚靠薪資的收入卻沒有進行任何投資，因年金改革等變動影響退休金，不得已在高齡時還繼續工作，會導致個人工作效力降低，下一代要找工作更加不容易。平時的準備在面臨危急時經得起考驗，更全面的角度去看待理財及投資的重要性，提高自身的危機意識；不該面臨挑戰與問題時，去怪罪他人與環境，任何問題都該從自身的狀況來客觀的思考禍因。

不要專注在工資收入，脫離以辛苦勞力、寶貴時間去換取微薄薪水的日子。被動收入是靠資產賺錢的收入，組合收入是有價證券（股票、債券或共同基金）所賺的收入，雖然一開始很辛苦，但是錢會越賺越多，當經營越久所要花的時間與精力就越少。長久擁有財富要制定致富計劃，需要思想和精神的力量，培養對財富、金錢、財務的敏感度，擁有有錢人的腦袋以及積極行動的能力。

經營管理：金融控股公司發揮綜效

金融控股公司（finance holding company）簡稱「金控」，係透過成立控股公司的間接方式來進行金融業跨業整合的組織型態。金融控股

公司並不能直接從事金融業務或其他商業，但可投資控股的範圍包括銀行業、票券業、信用卡業、信託業、保險業、證券業、期貨業、創投業、外國金融機構等。整合後可透過交叉行銷，在同一個通路上販賣保險、證券、債券、信用卡等各種金融商品以產生綜效。在金融業百貨公司化的市場要求下，二十世紀八十年代美國出現銀行控股公司經營不同金融行業。我國於 2001 年通過《金融控股公司法》，推動金融控股公司的成立，先後有 16 家金融控股公司獲得經營牌照。

　　台灣金融業在金融自由化進程的推動下，大力推進金融機構的國際化、規模化和多元化，金融控股公司應運而生。金控的各個關係企業間可緊密連結，突破以往金融分業的藩籬，提升各個子公司對客戶效率化的服務，進而降低管銷費用成本提高競爭力，以提供一次購足、一站到底的全方位金融服務。藉由財務面分析找出彼此的優勢而能夠互補，合併後落實原先預期的相關計畫，使綜效發揮到極致。各子公司以內設防火牆的形式，實現其資產負債多樣化，提高自身的競爭力和效益，整合分散的金融資源和分割的金融市場，體現股權集中化、組織大型化、經營多元化、管理彈性化的優勢，優化各子公司資源、降低經營成本、提高服務品質來追求整體經營的績效。

　　純粹型金融控股公司不從事具體的金融業務，主要負責整個集團的經營戰略決策，並通過股權投資活動加以實現，具體金融業務由各子公司分別承擔，具有提高整體效益、防範風險傳遞、協調公司內部資源和公司內部利益衝突等優勢，因此成為大多數國家和地區金融控股公司的發展模式。如果控股公司從事某一具體金融業務，則母公司難以從整體的利益出發，不能以最有效的方式進行整合集團資源，同時母公司也可能發生經營危機並危害子公司利益。

　　核心金融機構是構成金融控股公司的主要框架，包括銀行、保險公司、證券公司等；其他經營金融相關業務機構，如期貨業、信託投資公司、證券投資信託業、創業投資事業等，例如國泰金控以國泰人壽為核心，台灣金控以台灣銀行為核心，再結合其他金融相關事業。在較大規模資產支持下，圍繞其核心業務整合其他金融資源，利用其業務平台，通過共同行銷、共享信息資源或共用營業設備、營業場所等方式為客戶提供多元化金融服務，加強金融控股公司與其子公司間的相關業務，有效降低管理成本，發揮良好的協同效應。

　　併購的三C原則，資本效率（capital efficiency）提高資本運用的

翻轉吧～經濟學！給您看得懂用得到的經濟原理

效率，金融百貨交叉銷售（cross sell）對客戶提供一站式服務，經營規模擴大可以成本節省（cost savings）。未來金融服務走向生活即金融，金融即生活，其中最重要的就是數據資料的整合。

⑤ 投資理財：金融股與金融科技

在台灣上千檔個股中，約有35檔屬於金融股，占台股總市值將近10%，可分為銀行股、證券股和壽險股等，金控公司包括不同類型的金融子公司，分為公股與民營。以銀行本業為主的金融業，主要從事存款、放款與換匯等業務；壽險股是以銷售保險商品、投資獲利為主的金融業；證券股以證券交易為主，其占金融股總市值較低，例如統一證、群益證等，股市欣欣向榮時很多券商股大發利市，除非自營操作不利。

公股是政府或國營事業為大股東，財政部等官方色彩的機構，例如華南金、兆豐金、第一金與合庫金，較為穩健可靠，是很多存股族的最愛，但也因為操作相對保守，在本業或趨勢發展上較不如民營銀行，所以少有爆發性的成長。民營金融機構大股東非政府機構，以企業資金為主，目標獲利極大化，因此布局較公股積極，獲利的成長性高，但風險也相對較大。

金融股的經營本質就是投資錢滾錢，按照新的會計準則規定，如果投資狀況不好造成帳面上賠錢，還沒有賣掉的投資部位稱為未實現損益，賺錢的部份要扣掉才可以配息給投資人，造成配息的機會減少。金融法令規定，金融股有賺錢必須先存起來確保營運穩定，分別是保留盈餘及資本公積。升息有利於銀行業的存放款利差擴大，而經濟處於擴張期，有利於放款餘額（總量）增長。美元利率上升會先於新台幣，升幅也較大，因此外幣放款占比較高的銀行，受惠程度較大。近年國內利率維持低檔，但由於外銷接單暢旺、台商積極在台投資擴產，全台房地產價漲量增，銀行放款規模持續擴大，加上業外投資股債表現良好，國內金融業累積獲利增長。

小資族選擇金融股來存股，在於穩定的股利股息發放、大到不能倒的印象，深植在投資朋友心中。銀行最大的隱憂在於年底認列呆帳，若造成股價下跌，股價尚未過度偏離反倒是存股族好的進場點。資本市場位階處在高檔震盪，債券殖利率是否出現大幅變動以及金管會態度，將影響金控配發現金股利的力道。如果債券殖利率大幅彈升，各壽險業者未實現資本利得就會受下降影響淨值；壽險子公司大賺資本利得財，但能上繳多少現金股利給金控母公司，仍要金管會點頭。

隨著科技進展，金融業的創新可能跨領域，非傳統金融的業者也來競爭，打破許多金融業的傳統服務範疇。金融科技（Financial technology，FinTech）是指一群企業運用科技手段使得金融服務更有效率，因而形成的一種產業。一種新型的解決方案，對於金融服務業的業務模式、產品、流程、和應用系統的開發來說，具有強烈顛覆性創新的特性。

金融科技漸漸地取代傳統金融服務模式，透過行動支付、雲端平台、人工智能，科技業逐步滲透到金融業，使用科技加以自動化，能以非常低廉的成本實踐相同的效能，活用 IT 來逐一實踐。

二十五、牽一髮動全身～全面均衡分析

蘇軾《成都大悲閣記》：「吾頭髮不可勝數，而身之毛孔亦不可勝數，牽一髮而頭為之動，撥一毛而身為之變，然則髮皆吾頭，而毛孔皆吾身也。」宇宙運作極其微妙，牽一髮而動全身；企業是一個綜合性的系統工程，金融保險業在國民經濟中具有優化資金配置和調節、反映、監督經濟的作用。

分析問題和進行決策時要考慮連鎖效應（Chain Effect）。工資增加的直接效果是能夠吸引更多人參與工作，但會造成企業成本增加，又引發產品價格的提高，進而使產品需求減少，企業雇佣的人員減少。企業應該用更長遠全面的觀點分析問題做出決策，產品生產帶來經濟效益以後，提取資金用於增添和改善各種設施，從而帶來更大規模和更加持續的良性迴圈式利益。

某一個別市場達到均衡之穩定狀態，將該市場獨立出來個別分析，而不考慮與其他經濟單位之互動影響；局部均衡（partial equilibrium）假設其他條件不變，個別市場商品均衡之調整與價量決定過程。

全面均衡（general equilibrium）分析各相關市場均衡價格之關聯性，各相關的經濟部門同時達到商品市場之穩定狀態，強調個別市場不能完全獨立自行調整，而會與其他經濟單位互動影響；亦即個別市場商品從要素投入、生產到消費，以及相關產品（替代或互補）之間，各經濟部門會互動影響。

消費者付費且限用塑膠袋，生產者能夠銷售的塑膠袋減少，使用塑膠袋的商店消費亦減少，使相關產業要素投入減少，進而降低要素報酬，減少其他商品消費。因此任何個別市場、經濟問題與經濟政策的變化，牽一髮而動全身，不能完全各自孤立，而會與其他經濟單位互動影響。

投入產出分析（input － output analysis）在一套整體價格機制中，生產要素價格變化，導致生產者成本與報酬變化，亦引起消費者的所得及購買行為變化，再影響生產行為與要素需求變化，如此關聯互動不斷相互影響，從中分析出一套整體機制，使產品市場與要素市場的供給與需求都達到均衡之價格與數量，即整個經濟體達到全面均衡。

法國重農學派奎納（Quesnay）於 18 世紀提出「經濟表」，以基本經濟活動循環，說明各相關經濟部門間之關聯性與互動影響。

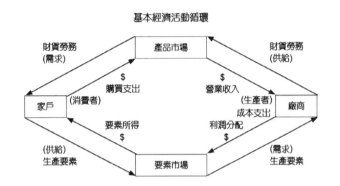

美國學者李昂蒂夫（Leontief）將奎納的基本經濟活動循環發揚光大，提出投入產出分析，對於經濟學的貢獻獲得了 1973 年諾貝爾經濟學獎。用矩陣表示各產業間投入與產出之相互依存關係，使每個經濟部門既是銷售供給本身產品的經濟單位，也是需求購買其他經濟部門產品的經濟單位，如此經濟體內各產業完全聯結並互動影響，將經濟活動循環的實際周轉情形，以具體數據分析其變化與影響，進而擴大到總體經濟問題分析與研擬經濟政策之參考依據。1968 年聯合國將產業關聯統計納入新國民經濟會計制度內，建議各國採行。

美國學者赫維茲、馬斯金與邁爾森三人，從事機制設計理論研究，共同榮獲 2007 年諾貝爾經濟學獎。追求找出有效率的交易機制、規範設計及表決程序，實現交易的預期獲益最大化，以確保最有效率利用資源。

全面均衡而達到最佳效率下的情境，經濟社會總福利達到最大，因此無法再使其中任何經濟單位獲得更大效益，而不會損傷任何其他經濟單位。巴瑞圖最適境界（Pareto optimality）條件為經濟社會中各市場都達到全面均衡，經濟資源配置為最佳效率，經濟社會中生產者剩餘及消費者剩餘總和（經濟福利）達最大，又稱為巴瑞圖效率。

若經濟社會尚未達到巴瑞圖最適境界，即經濟福利有改善空間，巴瑞圖改善（Pareto improvement）可以改變某些經濟狀況，使其中部分經濟單位獲得更大效益而不會損傷任何其他經濟單位，直到達成巴瑞圖效率為止。巴瑞圖最適境界為經濟資源配置最佳之經濟福利，而非公平分配之社會福利。

　　生產者間可以經由公平交易人才、資金交流及技術移轉等，使雙方提升生產效率而不會損傷任何一方，調整直到最適境界。消費者與生產者可以經由自由貿易，使雙方提升報酬及效用而不會損傷任何一方，調整直到最適境界。

　　透過市場機能運作，整個經濟社會資源運用最有效率而增進社會福利。經濟福利來自市場參與者的專業分工，社會福利（social welfare）包括消費者剩餘及生產者剩餘，又稱為交易利得；沒有交易行為，即無經濟福利。

　　生產面的全面均衡又稱為技術效率（technical efficiency），生產可能曲線上各點表示在固定之生產資源與技術水準下，生產者達到最佳之產品組合生產狀態，生產資源最有效的配置運用。生產可能曲線為符合技術效率之產量組合的連線，但線上各點之產品產量組合未必都是社會所需。生產者追求最大利潤而消費者追求最大滿足，在各自追求本身目標時，也達到社會經濟資源配置之最佳效率，全面效率又稱為經濟效率（economic efficiency）。

　　技術效率不含經濟效率，但經濟效率可隱含技術效率。生產者應選擇社會所需（為誰生產）的最佳產品（生產什麼）組合狀態下（如何生產），產出最大產量組合（生產多少）。因此生產決策以生產可能曲線上各點代表生產資源最有效的配置運用，而其中一點為具有經濟效率，符合社會需求的最佳產品組合。

　　生產達到最佳產品組合狀態之技術效率，但未必是社會所需，可能曲高和寡。生產社會需求所選擇的產品最大產量組合之經濟效率，即叫好又叫座。

💡 生活智慧：蝴蝶效應的微妙關係

　　氣象學家洛倫茲（Lorenz, Edward N.）1963 年發表論文「決定性的非週期流」（Deterministic Nonperiodic Flow），使用電腦程式設計來模擬大氣中空氣流動的數學模型，提出蝴蝶效應（Butterfly effect）。一隻南美洲熱帶雨林中的蝴蝶動幾下翅膀，可能引起美國德克薩斯的一場龍捲風。蝴蝶翅膀的運動導致其身邊的空氣系統發生變化，並產生微弱的氣流，又引起四周空氣相應的變化，由此引起連鎖反映，最終導致

翻轉吧～經濟學！給您看得懂用得到的經濟原理

其他系統的極大變化。事物發展的結果，對初始條件具有極為敏感的依賴性，極小偏差將會引起結果的極大差異。

在一個動態系統中，初始條件的微小變化能帶動整個系統長期且巨大的連鎖反應。一件表面上看來毫無關係非常微小的事情，可能帶來巨大的改變；強調看不見的因果，指出其之間的微妙關係。由於誤差會以指數形式增長，隨著不斷推移造成了巨大的後果，對初始值的極端不穩定性，即是混沌運動的表現形式。一個微小機制如果不加以及時地引導調節，會給社會帶來非常大的危害；只要正確指引，經過一段時間的努力，將會產生轟動效應。

蝴蝶效應是許多相關因素無意識性的反應所造成，意味思考與決策存在盲區，是小事變大事的關鍵。連鎖效應是一種網狀而不是線型反應，每一個網絡結點代表相關因素，而大多數網絡結點的無意識性，最後促成巨大事件發生。身處在許多網絡結點上的選擇或決策，有時甚至是關鍵影響。冷靜看自己的無意識性並發現多重可能性，對未來的選擇會有助益，這種不可預測性造就變化多端而豐富多彩的世界。

生命現象非完全週期又非純粹隨機，有自然界週期過程（季節、晝夜等）的一面，又保持內在的自治性質。某些物體經過規則性的變化之後，隨後的發展並無一定的軌跡可尋，呈現失序的混沌狀態。起因於物體不斷以某種規則複製前一階段的運動狀態，而產生無法預測的隨機效果，所謂差之毫釐失之千里。混沌狀態不同於一般雜亂無章的混亂狀況，經過長期及完整分析之後，可以從中理出某種規則，因為事物之間相互牽引，混沌現象尤為多見。

一個小小的變化會帶來全域性的輸贏，因此要處處謹小慎微，從小處消除隱患。任何事物在其發展上都存在不可測的變數，一個非常細微的變化可能會影響發展方向。因此有些小事可以糊塗，但如經系統放大，則對一個組織、國家至關重要，便不能糊塗。在時間的長河中回溯，如果改變過去的一個初始點，則會改變人生歷程，甚至會改變現有的世界。在重新開始時，選擇積極地學習各種技能，每一次都距離成功更近一步，最後甚至改變未來的世界。

世事無常變化萬千，一切事物都以非直線性相互關連，隨時都在創新，透過自我學習、自我進化，最終改變人類的未來。微小行動及起心動念，可改變個人的命運及周遭的環境，找到正確的初始值，更加積極主動地設計未來；莫以善小而不為，莫以惡小而為之，諸惡莫作，諸善

奉行。

👤 經營管理：渾沌管理找到新契機

混沌管理是建立在可標準化管理的基礎上，賦予被管理者超出其期望，催發其積極性動力，實現目標管理效果的最大化。混沌理論（Chaos theory）是一種兼具質性思考與量化分析的方法，用以探討動態系統中（如人口移動、化學反應、氣象變化、社會行為等）無法用單一的數據關係，而必須用整體、連續的數據關係才能加以解釋及預測之行為。

混沌一詞原指宇宙未形成之前的混亂狀態，我國及古希臘哲學家對於宇宙之源起即持混沌論，主張宇宙是由混沌之初逐漸形成現今的世界。在井然有序的宇宙中，西方科學家經過長期的探討，逐一發現眾多自然界中的規律，如地心引力、槓桿原理、相對論等，並可以依據公式準確預測物體的行徑。

成熟的危機管理不僅應具備一整套應對機制，還需要快速的反應能力。只有在第一時間遏制蝴蝶效應，才可能避免致命的風暴，企業必須重視初始條件的發現，對任何小事都不能掉以輕心。在混亂的領域中，當務之急並不是發現模式而是要止血。領導人必須採取行動建立秩序，了解何處不穩定然後採取因應之道，設法將情況由混亂轉變為錯綜複雜，找出逐漸浮現的模式，避免未來出現危機並找到新契機。

在混亂情況中表現成功的領導人，自我形象會過度膨脹，一旦有人對他們展現個人崇拜，就更難接觸到正確的資訊。在混亂情況下，人們會更容易接受新穎事物和命令式的領導，危機一發生就立即指定一個可靠的危機管理團隊來解決問題；同時挑選另一個團隊，專注尋找另闢蹊徑的機會。領導人在愈來愈難逆料的時代中有所作為，就必須深入了解周遭情況，能夠對錯綜複雜與矛盾的情況泰然處之，並且願意靈活調整領導風格。

未來的市場將是充滿創新、變化與不確定的渾沌狀態。科技的進展快速，企業組織跟著快速創新，因此經營成本與顧客喜好也愈來愈無法掌握，舊的策略推演邏輯已經不足以解釋今天的市場變化。面對快速開放、科技改變、全球化的網際網路，需要的是一個可以因應充滿創新、改變與不確定的市場策略，而不是一個假設一切都會達到均衡點的策略建議。

複雜適應系統隨時都有資源大量進出形成動態平衡的狀態，而且活

動也隨時在改變，有時候很穩定有時候則顯得混亂。規則就像生物體內的遺傳基因，會因應環境而改變，因此競爭策略也必須隨時演進。不僅要設計企業內的運作規則，還要考慮跟其他企業互動，更進一步思考未來會如何演變。除了要成為戰場中的強勁對手之外，還要保持自己精敏的進化力，隨時超越市場的創新。處於不確定的市場中，必須保持多元的策略組合，各種不同的策略同時並存，彼此之間優勝劣敗汰擇。有能力兼顧許多彼此衝突的目標，多元卻也建立標準；保持核心競爭能力還要發展持續進化的能力，保有傳統價值又包容激進創新，充分掌握規模與彈性兼具的優勢。

Ⓢ 投資理財：虛擬環境元宇宙概念股

元宇宙（Metaverse）是一個集體共享空間，打破虛擬世界、真實世界與網際網路的藩籬，透過配戴護目鏡等裝置，以虛擬的身分進入虛擬世界。一個持久化和去中心化的線上三維虛擬環境，在電腦遊戲、商業、教育、零售和房地產領域都有相當的潛力。許多公司正在投資元宇宙技術的研究，以使其更符合成本效益和拓展運用層面。資訊隱私與使用者成癮問題，也是目前所有社群媒體和電腦遊戲行業所面臨的挑戰。

元宇宙可以視為一種巨大應用程式，一個虛擬空間需要各種科技，如區塊鏈、人工智慧、增強現實、機器視覺。包括物質世界和虛擬世界，一個去中心化獨立運作的經濟系統，以及數位資產在不同部分的可轉移性。沒有中央統管機構，有許多公司和個人在元宇宙內經營自己的空間，所有事件都是實時發生並具有永久的影響力。

元宇宙生態系統包含了以使用者為中心的要素，例如頭像身分、內容創作、虛擬經濟、社會可接受性、安全和隱私以及信任和責任。可以用於虛擬辦公平台，在類比辦公環境的 3D 環境中進行虛擬協作，減少在城市中生活。企業主可以提供虛擬版的實體設施，提供更為逼真的網路購物體驗。顧客可以參觀虛擬購物商場，嘗試現實生活中的虛擬三維物品，減少網路購物的不確定性。使用者在虛擬世界中社交、學習、玩樂、購物，進入社群平台聊天遊玩，透過裝置享受沉浸式的社交生活體驗。

VR 硬體漸漸成熟、網速快、量子電腦、區塊鏈加密貨幣讓虛擬世界支付成本低，透過物聯網、人工智慧（AI）、數位分身等工具將虛實世界整合，當戴上 AR（擴增實境）眼鏡、VR 頭盔或滑手機就可即時操作遠方的工具、優化真實的世界。元宇宙並非只侷限在沉浸式體驗（如 AR、VR），建構在基礎建設（如晶片、半導體）、軟體平台、內容服務、通訊（如

5G、雲端計算）與支付金流 5 大主要面向，被廣泛地稱為元宇宙概念股。軟體部分是微軟、ADOBE；平台部分則有社群、串流媒體（如 FB，現已更名為 Meta）、網站相關（谷歌 Alphabet、LINE 韓國母公司 NAVER）、電商（如亞馬遜、蝦皮母公司 Sea Ltd）。硬體設備最直接相關就是晶片、記憶體等半導體族群，如輝達、台積電、高通、英特爾以及消費性電子（蘋果）和通訊設備等。

宏達電毛利率受惠 VR 出貨大幅提升，有望使 EPS 轉虧為盈。威盛提供 VR 嵌入式晶片，佐臻推出自有品牌 AR 智慧眼鏡 J－Supporter。在虛擬環境中需要高速傳輸，亞信、九暘等 Wi－Fi 晶片商有望受惠。光電族群方面，揚明光、玉晶光皆打入 Apple 的 MR 裝置供應鏈，中光電則積極布局 AR 投影光機，光通訊廠聯亞提供偵測眼球用的 PD（光感測器）、LD（雷射二極體）。各種生活場景如智慧居家、智慧城市，若要進行交易則要利用區塊鏈技術，AI 概念股包含智原、創意、世芯－KY 等。

二十六、以鄰為壑～社會成本

《孟子‧告子下》：「禹以四海為壑，今子以鄰國為壑。」把本國的洪水排到鄰國當做水坑，比喻只圖自己利益，困難或禍害轉嫁給別人。孟子來到魏國，白圭在會見他的時候，表露出自己有非凡的治水本領，孟子當場駁斥他，大禹治水是順著水性疏導，洪水都流進大海，與己有利且與人無害。如今治水只修堤堵河，把鄰國當作大水溝，洪水都流到別國，與己有利卻與人有害。

任何一個開放經濟體實施的經濟政策，不可避免地具有外部性，其中負的外部性即以鄰為壑效應；一個國家試圖將本身的經濟困難轉移到鄰國，從而達到損人利己的局面，通常是以保護主義、貨幣貶值等來進行。

參與經濟活動的行為者，所創造的經濟利益有部分不能獨享（外部效益），或所須成本有部分不必自己負擔（外部成本）；外部效益與外部成本合稱外部性（externalities）或稱為外部效果（external effects）。主要原因為無排他性效果（Nonexclusive），該等商品的效益享用或成本負擔無法排他，亦即具有外部效益的商品不能完全禁止他人共享，而具有外部成本的商品不能完全避免他人承受，因此造成市場實然與社會應然之間存在差異。

經濟行為者所造成的成本不必自己負擔之部分，外部成本（external

costs）又稱為外部不經濟或負外部性，而自己須負擔之部分則稱為私人成本（private costs），兩者之和是該經濟活動所造成的總社會成本（social costs）。

　　美國金融海嘯後的一連串舉動，藉美元作為儲備貨幣的優勢，通過美元的貨幣供應、利率和匯率改變，將美國的經濟問題由其他國家買單，其實也是一種以鄰為壑。

　　生產過程製造的成本，並未由該商品的生產者與消費者完全負擔，生產面的負外部性例如工廠環境汙染，是由忍受污染的鄰居甚至全民來共同承擔。因經濟行為者不必負擔全部成本，過度生產而使市場均衡量大於社會均衡量，且市場均衡價低於社會均衡價的市場失靈現象，即過度生產導致社會成本損失。

　　消費過程製造的成本，並未由該商品的生產者與消費者完全負擔，消費面的負外部性例如消費煙酒造成的社會成本（環境污染、交通安全、社會秩序等），是由全民來共同承擔。因經濟行為者不必負擔全部成本，過度消費而使市場均衡量大於社會均衡量，且市場均衡價高於社會均衡價的市場失靈現象，即過度消費導致社會成本損失。

　　經濟行為者創造的經濟利益自己不能獨享之部分，外部經濟或正外部性為外部效益（external benefits），自己享受的部分則為私人效益（private benefits），兩者之和是該活動所創造的總社會效益（social benefits）。工廠生產過程製造的成本由該商品的生產者承擔，但全民可以共同享有商品的利益，生產面的正外部性降低社會成本。因經濟行為者不能獨享全部效益，生產者不願多生產而使市場均衡量小於社會均衡量，且供給不足使市場均衡價高於社會均衡價的市場失靈現象。廠商研發創新產生的外部利益，使社會均衡之市場最適產量增加而價格下跌，提高社會福利，又稱為技術外溢（technology spillover）效果。

　　消費商品的效益不能完全禁止他人共享，消費面的正外部性例如建造居住花園豪宅，過路人或鄰居亦可賞心悅目享有滿足效用，非擁有者完全獨享。因經濟行為者不能獨享全部效益，消費者不願多消費而使市場均衡量小於社會均衡量，且消費者不願多付費而使市場均衡價低於社會均衡價的市場失靈現象。

　　將外部效果內部化（internalize），在市場均衡中調整加入外部效果，亦即將外部效益與外部成本納入市場活動之內，則該市場的成本效益與社會的

成本效益相符，其均衡價量也就等於社會的最適價量，沒有市場失靈。通常經由政府干預促成，包括直接管制、課稅、補貼及各種福利政策使所得重分配公平化。市場均衡可與社會均衡相同，使經濟社會資源達最佳配置，但外部效果不易具體衡量，過度強調社會應然可能造成市場干預，而不能反應市場實然。

若垃圾製造者不必負擔全部成本，忽略外部成本而超額生產；垃圾費隨袋徵收將外部成本內部化，提高私人成本至與社會成本相同，可達到社會均衡。

當經濟社會資源之財產所有權不易確定，使具有外部性的經濟活動及其參與者未受到監督，只追求私人利益，共同財富（common property）例如海洋、森林等天然資源之濫採濫用，使經濟社會資源未達最佳配置效率（資源耗竭），而損失社會福利造成市場失靈。

因使用共同財富資源之經濟行為者不必負擔全部成本，使市場均衡量大於社會均衡量且市場均衡價低於社會均衡價的市場失靈現象，即過度濫採導致社會成本損失。若將共同財富資源收歸公有，對經濟行為者（生產者與消費者）加收管理費或權利金，即提高私人成本，供給線上移至與社會成本相同，可達到社會均衡之資源配置效率。

環境經濟學（environmental economics）探討如何使經濟活動與自然環境達成均衡，亦即資源之利用配置最有效率，有利經濟永續發展與社會最大福利，成為經濟學的重要課題。人類利用有限資源從事經濟活動，但經濟發展又會改變自然環境，使資源更為稀少，將不利未來之經濟活動與發展，巴瑞圖永續性（Pareto sustainability）即經濟發展應以永續發展為原則，追求當代社會最大福利，不應以損傷未來之社會福利為代價。

污染防治與環境保護有助長期經濟發展，減少污染獲得邊際社會利益，但清除污染亦須支付邊際社會成本，零污染（最大污染減少量）並不符合經濟效益，因為須支付之邊際社會成本太高。包括直接管制訂定污染量標準（取締違反者使其支付成本）、課徵污染稅（使用者付費以價制量）、補貼獎勵污染防治等，以達成社會均衡之最大福利。

針對國土規劃、環境品質、資源保育、污染防治等議題，台灣地狹人稠加上天然災害頻繁，更迫切地需要制定永續發展政策，進而創造環境保護、經濟發展及社會公義的三贏局面。

翻轉吧～經濟學！給您看得懂用得到的經濟原理

♀ 生活智慧：堅持清零還是與病毒共存？

　　多數染上新冠病毒的重症率及死亡率偏低，有不少國家放寬條件，傾向與病毒共存，不過可能會引發風險。要與病毒共存，首先得將老年人第三劑疫苗的接種率拉高至80％，畢竟60歲以上長者屬於高風險族群。再者就是抗病毒藥物足夠，新冠抗病毒藥應比照克流感，至少買到總人口數的10％，才可以獲得對疫情的主導權。不再追求病例清零，專注於救治危重症，在必須遵守的防疫規範基礎上，恢復疫情前的正常生活。沒有打疫苗就有重症風險，萬一發生社區大流行，重症患者會有2％到4％的死亡率，醫療院所受到極大衝擊，沒辦法很放心的跟病毒共存。

　　與病毒共存前提是都打完疫苗，平常也要保持戴口罩、勤洗手的衛生習慣。放鬆管制不代表完全不管，感染者數量過多，縱使致死率不高，換算下來的死亡人數還是很可觀，可能擊垮醫療體系連帶使其他患者無法獲得照顧，造成相當大的生命財產損失。病毒正在輕症化，逐漸走向感冒化，也就是人類能和病毒共存。放棄原本的防疫規定，很容易遇到疫情反撲，從各國的狀況及經驗，政府應該思考屬於台灣與病毒共存的政策。

　　新冠病毒走向流感的方式，施打疫苗減少嚴重的併發症，預防感染要靠生活習慣和好的身體免疫力。類流感和新冠病毒都屬於嚴重的呼吸道感染，一定要立即就診確認。國內外的交通越來越便利，人們更容易聚集，尤其在都會區、校園和職場上人與人互動頻繁，加上潛伏期一開始症狀不明顯，讓病毒傳染率大幅提升。因為醫護科技的不斷精進，靠篩檢、抗病毒藥物和疫苗研發量產，致死率大幅降低。令人害怕的是併發症，尤其免疫力低下的族群或本身有慢性疾病的患者，有可能引起肺炎、腦炎、心肌炎等。

　　堅持清零政策包括嚴格的隔離、關閉邊境和封鎖，導致打擊國家經濟。疫情還在可控範圍內可以努力清零，但不能排除必須與病毒共存。大部分科學家認為，新冠病毒基本上沒有可能被完全消滅根除，這種病原能潛伏於自然宿主或野生動物媒介，從動物跳回人群導致疫情死灰復燃。天花困擾人類至少3千多年，直到1980年世界衛生組織（WHO）宣佈天花徹底消滅；天花疫苗的有效干預，能夠及時發現感染疫情，準確預測事態走向而制定計劃。天花病毒在自然界不存在，沒有自然宿主和動物媒介，因此不會出現動物向人類傳播導致疫情反覆的情況。

　　新冠病毒的疫苗需要針對病毒的變異經常升級、改進，不足以根除

傳播但可以有效控制病死率。及時、準確診斷和識別，無症狀和輕症感染使確診和識別難度增大，盡早發佈預警是關鍵。即使在技術上具備清零的可行性，實際操作仍有極大難度，需要世界各地數年一貫的持續有效合作。後疫情世界可能是新冠病毒在全球與人類長期並存共處，猶如流感、瘧疾等。

🧑 經營管理：衝突管理建立問題解決模式

　　企業主管人員必須培養衝突管理（conflict management）的技能妥善解決衝突，爭議如果處理得宜，可以產生正面效應而提升經營績效，促進組織的進步；如果處理不當勢必造成負面影響，導致士氣的低落與業績的衰退。忽略衝突管理的企業，組織活力持續內耗將減弱競爭力。傳統處理衝突的方式多為被動壓制已發生的爭議事件，只能暫時性地息事寧人；現代衝突管理強調應用管理的方法來處理因應，包含尚未發生、已經發生、正進行中的衝突事件。

　　衝突事前預防工作主要為評估規劃、人際溝通、工作設計、法令規章等，協調規範各利害關係團體行為，建立組織之間互動模式，引導多元化合作參與。衝突事後處理原則主要為蒐集資料整理分析、理性協商談判、促成協議方案、監測執行處理機制等，健全衝突的事後救濟。衝突管理者採用之技巧包括安撫政策、溝通談判、資訊搜集及分析、衝突管理規劃、調處仲裁、問題解決、促進方案完成。

　　衝突解決的基本原則，必須承認衝突的存在，但在衝突的雙方恢復平靜、理性及自我組織後再進行，確定雙方都清楚且無偏見地遵守共同訂立的規則，使用合理性而非競爭性的溝通程序，考量人格的差異性強調對事不對人，依先後次序來解決衝突。強調雙方之間的相似性，找出使雙方都滿意的解決方法，使雙方在問題上達成共識，建立問題解決的模式及避免未來的衝突再發生。

　　衝突排解（conflict resolution）透過對話、溝通、會議，或由公正第三者成立委員會調解仲裁，以平等尊重糾紛兩造的態度建立雙方的信心與共識，作出可以接受的結論。零和賽局（zero－sum game）一方增加效益時另一方則減少效益，即雙方之效益呈負相關，均認定必須犧牲對方才能搶占唯一利益，彼此之間無法合作共享利益，不願達成共識。協議賽局（game of agreement）合作方案可使雙方共享利益，但雙方的理性決策亦競爭追求最大報酬，即協調與競爭同時存在。衝突管理分析不同個體間互動的關係與價值，在考量對方的利益立場下，談判協商雙

翻轉吧～經濟學！給您看得懂用得到的經濟原理

方選擇最佳策略行動組合。

　　1991 年諾貝爾經濟學獎得主寇斯（Ronald Coase）是制度學派的代表人，也是交易成本理論的提出者。協商制度的理論基礎就是寇斯定理，政策意義是制訂各種法律與制度時，應盡量去除會妨礙私人協商的各種障礙以降低交易成本。將外部效果問題的所有權明確歸屬，使具有外部性的經濟活動及其參與者受到監督。不論所有權確定屬於何方，外部效果問題可以由該等相關當事人自行協商解決達成社會均衡，但可能引發不當誘因且提高協商成本，反而造成資源浪費（非最佳配置）之市場失靈，降低社會福利。若相關當事人對各自利益認知差異太大，或牽涉之相關人數認定困難，進行協商卻難以達成協議，將持續市場失靈。當協商成本大於協商利益時，相關當事人無意進行協商，無法加上外部效果，不能達成整體社會的均衡。

Ⓢ 投資理財：綠能產業概念股

　　綠色能源（Green Energy）又稱潔淨能源、再生能源，對環境相對友善且低溫室氣體排放，能夠藉由大自然的循環來產生源源不絕的能源，如太陽能、風能、水資源以及地熱能。綠能產業是指發展可再生能源會牽動的產業，從硬體設施研發、設置至綠電的儲存與販售，都是綠能產業鏈的一環。政府推動台灣能源轉型，提出太陽光電推動計畫並搭配再生能源發展條例，讓台灣的再生能源發展有穩定基礎，更有綠能屋頂全民參與推動計畫，鼓勵民間投入太陽能發展，將太陽能列入「前瞻基礎建設計畫：綠能建設」的發展重點之一，期望能在 2025 年將總裝置容量提升至 20GW。

　　低碳投資牽動全球產業布局，低碳營運模式也成為企業永續經營關鍵，須審慎評估氣候變遷對其營運模式與外部投資人對該產業產生的衝擊，並發展相對應的營運對策。國際大廠都非常要求供應鏈使用的再生能源占比，也有企業會要求產品製程要百分之百使用再生能源，台積電購買離岸風電所生產的綠電是最好的例子。再生能源具體的初步成果已經展現，預計到 2025 年可以創造新台幣 1 兆元的投資額，1.2 兆元的產值及 2 萬個工作機會，未來將打造臺灣成為亞洲綠能發展中心。綠能發展是 5 加 2 產業創新計畫和六大核心戰略產業關鍵的一環，落實 2025 年能源轉型的目標。

　　因應氣候變遷，各國積極訂定碳中和目標，中國大陸限電政策牽動台系供應鏈布局，綠能、儲能等將為重要發展產業，預估 2040 年全球儲

能市場規模年複合成長率將超過 70 倍。綠能概念股是指將再生能源產業的相關產品開發、設計製造、技術服務及業務銷售有相關的供應鏈公司，包括綠能的各類應用產品上游、中游、下游廠商，帶來綠能發電、電動車、儲能等產業長期商機。

　　台灣在太陽光電的硬體上有完整的產業鏈，從太陽光電板的原料如晶圓、零件、電池等的生產到安裝與維護運作，都已經有成熟的技術與規模。風力發電產業供應鏈，包含發電機零組件、鋼材、塔架、葉片、離岸海事工程等，整體產值超過千億台幣。下一階段的綠能重點要建置儲能設備，利用各種發電方式生成能量儲存的能源技術、設備系統或產品，電池儲能系統扮演關鍵。穩定再生能源的電力品質、提升電力可靠度之外，近年全球電動車市場發展迅速，都將帶動動力電池及儲能市場與需求擴增。

　　氫能源是利用化學元素氫氣（H）燃燒以獲取能量利用、儲存與轉化電能的零排放燃料，是人類研發的新能源中被譽為是最乾淨的能源，因為氫氣燃燒後並不會像傳統燃料一樣排放出溫室氣體，而是對環境無汙染的水（H_2O）。氫氣具有高能量密度特性，可以使小體積的氫產生巨大的能量，氫燃料電池比傳統的鋰電池高出 2~5 倍的能量使用效率。氫氣有易燃性容易爆炸，要如何安全又高效的生產、運輸到儲存氫能源，是尚未普及的主要原因。氫能源概念股是氫燃料有關的公司，例如製氫、燃料電池模組、電動車……等。

二十七、坐享其成～搭便車問題

　　清‧葉廷琯《鷗陂漁話‧葛蒼公傳》：「欲使他人幹事，彼坐享其成，必誤公事。」經濟學家和社會學家曼柯‧奧爾遜（Mancur Olson）於 1965年在《集體行動的邏輯》一書中提出搭便車問題（free rider problem），不付成本而坐享他人之利，是一種發生在公共財上的問題。一些人需要某種公共財，在別人付出代價取得後，就可不勞而獲的享受成果。在財政學上，免費搭車是指不承擔任何成本而消費或使用公共物品的行為，讓別人付錢而自己享受公共物品的收益。

　　由於公共產品的非排他性，一旦生產出來，每一個消費者都可以搭便車不支付就獲得消費的權力。生產公共產品的廠商很有可能得不到彌補生產成本的收益，使得公共物品很難由市場提供，主要是由政府來提供。由政府生

翻轉吧～經濟學！給您看得懂用得到的經濟原理

產和經營公共產品往往缺乏效率，常常通過預算或政策安排給企業進行生產，也可能通過對生產公共產品的企業進行補貼的方式，來鼓勵公共產品的生產。

私有財（public goods）的特性為需求者間具有敵對性（rivalry），當某需求者購買消費某單位商品後，即擁有私有財產所有權，其他需求者就不能再購買消費同一單位商品。私有財的供給者則具有可排他性（excludability），供給者所銷售的商品，在技術上可以選擇特定消費者而隔離其他，使願意而且能夠支付代價或符合條件的需求者，才能享有其供應之商品。

俱樂部財（public goods）供給者具有可排他性，選擇特定消費者（會員）而隔離其他；會員間具有非敵對性，財貨勞務可以由各不同需求者共同使用同一單位商品，亦即某需求者使用某單位商品後，不影響其他需求者再使用同一單位商品（場所設備）。

公共資源（public resources）的供給為非排他性，在技術上不易選擇特定消費者取用而隔離其他，亦即無法禁止特定以外的需求者共享其供應之商品。需求者間具有敵對性，當某需求者消耗使用某單位資源後，即擁有所有權，其他需求者就不能再消耗使用同一單位資源。

公共財（public goods）的特性為需求者間具有非敵對性（non－rivalry），亦即某需求者使用某單位商品後，不影響其他需求者再使用同一單位商品，又稱之為集體消費性（collective consumption），一般公共設施由許多需求者共同消費使用同一單位商品，並不會增加生產者之邊際成本。供給者所銷售的商品，在技術上不易選擇特定消費者而隔離其他；公共財的供給者為非排他性（non－excludability），亦即供給者無法禁止特定消費者以外的需求者共享其供應之商品，或實施排他的成本過高。

不同需求者可以使用同一公路與停車場，不影響其他需求者再使用，稱為集體消費性或非敵對性；在技術上可以使用者付費，稱為可排他性。若不支付代價也可以享用，所有需求者都想坐享其成而浪費資源。

公共財的主要問題，因為搭便車（free－rider）不支付代價也可以享用，所有需求者都會想要坐享其成，而不願意支付代價自己購買，因此在公共財市場的購買需求偏低，或浪費耗竭造成草原悲劇（tragedy of commons）。因為不知實際需求使市場機能無法順利運作，造成市場失靈。

政府任務在為民服務達成公共利益（public interest），其經濟角色為協助

市場，將經濟資源作最有效的運用，以提升經濟效率使社會福利達到最大，必要時政府可以對不盡完善之市場機能進行干預，發揮公平與安定的經濟功能。

公共財的唯一購買者為政府，亦即由政府代表公共財市場的總需求，但個別實際需求難以確實衡量，也就難以加總得到總需求，因此政府應支付多少價格購買多少數量的公共財，通常由政治程序決定。

政府擬議推動的公共建設，應先評估可以獲得的效益及所須支付的成本（包括外部性與機會成本價值），再經政治程序由決策者修正認可後執行，但其價格與數量實際上是各政治勢力相互妥協的均衡，而非經濟力量透過市場機能調整所得之最適均衡。

當發生市場失靈，市場價格機制無法自行有效運作達成均衡，為確保經濟社會最大福利，政府干預外力介入影響市場運作，又稱為看得見的黑手。政府主要的經濟任務為建立制度政策、維護市場競爭秩序、調整資源配置運用、謀求經濟穩定成長與所得分配平均，使國民獲得最大的福利。但政府決策即形成干預，亦可能影響自由經濟市場機制的運行。政府介入影響市場運作，政府失靈（government failure）可能付出極大代價得不償失。

政府直接干預（direct intervention），透過法令政策管制市場活動，直接限制市場的價格或數量。政府的價格管制（price control），針對某市場設定最高價格（上限）或最低價格（下限）。當設定價格不等於市場的均衡價格，但市場力量受限而不能進行調整拉回原均衡，將繼續維持市場失衡狀態，而無法達到穩定的均衡。政府針對某市場設定數量限額，數量管制（quantity control）例如為保護國內產業而限制該商品的進口數量，造成市場供給減少發生超額需求；可能透過黑市交易，或調整到數量減少且價格上漲的新均衡狀態，反而減少國民福利。

政府透過法令直接管制熱錢投機，或透過政策影響金融市場活動，引導產業正常發展。政府可能成為干預市場的黑手，反而與原先目標背道而馳。

政府透過法令政策影響市場活動，造成供給或需求變化，間接干預（indirect intervention）間接限制市場的價格或數量。例如對某產業獎勵補貼而使其供給增加，嚴格審查或課稅則使其供給減少；協助某商品的促銷活動或規定獎勵使用該商品可增加其需求，禁止或限制某市場的消費活動則減少其需求。

翻轉吧～經濟學！給您看得懂用得到的經濟原理

政府直接收購、不足額支付、實物補助、進出口管制方式等農產品價格穩定政策,利用平準基金法或實物平準法,透過公開市場的操作,以穩定農產品價格達到合理範圍。

♀ 生活智慧:您的投票行為理性嗎?

政府推動的公共建設,應先評估其效益及成本,但預算分配實際上是各勢力相互妥協的政治決定。政治市場以經濟學分析方法,將政府公共部門的操作視為一個市場,政治人物(供給者)提出政見,選民(需求者)選擇(消費)對其最有利的政治人物組成政府為其利益(效用)服務;當選的政治人物雇用行政官員(要素)執行(生產)其政策(產品),政治人物選擇以最小代價(成本)尋求最多選民認同(收入)並獲得最大政治利益(利潤)。因此由政治市場均衡所得到的最大政治利益,未必符合經濟市場均衡所追求之最大經濟效率,或規範經濟學所追求之全民福利。

諾貝爾獎得主史蒂格勒(G. Stigler)提出虜獲理論(capture theory),認為政府已被經濟影響力較大的企業所虜獲而為其利益服務,政商勾結形成黑金體制,政府干預不能真正為全民服務發揮經濟公平,因此發生決策偏誤之政府失靈現象。腐敗集團利用其對政府官員的影響決策以加強其自身經濟地位,企業或政治團體的利益比公眾利益更被優先考量,使得社會全體損失,受到監管俘虜的政府單位被稱為受俘機關。

布坎南(J. Buchanan)提出公共選擇(public choice),聚焦於政府在政策實踐上與社會選擇間產生的衝突與原先理想中的資源分配最佳狀態的落差。研究選民、政治人物以及政府官員們的行為,假設他們都是出於私利而採取行動,在民主體制或其他類似社會體制下進行互動。以經濟學方法分析公共部門的操作,認為政府不完全在為民服務維護公共利益,也不完全被虜獲而為利益團體服務,而是追求該政府的效用極大化。政府推行政策所衡量的,是該政府的邊際效益大於邊際成本,而非衡量全民或任何利益團體的成本效益,因此各種利益團體都會企圖進行遊說。政府是由政治人物所組成,很可能因為選票與自身的政治前途,做出不利於經濟發展的政策,所以需要用制度來規範。

一般選民對各種問題無法深入了解,理性愚昧(rational ignorance)可能只為各自私利,因此一般選民通常會選擇對其利益立即明顯而代價短期不明的政策,反對其利益短期不明而代價立即明顯的政策;政府為得到最大的政治利益,必須在一般選民與利益團體間達成均

衡，而不惜犧牲經濟效率與長期經濟福利。多數選民認為國家赤字與他無關，政府推行政策所衡量的是選票效益，因此政府政策經常為選票拼選舉，得到最大政治利益。

興論會被人為操控，背後可能充滿利益，但現實中也有很多參加社運的人是自身對道德的追求，並非全為自利。政治冷感的人認為參與政治活動的成本大於效用，所以選擇理性忽略。選民的效用也可能來自投票行為，覺得投票能履行公民職責而得到滿足，期待自己喜歡的政治人物當選，加上可對政策帶來改變的機會。如果選民認為不差他這一票，也就是投票的邊際效果不會影響選舉結果而傾向不去投票，在態度上偏向政策搭便車，投票率就會降低。

經營管理：企業參與公共建設

促進民間參與公共建設法（簡稱促參法）於 2000 年公布實施，秉持積極創新之精神，從興利的角度建立政府與民間之夥伴關係，政府規劃之民間參與公共建設計畫，應辦理可行性評估及先期規劃，審慎評估民間投資之可行性；並就公共建設特性結合商業誘因，研擬先期計劃書。

興建→營運→移轉（Build－Operate－Transfer；BOT）方式，各項重大公共建設，凡屬於自償性項目者，原則上可由政府提供土地、相關設施或釋出相關權力，積極規劃獎勵民間投資經營，或由民間自備土地，自帶資金來參與公共建設之興建、營運。由民間企業出資興建工程並讓其營運一段時間，這項設施所有利潤由民間企業所得，特許期結束後將項目所有權移交政府繼續營運。整建→營運→移轉（Rebuild－Operate－Transfer；ROT）方式，由政府委託民間機構，或由民間機構向政府租賃現有設施，予以擴建、整建後並為營運，期間屆滿後營運權歸還政府。

興建→移轉（Build－Transfer；BT）方式，民間興建完成後移交政府，政府分期償還建設經費給民間，一方面解決政府短期財政問題，另一方面可發揮民間的效率。營運→移轉（Operate－Transfer；OT）方式，政府建設硬體設施，委託民間機構，或由民間機構向政府租賃現有設施，導入軟體及制度營運，期間屆滿後營運權歸還政府。

機關對外委託民間提供服務類型中，公辦民營之公有財產經營管理及社會福利服務得合併處理。委託經營方式委託機關將現有的土地建物、設施及設備，委託民間私人經營管理並收取回饋金或權利金，同時受託之民間業者自負盈虧並負公有財產保管維護責任；特許經營方式政府不

提供土地及建物，僅委託民間提供服務。其中對具有明顯社會公益色彩或受託人願出資改善原有設施，經核定確能提升品質者，委託機關得就其業務性質或個案另給予補助。

公共工程多屬大規模開發，對於民間企業是具有高度風險的事業，投資回收必須長期營運，要顧慮到民間企業的實際獲利，但也尊重公共建設是實現國民最大福利的目標。建立政府與民間機構的新合作關係，商業利益與公共服務的結合，是公私部門興利雙贏的做法，有別於傳統公共工程之採購模式，且其執行過程需要進行內部整合、外部協調及財務、法律等專業判斷，從政策制定、計畫執行至後續監督管理等各層面進行完整規劃，確保公共服務品質。

台灣高鐵是台灣第一個採用民間興建營運後轉移（BOT 模式）的公共工程，1998 年大陸工程、富邦集團、東元集團、太電集團及長榮集團組成台灣高鐵聯盟接下高鐵鐵路系統興建計畫。當時高鐵公司的股份全由民營企業持有，但後因財務不佳，積欠特別股股息差點破產。2015 年交通部提出財政改革方案，原始股東減資，讓高鐵公股增資超過 6 成，從民營轉國有民營，特許期限自 1998 年至 2067 年為期 70 年，期限過後無償交還政府經營。

⑤ 投資理財：政府干預股市的政策法寶

經濟學家對政府的態度歷經了幾個世紀的轉折，從希望政府放任不干預，到期許政府干預市場機能的運作達到追求公義的目的，最後又懷疑政府干預市場的正當性。

股票被主管機關列為注意股時，代表交易過熱、漲幅過大、週轉率過高等異常問題，主要是為提醒投資人要多加留意潛在風險。一旦多次觸發注意股票的條件即會被列為警示股票，並且開始進行處置形成分盤交易，在交易時需圈存預收股款、撮合時間也會延長，在成交量上幾乎都會萎縮，造成股票的流動性變差，對於股價的走勢會有所影響，但並非完全不利於該檔個股。

因發生財務危機產生退票情形，每股淨值跌到 5 元以下，或是未在規定時間內公告一季的財務報表等因素，將會依規定被列為全額交割股。投資該股票的風險程度極高，透過縮短交割期限及事先備齊款券的方式來保障投資人權益，用意在限制股票流通。被禁止進行信用交易，要先收足款項才能委託買進，其股價通常會嚴重下跌。

台北股市 1 個交易日一檔股票漲幅最多只能漲 10% 就是漲停板，一檔股票跌幅最多只會跌 10% 就是跌停板，初次上市普通股前 5 個交易日無漲跌幅限制。美股大盤有熔斷機制可以稍微降溫，指數漲跌超過 7% 第一次熔斷（暫停交易 15 分），漲跌超過 13% 第二次熔斷（暫停交易 15 分），漲跌超過 20% 結束交易。

為鼓勵投資股市與維持股市流動性及成交量，立法院 2017 年修正通過證券交易稅條例，將當沖交易證交稅稅率由千分之 3 減半至千分之 1.5，至 2021 年 12 月 31 日止。經國發會邀集財政部、金管會討論後，稅率減半優惠確定延長 3 年到 2024 年止，有助資本市場發展，未來朝常態化修法。2021 年 7 月份集中及櫃買市場現股當沖占該等市場成交值比重約 45%，高於降稅第一年比重 24%；當沖日均成交值 3008 億元，較降稅第 1 年日均成交值 365 億元有顯著增加；當沖日均證交稅稅收約 4.51 億元，高於降稅第一年證交稅日均稅收 0.56 億元，顯示當沖降稅已帶動市場交易量，達成提升市場交易動能及流動性目的。交易熱絡量能足夠，才能提高中長期資金參與，並吸引優質企業來台 IPO 籌資，進一步推動經濟成長，產生一系列善的循環。

國家金融安定基金設置及管理條例第 8 條，國內外重大事件、國際資金大幅移動，顯著影響民眾信心，致資本市場及其他金融市場有失序或有損及國家安定之虞情形，得隨時召開會議討論是否授權執行安定市場任務，發揮穩定市場及激勵投資信心成效。另一種政府護盤是動用官股銀行與四大基金，它們的動態往往代表政府的態度。八大行庫分別是合庫、土銀、臺銀、台企、彰化、第一、兆豐及華南；四大基金則是公教人員退撫基金、勞退基金、勞保基金、郵政儲金。慣例會先由四大基金加大護盤力道，官股行庫自營部位會接棒上陣，若效果都不大才會動用王牌國安基金。

二十八、便宜沒好貨？～訊息不對稱與逆向選擇

好貨不便宜，便宜沒好貨，降低採購成本換來低質量的商品是不明智的。與其用好貨不便宜當參考標準，不如實事求是地從需求出發，適合自己就是最好的。當事人的資訊不對稱是劣幣驅逐良幣現象存在的基礎，如果交易雙方對貨幣的成色真偽十分瞭解，持有者就很難將手中的劣幣用出去。

許多顧客購買東西都會以價格為優先考量，很少評估物品的價值，使用

後才會了解一分錢一分貨的道理。當一個社會中不講誠信的人能夠獲得巨大好處而又不受到處罰時，講誠信的人就會越來越少。當市場上有一個機制，使不同的品質有不同的市場價格，消費者各取所需，充分的競爭環境和完整的資訊是市場正常運行的保障。

在現實中，所有市場參與者完全掌握了解完全訊息幾乎不可能，而且要搜尋取得市場資訊得支付成本，因此市場訊息（market information）必須在支付成本與獲得效益間取捨選擇以達到均衡。

訊息不對稱（asymmetric information）為市場參與者交易的某一方，擁有對方不能掌握的訊息；訊息優勢者（informed party）能從中獲得額外利益，而使訊息不足者（uninformed party）造成損傷。不對稱訊息可能來自訊息優勢者故意隱匿本身特質狀態而使對方無從得知，或從事影響市場交易的行為而使對方難以察覺，因此訊息不足者會觀察某些相關之參考指標作為訊號（signal），搜尋取得對方訊息以正確選擇的過程稱為篩選（screening）。

隱匿訊息（hidden information）由於訊息優勢者故意隱匿本身特質狀態，使訊息不足者在篩選時作了錯誤選擇，逆向選擇（adverse selection）而在不公平交易中造成損傷。例如保險公司不確知投保人健康狀態、銀行不確知借款人財務狀況、勞動市場需求者不確知求職者品德能力、一般商品買方不確知賣方品質信用等。隱匿訊息在雙方交易前即已存在，因此逆向選擇問題發生在交易過程中的訊息傳遞，可以藉由設計可信有效的相關參考指標作為訊號，以增加推測選擇正確性，減少錯誤逆向選擇造成的損傷。

訊息優勢者從事影響市場交易的行為並使對方難以察覺，道德危險（moral hazard）即隱匿行為（hidden action），在不公平交易中以損傷對方而獲得超額利益。影響市場交易的隱匿行為在雙方交易過程中發生，因此道德危險問題可以藉由監督機制（懲），或給予資訊優勢者足夠利益（獎），以減少從事道德危險行為的動機。

因為訊息不對稱，使市場參與者不能公平交易，供需雙贏的市場均衡無法達成，甚至崩潰消失稱為市場迷失（missing market）。善良交易人卻步，更加重逆向選擇與道德危險問題，最後全部退出市場，該市場即完全消失。

贏家魔咒（winner's curse）需求者以願意支付的最高價格出價，得標者（贏家）可能支付超過商品實際價值的價格。

訊息經濟學（information economics）探討市場在訊息不對稱情況下的交易

行為，與調整均衡之過程。首創訊息經濟學的史蒂格勒（G. Stigler）於 1961 年提出搜尋法則（search rule），搜集市場訊息可以在交易活動中減少損傷增加福利，但亦須支付訊息成本，因此市場參與者決策時，須衡量各種條件因素，評估成本效益後，找出最適均衡點。

為解決訊息不對稱問題，應設計足夠誘因（incentive），使訊息優勢者願意公開本身特質狀態，或不願從事影響市場交易的行為，訊息不足者會觀察某些相關之參考指標作為訊號。為避免市場迷失，訊息優勢者應主動提供詳實資訊，以遏阻逆向選擇與道德危險的發生。

資訊不足者為搶購便宜貨，須額外支付資訊成本四處打聽；決策時須依據搜尋法則，衡量是否符合成本效益。

高品質商品賣方應主動提供詳實資訊或訊號，供資訊不足之買方觀察作為參考指標，以遏阻逆向選擇與道德危險的發生導致市場迷失。對商品情況能掌握了解，可以提供品質保證否則退費或換新；亦可加強售後服務與維修，增加訊息不足者的購買信心。劣質品賣方為避免品質保證或服務維修成本，不敢跟進而形成區隔效果（screening effect）。

商品成交後，訊息不足的賣方會設定某些條件作為訊號，限制退費或換新條件，避免市場道德危險問題。訊息不足者設計不同誘因條件，吸引不同類型的訊息優勢者願意選擇不同契約，自動減少逆向選擇與道德危險的發生，稱為自我選擇（self－selection）。

產銷履歷從生產到銷售的每個環節都清楚紀錄，品質與安全更有保障。企業經營者應依商品標示法等法令為商品或服務之標示，對消費者保證商品或服務之品質時，應主動出具書面保證書。

阿卡洛夫（G. Akerlof）於 1970 年提出檸檬市場（lemon market），原為探討舊車市場的論文，可以引申解釋各種市場，在訊息不對稱情況下的品質不確定性與市場機制以及逆向選擇問題，以檸檬市場與價格功能探討訊息不對稱市場的影響。在二手車市場中，供給者詳知其舊車性能品質，為訊息優勢者；需求者个知舊車實際狀況，為訊息个足者。當舊車價值超過市場價格，車主會將該車留用，只願意賣出品質較差而價值低於市場價格的酸檸檬車；買車者為降低訊息不對稱的風險或成本，只願意支付較低價格購買二手車，使品質較佳之高價值舊車退出二手車市場，在該市場中全為品質較差而價值低於市場價格的酸檸檬車，需求者亦不願購買酸檸檬車，以致無法交易最後導致市場迷失。

翻轉吧～經濟學！給您看得懂用得到的經濟原理

克林（B. Klein）與李弗（K. Leffler）於 1981 年提出價格功能模型，認為商品本身價格可以具有區隔不同品質之功能，而解決市場資訊不對稱問題。通常高價位代表高品質，並因此有足夠誘因，使廠商願意供給高品質商品，且主動提供詳實資訊。若市場中資訊流通自由，以不同價位區隔不同品質商品，將形成分離式均衡，因此劣質品廠商不能獲得長期利潤。

💡 生活智慧：商品市場訊息不對稱

在商品市場交易中，賣方屬訊息優勢者，而買方屬訊息不足者。賣方故意隱匿商品特質狀態，而以高價從中獲得額外利益；買方則因訊息不足，作了錯誤選擇造成損傷。買方只願意支付較低價格購買商品，更使成本較低之劣質品充斥市場，加重市場逆向選擇問題。品質較佳之高價值商品退出，在該市場中全為品質較差的劣質品，以致無法交易，最後導致市場迷失。

輸入之商品或服務應附中文標示及說明書，其內容不得較原產地之標示及說明書簡略。郵購或訪問買賣之消費者，得於收受商品後七日內，退回商品或以書面通知企業經營者解除買賣契約，無須說明理由及負擔任何費用或價款；如果商家要求扣手續費、支付運費等，都是不合理的。賣方提供有形的線索，公共報導亦具有甚大的影響力，利用客觀第三者的人或證據做為訊息，以滿足顧客需求或加強公司形象。

企業經營者為與不特定多數人訂立契約而單方預先擬定契約條款，應本平等互惠之原則，如有疑義時應為有利於消費者之解釋。定型化契約中之條款違反誠信原則，對消費者顯失公平者無效；包括違反平等互惠原則、條款與其所排除不予適用之立法意旨顯相矛盾、主要權利或義務因受條款之限制致契約之目的難以達成等。其對消費者所負之義務不得低於廣告內容，刊登或報導廣告之媒體經營者明知廣告內容與事實不符者，就消費者因信賴該廣告所受之損害，與企業經營者負連帶責任。

標準化國際組織（International Organization for Standardization；ISO）發源於工業界的管理系統模式，旨在建立一套運作程序，以確保機構能生產優質的產品和提供理想的服務。該組織由世界許多國家的標準機構會員所組成，通過制訂和評審國際標準。於 1987 年公佈有關 ISO9000 品質管理制度的國際標準，適合於全世界各行各業用以提高產品、工程或服務的品質，達到世界認可的水平。包括開發設計、生產、安裝和服務的質量保證模式，證實其具備提供滿足顧客要求和適用法規要求的能力。質量

管理體系方法鼓勵組織分析顧客要求,規定有助於實現顧客能接受的產品,並能夠提供持續改進的框架,以增加顧客滿意的可能性。我國的國家標準業務是由經濟部標準檢驗局掌管,主要為標準制訂、度量衡/檢查等業務之規劃、審議、協調、督導、實施及管理、認證體系與產品標誌之建立推行及管理事項。

商品成交後之售後服務與維修,買方屬訊息優勢者而賣方屬訊息不足者。訊息優勢者購買商品後,不當使用或惡意破壞使對方難以察覺,以詐領退費或要求換新,在不公平交易中損傷對方而獲得超額利益,加重市場道德危險問題。如果不是郵購、型錄或網路買賣的情形,或者是已經超過七天,就只有在商品有瑕疵,或是商家有特別約定的情形,才能夠依據民法有關買賣物之瑕疵擔保的規定或是特約約定,主張退貨或減少價金等。

人 經營管理:勞動市場訊息不對稱

勞動市場供給者(個人)求職過程中,求職者屬訊息優勢者而廠商屬訊息不足者。求職者故意隱匿本身品德能力,廠商則作了錯誤選擇,造成市場逆向選擇問題。求職者被錄用後怠忽職守或惡意不當使用廠商資源,使對方難以察覺而獲得超額利益,造成市場道德危險問題。

廠商會進行篩選,例如以年齡、學歷、經歷等作為訊號區隔求職者;求職者亦應主動提供詳實訊息作為參考指標,降低逆向選擇問題。廠商應建立管理考核機制,加以適當的監督獎懲,以減少員工從事道德危險行為的動機。當事人可以區隔代理人之工作內容與目標,選擇適合的評估方式重點管理,員工配合公司運作,增強對組織的認同感與向心力,進而努力達成組織目標。

勞動市場需求者(廠商)徵才過程中,廠商屬訊息優勢者而求職者屬訊息不足者。廠商故意隱匿本身經營狀況與工作環境,求職者則作了錯誤選擇,造成市場逆向選擇問題。求職者被錄用後,廠商故意不當對待員工或惡意倒閉,造成市場道德危險問題。

求職者會進行篩選,例如以商譽、經營狀況、薪資福利、升遷機會等作為訊號;廠商亦應主動提供詳實資訊作為參考指標,降低逆向選擇問題。員工應持續追蹤廠商經營狀況,以工會力量或法令機制保障勞工權益,遏阻廠商道德危險的發生。雇主終止勞動契約者,應依規定發給勞工資遣費;勞工如請求發給服務證明書,雇主或其代理人不得拒絕。

員工享有職業選擇自由，除非有合法有效的離職競業禁止約定存在，否則員工跳槽到營業競爭對手陣營，應為法之所許。跳槽員工到新工作崗位後使用、洩漏在前雇主處時知悉的營業秘密，可能涉及刑法背信罪責及民事賠償責任問題。事業單位改組或轉讓時，除新舊雇主商定留用之勞工外，其餘勞工應依規定期間預告終止契約，並依規定發給資遣費。其留用勞工之工作年資，應由新雇主繼續予以承認。雇主積欠之工資，經勞工請求未獲清償者，由積欠工資墊償基金墊償之；雇主應於規定期限內，將墊款償還積欠工資墊償基金。

企業員工持股信託大行其道，達到績效可以獲得公司股票之股份作為獎勵。當代理人達成交付之任務目標可以薪資加碼，若未達到績效則加以處罰，自動建立管理考核機制加以監督獎懲，解決當事－代理問題。企業給受雇經理人股票選擇權（stock options），在未來某一時點可以依目前定價買進公司股票的權利，經營方向正確企業可獲得超額利潤，選擇買進公司股票價格上漲時賺取資本利得，方向錯誤則無利潤，即放棄買進公司股票的權利。部份績效獎金遞延一段期間之後才給付，入股分紅或股票選擇權之股份不得立即賣出等規定，避免員工為達成個人短期績效目標而忽略企業長期發展，並留住人才減少外流。

人力資源是企業最重要的資產，各企業為爭取優秀人才，紛推各項激勵方案及留才制度，也帶動國內信託事業發展，並提高企業股東的實質價值。

⑤ 投資理財：金融市場訊息不對稱

在保險市場交易中，買方故意隱匿本身健康狀態，而從低保費高理賠中獲得額外利益；賣方則作了錯誤選擇，出售廉價保單造成損傷。賣方調高保費，使健康狀態良好者不願投保高價保單，更加重市場逆向選擇問題。高風險之投保人充斥保險市場，保險公司亦不願承擔高風險損失，最後導致市場迷失。保單成交後，投保人可能從事危險活動或詐領保險金；保險公司亦可能挪用保費或經營不善，加重市場道德危險問題。保險公司會觀察相關之參考指標，例如以年齡、職業、體檢等作為訊號，篩選區隔投保人收取不同等級之保險費率，降低逆向選擇問題。保單成交後，保險公司會限制理賠條件；保險公司亦應主動提供經營資訊並累積建立商譽，以避免廠商道德危險問題。

對具有外部效益的全民健保由政府開辦補貼，將外部效果內部化，與社會的成本效益相符，達到社會均衡。健保局不確知投保人健康狀態，

必須全民強制加保全民健保，避免逆向選擇的損失。針對健保備受詬病的財務黑洞、醫療品質黑箱等問題，醫院財務、醫療品質及違規事項都須全部公開，健保才可以真正做到透明化。

在借貸市場中，借款人屬訊息優勢者而銀行屬訊息不足者，借款人故意隱匿本身財務狀態，銀行則作了錯誤選擇造成損傷；銀行提高利息或手續費，信用狀態良好者不願承擔高資金成本，更加重市場逆向選擇問題。信用不良者充斥借貸市場，銀行亦不願承擔信用損失，最後導致市場迷失。借貸成交後，借款人從事高風險投資或惡意倒債以獲得超額利益，加重市場道德危險問題。銀行進行徵信調查，例如以年齡、職業、財產等作為訊號，篩選區隔借款人，核可不同貸款額度並收取不同等級之利息，降低逆向選擇問題。借貸成交後，銀行應持續追蹤借款人信用狀況，減少市場道德危險問題。

在投資市場中，銀行（企業）屬訊息優勢者，而存款（投資）人屬訊息不足者，銀行（企業）故意隱匿本身財務經營狀態，存款（投資）人則作了錯誤選擇造成損傷，加重市場逆向選擇問題。存款（投資）成交後，銀行（企業）可能從事高風險經營或惡意倒閉，加重市場道德危險問題。金融機構（企業）應主動提供詳實資訊，存款（投資）人亦應充分搜集市場資訊，政府或管理單位訂定法令規則維持市場秩序，以遏阻逆向選擇與廠商道德危險的發生。

對債務人之信用風險加以評估，亦即揭露債務不履約的可能性，與其所能提供的保障性，亦包括了抵押品及求償順位，當發生破產、重整會影響債權人權益時，對債權人之保護程度。證券交易法規定，內部人獲悉發行股票公司有重大影響其股票價格之消息時，在該消息未公開前，不得對該公司之上市或在證券商營業處所買賣之股票買入或賣出。禿鷹集團就是深諳股市現狀及個別公司情況的投機分子，獲悉內線消息後，鎖定特定股票予以融券賣出，再透過媒體渲染利空，造成股價崩跌後低價回補獲取暴利。

二十九、總體經濟指標～總產出與物價指數

衡量一個國家在一定期間整體經濟表現，需要使用經濟指標。總體經濟觀察國家的經濟現象，研究整體經濟社會的產出、物價等經濟變數，依國際規範計算，對各國經濟狀況有概括的瞭解。一個經濟體系之生產力，主要決

定於國家自然資源稟賦、實質資本累積與質量、人力資本、技術水準以及制度環境，增加國家的財富與就業機會。經濟衰退即當年國內生產總值比往年減少，國內生產總值成長為負數。

經濟規模和生產能力的擴大，可以反映一個國家或地區經濟實力的增長。追求經濟成長而忽略環境的傳統意識形態逐漸遭到揚棄，從褐色經濟到綠色經濟的轉型，已經成為人類生存發展的關鍵，必須為提升國家的競爭力做好準備。

整體經濟社會在一段期間內的經濟活動成果，總產出為廠商生產各種產品所創造的價值總和；在全面均衡下，也是家戶提供各種生產要素收到各種報酬所得的總和，亦即整體經濟社會所有參與者從事各種經濟活動支付之成本總和。

在國境內的一段期間內，生產之所有最終財貨勞務的市場價值總和，稱為國內生產毛額（gross domestic product；GDP）。

一段期間內通常為一年或一季之流量，非本期生產之價值不應再重複計算，當期生產而未出售的存貨仍歸屬當期生產成果，因此前期生產而在本期出售的市場價值不再計入；但再經本期經濟活動（例如加工處理、交易手續、中介佣金、初級市場發行等），所額外增加的市場價值、支付成本、報酬所得等則歸屬當期生產成果。

前期生產而在本期進行資產所有權移轉，其價值變化對生產成果無實際貢獻，又稱為非生產性經濟活動，不計入當期生產的市場價值。因此一般移轉性支付（如贈與、補助、福利金等）、次級市場交易（如金融證券買賣）、舊貨轉手交易、政府支付之公債利息、退休金等，不包括在生產毛額中。

最終用途使用的財貨勞務，最終產品（final products）通常為供消費者使用的商品或供生產者使用的設備；而可以再加工的原料、半成品等則屬於中間產品（intermediate products）。因最終產品的市場價值已累計各階段中間產品之附加價值，若再將各中間產品價值計入則為重複計算；但當期未完成加工、或購買者自行使用未再出售的中間產品價值，則歸屬當期生產成果。

為使生產成果有客觀統一之衡量標準，市場價值只計入有市場交易價值的生產性經濟活動，因此自產自用（如家庭勞務）而未經市場交易之生產成果，沒有客觀的市場價值而不予計入。可以客觀估計市場價值之生產成果，如農民保留自用未出售的農產品、自有房產之設算租金及實物津貼等仍予計入；而地下經濟活動或非法交易如黑市、走私等雖有其市場價值，卻不能計

入。

提升產品附加價值，增加的市場價值歸屬當期生產成果，對生產毛額具有正面影響。

國內指一經濟體國境內的所有生產性經濟活動，包括本國人及外國人在本國境內的生產成果（如外資企業產值、外勞生產所得等），而不包含本國人在國外（本國境外）生產的市場價值。

GDP 為屬地主義的生產毛額，因此吸引外資、引進外勞對我國 GDP 具有貢獻。我國自 1994 年起，以 GDP 衡量經濟成長率，過去曾採用 GNP 為指標。

本國人在一段期間內，生產之所有最終財貨勞務的市場價值總和，稱為國民生產毛額（gross national product；GNP）。國民以從事生產性經濟活動的參與者國籍為界定範圍，包括本國人在本國境內及國境外生產的所有市場價值（海外投資產值與所得報酬），而不包含外國人在本國境內的生產成果。

GNP 為屬人主義的生產毛額，因此我國企業海外投資、延伸經濟實力，對我國 GNP 具有貢獻。

物價指數（price index；PI）為當期平均物價水準相對於基期平均物價水準的百分比值。基期是作為比較基準的期間，其物價指數為 100，當期物價指數與 100 比較，即可知平均物價水準相對於基準的變化。各種商品的計價單位不一，對平均物價水準之影響比重亦不同，因此在衡量整體物價水準時，不能以各商品的單位價格直接加總，而是以各商品的總市場價值來計算。

消費者物價指數（consumer price index；CPI）衡量家戶部門生活所需之主要消費商品的平均物價水準變化，將占一般家庭收支比重較大的商品計入物價指數，以了解經濟體內一般人民的生活成本。因一般家庭購買之消費商品多為零售商品，因此又稱為零售物價指數（retail price index）。把 CPI 項目群中容易受季節因素而波動的項目（食物及及能源）剔除，編製成核心物價指數。

躉售物價指數（wholesale price index，WPI）又稱為批發物價指數，是批發貨品中代表性財貨的價格所形成的物價指數，多為廠商部門生產營業所需，是公司組織之間的財貨交易金額，包含了廠商的原料、半成品及成品等生產層面的成本。又稱為生產者物價指數（producer price index；PPI），衡量製造商出廠價平均變化的指數，可以了解經濟體內一般廠商的生產成本。

價格剪（price scissors）指工農業產品交換時，工業品價格高於價值，農

翻轉吧～經濟學！給您看得懂用得到的經濟原理

產品價格低於價值所出現的差額，用價格走勢圖表示出來就像一把張開的剪刀，主要在產業鏈所產出的相關產品，通過交易的手段賺取高額利潤。

名目（nominal）GDP 為以當期物價水準計價之所有最終財貨勞務的市場價值總和，會受到物價水準波動的不當影響，無法真正表達各種產品所創造的價值；例如通貨膨脹時，當期名目 GDP 的市場價值虛增而高估。以基期物價水準計價之所有最終財貨勞務的市場價值總和實質（real）GDP，因各期均以同一基期物價水準計價，比較 GDP 消長時不會受到物價水準波動的不當影響，可以真正表達產品所創造的價值與所得實際購買力，通常以小寫 gdp 表示。

原物料價格處於高檔，企業獲利受影響，導致國內薪資成長趨緩，加上物價高漲實際購買力降低，實質薪資因此負成長。

💡 生活智慧：消費購買力與經濟福利

目前台灣的 CPI 項目群，包括食物類（肉類、魚介、蔬菜、水果）、衣著類（成衣）、居住類（房租、水電燃氣）、交通類（油料費、交通服務費）、醫療保健類（醫療費用）、教育娛樂類（教養費用）以及雜項類（理容服務費）等，以台灣地區家庭消費結構為權數。鑑於國內經濟型態與消費結構的快速變化，CPI 項目權數結構之檢討修訂自 2016 年基期起，由每 5 年改為按年變更權數。

CPI 為所有家庭購買各種財貨及服務價格變動的加權平均情況，參照家庭收支訪問與記帳調查資料，計算各類別消費支出占總消費支出之比率作為權數。由於每個家庭購買的內容及頻度不同，總指數變動與個人對物價漲跌的感受常有落差；一般民眾對購買頻度較高之食物類價格波動感受較為深刻，至於耐久財價格變化容易忽視。如果消費者物價指數升幅過大，代表通膨已經成為經濟不穩定因素，國家可用的手段有加息、緊縮銀根、穩健財政政策、增加生產、平抑物價等。主計總處自 2011 年開始編製所得層級別的 CPI，藉以了解高、中、低所得家庭所面臨的物價壓力。

通貨膨脹率通常是指 CPI 年增率，反應的是購買力下降，也是計算名目報酬與實質報酬的重要差異。購買力平價（Purchasing Power Parity；PPP），是根據各國不同的價格水準計算出來的貨幣之間的等值係數，對各國的國內生產總值進行合理比較；在跨國統計中，用來比較各國的實質產出水準。PPP 經由繁複的物價調查與計算求得，能讓各國的

產出水準放在同物價一水平上比較，以反映出各國實際能提供的財貨與勞務數量。

　　購買力是支付單位貨幣購買商品或換取勞務的能力。社會購買力來源於各種經濟成分的職工工資收入、其他職業勞動者的勞動收入、居民從財政方面得到的收入（如補貼、救濟、獎勵等）、居民其他收入、社會集團購買消費品的貨幣等。其大小決定於貨幣價值與商品價值的對比關係，其變動與商品價格、服務費用的變動成反比，與貨幣價值的變動成正比。在貨幣價值不變的條件下，商品價格、服務收費降低時，單位貨幣購買力就提高，反之則下降。

　　聯合國自 1990 年起發行人類發展年報所試編之經濟福利參考指標，人類發展指標（ Human Development Index； HDI）加入生命健康與知識水準的價值，強調人口素質之生命力、生產力與創造力，以提升國民福利的資源與機會。生活水準以平均每人實質所得衡量，占 HDI 指標之 50%；生命健康以平均壽命衡量占 HDI 指標之 25%；知識水準以識字率與中小學入學率衡量，占 HDI 指標之 25%。

　　我國行政院主計處試編之經濟福利參考指標，國民生活指標依循 OECD 2013 年美好生活指數（Your Better Life Index，BLI）架構及統計，衡量健康、安全、經濟、家庭、工作、教育、社會參與、文化休閒等，不同層面的國民生活福利水準及綜合指標。

⚲ 經營管理：供給成本與物價剪刀差

　　臺灣躉售物價指數統計國產內銷品離開生產場所之出廠價格，及進口品之進口價格、出口品之出口價格。1990 年以前係派員調查大、中、小盤商之批發價格，1991 年起查價為生產者之出廠價格，並納入進出口物價項目，自 2010 年起停編中間投入物價指數。國產內銷品除農、林、漁、牧產品採行政院農業委員會、漁業署調查之價格資料外，餘採通訊調查或網路填報方式。臺灣生產者物價指數統計國內廠商所生產商品之實際淨出廠價格，不包括運費及營業稅，亦扣除折讓、贈品、折扣及補貼等。

　　躉售物價指數主要用來衡量生產成本變化，且變動通常領先於消費者物價指數。組成包含大部分的原物料、零件等中間財，主要用來顯示生產者的採購成本，反映生產商第一次交易價格的平均變動水準，用以衡量生產成本的指標。目前以 2006 年為基期，統計項目包含農林漁牧業產品、土石及礦產品、製造業產品、水電燃氣等 4 大類，每 5 年更換權數，

並檢討分類與查價項目。

蕙售物價指數 WPI 調查出廠價格，消費者物價指數 CPI 調查零售價格，商品從出廠到零售端，中間流通過程多樣複雜，會因時間落差而有走勢互異情況，並不能據以研判生產者利潤之高低。廠商可能會因存貨尚未消化，或供應合約尚未到期等因素，致零售價格未必等幅反映原物料成本；廠商亦會提升生產技術透過結構調整，來因應成本變動所引發調整售價之壓力。WPI 年增率一旦持續雙位數上漲，恐轉嫁至產品售價，對通膨造成壓力。

台灣的生產物價指數是由行政院主計總處綜合統計處公佈，美國的 PPI 是由勞工統計局公佈，1982 年為基準年，以商品分類是原物料市場，以產業分類是製造業、運輸倉儲等，以最終需求—中間需求分類納入更多包括服務、建築、政府採購和出口來衡量 PPI 變化。簽一個長期合約，雙方依據景氣狀態來避免零件價格不合理，合約中可以列一個條款，價格將根據 PPI 指數於每季調整。

PPI 漲幅遠遠超過 CPI，這兩者之間大幅的「剪刀差」，顯示供給成本上漲的巨大壓力事實上還未真正轉嫁給消費者，業者憂心太早漲價不利便咬牙苦撐。PPI 反應上游廠商生產成本，CPI 觀察下游產品漲價，剪刀差持續擴大，顯示上游原物料成本大漲，但中下游業者卻沒辦法將成本轉嫁給消費者，造成獲利嚴重壓縮。全球往通膨的路上走，台灣也逐漸感應剪刀差加大了，物價上揚之勢會成為新常態。剪刀差惡化代表的是中央強力控管消費者物價，使得通膨沒有發生，生產者買進高價原材料，生產出來的終端產品不能漲價，企業變成夾心餅乾，沒有能力反應成本的中小企業會率先倒閉。

物價剪刀差帶給中小企業的經營壓力，需要通過優化管理為自己爭取生存發展空間，政府層面要從政策上做好大宗商品保供穩價的基礎，加強金融對實體經濟的支援，積極為中小企業紓困解難。

Ⓢ 投資理財：研判經濟數據分析金融趨勢

股市是經濟的櫥窗，股市的變化可以反映一國經濟的走向，經濟成長則股市熱，經濟走疲則股市冷。股市和總體經濟不可能長久背離，最後不是股市把經濟推上去，就是經濟把股市拉下來，德國投機大師科斯托蘭尼「老人與狗」的理論，最後小狗還是會跑回主人身旁。

總體經濟與市場交易息息相關，在景氣復甦轉好時，投入資金進入

市場；景氣衰退時則減少資金進入市場，或是把資金轉向降低風險的部位。在金融市場上投資，也要了解整個經濟體的規模、變化以及相關指標。股市波動會受總體面的影響，但不是某一方面就能決定股市的漲跌，將單一指標當作投資股票進出的依據相當危險，

芝加哥選擇權交易所波動率指數（CBOE Volatility Index；VIX），是根據 S&P500 指數選擇權的價格推算隱含波動率，再經過加權平均後所得的指標。代表投資者願意對自己的投資風險付出多少成本，當指數愈高意味投資人對股市狀況感到不安，因此常被稱為「恐慌指數」。

美國公債殖利率一般代表無風險可獲得的報酬，如果高了投資人就會把資金放在債券，減少股票的投資，所以公債殖利率波動時也連帶股票市場波動。公債長天期殖利率減去短天期一般會維持正數，但有時會出現短天期殖利率高於長天期的倒掛現象，歷史上倒掛發生在金融風暴前，是景氣走向衰退的指標。

採購經理人指數（Purchasing Managers' Index；PMI）為一綜合性指標，是由美國供應鏈管理協會製作，每月對受訪企業的採購（資材、供應鏈管理等）經理人進行調查，與上月進行比較，在問卷中勾選上升、持平或下降，指數介於 0%～100% 之間，若高於 50% 表示景氣正處於擴張期，若低於 50% 表示處於緊縮期。

巴菲特指標由巴菲特提出公式：股市總市值 /GDP 值，用來體現股票市場泡沫狀態的數據。當市場在榮景時大量湧入市場的資金與利多消息，不斷地推升股票價值，反應在整個市場上就是股市的總市值增加。

Output Gap 能夠直接體現實體經濟的表現與人們預期的差距，當實際 GDP> 預估 GDP，說明經濟體表現強勁或市場預期低估經濟表現，市場即將迎來一波上漲；當實際 GDP< 預估 GDP，說明經濟體表現不佳或市場預期高估經濟表現，市場即將迎來一波回檔。

根據經濟數據研判金融趨勢，運用在投資市場的技巧，包括總經數據運用、現階段總經大環境、金融政策及投資趨勢等。經濟數據只能當一種參考資料，而不是利用這些資料去預測未來，沒有人能夠正確預估短期的股價波動，投資人不需要去猜測股市的短期行情，而應該仔細分析投資的公司對於景氣變化時的表現。

翻轉吧～經濟學！給您看得懂用得到的經濟原理

三十、附加價值～生產毛額的衡量方法

　　企業通過生產活動新增加的價值，代表企業生產經營的成果。企業銷售額雖然很高，如果外部購入部分過大，則不過是價值轉移而已，並不能表明企業實際生產經營成果。附加價值是企業生產經營的成果，其內容最終是以工資、獎金、津貼、離退休金、福利費、折舊費、利息、稅金、企業留利基金、營業外支出等具體形式表現出來。

　　高附加價值產品的特點是經濟效益高，是企業技術、人才和管理優勢相結合的產物。企業必須重視技術改造和擴大生產，不斷以先進技術代替落後技術，以先進設備替換陳舊設備，推進產品更新；提高材料和工時利用率，降低原材料及能源消耗。經過市場銷售得到消費者的認同才能得到實現，企業必須主動挖掘和適應消費者的潛在需求，不斷開發產品，制定獨具特色的市場組合，擴大銷售提高市場占有率和覆蓋率。

　　附加價值累計法（valuc － added approach）將整個生產過程中，每一階段廠商所創造的市場價值全部累積合計。可以計算各產業的產值，代表全部廠商生產各種產品所創造的價值總和，為生產面的生產毛額。

　　若將產品的市場價值全部累積合計，因前階段已包含的生產價值重複計入，造成不合理高估。實務上不易追蹤所有產品的最終用途及每一階段附加價值，但可以計算各產業的產值，代表全部廠商生產各種產品所創造的價值總和，作為了解各產業對整體經濟活動成果的貢獻比重與消長情形。

　　廠商生產各種最終產品所創造的價值總和，在均衡時全部供整體經濟社會所有參與者從事各種經濟活動，支出法（expenditure approach）使用各種最終產品所支付之成本總和。整體經濟社會各種經濟活動的參與者為家戶、廠商、政府、國外四大部門，分別從事民間消費（C）、投資（I）、政府支出（G）、國際貿易（X － M）四大經濟活動，為支出面的生產毛額又稱為國內支出毛額（gross domestic expenditure；GDE）。

$$GDP = C + I + G + (X - M)$$

　　民間消費（Consumption；C）為家戶部門生活所需購買之各種財貨勞務，亦包括使用自有房產之設算租金及農民保留自用未出售的農產品。

　　投資毛額（Investment；I）又稱為資本形成毛額（扣除折舊後則是投資淨額），包括廠商生產所需購買之各種資本財（如廠房設備、存貨增量等）、

家戶購買之新建住宅、政府投入之公共建設等。

　　政府支出（Government；G）為非資本形成之各種政府消耗性支出，包括支付公務人員薪資、各種行政服務費用、工具購置、警消防洪、軍事國防等，因無市場交易價格，以實際支出成本入賬。

　　出口淨額（X － M）為出口總額扣除進口總額後之餘額，是開放經濟體加入國外部門之國際貿易活動的調整項。GDP 為國境內生產的市場價值，出口總額（Export；X）表示國境內的生產成果未供國內部門從事各種經濟活動支付（C ＋ I ＋ G），因此國境內生產成果須調整加計入（＋ X）；而進口總額（Import；M）表示國境外的生產成果供國內部門從事各種經濟活動支付，已計入（C ＋ I ＋ G）中，因此非國境內生產成果的部分必須再調整扣除（－ M）。當進出口總額相等時，出口淨額（X － M）＝0，對國內生產毛額仍有影響；若進出口總額增加，表示國境內的生產成果增加（成長），反之則減少（衰退）。

　　消費能力、投資意願、政府政策、國際景氣，都對我國生產毛額產生影響。台灣的經濟成長有一半靠出超所貢獻。受全球經濟不景氣影響國際市場需求，政府應帶動公共投資，致力改善民間投資環境，重振國人消費信心，以國內市場需求的持續成長，抵銷出超下滑帶來的衝擊。

　　國民要素所得又稱為按成本計算之國民所得（national income；NI），廠商購買所需的生產要素投入生產活動，並支出成本與分配利潤成為家戶的要素所得。

　　國民所得＝ w ＋ r ＋ i ＋ π

　　廠商將產品以市場價值出售後的收入，支付分配給對生產有貢獻的要素提供者，勞動、土地、資本、企業能力四大要素分別獲得薪資（wage；w）、租金（ rent；r）、利息（interest；i）、利潤（profit；π）四大所得；也就是家戶提供各種生產要素，投入生產所收到各種報酬所得的總和，為所得面的生產毛額。

　　薪資（w）為提供勞動之工作報酬，包括薪水、工資及相關之獎金、佣金、福利金等。租金（r）是提供資產之使用報酬，包括各種固定資產及版權、專利權等的租賃金，以及自有房產之設算租金。利息（i）是提供資金之使用報酬，為利息所得扣除利息支出後的淨額，但不包括政府支付之利息。利潤（π）為提供企業能力管理運用其他生產要素，亦即支付其他要素報酬及相關費用（收益－成本）後的盈餘。

關廠裁員、降低利率，減少租金、企業獲利衰退，對我國所得面的生產毛額具有負面影響。

個人所得（personal income；PI）代表家戶部門實際獲得的收入，來源包含生產性與非生產性經濟活動，因此以生產（要素）所得為基礎，扣除生產未得並補入非生產所得。

PI＝國民所得（NI）－生產未得＋非生產所得

利潤（π）須由廠商扣除繳納給政府的營利事業所得稅、各種社會保險費、非常損失及保留部分盈餘未分配後，才支付給家戶（個人）成為報酬所得；亦即家戶提供企業能力之生產利潤，有部分未成為其要素所得故稱為生產未得。

非生產所得為家戶（個人）獲得來自他人的移轉性支付淨額（如贈與、補助、福利金等）等非生產性經濟活動，因非來自本期生產成果的實際貢獻，而未計入要素所得中。

可支配所得（disposable income；DI）由實際獲得的收入（個人所得；PI）扣除須繳納給政府的直接稅（個人所得稅及各種規費等），才是家戶部門可以動用支配之所得；用於其經濟活動之成本為消費支出（C），剩餘未動支部分稱為儲蓄（S）。

DI ＝個人所得－直接稅＝消費＋儲蓄

♀ 生活智慧：支配所得與幸福指數

台灣行政院主計處定義可支配所得為所有所得收入扣除非消費性支出（例如利息、社會保險費、稅金、罰款、捐款及禮金等）之後，剩餘可以用來支應日常生活開銷（消費性支出）的所得。國民所得不含財富增減，故舉凡房價股價漲跌等資本利得或損失部分，非可支配所得涵蓋範圍，與一般人感受之收入並非一致。

上班族感嘆沒錢可存，一方面是薪水原地踏步，可支配所得沒增加；一方面則是各項生活開銷越來越高，能存的錢就越少。想多存錢只能開源節流，開源就是增加所得，增加收入來源；節流則是要節制花費，設定好存錢目標，先存再花而非先花再存，每月薪資入帳就先把要存的金額留下來，剩下的才是可花用的金額。最生活化的方法，在家中擺一個撲滿，每天回家就把所有零錢投進去，投滿了到銀行換鈔全部存進戶頭不斷重複。2倍支出法能輔助克制慾望，只要不是買生活必需品，多花

的錢就必須拿同金額的錢再存回來，讓購物狂在下手前謹慎想一想，就算血拚也要多存一筆回來。

《有錢人想的和你不一樣》作者艾克提出 6 個罐子理財法，將可支配所得分成 6 種不同比例的份額。財富自由帳戶（10％）只能用來投資，如股票、基金、房地產等，當開始賺被動收入時，代表有更多錢可以投資，資產在這個帳戶裡越滾越快。教育帳戶（10％）用來投資自己買書、上課、充實本職、學習新技能。生活必須帳戶（55％）為生活中所有必要的花費，如房租、水電、吃飯、網路、治裝、通勤等。玩樂帳戶（10％）痛快的花錢享受，有持續理財的動力。支出用長期儲蓄帳戶（10％）設定未來會有一大筆花費，如出國、買 iPhone、買車、買房等，夢想必須有排序實現願望。給予帳戶（占薪水 5％）用來幫助他人，像是愛心捐款、送禮物等。實際應用時，要先考慮自身狀況來制定每個罐子的比例，這 6 個帳戶的重要性排先後順序才能順利存錢。

國民幸福指數（Gross National Happiness，GNH）衡量人們對自身生存和發展狀況的感受和體驗，即幸福感的一種指數。最早是由南亞不丹王國的國王提出，他認為政策應該以實現幸福為目標，人生基本的問題是如何在物質生活和精神生活之間保持平衡，創造性地提出由政府善治、經濟增長、文化發展和環境保護四級組成的指標。位處中國與印度之間的不丹，雖然國民所得不高，人民幸福度卻傲視全球，經濟發展追求綠色永續，目標要成為全球第一個百分之百有機耕種國。

人口只有 70 萬的不丹，人民的醫療和教育全部免費，觀光客進入不丹都有限量，國民的物質享受並不高，但是 97％自認為過得很幸福。這和國民的信仰也有關係，從王室到平民全都信奉藏傳佛教，樂天知命。政府對旅遊經營者制定工作手冊，對旅遊者有行為規範，以保持旅遊業穩定發展，而對社會自然的影響則很小，去不丹旅遊過的人都彷彿回到了自己心靈的故鄉。

經營管理：產業生產價值與規模

產值（output value）是一個產業用貨幣計算的生產製造價值，也就是從工廠出去的所有產品價值，不一定全部賣掉。生產總額係產出依出廠價格所計算的價值，而生產毛額係以生產總額減中間成本而得，生產毛額除以生產總額即附加價值率，可用以評估一國產業自主的情況；先進國家技術附加價值率高，開發中國家多屬後段加工因此附加價值率較低。台灣製造業生產價值係經濟部工廠校正調查而得，只查合法登記的

工廠且不含三角貿易，所以生產價值的數字又比生產總額少了許多。

　　營業收入的核算基礎是產品的銷售總量，不管是否為本期生產，只要是在本期銷售都應計算；產值的計算基礎是產品的生產總量，只要是在本期生產的不論是否已經銷售都應計算。營業收入不包括自製半成品在期末與期初差額的價值，而產值包括這部分價值；營業收入不包括自產自用的產品，總產值包括這部分價值。成品價值必須是本企業生產的，經檢驗合格不需再進行任何加工的最終產品，企業對外銷售的半成品也應視為其最終產品計入工業總產值，而在本企業內轉移的半成品只能計算其期末與期初差額價值。

　　工業生產總值指工業增加值，是工業企業在報告期內以貨幣形式表現生產活動的最終成果；是工業企業全部生產活動的總成果，扣除在生產過程中消耗或轉移的物質產品和勞務價值後的餘額；是工業企業生產過程中新增加的價值。製造業生產價值為我國生產毛額中所占比例最高約30%，但廣義服務業（含商業交易、金融資產、各種勞務等）生產價值所占比例逐年升高（已達約60%），農礦業生產價值所占比例則逐年降低；表示台灣經濟發展由農礦業經濟體系升級為新興工業化國家（newly industrializing country；NIC），再轉型為先進國家之後工業化（post－industrialization）。

　　總產值是生產單位、地區或整個國民經濟在一定時期內所生產全部產品的價值，包括產品生產過程中形成的全部價值，即轉移到產品中的物質消耗價值和新創造的價值，綜合反映一定範圍內生產總規模的指標。年銷售額是指本年度實際銷售的商品，而年產值是本年度實際生產出的產品；銷售額中可能包括上一年度生產的產品，年產值指本年實際產出不論是否實現銷售收入，可能形成產品保留在本企業。市場規模是指市場需求總和，若產業年產值超過市場規模就是供過於求，若產業年產值低於市場規模就是供不應求。

　　產值表明生產總規模，反映的是生產總成果，並不說明經營狀況的好壞和經濟效益。利潤總額集中反映企業生產經營活動各方面的效益，是企業最終的財務成果。企業總產值增長，利潤總額不一定同步增長；如果成本費用過高，利潤率很低甚至造成虧損。服務業升級為企業、員工、消費者帶來價值，生產力的共通本質是附加價值，衡量生產力之目的最終都是為了提昇員工所創造之附加價值。

⑤ 投資理財：觀察整體經濟活動支出

經濟成長率就是 GDP 成長率，通常 GDP 愈高代表該國生產力愈高，經濟活動愈活躍，景氣也愈好。GDP 轉升代表景氣上揚股市將多頭表現，GDP 轉跌代表景氣下滑股市將空頭格局。當 GDP 持續跌到低點利率下降時，可以進場撿便宜買進股票，並持有到景氣回升；當 GDP 持續到高點利率上升時，可以準備賣掉股票，避免景氣可能跌落造成損失。經濟指標是持續永久編製，不只觀察最新一期的指標，而是近一年甚至是二、三年以來的走勢變化，才能了解整體的趨勢變化，必須分析至少兩期的數字趨勢再作結論。

GDP 是從生產面定義，把所有生產單位的產出加起來，但實務上從支出面定義的 GDP 更為通用。民間消費為家戶部門的消費，有關項目有商品銷售、零售額、個人消費、個人所得、消費者信心等。投資指機器設備、住宅、廠房等耐久性資產，包括民間以及政府投資，有關數據如新屋開工率、新屋銷售、建築許可、耐久財訂單、營建支出、工廠訂單、企業存貨等。政府支出為政府部門對於消費性商品及勞務的購買支出，主要數據為政府預算。淨出口為進口減掉出口，數據有海關進出口貿易統計。

台灣的國內支出毛額內需消費大約佔 50％，而固定投資大約是 20％，淨出口的部分則是 10％左右；進口金額佔 GDP 的比重超過 50％，而出口金額更是高達 70％，出口科技產品作為重要的經濟命脈，因此台灣是一個典型的貿易型國家。消費佔美國 GDP 將近 7 成，美國人的消費影響全球經濟需求，零售銷售業績會是市場觀察重點。中國的投資佔 GDP 比重高達 47％，消費僅佔 36％，為全球投資占比最高的國家，成為世界工廠，但長期投資大於消費的結果造成產能過剩供過於求。美國消費佔比高受內需影響大，因此投資美國要留意其消費是否持續成長；中國政策目標是降投資、擴大內需，留意是否可以穩固經濟發展。

疫情重創全球經濟，但也催化宅經濟商機崛起，以及 5G、高效能運算等新興科技應用擴增，反而帶動我國出口金額及製造業生產指數創高。民間消費方面，隨國內疫情和緩、新式車款熱銷、展店效應、網購熱潮等，推升全年零售業營業額創高；餐飲業則因受疫情衝擊拖累，聚餐活動縮減營收驟降。擴大內需刺激景氣，要加速擴大公共支出，盤點各部會與國營事業的政府採購案，提升民間消費、投資，成為自主維繫經濟成長的主要動力。

包括 5G、AI 基礎建設的投資，產業技術的發展，區塊鏈的規劃、數

翻轉吧～經濟學！給您看得懂用得到的經濟原理

位經濟的國際接軌等建設，可以提升出口競爭力，加速台灣產業升級轉型，以及因應景氣的衰退。碳關稅是貿易體在進口高耗能產品時所徵收的二氧化碳排放特別關稅，主要針對進口產品中的碳密集型產品進行徵收。以出口貿易為重要經濟實力的臺灣，加速能源轉型、使用再生能源不只是環保考量，更是維繫國際競爭力、守護經濟命脈的必經之路。

三十一、不患寡而患不均～所得之分配與調整

　　《論語》：「不患寡而患不均，不患貧而患不安，蓋均無貧，和無寡，安無傾。」強弱不是問題，分配不均是個問題；貧窮不是問題，人心不安更是問題。如果分配平均就無貧窮，和諧的社會安穩而不虛弱，不會走向動盪。國家能均衡發展，就不怕沒有錢，人民就可以安居樂業和睦相處；人力資源就不會匱乏，國家就會安定不會傾覆滅亡。

　　不公平的分配造成鬥爭，治理國家的統治者擔心的不是人口、財富多少，而是分配方式不公平；擔心的不是貧窮，而是社會動盪。若分配方式公平，就不會被貧窮所困擾；若社會、家庭關係和諧，就不會被人口、財富的多少所困擾；若社會安定，就不會被不安全感所困擾。在極端不公的社會財富分配逼迫下揭竿而起，成了歷史上改朝換代的主因。貧富懸殊大到無以復加的程度，社會矛盾接近白熱化，在嚴重不公的社會狀況下，必須舒解導致社會崩潰的社會公正危機。

> 平均每人實質所得（gdp per capita）＝實質 GDP/ 總人口

　　實質 GDP 已去除物價波動的不當影響，但價值總和受到人口總數的影響，無法真正表達每人所創造的價值所得；實質 GDP 除以總人口可以減除人口總數的影響，真正表達平均每人所創造的生產價值。可以用來比較同一經濟體不同期間的相對變化，衡量一國的經濟成長率；亦可用來比較同一期間不同經濟體的相對差異，表達一國的經濟實力。

　　生產毛額全面衡量一國的整體經濟活動，但衡量的是產品總量之市場價值，未能衡量商品品質、休閒價值、生活品味等福利的享受，亦未扣除公害污染、治安、交通等外部成本對經濟福利之不利影響。此外，以市場價值為計量標準，遺漏了地下經濟及未在市場交易的生產成果所創造之國民經濟福利。

為改善以國民所得作為經濟福利指標的缺失，陸續有其他修正指標提出；但是非以市場價值為計量標準則失之主觀，且各國價值觀不同而難有統一比較標準，因此其他指標多只作為參考，無法完全取代生產毛額成為主要指標。

所得分配（income distribution）衡量不同家戶間相對所得之差異大小，以了解總所得分配至家戶部門的情形，亦即經濟體內每個人真正享有的總體生產成果與所得水準。一般以平均每人實質所得作為國民經濟福利指標，因生產毛額衡量一經濟體的生產成果附加價值，再調整為平均每人實質所得，即可概括了解一般人民所享有的經濟福利，亦可表達一國的經濟實力；但平均數並非每人真正分配到的福利，並無客觀標準的公平分配方式。

不均度（inequality measures）衡量不同家戶間所得之不均程度，作為所得分配的指標。所得分配愈不平均則不均度愈大，反之愈平均則不均度愈小。

0 ≦吉尼係數≦ 1

不均度簡化指標以統計學中的分位法，例如十分位法將家戶依其所得高低排列分為十等分，計算最高所得 10 % 家戶總所得相對於最低所得 10 % 家戶總所得之倍數。最高與最低級距所得倍數愈大，表示不同所得家戶間相對所得之差異愈大，亦即低所得者與高所得者之間的貧富差距愈大，所得分配愈不平均。

因勞動市場供需、個人的能力、職務、地位、時運等差異，使其要素所得不均等。非生產性經濟活動如贈與、遺產等移轉性收入，以及資產價值變化差異等，更拉開貧富不均的距離。

國民所得並不包括股票、房地產增值的交易所得，如果把這部分的財產所得納入，所得差距還會更大。

一個家戶單位（家庭或個人）的所得，不能維持最低生活水準（食衣住行基本支出），通常以能夠維持一個家戶單位足夠營養之食物費用乘以 3，低於此一所得水準即是絕對貧窮（absolute poverty）。

一個家戶單位的所得水準較平均水準為低之情況，通常一個家戶單位所得低於全國平均所得的四分之一時，為相對貧窮（relative poverty）。

關心極端不公平現象跟仇富完全無關，得益者覺得自己目前的待遇是理所當然，沒察覺不均的存在，也無法理解弱勢者。無法感受到社會和經濟正在出現問題，導致受害者妒忌，得益者麻木。需要正視和體諒受害者的不安，才能夠得到和諧的社會。

政府在整體社會全面實施的強制保險制度，家戶單位平時繳付金額不大

之保險費用，遭遇生、老、病、死、災難、失業等事故時，可以獲得保險金額，以減輕對家戶單位基本生活的影響，社會保險（social insurance）又稱為社會安全制度（social security）。

政府對無力生活者社會救助（social assistance），以支付現金或供應實物等方式，協助低收入貧戶、殘障人士、孤苦老人等，能夠維持基本生活。

落後（under－developed）國家又稱為低度開發（less developed）國家，主要特性為國民所得低、人口多但文盲比例高、出生率高但死亡率亦高，儲蓄少而難以增加投資累積實質資本，教育程度低且營養不良使人力資本無法提升，市場需求不足而缺乏創新誘因與專業分工以增加產出，而形成貧窮惡性循環。

落後國家的經濟活動通常以層次較低之初級產業為主，如農牧、漁獵、採礦等，技術與制度亦停留在原始落後，不能配合經濟發展需要。若國家致力於經濟發展而有所改善，則稱為開發中（developing）國家，兩者通稱後進國家。

先進（advanced）國家又稱為已開發（developed）國家，主要特性為國民所得高、教育程度高、都市化程度高、嬰兒死亡率低而平均壽命長；儲蓄多而易於累積資本，專業分工與規模經驗有利增進技術能力，市場需求擴張而刺激投資與創新，生產力提升使所得進一步提高；但因生育的機會成本提高而降低了勞動人口成長率，經濟成長率亦漸趨平緩。先進國家的經濟活動通常以層次較高之二級產業為主，如輕、重工業等製造業，並足以支持發展三級產業，如旅遊、金融等服務業。

💡 生活智慧：慎重面對相對剝奪感

相對剝奪（Relative Deprivation）指主觀價值期望與客觀價值成就間之差距，可能是因為期望上升的相對剝奪，或是成就遞減的相對剝奪。主觀期望的成長大於客觀成就的成長，即成為進步的相對剝奪感。當對於一件事情的價值期望（感情認為在物質上應該要擁有）大於價值能力（兌現價值期望所需的潛能）時，就會產生相對剝奪感，最容易發生在貧富差距懸殊的社會。如果全部的人都很窮，也無從了解外面世界的富裕，在缺乏比較來建立期望的狀況下，可能不會產生巨大的相對剝奪感。

當一個社會發展到一定程度的富裕之後，產生對於生活水準應該提高的期望，但卻無法有效提升收入時，便會產生現在比過去窮的相對剝奪感，因為對於生活水準的期望比實踐能力來的高，因而產生落差。外

在環境的變動造成自己經濟狀況下降，例如經濟不景氣而裁員，只要求維持過往生活水準，但卻因為失業或低薪失去維持生活水準的能力，進而產生相對剝奪感。當全球經濟成長，進而期望提升生活水準的同時，如果總體競爭力反倒衰退，導致提升生活水準的能力不但沒有增加，連維持過往生活水準的能力都減少，而產生相對剝奪感。

相對貧窮是一種比上不足的心態所造成的貧窮，無法再獲得至少維持過往生活水準的能力，期望與實踐的能力產生落差，進而造成貧窮感。原因可能是自己的能力衰退，可能是別人的競爭力提高；找出問題所在，積極提升競爭力，填平期望與能力之間的落差，是最有效解決相對貧窮感的最好方法。當一個社會充滿越多信任的價值，就越能抵抗外來的壓力，承受一時的困頓並包容彼此的不完美，挺過災難的威脅；珍惜自己擁有的一切，懷抱感恩與信任，以微笑面對所處現實的挑戰。

相對剝奪感的核心不是在於擁有多少，也不是擁有的是否比別人更多，而是覺得自己應該得到更好但是卻沒有。房價不斷攀升，對投資客的不滿就是來自相對剝奪感，因為原本可以買到的房子被投資客奪走了。將心中的更好視為理所當然，於是被困在相對剝奪感的不滿中所苦。社會的現實與太多自己無法控制的事情，不是努力就可以得到，知足常樂是降低焦慮與痛苦的良方；認識與理解為什麼理想與現實會有差距，在合理的基礎上指出可以改進之處。

相對是來自於比較，人們習慣性地去比較與他人之間的不公平待遇，過去的自己也可能是拿來比較的對象。原本認定是屬於自己的東西，因為某些原因無法如預期得到，再加上發覺竟然在他人手上，一經比較在內心產生不公平的感覺，受到剝奪的一方感覺到不公平與受委屈而憤怒。如果經濟成果跟都市傳說一樣，只有聽說卻看不到，政府應該聆聽人民真實的感受，慎重面對多數民眾的相對剝奪感，盤點受創產業並加強協助其轉型升級。

經營管理：功能所得分配共享經濟成果

每人提供的生產要素與所獲得之報酬不同，功能收入分配（function income distribution）就是以生產要素為主體的分配，即根據在社會生產中發揮的作用或貢獻大小來分配生產成果。

薪資為勞資雙方主要的交換條件之一，但若因雙方對薪資內容的認定差異，不符合勞工期待或分配不公平，將導致勞資衝突的發生。公平性可分為內部公平性（internal equity），係組織內職位間公平價值

確立的程度；外部公平性（external equity）亦稱為外部競爭性，係組織內職位薪資水準具有市場競爭力的程度；個人公平性（individual equity）又稱為個人激勵性，即組織獎勵個別員工工作表現的公正性。程序公平牽涉到整體薪資管理流程的公平性，包括職位評價的合理性與績效評估的公正性等；而分配公平係薪資管理的結果，如調薪、分紅額度等，是否符合員工的公平認知。

　　確認組織內不同職位的個別價值需要透過工作評價來完成，決定職位相對價值的系統性流程，目的在建立內部工作價值結構，對敘薪公平性的影響甚大。調整分紅比例多一點給表現出色的部屬是企業常見的激勵方式，希望藉由獎勵酬謝員工過去的付出，並且期待在未來能有更好的表現。經濟性的激勵手段在企業經營很常見並無不妥，不過問題就出在實施的時間點。例如為了獎勵這些年來的貢獻而決定在今年做出獎勵，部屬想到過去自己的付出沒被看見，不悅的感覺油然而生，這種憤怒來自於現在與過去的自己比較而來的相對剝奪感。組織內部的不公平感覺會蔓延傳染，最後削減了員工主動積極的動力。

　　當員工有優異的表現，在上位者給予適當的獎勵本是美事一椿，能再細膩觀察部屬心理感受才能避免好心做壞事。企業主管深知會帶給組織發展不利的影響，所以極力避免員工之間的不公平，但是卻常常忽略有一種剝奪感是來自於員工個人與自己的比較，關鍵因素在於時間。當企業考核制度設計偏向以時間區隔結算員工績效時，就應該在當期給予員工明確的獎勵，過時的獎勵不但無法發揮及時的效果，更可能觸發員工過去被剝奪的聯想。若企業經營上無法在當期給予員工實質獎勵時，也必須透過對話及時肯定員工的表現，讓員工清楚他的付出有被看到。

　　功能收入分配旨在說明要素價格的形成，如工資和利潤率，以及國民收入中生產要素如勞動、資本和土地的相應份額，直接影響生產要素的合理配置、生產效率的提高和生產力的發展。近幾年受僱人員報酬占比攀升，應與基本工資調漲、薪資所得成長有關，所得分配情況稍有改善，營業盈餘占比則呈下滑趨勢，顯示企業更願意將經濟成果與勞工共享。從事於部分工時、臨時僱用這類非典型工作，薪水不到全職者的一半，雖有工作但收入極低，正是處於工作貧窮（working poor）的一群人。功能所得水準是由其稟賦及市場來分配，所得分配不均除了容易造成社會對立，也不利於經濟成長。

$ 投資理財：資本所得錢滾錢富者愈富

　　資本所得是資本錢滾錢滾出的所得，工作的薪水加上投資的獲利，就是整體的所得。台灣最有錢的1%家庭享有全台總所得11%，因為政商關係、資訊來源等優勢，無論股票或是房地產投資報酬都比一般人高，形成富者愈富的局面。財富前20%的人薪資所得占75%，資本所得占18%；財富前1%的人薪資所得占比降至51%，資本所得則攀升至39%；最有錢的前千分之一、萬分之一者，資本所得占比分別為61%、78%。

　　頂層富人的收入來源主要為資本所得，且越有錢越依賴資本所得的收入。大量的財富從頂尖1%向下移轉，分配給中產階級，相對於過去財富集中在少數富人手中，現在有25%～35%的財富分配給中間40%的人，更多人可以享有財富帶來的好處。資本報酬率越高，累積資本的速度越快，當累積速度超過經濟成長的速度時，資本就容易集中少數富人之手。

　　資本越雄厚報酬會越高，財富較多的人較能承擔風險，因而投資高報酬的高風險資產；由於資本的規模效應，有錢人更能進行多元資產配置，投資比一般人有效率。資本所得比是國民資本與國民所得的比值，國民資本是一國持有的國內房地產、股票與其他國外投資。資本所得比越高，表示一國資本相對於所得越重要，也就是財富將比工作更具優勢，推動貧富差距擴大。

　　資本所得是利用資本賺取的收入，企業家投資廠房設備生產商品，或是股民投資股票賺取股利或價差，投資房地產收取租金或賣出也是資本收入，資本收入就是錢滾錢，滾的越快報酬越高就賺越多。雖然散戶能夠買股票錢滾錢，但資本市場獲利大部分還是被大戶賺走，當資本所得占比越高，意味有錢人靠資本賺錢比一般人靠勞力賺錢越多，貧富差距將擴大。隨著經濟發展程度越高，產生越多的資本，再加上科技的進步，資本的多元性也變高，導致富人錢滾錢滾出更多財富，而工作的人所賺的薪水比不過錢滾錢，這便是貧富差距擴張的原因之一。

　　每個人的經濟狀況不同，對生活水平的要求不同，消費習慣也不同，因此對財富自由的定義不盡相同。當發現自己賺更多錢，卻沒有更自由與更快樂時，不知為何而戰。想過什麼樣的生活與人生，把錢投資在更能創造價值的地方，持續投資未來以帶動持續增長。不知道最終目標是什麼，就不會知道原來還有其他方法，最後的結果就是陷入當下。

經營人生得像經營公司一樣思考，將複雜的商業知識運用在人生中。當企業擁有穩健的自由現金流，才有本錢投入市場成長與其他長期業務，可以大幅降低突如其來的資金風險。自己要能創造穩定的自由現金流，若持續投資卻自由現金愈來愈拮据，就該考慮停損轉向了。隨著個人逐步成長，在相同項目上的邊際效益也開始遞減，繼續投入效益已經不大，也可以考慮停利，將資源投入在其他成效更好的項目上。

三十二、泡沫經濟～通貨膨脹

泡沫經濟經常由大量的投機活動形成，由於缺乏實體經濟的支撐，因此其資產猶如泡沫一般膨脹卻容易破裂。

泡沫經濟發展到一定的程度，由於支撐投機活動的市場預期破滅，而導致資產價值迅速下跌，稱為泡沫破裂。20世紀出現過多次泡沫經濟浪潮，主要在房地產市場和股票市場等交易領域大幅投機炒作上漲，一旦泡沫經濟破裂，將波及到一個國家的大多數產業甚至國際經濟。

物價膨脹（inflation）係社會上多數財貨勞務之價格持續上漲的現象，亦即代表整體平均物價水準的物價指數不斷升高，買方須多付貨幣才能購買，一般又稱為通貨膨脹。因貨幣的實際購買力降低，若貨幣的名目所得未增加或增幅較小代表實質總所得減少，經濟體內國民維持原來生活水準的成本提高，甚至被迫降低生活水準。

兩期間平均物價水準的變化百分比，亦即由上期（$t-1$）至本期（t）之物價指數的變化幅度大小。

通貨膨脹率＝【（$PI_t - PI_{t-1}$）/ PI_{t-1}】×100 %

物價緊縮（deflation）係社會上多數財貨勞務之平均價格持續下跌的現象，亦即物價指數不斷下降，一般又稱為通貨緊縮，常導因於經濟活動衰退；買方支付成本降低，但賣方利潤降低而減少生產，因此伴隨高失業率，痛苦指數反而提高。

需求拉升通貨膨脹（demand－pull inflation）因消費、投資、政府支出、貿易出超等經濟活動需求擴張或貨幣數量寬鬆（貨幣供給量大量增加），使總需求增加（AD線右移），則市場物價上漲（$P_0 \rightarrow P_1$）且產出（就業）增加（$Y_0 \rightarrow Y_1$）。

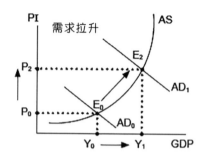

當 AS 線較平坦（供給彈性大）時，產出增加較大而物價上漲較小，為良性溫和通貨膨脹，可採取開放性自行調整。若 AS 線較陡直（供給彈性小），生產接近充分能量，只要產品需求增加，更助長物價膨脹，產出增加較小而物價上漲較大。易成為奔騰式通貨膨脹，應採取抑制性的緊縮政策，妥善控制貨幣數量，對投機過熱之經濟活動降溫，並設法避免人民對通貨膨脹之不當預期。

良性溫和的通貨膨脹，利潤分配與薪資報酬增加，使實質總所得增加。賣方利潤提升而誘發投資增加，因此適度通貨膨脹有助於景氣復甦。

成本推動通貨膨脹（cost－push inflation）因薪資、地租、利息等要素支出或原料、設備等成本上升，使廠商減少供給（AS 線左移），則物價上漲（$P_0 \rightarrow P_2$）且產出（就業）減少（$Y_0 \rightarrow Y_2$），實質總所得明顯降低，失業率及物價水準同時上升，對經濟活動的正常運作有不利影響。應採取抑制通貨膨脹的政策，改善經濟結構與經營環境，降低廠商生產成本並協助其擴大產出而增加供給。

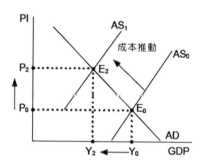

當進口財貨勞務之價格上漲，造成國內支出成本上升，並帶動國內市場物價上漲且產出減少，又稱為進口型通貨膨脹（imported inflation）。若基本

工資率提高大於勞動生產成長率，造成廠商支出成本上升，並帶動商品市場物價上漲且產出減少，造成成本推動的通貨膨脹，又稱為工資推動型通貨膨脹（wage － push inflation）。廠商為提高利潤，以減產哄抬商品價格上漲大於成本上升，又稱為利潤推動型通貨膨脹（profit － push inflation）。產出成長停滯而物價上漲的通貨膨脹稱為停滯性膨脹（stagflation），低產出和高物價膨脹率同時存在，通常發生於成本推動通貨膨脹。

石油和糧食價格飆漲，會導致通貨膨脹進一步上揚和抑低經濟成長。在通膨加劇及經濟衰退下，各國普遍面臨停滯性通貨膨脹的危機。

通貨膨脹率加上失業率之總和，稱為痛苦指數（misery index）。

失業率高表示許多人失去薪資所得，整體名目總所得減少；通貨膨脹率高表示貨幣的實際購買力降低，亦即整體實質總所得減少，因此痛苦指數高，表示經濟體內的國民所享有之社會福利水準降低，而經濟民生之痛苦程度提高。

在溫和通貨膨脹時，經濟社會自行調整的不利影響較小，可採取開放性通貨膨脹（open inflation），政府不干預物價水準的持續上漲，而任由市場機制自行調整到供需均衡之價量水準。在奔騰式或惡性通貨膨脹時，採取抑制性通貨膨脹（repressed inflation），政府應採取有效的政策，阻止通貨膨脹進一步惡化，設法避免貨幣的實際購買力降低與實質所得減少的不利影響。

資產在經歷一個連續的漲價過程後，其市場價格遠高於實際價值的經濟現象稱為泡沫經濟（bubble economy）；漲價預期吸引新的買主牟取利潤，並不關心資產本身的狀況和盈利能力。一般通過股票市場和房地產市場反映，由虛假的高盈利預期投機帶動，並不是實際的經濟增長；國家經濟的總量虛假增長結構扭曲，助長投機行為並導致貧富兩極化。一旦泡沫破滅價格回歸價值，在泡沫形成過程中發生的債權債務關係形成信用危機，金融機構出現大量的不良債權，國民經濟的運行帶來衝擊和危害；上市公司股價下跌後，其籌資能力和償債能力削弱。

💡 生活智慧：經濟軟著陸與硬著陸

經濟從擴張轉向收縮的轉折點，比喻為飛機的著陸，如果平穩度過了危機階段，就被稱為經濟軟著陸（soft landing）；反之就好像一架飛機一頭栽到了地上，被稱作經濟硬著陸（hard landing）。投資過多、信用過度擴張和物價飛漲，是經濟危機的先導信號，當國民經濟的運行經過一段過度擴張，超出了其潛在增長能力之後，於是經濟將回落。

人造衛星、宇宙飛船、航天飛機等飛行器，利用一定裝置改變運動軌道，逐漸降低速度，最後不受損壞地降落到指定地區。政府採取緊縮信用、壓縮投資等措施來降溫繁榮中的經濟，平穩滑行後就可以回落到經濟適度增長區間。軟著陸漸進而平緩，追求漸進發展可隨時調控，後遺症少但時較長；硬著陸強力而迅速，但風險較大，過程難以控制，有時會嚴重到難以收拾。

當國際原料價格持續上漲，帶動國內市場物價上漲，為進口型成本推動通貨膨脹，對景氣復甦不利，即產出成長停滯而物價上漲的停滯性膨脹。工業品出廠價格（PPI）、原材料燃料購進價格分別上升，將很快傳導到 CPI，進口大宗商品價格上升趨勢明顯，顯示在不斷輸入通貨膨脹，將助推未來的 CPI 數據。

硬著陸是在較短的時間內採用強力政策，犧牲較多的國民收入將通脹率降到正常水平，優點是立竿見影，公眾尚未來得及預期就已經達到了政策目的，缺點是經濟震動較大，通常有很大的副作用。軟著陸緩解經濟過熱所採取的措施力度小，可能經濟恢復慢但副作用不大，採用連續的政策組合，平穩的將通脹率降下來，優點是收入相對犧牲較少，缺點是時間較長，且受公眾預期影響變數較大，不一定能達到合適的效果。

如果一國實行的政策過緊，接著出現大規模的通貨緊縮，導致失業增加經濟速度下滑過快，就是經濟硬著陸。如果一國實行了緊縮政策，使得過快增長的經濟速度平穩的下降到一個合適的比例，而沒有出現大規模的通縮和失業，就是經濟軟著陸。經濟結構更加合理，實現充分就業，並使得通脹率降到合適的區間，可以稱為軟著陸成功。

為避免出現不動產開發業倒閉潮，進而衍生更為嚴峻的社會問題，央行緊盯房貸與土建融資，以期房市景氣朝軟著陸發展。房市在經濟快速成長過程，不夠健全的財經稅制極易因人為因素導致投機炒作，終致泡沫破滅，台灣從各國的經驗當中學習控管風險，逐步引導房市朝軟著陸方向發展，以免進一步衝擊整體經濟。台灣房市也曾歷經硬著陸的慘痛教訓，1990 至 2003 年間房市陷入 L 型谷底盤整，在長達十三年的盤整期不少建商倒閉，流動性風險引發一連串系統性風險，有多家金融機構遭連累倒閉，包含信用合作社、農會等。短期間重稅齊發，房市景氣也因此急轉直下，造成投資客大量拋售，龐大的空屋、餘屋供過於求情況加劇，房市潛藏從軟著陸轉變成硬著陸的風險。近年主管機關不斷加強監理控管，不致重蹈覆轍。

👤 經營管理：經濟結構不平衡的通貨膨脹

經濟結構轉變，導致需求拉升通貨膨脹與成本推動通貨膨脹並存的結構型通貨膨脹（structural inflation）。產業前景樂觀而規模擴充，使生產要素需求大增，而要素價格（成本）上漲，造成成本推動通貨膨脹；經濟活動需求擴張使經濟體的總需求增加，造成需求拉升的通貨膨脹。當出口擴張貿易順差，則國內貨幣數量增加，國民所得水準提高而增加消費等經濟活動需求，造成需求拉升的通貨膨脹，且出口產業生產要素需求大增而成本上漲，導致成本推動通貨膨脹，又稱為出口型通貨膨脹（exported inflation）。

當總體需求不變，某些特別的商品需求激增，如果造成整體物價往上走，就會變成成本推升的通貨膨脹，繼續再發展成結構性的通貨膨脹。某些產業的需求急增，可是其他產業不見得需求增加，彼此之間的資源和人力移動跟不上，也會造成結構性的通貨膨脹。如果新的綠能跟不上，舊的能源退場不及，全世界的能源危機和缺水、缺電的情況也會發生。經濟結構發展不平衡，常連帶引發城鄉差異與區域人口流動等問題。

經濟結構的不平衡主要有供求結構、產業結構、生產率結構、開放結構等。一些部門的需求旺盛，因此工資和商品價格上漲，但需求不變或減少的部門，並不會降低工資和價格，而是會向需求旺盛的部門看齊，造成整個經濟的物價上漲。在經濟結構的變化中，由於某一部門的勞動生產率提高而增加貨幣工資時，將引起其他部門向它看齊，整個經濟產生由工資成本推進的通貨膨脹。

通貨膨脹首先給工人和農民帶來深重的災難，貨幣購買力不斷下降，實際工資急劇下降，生活日益貧困，一般公職人員和知識分子的薪金也不能按物價上漲的程度而相應增長。物價上漲過程中，農民等小生產者不得不以高價購買工業生產的商品，低價出賣自己的農產品和手工產品，因而更加貧困。通貨膨脹卻給壟斷資產階級帶來極大利益，導致貧富差距越來越大。通貨膨脹的財富重分配效果（wealth reallocation effect），實質所得由報酬收入者（如勞工、債權人、存款人），轉移分配給報酬支付者（如老闆、債務人、銀行）之不公平現象。非預期通貨膨脹（unexpected inflation）因相關資訊不足、突發變數干擾、經濟環境不易精確分析預估等因素，使實際通貨膨脹率與預期通貨膨脹率之間存在差異，而不易採取必要措施調整，因此提高通貨膨脹的不利影響。

價格持續上漲的各種財貨勞務中，產品與要素價格的變化等幅，平衡性通貨膨脹（balanced inflation）即經濟體內的收入者與支付者之相對價格維持不變，則原先的經濟活動與福利水準不變，也就不會發生通貨膨脹的不利影響。各種財貨勞務、產品與要素價格的變化不等幅，非平衡通貨膨脹（unbalanced inflation）造成經濟活動參與者間之相對價格改變，更加大資源重置及財富重分配效果的不利影響。國際間之非平衡通貨膨脹，將使通貨膨脹率較高者之相對物價與成本偏高，而降低出口競爭力。

$ 投資理財：抗通膨概念股資金避風港

將對抗通貨膨脹題材的相關產品開發、設備製造、技術服務及業務銷售的所有公司股票，一併列入選股概念。良好適應通膨環境的公司可以提高價格，不斷產生現金流。通膨時貨幣貶值，房地產是不錯的標的，會升值且可以在轉售時重新定價。面對荷包逐漸縮水的通膨環境，關注資產營建、肥料、紡織、鋼鐵等抗通膨概念股。通脹債券（I Bond）利息回報與 CPI 掛鉤，通脹率愈高利息回報便會相應提高，達到抗通脹的效果，投資者能確保有適當回報。

受需求強勁、供應鏈擁塞、勞動力短缺及原物料價格飆漲影響，推動食品、汽油、住宿及汽車價格上揚，通膨壓力居高不下。舉凡原物料、運輸、石油、天然氣等各種基礎需求價格調升，投資人可以針對升息受惠股以及具備成本移轉能力的民生股，以確保不會受到通膨影響而有太大的侵蝕。萬物皆漲但民眾仍需滿足基本需求，食品股抗跌，原物料股具有轉嫁成本能力，生活類股如超商等通路因門市多、方便性高，在通膨壓力下仍有獲利支撐。

隨美股科技巨頭率先修正，估值偏高之電子股承壓，具低基期、低本益比優勢的傳產股反倒成資金避風港，鋼鐵、油電燃氣、造紙、航運等傳產股出線。許多大宗物資例如原油、鐵礦石、黃豆小麥玉米、玻璃等大漲，相關原物料股如鋼鐵、塑化、航運等股價也因此受惠上揚。不過經濟恐怕有衰退的風險，對中下游廠商的庫存回補相當不利，原物料還需要更進一步的實質利多，來強化通貨膨脹的預期心理。在能源轉型和淨零碳排的長期趨勢下，企業針對減碳、塑膠、糖及水等實體產品的社會成本被迫增加，未來可能將共同面對綠色通膨壓力。全球推動綠色經濟、節能減碳，對舊經濟投資、供應都下滑，結果推高原物料、金屬等相關產品價格。

原油供應不足加上能源飆漲,帶動生產中間原料的乙烯、聚氯乙烯等材料同步創下天價,隨原油價格攀高再推升塑化報價,台塑四寶等塑化族群持續成為資金避風港。銀行與壽險利差谷底已過,金融股穩定配息政策,可視為穩健防禦型標的。通膨惡化對終端消費的打擊,代工廠無法轉嫁高原料成本的現象充斥各產業企業,布局抗通膨之高殖利率類股與原物料類股、升息受惠之銀行類股、戰爭受惠的軍工國防與綠能類股,以及剛性需求支撐之必需消費、雲端資料中心、汽車電子等族群。

有能力將成本轉嫁給客戶的業者獲利能力相對不受影響,留意處理供應鏈能力較強者,如奢侈品、酒和大型潮牌等,即使定期性調整漲價,仍不影響消費者的忠誠度。轉換成本、無形資產、網絡效應、成本優勢和規模經濟等都是企業打造護城河的要素,主導產品或服務的定價權,可將成本轉嫁給客戶,獲利能力較不受影響。優質品牌受到中產階級和富人階級的追捧,業者轉嫁成本,較有能力應對供應鏈問題,甚至進行數位平台投資,以具備強勢定價能力的高品質企業為優先。

三十三、草莓族、啃老族～失業問題

草莓族廣義來說泛指所有抗壓性低的族群,有抗壓性低、承受挫力低、忠誠度低、愛生氣、服從性低、穩定度低、個人權益優先於群體權益的特色。尼特族(NEET;Not in Education,Employment or Training)是指不就學、不就業、不進修或不參加就業輔導的年輕人。尼特族一詞最早出現於英國,之後其他國家也開始使用。2013 年在英國,18 歲至 24 歲的青年中,有 1/5 無工作,是 30 年來最高紀錄。同樣的問題也出現在歐盟各國,特別是東南歐家庭觀念深厚,有些屆中年還仰賴與父母同吃住,是世界性的社會問題,往往出現在經濟發達高增長、生活高水準國家的待業青年階層中。

在台灣稱之為啃老族,依附家人而不就業,除了本身沒有自行謀生能力外,也造成家人的負擔;加速家庭經濟的危機,消費趨於保守而進一步拖累景氣。實際上台灣的高工時、低工資、低生育率、高貧富差距等社會問題,因為指責草莓族的輿論而變得更嚴重。不但對勞工不友善,許多父母只會要求子女認真工作;當資方在指責草莓族,社會大眾也應該譴責只想壓榨勞工的資方。

適齡工作人口（working-age population）在總人口中，以完成九年國民義務教育的年齡為界，年滿15足歲及以上之平民，為適齡投入勞動要素之人口；而未滿15足歲之國民，必須接受義務教育，還不能進入工作職場，則為非適齡工作人口。義務役軍人及監管人口則無自由意志選擇工作，非屬適齡工作平民，通常不列入統計。

總人口＝適齡工作人口＋非適齡工作人口

在適齡工作人口中，有基本能力且有積極意願投入工作者為提供勞動供給之勞動力（labor force）；而衰老、殘障、失能等無基本能力工作者及全職學生、家庭主婦、提早退休、自願遊民等無積極意願工作者，均為非勞動力。

適齡工作人口＝勞動力人口＋非勞動力人口

勞動力人口占適齡工作人口之百分比，勞動參與率（labor force participation rate）即在適齡工作人口中有基本能力且有積極意願投入工作之人口比例，表示一經濟體內的勞動潛能。

勞動參與率＝（勞動力人口／適齡工作人口）×100％

勞動力人口中，在職場支領工作報酬，或在企業無酬每週工作15小時以上均可視為就業（employment）；而積極找工作卻不能就業之超額勞動供給者則為失業（unemployment），是勞動市場供需失衡的現象。

勞動力人口＝就業人口＋失業人口

失業人口占勞動力人口之百分比，失業率（unemployment rate）即有基本能力且有積極意願投入工作之勞動力中（勞動供給），想要找工作卻不能就業（超額勞動供給）之人口比例。失業率高表示許多人失去薪資所得，則總所得減少，而投入要素減少使總產出減少，代表整體社會經濟福利降低，是痛苦指數的重要指標之一。

失業率＝（失業人口／勞動力人口）×100％

失業人口、就業人口、勞動力人口、非勞動力人口之間的流動轉換，勞動異動（labor turnover）包括就業人口轉職繼續工作就業、就業人口解職成失業人口、就業人口退職成非勞動力人口、失業人口找到工作成為就業人口、失業人口放棄找工作成為非勞動力人口、非勞動力人口轉而積極找工作成為勞動力人口（就業人口或失業人口）等。失業問題依其發生原因，通常區分為摩擦性失業、結構性失業、循環性失業。

翻轉吧～經濟學！給您看得懂用得到的經濟原理

正常的勞動異動，包括就業人口轉職以及非勞動力人口轉而積極找工作，勞動市場供需雙方因資訊不足發生短暫失衡的現象，在搜尋過程尚未找到工作前的失業狀態，稱為摩擦性失業（frictional unemployment），又稱為過渡性失業（transitional unemployment）。摩擦性失業問題是並非勞動需求不足，新進勞動力增加會造成摩擦性失業提高，而資訊技術進步或諮詢管道暢通，可以減少勞動市場搜尋時間，供需雙方各得其所而降低摩擦性失業，並降低隱藏性失業及自願性失業而提升生產力。

　　每年畢業季節失業率偏高，因全職學生由非勞動力轉而積極找工作成為勞動力；新進勞動力增加在尚未找到工作之前，造成摩擦性失業提高。

　　經濟結構轉變，如市場競爭條件、產業生產技術、地區發展轉型等之改變，使原來就業人口無法配合新的勞動需求，因缺乏勞動移動性而失去工作機會，稱為結構性失業（structural unemployment）。與產業生產技術轉變有關者，又稱為技術性失業（technological unemployment）。

　　結構性失業問題是沒落產業或地區的勞動市場需求減少，發生局部失衡的現象，因此員工職業訓練、教育程度提升、第二專長培養、地區平衡發展等方式可以增加勞動移動條件，降低結構性失業並且有助於產業轉型升級。

　　我國經濟發展經歷多次產業結構轉變，未發生嚴重失業問題，因產業轉型升級，新興產業仍有大量的勞動需求，教育程度提升降低結構性失業。

　　經濟波動景氣循環至衰退蕭條階段，經濟活動低迷導致各種財貨勞務需求減少，生產減少使勞動要素之引申需求減少，因經濟衰退而遭辭退或找不到工作稱為循環性失業（cyclical unemployment）。循環性失業問題是因全面性勞動需求減少，亦即各產業或地區的勞動市場普遍發生供需失衡的現象，因此在最低基本工資率限制下，只有擴張性的政策提升景氣，全面增加勞動需求才得以降低循環性失業。

　　摩擦性失業及結構性失業又稱為自然失業（natural unemployment），在經濟體系正常運作下不可避免，且為局部而非全面之現象，對經濟長期發展亦未必不利。就長期而言，失業率應維持自然失業率的規模，又被稱做長期失業率。自然失業率是充份就業下的失業率，當失業率等於自然失業率（摩擦性失業率＋結構性失業率），即循環性失業＝0，可稱之為充分就業（full employment），表示生產要素資源充分運用，其所能為經濟體創造之最大總

產出則稱為潛能產出（potential output）。未充分就業即代表有循環性失業存在，其總產出低於潛能產出之差額即是失業成本，對經濟體有全面且不利的影響。

💡 生活智慧：誰是隱藏性失業

隱藏性失業（disguised unemployment）指沒有反映在政府失業統計中的失業人口，表面上雖然並非完全閒置，卻沒有完全發揮其應有的生產能力，官方統計數據往往低估了失業率。廣義失業率的計算，要將非勞動力中想工作而未找工作且隨時可以開始工作的人數加以併入計算。

失志工作者（discouraged worker）無積極意願工作，為非勞動力而非失業，失業人口因長期不能就業，挫折氣餒而放棄找工作，但可能成為貧窮遊民或犯罪人口，造成社會問題。在景氣長期蕭條時，因失志工作者增加而低估失業率，誤以為經濟衰退並不嚴重或景氣即將復甦；反之景氣開始復甦，因失志工作者轉而積極找工作成為勞動力人口，但未能立即找到工作而高估失業率，甚至誤以為經濟衰退更惡化，因此失業率被視為觀察景氣變動之落後指標。

在失業人口中，因不願勉強就業而繼續尋求較佳之工作條件者，失業救濟條件寬鬆會造成自願性失業（voluntary unemployment）提高。在就業人口中，因勉強工作或被迫降低工時等因素，而未能充分發揮生產力者，又稱為低度就業（underemployment）。景氣走緩之初企業會減少工時因應，無薪假名為就業實與失業相若，經濟學家也把工時過低者視為隱藏性失業，因就業人口並未提高產出，且高估總產出之潛能及勞動市場就業狀況，錯估經濟衰退之嚴重性。

只有想工作而未找工作者，也不乏只會空想而不務實找工作者，曾經認真尋職卻屢屢受挫，以致退出勞動市場者也不在少數，對於這些屢戰屢敗的非勞動力更需要社會的關懷與協助。長期失業定義為失業持續時間超過一年以上者，因為長期無法找到工作，失業者所具備的技能逐漸落伍、積蓄逐漸用罄，進而對於社會產生疏離或不滿，不僅要重新返回職場有其困難，甚至對於社會產生報復的心裡。

負責人力資源調查統計的機關是行政院主計總處，每個月會進行當月的統計工作，結果會在次月下旬公布。有些行業對勞動力的需求是隨季節的變動而波動，如受氣候、產品的式樣、勞務與商品消費需求等因素的影響，出現勞動力失業的情形，主要發生在農業或營建業，由於間

歇性生產特性而造成的失業稱之為季節性失業。農村經常會有過剩的勞動人口，只有在農忙時節才有短期的工作可做，但在政府就業統計中並不列入失業人口。台灣普遍存在之家庭地攤經濟，就業人口並未提高產出，因隱藏性失業而低估失業率。

　　勞參率的下滑反映退出勞動市場的人數增加，若願意等待情勢好轉重返工作崗位屬於失業者，若不願等待而暫時不找工作則屬於非勞動力。調查發現國內 80 多萬名非典型就業者有兩成找不到全時工作，依國際定義每周工時低於 16 小時且希望增加工時者，可算是隱藏性失業。國內經濟成長未反映在薪資上，勞工薪資長年停滯，不少企業以臨時工取代專任員工，若變成勞動市場常態，勞工日子將愈來愈難過。

🧑 經營管理：勞資協調共體時艱

　　當失業率長期高於自然失業率，自然失業率亦將隨之提高，而使失業率長期維持偏高水準，稱為磁滯現象（hysteresis）。失業人口因長期不能就業，不了解新的勞動資訊或無法配合新的勞動需求，而加重摩擦性失業及結構性失業。實質產出所得水準與就業率呈同方向變動關係且為一固定常數比例，歐昆法則（Okun's law）即失業率提高 1% 將使實質產出所得水準降低一特定比例。經濟活動低迷導致勞動要素之引申需求減少，失業率亦將隨之提高；反之景氣開始復甦時，實質產出水準提高一特定比例之後，才會降低失業率。

　　無薪假（No－pay leave）又稱減班休息，泛指在職業場所中，因工作業務或企業獲利縮減，而導致勞方必須縮減工時，與資方不支付勞方休假期間工資的休假行為。企業因應不景氣，利用減少勞工工時調節生產的方式，延續與勞工的僱傭關係，是等待景氣恢復之前的短期措施。由勞動部發佈的《因應景氣影響勞雇雙方協商減少工時應行注意事項》中進一步規範，為了防止勞工被名稱誤導，將過往無薪假的俗稱正名為減班休息。

　　無薪假不能單方面由雇主來決定，而是必須透過勞雇雙方協商、簽署書面協議書，並且向當地縣市政府機關通報，可參考勞動部「勞雇雙方協商減少工時協議書」，並確實依照約定辦理。實施減少工時／工資的期間以不超過 3 個月為原則，如果有延長期限的必要，就必須重新取得勞工的同意。按月計酬的勞工在放無薪假的期間，雇主仍必須支付每月不低於法定基本工資，即使整個月都沒上班也要給薪。勞工的勞健保、年資仍然持續累積，雇主也必須為勞工提撥退休金。勞工可以尋求兼職，

並不受到原先與公司簽訂的禁止合約限制，但仍然必須遵守不洩漏商業機密的規定。勞工保有隨時終止勞動契約的權益，雇主要比照《勞動基準法》及《勞工退休金條例規定》給予資遣費或退休金。如果無薪假的實施經由充分溝通，且仍有給予員工足夠的生活津貼，可以是員工和企業雙贏的一項制度。

廣義的無薪假指任何不計薪的休假行為，例如事假、留職停薪、或超過天數限制的病假等。公司可以鼓勵員工請事假、特休、補休，但也不能單方面強迫員工排假，在假別上也要依法給付相對應的薪資，否則違法最高可處 100 萬元罰鍰。事業單位如確因受景氣因素影響致停工或減產，應優先考量減少公司負責人、董事、監察人、總經理及高階經理人之福利、分紅等措施。

勞雇雙方如果沒有達成協議，企業仍應依約給付工資，不得片面減少或強行排定無薪假，勞工可依規定終止契約並依法請求資遣費，屬於非自願失業可以申請失業保險給付。無薪假是勞資雙方一起協調共體時艱的方式，一旦訂單和產能恢復，就應該恢復勞工應有薪資。實施無薪假多是迫於無奈，大部分企業還是希望儘快正常營運，但身為勞工卻因此被迫面臨職涯重大轉折，更應該在危急時刻學會如何自保。

⑤ 投資理財：就業報告反映經濟表現

就業報告包括失業率及非農業就業人口，反映經濟週期變化的指標。在經濟衰退的情況下失業率上升，非農業就業人口下降；而在經濟復甦的情況下，失業率下降，非農業就業人口增加。非農就業人數上升代表工商企業表象良好，需要多聘員工，景氣看好。非農就業人數下降，代表工商企業預期未來不需要那麼多人，因此減聘員工縮減成本。

失業率持續上升，代表大家沒工作不敢花錢，無法刺激經濟，景氣變差。失業率持續下降，代表大家有工作會花錢，刺激經濟景氣上升。美國每週公布初次領失業救濟金的人數，由於公布頻率較快，可以當成失業率的前測。時薪成長率越高表示企業需要人才，願意以更高的薪資聘僱員工，代表景氣看好；時薪成長率越低，代表人才供過於求，企業看差景氣。

就業報告是分析師及經濟學家重視的一項統計調查，包含的項目提供預測各經濟部門表現的資訊；除了常被用來預測當月接下來將公布的各項指標外，也描繪出總體經濟表現的健康狀況。在家戶調查中，有工作者會被列入就業中的勞動人口，無工作者將進一步詢問是否正積極尋

翻轉吧～經濟學！給您看得懂用得到的經濟原理

找工作；若無則被列為非勞動人口，若有則被列為失業的勞動人口。雖然失業率屬於景氣循環的落後指標，但對於一般消費者信心會有重大影響；如果無法確保未來工作是否穩當，消費者將採取保守的態度，從而影響總體消費支出。

機構調查統計中，企業提供就業人數、每週工時、加班時數及每小時工資等資料，統計範圍涵蓋財貨及勞務等各行各業，提供各經濟部門的活動概況，並藉此預測未來景氣走向。由製造業就業人口、工作時數和生產力來預估工業生產值，由營建業就業人口的變動狀況來估算房屋開工率，透過就業人數、工作時數及生產力來修正 GDP。景氣熱絡時，企業擴大雇用使就業人口增加、工時增加、甚至工資水準增加，勞動市場趨於緊縮意味生產成本增加，最終產品可能被迫調高價格，而引發通膨危機。

美國就業報告全面強勁，使金融市場對就業低迷的憂慮一掃而空；勞動參與率上升，顯示勞工重返職場；名目工資持續上升，埋下通膨居高不下的火種。通膨升高更快，勞工為彌補所得損失，加上就業市場吃緊，工資將加速上升，而企業新增的勞工成本終將轉嫁給消費者負擔，使工資—物價相互增強，形成通膨上升漩渦的風險明顯升高。貨幣政策正常化已成為各大央行的共識，而美國就業報告也確定 Fed 的緊縮時機將更早、速度更快、力度更強。

非農數據紀錄有收入勞工的就業人口數，也包含了公部門的就業人力；在美國政府啟動基礎建設等計劃之下，會吸納原本傳統行業的就業人口。分析師或投資人常以非農數據提前布局市場投資，當數據好時就代表就業狀況佳，民眾有穩定的收入，商品的購買力也就強，消費增加刺激經濟好轉，未來經濟將有不錯表現。

三十四、見微知著～景氣指標

漢·袁康《越絕書》：「故聖人見微知著，睹始知終。」微：隱約；著：明顯；比喻小中見大。看到事情的些微跡象，就能知道它的真象及發展趨勢。意指看到微小的苗頭，就知道可能會發生的顯著變化。

景氣上揚時會隨之共同上升，景氣低迷時會隨之共同下降的總體經濟變數，稱為順循環變數（pro－cyclical variables），例如產出、所得、就業、物價等指標。景氣上揚時會隨之下降，景氣低迷時會隨之上升的總體經濟變

數，稱為逆循環變數（counter－cyclical variables），例如失業率、存貨率等指標。景氣循環未必完全依序經歷衰退、蕭條、復甦、繁榮四完整階段，且每一階段的期間與幅度各不相同；而經濟活動持續進行，階段結束及循環轉折發生時並不明顯，需要某些經濟活動變數之度量作為判別參考，稱為景氣指標。

　　國民所得、失業率、企業利潤等，依據過去一段期間已發生之事後會計帳或數據記錄，落後指標（lagging indicator）其變化通常在循環轉折發生後才能觀察到，但影響消費者及生產者信心，持續追蹤落後指標亦可確認景氣所在階段或循環轉折發生趨勢。失業率是落後指標而平均工時為領先指標，因為雇用或解雇員工通常需要耗費一定成本，企業在景氣初露疲態時通常會先縮減工時，直到狀況已嚴峻才會考慮裁員；景氣好轉時企業則會先增加工時，確定復甦後才考慮擴大雇用。

　　物價指數、薪資水準、票據交換金額以及企業生產、銷售、貨運數量等，依據正在發生的經濟活動數據記錄，同時指標（coincident indicator）其變化通常在循環轉折發生時即觀察到，可了解當時景氣所在階段或循環轉折。台灣經濟的同時指標，是依據工業生產指數變動率、製造業生產指數變動率、製造業銷售值變動、製造業平均薪資變動率、票據交換金額變動率、國內貨運量變動等六項變動因素綜合編成。

　　產品訂單、建築申請、平均工時、資金流動、物價指數、股價指數等變動，依據影響將來產值的先行經濟活動記錄，領先指標（leading indicator）可由一些徵候先露出訊息，其變化通常可以預期循環轉折即將發生的可能趨向。我國列入製造業新接訂單指數、製造業平均每月工作時數、海關出口值、貨幣供給 M1B、躉售物價指數、股價指數、北市房屋建築申請面積等七項變動率作為領先指標，以 1990 年的綜合指數為 100，逐月計算年增率變動。當領先指標連續三個月下降，則可預知經濟即將進入衰退期；若連續三個月上升，則表示經濟即將復甦或持續繁榮。

　　觀察台灣近期的各項景氣指標，研判我國目前景氣所在階段，以及循環轉折發生的可能趨勢。

　　我國行政院經建會經濟研究處編製並每月公佈景氣對策信號，主要目的在於綜合判斷未來的景氣，藉燈號預先發出信號，供決策當局擬定對策之參考，企業界亦可根據信號的變化，調整其投資計畫與經營方針。目前編製的

翻轉吧～經濟學！給您看得懂用得到的經濟原理

景氣對策信號內容包括：貨幣供給額 M1B、直接及間接金融放款金額、票據交換及跨行通匯、股價指數、製造業新接訂單指數（以製造業產出躉售物價指數平減）、海關出口值（以出口物價指數平減）、工業生產指數、製造業成品存貨率（成品存貨／銷售）、非農業部門就業人數等九項指標。另將躉售及消費者物價指數變動率，以及經濟成長率等列為參考資料。

當個別統計指標的變動率（與 12 個月前比較）超過某一數值時，即分別亮出不同的燈號，每一種燈號給予不同的分數（紅燈 5 分、黃紅燈 4 分、綠燈 3 分、黃藍燈 2 分、藍燈 1 分），每月將九項統計指標所示的燈號分數合計，再綜合判斷當月的景氣對策信號應該是何種燈號。

景氣信號

燈號	分數	景氣
紅燈	38~45	過熱
黃紅燈	32~37	活絡
綠燈	23~31	穩定
黃藍燈	17~22	欠佳
藍燈	9~16	衰退

對策信號亮出紅燈（45 － 38）表示景氣過熱，政府宜採取緊縮措施，使景氣逐漸恢復穩定狀況；綠燈（31 － 23）表示當時的景氣穩定；藍燈（16 － 9）表示景氣衰退，政府須採取強力刺激景氣復甦的政策；二者為注意性燈號，黃紅燈表示景氣活絡（37 － 32），黃藍燈（22 － 17）表示景氣欠佳，宜密切注意其後續之景氣動向，而適時採取因應措施。

耐久財循環當經濟活動開始逐漸擴張向上回升（復甦），人民大量購買資本財與耐久消費財，經濟活動持續擴張向上（繁榮），成長至極高點（頂峰），需求支出逐漸完成，總合需求減少使經濟活動收縮下降（衰退），持續至極低點（谷底），耐久財完成折舊而須更新替換，再度帶動另一次景氣循環。

實質景氣循環傳遞機制：不可預期的實質因素（生產力）衝擊→投資生產（存貨）調整→商品市場供需價格變動→勞動市場供需價格（薪資、生產力）變動→總體經濟活動波動。實質因素提升生產力或市場需求而增加投資，經濟活動擴張復甦，繁榮時持續擴張向上，商品價格上漲，勞動需求增加造成薪資上漲；勞動邊際生產力下降，經濟活動開始反轉向下，總合需求收縮

衰退，使景氣低迷持續至極低點（谷底），再度以實質衝擊發動另一次景氣循環。

影響經濟活動實質層面的實質衝擊（real shock），包括影響總合供給變動之勞動力數量與素質、資本累積數量與品質、技術創新與研發等因素，以及影響總合需求變動之民間消費與投資、政府稅收與支出等因素。技術進步為實質景氣循環理論強調的生產面實質衝擊，是發動景氣循環波動的主因。生產環境破壞導致長期資本外流、人才出走、產業外移等影響，負面供給因素將使廠商減少生產，為實質負面衝擊，是景氣循環反轉波動的主因。

觀察台灣近期的景氣對策信號及分數，並分析各項指標檢查值，了解影響我國景氣現況的主要經濟活動變化，提出可行之對策。

♡ 生活智慧：消費信心影響經濟活動

消費者信心指數（Consumer Confidence Index；CCI）是一個國家的消費者對於當前經濟狀況的滿意程度，及對未來經濟走向預期的綜合指數。國內消費者信心指數調查是由中央大學台灣經濟發展研究中心主辦，以電話訪問的方式進行，採電腦隨機抽樣，調查六項分項指標：國內經濟景氣、家庭經濟狀況、就業機會、物價水準、投資股市時機、購買耐久財意願。CCI 反應消費者對目前與往後六個月的經濟景氣、就業情況與個人財務狀況的感受和看法；預示將來的消費者支出情況，對經濟有重要的影響。CCI 穩步上揚表明消費者預期對未來收入看好，消費支出擴大有利經濟走好，對生產等有利多影響。

消費者信心指數被視為經濟強弱的同時指標，與目前的景氣狀況有高度相關性。環境因素中以勞動市場狀況與股市表現的影響力最深，在失業率低的情況下，民眾對現在及未來的經濟展望抱持著樂觀看法，預期未來個人消費支出仍會增加。各行各業陸續漲價影響，國人對未來半年國內物價水準信心下降，物價上漲增加家庭支出，導致國人對家庭經濟狀況也出現憂慮。CCI 每個月調查一次，指數位於 0 到 200 之間，100 表示消費者沒有特別樂觀或悲觀，101 至 200 則表示消費者對未來經濟景氣抱持正面，數值越大表示越樂觀，數值位於 0 至 99 則表示民眾對未來並不看好。

消費者信心指數源自於二次世界大戰後的美國，消費佔美國 GDP70％，因此經濟諮商局（The Conference Board）與密西根大學公布的消費者信心指數相當受到重視，反映當前消費者對未來六個月的經濟

前景、收入水平、收入預期以及消費心理狀態的主觀感受。通常與前一個月比較，消費者信心逐步上升，表示民眾對未來經濟環境保持樂觀態度，可望帶動整體景氣。美國經濟一旦好轉、雇用員工數增加、國民所得提升、消費力道增強，將會提升全球經濟成長動能。

　　民眾在消費時具有相當程度的理性預期，在計畫消費的過程中，不僅是依據目前的收入水準來決定是否購買，更會依據未來可能的收入水準來判斷。當覺得未來就業穩定或更高的收入水準時，就會擴大消費；如果對於未來不樂觀或具有龐大的不確定性，就會減少目前的消費，而選擇轉作儲蓄，預防後續錢不夠用的狀況。

　　凱因斯學派提出心理循環，人民的預期心理與修正會影響投資意願，經濟活動變化而引發景氣循環波動。當經濟活動開始逐漸擴張向上回升（復甦），人民預期樂觀而增加總合需求支出，經濟活動持續擴張向上（繁榮），成長至極高點（頂峰）；因過度樂觀導致通貨膨脹，經濟活動反轉（衰退），人民預期悲觀而收縮持續至極低點（谷底），因過度悲觀導致供給短缺，經濟活動再度反轉（復甦）。消費者信心與生產者信心影響總合需求支出，政府信心喊話影響人民的預期心理與經濟活動。

👤 經營管理：企業決策參考生產指數

　　台灣工業生產統計創始於 1953 年，其目的在於建立工礦業產銷查報制度，經濟部統計處按月編製工業生產指數（Industrial Production Index），每隔 5 年更換基期，增加重要及新興產品與編製多種複分類指數。調查對象在台閩地區從事礦業及土石採取業、製造業（領有工廠登記證者）、電力及燃氣供應業及用水供應業等行業之企業單位。依照當前工業生產結構，選取具有重要性、代表性、領導性及策略性之產品，分別調查各月之生產量、國內外進貨量、自用量、內外銷量值、存貨量及生產量變動原因等。瞭解每月工業產銷存量消長情勢，提供產業政策及經濟建設規劃應用，業者調節產銷存量及採取因應對策參考，提供學術研究、經濟分析及編製其他經濟指標應用。

　　從製造業主要行業別來看，電子零組件業為推升台灣製造業生產成長的最大貢獻，雲端資料服務需求暢旺，有助於伺服器、無線通訊設備生產增加。高效能運算、物聯網、車用電子等新興科技應用相關晶片需求續強，加上半導體業擴增產能，激勵晶圓代工、IC 產能滿載，液晶面板及其組件因業者開拓商用、工控、健康醫療等產業領域，推升電子零組件業表現。傳統產業中，機械設備業受惠國內半導體大廠擴充產能，

以及 5G 相關產業、自動化設備等接單強勁挹注產能表現。全球通膨壓力恐制約全球經濟成長力道，需持續密切觀察其對我國生產面的衝擊並妥為因應。

美國供應管理協會（Institute for Supply Management；ISM）是全球最大且最具權威的供應與採購管理專業組織，其每月的製造業（Manufacturing）和非製造業（Non－Manufacturing）商業調查報告，公布 ISM 製造業及非製造業指數。五項擴散指標（Diffusion Index；DI）透過計算之後編製成製造業採購經理人指數（PMI）：新增訂單（New Orders）的變化，企業就要開始生產、訂購原料或是提供服務，因此可以視為領先項目；企業生產（Production）相較於上個月生產數量上的變化；人力僱用（Employment）數量衡量廠商於受訪當月聘僱員工較上月之增減變化，較具落後性質；供應商交貨時間（Supplier Deliveries）指交貨的前置作業時間（Lead time），當景氣熱絡時訂單需求增加，廠商交貨前置作業時間將拉長，即交貨速度變慢，當景氣不佳時交貨時間可能減少，亦即交貨速度變快；存貨（Inventories）上升時，有可能是因為銷售不佳，但也有可能是企業對於景氣展望的看法偏向樂觀，因此就增加備貨準備因應可能會提高的生產需求。

ISM 製造業指數從 1931 年開始就對外發表調查報告，非製造業指數是 1997 年才開始公佈，主要原因是 1980 年代後，美國從工業經濟轉向服務經濟，因此也稱做 ISM 服務業指數。大部分的指標都跟製造業 PMI 指數相同，製造業的生產替換成商業活動（Business Activity），客戶存貨換成預期存貨（Inventory Sentiment）。

⑤ 投資理財：分析技術指標判斷市場方向

技術指標（technical Indicator）是能顯示出過去價格、市場情緒、短期趨勢的數值，作為投資時的參考資訊。透過分析價格及成交量的變動，衡量市場的趨勢並從中找到重複的模式，是一種統計上的結果，不是未來每次都會有效，僅是一種機率與期望值對市場的解釋。可用於任何具有歷史交易數據的投資標的，股票、期貨、大宗商品、貨幣等金融產品都能夠使用。不一定只能用在短期，長期投資也可以使用技術分析指標來選擇入場、出場的時機點。震盪指標經過運算和簡化資訊，型態學、K 線分析則是直接解讀價格。

常見的技術分析指標包括 RSI 指標、KD 指標、MACD 指標等。相對強弱指標（Relative Strength Index；RSI）是以某段時間收盤價的平均漲

幅與平均跌幅所計算出來的數值，用來判斷這段期間的買賣方力道強弱。RSI 的範圍在 0 — 100 之間，越大代表過去漲的機率越大，未來有可能會漲的機率也比較大。當短週期向上突破長週期稱為黃金交叉，代表短期內上漲力道強是買進的訊號；當短週期向下跌破長週期稱為死亡交叉，代表短期內下跌力道強是賣出的訊號。RSI 的變動比 KD 還快速，遇到大漲大跌 RSI 值的波動會較劇烈，容易出現鈍化，只適用於判斷短期多空力道。

　　KD 指標又稱隨機指標（Stochastic Oscillator），是由 K 值跟 D 值所組成的兩條線圖。K 值為快速平均值又稱快線，對股價變化的反應較靈敏快速；D 值為慢速平均值又稱慢線，所以 D 值對股價變化的反應較不靈敏。K 值 >D 值為上漲行情適合做多，D 值 >K 值為下跌行情適合空手或做空；當 K 值由下往上突破 D 值建議買進做多，當 K 值由上往下跌破 D 值時建議賣出做空。當 D 值 >80 為高檔超買訊號，代表多頭強勢市場過熱，隨時可能回檔或下跌；當 D 值 <20 為低檔超賣訊號，代表空頭強勢市場過冷，隨時可能反彈或回升。KD 鈍化是指 KD 值一直處在高檔區（>80）為高檔鈍化，或低檔（<20）區為低檔鈍化。當本波價格創新高但是 K 值卻沒有跟著創新高，當價格創新低但 K 值卻沒有跟著創新低，這代表指標背離，後續行情可能會出現反轉的狀況。

　　運用兩條不同速度的股價平滑移動平均線（EMA）來計算兩者間的差離狀態（DIF），再對 DIF 進行指數平滑移動平均即為 MACD 線。快線（DIF）向上突破慢線（MACD）為買進訊號，快線（DIF）向下跌破慢線（MACD）為賣出訊號；柱狀圖柱線 =（快線 DIF）－（慢線 MACD），當柱線由負轉正為買進訊號，柱線由正轉負為賣出訊號。MACD 是偏中線波段的技術指標，更適合操作週期比較長的投資人。

　　技術派認為所有的資料訊息都已經反應在股價上，所以技術分析能判斷股價方向，不能反映真實價值。投資人透過技術指標來找市場未來方向，希望掌握正確的行情，不斷的提高交易勝率。以每月之帳戶損益取代每筆之買賣價差損失，如果投資做到都是大賺小賠，長期可以進入贏家的行列。在交易時當趨勢追隨者，掌握自己交易的主動權，順著市場節奏交易進而獲利。

三十五、沒錢萬萬不能～貨幣市場

　　廠商投資需要資金，因此「沒錢萬萬不能」；要以投資促進成長，「金錢不是萬能」，亦即寬鬆貨幣政策對於投資與成長的幫助，充其量只是必要條件，而非充分條件。

　　在全世界去現金化的浪潮下，金錢未必仍以傳統的紙鈔、硬幣形式存在，可能只是一串數字。未來在物聯網及區塊鏈成熟後可望發行電子貨幣，透過帳聯網完成所有交易。未來的金錢也許是一串二進位碼，甚至是我們現在根本想像不到的全新型態。

　　經濟社會中供給者的閒置資金，透過金融機構的運作，轉介流通至短缺資金的需求者，因此健全的金融市場（financial market）具有調節社會整體資金的功能，有效運用資金資源，促使經濟活動順利進行並持續發展。金融市場主要由貨幣市場、資本市場、外匯市場所組成，金融中介機構則包括銀行體系與非銀行體系。

　　貨幣市場（money market）進行一年期以下短期有價證券之交易，調節短期資金；由票券金融公司經營國庫券、商業本票、銀行承兌匯票、可轉讓定存單等短期票券交易。短期資金主要為滿足企業流動資金需求，如支付貨款、開立保證函、開立信用狀等項目。

　　資本市場（capital market）進行一年期以上長期有價證券之交易，運用長期資金，又稱為證券（Securities）市場；由證券公司與證券金融公司經營股票、債券等長期證券交易，而股票是股權則沒有一定的到期日。長期資金主要用於企業新產品（業）開發、生產規模擴大及設備的汰換與更新等。

　　外匯市場（foreign exchange market）進行國際間不同貨幣之交易，促使國際經濟活動順利進行；由央行及外匯指定銀行辦理外匯交易等國際金融業務。

　　金融痛苦指數為貨幣貶值幅度（兌美元匯率）及股價跌幅二者之加總，用以衡量特定時點財富縮水程度。貨幣貶值使擁有之財富相對國外購買力降低，股價下跌造成持有金融資產價值減低，兩者皆會造成財富縮水。

　　直接金融（direct finance）資金供需者間具有直接權利義務關係，居間之證券商只為雙方撮合代辦手續並收取服務費，而未中介管理承擔風險。資金需求者自行發行有價證券（股票、債券、票券等），有閒置資金的供給者藉由購買有價證券，將資金直接支付流轉給資金需求者，證券發行者（資金需

求者）支付報酬（利息、股利）給證券持有者（資金供給者）。

當投資的債券或股票公司發生財務危機，可能下市或倒閉，直接金融資金供需者間具有直接權利義務關係，證券持有者自行承擔風險。

發行（issue）市場又稱為初級市場（primary market），即資金需求者將新發行的證券出售給資金供給者，通常有投資銀行或證券承銷商等仲介機構，一方面協助企業發行銷售證券，一方面提供投資人資訊並匯集資金。

流通市場（circulation）又稱為次級（secondary）市場，即證券持有人與其他投資人間互相買賣，可促進證券的流動性，使投資人易於交易變現，進而擴大發行市場規模，提升證券市場的功能。台灣有集中市場、店頭市場、興櫃市場等，一般由證券經紀商居間代理交割手續。

間接金融（indirect finance）資金供需者之間並無直接權利義務關係，而由存款機構中介管理並承擔風險，支付報酬（利息）給存款人（資金供給者），並向借款人（資金需求者）收取報酬（利息），從中賺取利差。有閒置資金的供給者將資金存入，由存款機構經營管理，貸放流轉給資金需求者。

當存款的銀行放款給發生財務危機的公司，間接金融資金供需者之間並無直接權利義務關係，而由存款機構承擔風險。

郵政儲金、投資信託公司、保險公司等金融機構，雖然也以各種形式吸收管理資金供給者之閒置資金，但存放款並非主要業務，不屬於銀行體系，又稱為非貨幣機構。郵政屬交通部主管，儲金業務並受財政部監督；其涉及外匯業務經營者，應經中央銀行許可。郵政儲金運用範圍包括轉存中央銀行、轉存其他金融機構、投資受益憑證及上市（櫃）股票、參與金融同業拆款市場、提供中長期資金、辦理政府核准之重大建設及民間投資計畫；其他經交通部、財政部及中央銀行核准者。

各類型商業銀行、專業銀行、信用合作社、農漁會信用部等銀行體系（bank system）又稱為貨幣機構，主要經營存放款業務。隨金融業務自由化與國際化，綜合銀行（universal banking）主要經營存放款業務之外，亦兼營票券、證券、信託、保險及其他金融業務，並發展外幣拆款市場，擴展國際金融業務。

發行期間在一年以內的固定收益證券，票券（bills）是有價證券的一種，包括國庫券、可轉讓銀行定期存單、公司及公營事業機構發行之本票或匯票、其他經主管機關核准之短期債務憑證。企業發行票券融通短期的資金需求，央行發行票券調節市場資金；因應短期間的資金變化，天期多在 30 天～180

天。票券持有人可在貨幣市場賣出，保持資金之高度流動性，以靈活運用資金。

中央政府發行國庫券，變現性與安全性皆高，是報酬率最低的。公債一樣是政府發行，流動性也高，但是持有期間較長，報酬率會略高於國庫券。

票券金融公司依據公司法及財政部頒佈之短期票券交易商管理規則設立，業務範圍包括短期票券之經紀及自營業務、擔任本票之簽證人、擔任本票之承銷人、擔任本票或匯票之保證人或背書人、擔任金融機構同業拆款經紀人、有關企業財務之諮詢服務工作、在營業處所自行買賣政府債券業務，經財政部核准辦理之其他有關業務。

短期資金借貸市場主要包括票券與銀行同業拆借，循公開方式由供需雙方直接進行借貸行為。稅賦上的特性為20%分離課稅，投資人適用之稅率高於20%時，閒錢投資票券有稅賦上的優勢。

♡ 生活智慧：雪中送炭救急不救窮

救急不救窮是只能幫助那些因為遇到困難急需幫助渡過難關的人，貧困潦倒不能救濟了事，要從根本上解決問題，修路讓他們走上致富的道路。窮則獨善其身之大氣魄的人，未必會向旁人尋求幫助；而常常訴苦尋求同情的窮人，更大的可能性是思想貧瘠，外在的救濟甚至會起反作用。對窮人最大的善良，是給他們應有的尊重和禮貌，而不是金錢上的資助。當一個人精神上已經貧窮，放棄自己努力奮鬥的決心，失去面對坎坷的勇氣，已經沒有感恩之心，認為所有都是理所應當。

在別人很困難的時候幫上一把是人之常情，人要有情有義有同情感恩之心，但不要愛心氾濫，落個恩將仇報得不償失。對於一個窮人來說，有能力可以擺脫貧困，卻不想勞動只想不勞而獲，借錢給他會更加助長懶惰之風，給他一個魚竿要比一直給他魚肉要好得多。貧窮並不可恥，真正可恥的是透過不義之舉獲取錢財之人。笑貧不笑娼是古人對於拜金社會的一種諷刺，不單指娼妓，指的是謀求不義之財的人；靠自己勞動賺取的錢財最公道，對於用不當之舉獲得的錢財嗤之以鼻。拋棄最珍貴的良知道德賺取大量的不義之財，其他人也心生羨慕，於是便出現恥笑別人貧窮，但不恥笑別人錢財來路不正的現象。

以《正義》一書走紅的哈佛政治哲學系教授麥可桑德爾的新書《錢買不到的東西～金錢與正義的攻防》，探討資本主義時代下的金錢如何

成為宰制人類社會的主要思考邏輯，讓正義、道德全都閃邊站，以功利主義的成本效益思想衡量人生中的大小事情，錢買不到的東西已經越來越少。

幫人要講究大智慧，只能救一時的急難，不能長時間救窮。幫忙只能解決燃眉之急，解決不了根本問題，靠自己盡力改變現狀，窮不可怕，可怕的是好逸惡勞。暫時困難幫一把渡過難關，找到窮困的原因從根本上解決才算徹底。在人生經歷一個時間點上，度過了這個急可以有更好的發展期待。救急幫困對方會感激雪中送碳，救窮幫懶卻可能好心沒好報，甚至把自己拖垮。

救助那些因為出現緊急狀況，突然拿不出錢財之人，但是永遠救不起一個不自己努力的人。偶爾幫助一個人他會非常感激，而如果長期幫助他形成依賴，就會認為是理所當然，一旦停止幫助就會記恨，對於這種不自立自強之人完全沒必要救助。因為緊急情況突然陷入經濟窘迫之人是可以幫助，如果會自己想辦法重新努力奮鬥，還有東山再起的機會。

在別人風光的時候稱讚一句，不如在別人遇到困難的時候幫上一把；人在得意的時候不會記得錦上添花的人，而最困難的時候對自己出手相助的恩人印象最深。窮代表沒有穩定的經濟來源，沒有可以維持生活的一技之長，不會為未來打算，最好的辦法就是教授一技之長，透過自己獨立獲得穩定的經濟來源。天災人禍遭難的時候最需要幫助，能夠重新煥發生機，才是真正的雪中送炭，遠比錦上添花來的有作用。

👤 經營管理：發行票券調度短期資金

票券市場為資金供需雙方短期調節之市場，包括政府發行之國庫券、銀行發行之可轉讓定期存單及由工商企業發行經金融機構保證、承兌或背書之票據，一年之內任何天期，按日計息。票券投資可依公司或個人稅負規劃靈活選擇，自然人投資票券利息收入採百分之十分離課稅，免再併入個人綜合所得及營利事業所得申報；非金融機構之一般營利事業，其票券利息免繳營業稅。

票券買斷交易（outright purchase；OP）指持有者依議定之利率將票券售予票券公司，按票券距到期天期及議定利率計算支付價款收取票券。賣斷交易（outright sale；OS）指票券公司依雙方議定條件賣出票券予投資人至票券到期日，投資人於票券到期日提示兌償。為便於資金調度，確保投資收益而避免臨時出售損失，可訂定附條件買回交易（repurchase；RP）契約，票券公司將票券售予投資人，並約定於未來

某一特定的日期，按約定之利率、金額由票券公司買回票券。附條件賣回交易（resale；RS）指客戶因臨時性資金需求，可將其持有較長天期的票券賣給票券公司取回資金，並於某一特定期限後再依約定利率將票券賣還給客戶，等於投資人以票券作質向票券公司週轉短期資金。

商業本票（commercial paper；CP）為短期融通票券，發票人簽發一定之金額，於指定之到期日，由自己無條件支付與受款人或執票人之票據。交易性商業本票又稱第一類商業本票（CP1），為公司行號因合法交易行為而簽發之交易本票，並無銀行信用保證，所以票券商需對交易雙方做徵信工作，並給予受款人一定期間的循環使用額度；持票人可於需要資金時，檢附相關交易憑證向票券商辦理貼現。融資性商業本票又稱第二類商業本票（CP2），係工商企業為籌措短期資金所簽發的本票，經專業票券商或合格金融機構簽證、承銷後，流通於貨幣市場上。匯票（bills of exchange）是由國內外商品交易或勞務提供而產生之票據，由發票人簽署的一種付款方式，要求受票人（銀行）於某個日期向持票人支付一筆金錢，主要用於商業用途，通常需要其他文件的配合使用，例如提貨單（bill of lading）。承兌匯票（acceptances）經買方或賣方承兌稱為商業承兌匯票（trade acceptances；TA），由銀行承兌則為銀行承兌匯票（banker's acceptances；BA）。

國庫券（treasury bills；TB）係由財政部發行委託中央銀行標售的政府本票，甲種國庫券依面額發行，到期時連同利息一次清償；乙種國庫券採貼現方式公開標售，到期時依面額清償，投標之貼現利率係指實際收益率。國庫券為調節國庫收支或穩定金融，還本利息日在一年內，大多僅限金融機構購買。公債為籌措政府公共建設所需財源，期限在一年以上，可由社會大眾集中市場交易。可轉讓定期存單（convertible deposit；CD）係銀行發行短期資金運用而開辦之存款業務憑證，可隨時轉讓不得中途解約，由銀行承諾於指定到期日按票載利率條款，付予持有人本息。

⑤ 投資理財：高股息存股取代銀行定存

長期核心持股的目的，在於享受配發的股息現金流，再灌溉其他的好股票，創造更多現金流。近年存款利率低，定存股在台灣蔚為流行，必須具備股價波動小、獲利跟配息穩定等優點，可以長期抱著安穩領股利。只要選對好股持續存進並且長期持有，就能定期領到配息，殖利率遠勝定存，還有機會賺到資本利得的價差。

翻轉吧～經濟學！給您看得懂用得到的經濟原理

希望取代銀行定存來產生穩定現金流，殖利率是最重要的指標之一。通常投資人偏愛的殖利率大約是在 4 － 5% 或以上，有些股票殖利率甚至會高達 10%。交易型開放指數證券投資基金（Exchange Traded Fund；ETF）是在交易所上市跟蹤目標指數變化的特殊基金，高股息 ETF 同時持有幾十檔獲利與配息穩定的成分股，並且會定期汰弱換強，可以提供穩定的股息，股價波動也較溫和，投資金額小投資門檻低，風險也相對較小。用定時定額方式長期投資 ETF，分散買進時點更可降低波動風險。

專注在高股息或股息成長的投資策略，將導致投資人面臨更高風險和更少分散的投資組合。用高股息的股票來取代債券部位會大幅提高波動程度，失去高評價債券所提供的分散投資效益，在面臨股市大跌時的保護作用大幅減損。債券能夠帶來較小的波動，藉由廣泛投資分散全市場會更好。

除權息就是把公司的利潤以股利發放給股東，股價會跟著下降，股票的總價值沒有改變。公司配股流通在外的股票會增加，股權被稀釋股價因此降低，原本的股價要除以（1＋配股率）就是除權參考價。同時除權除息的公司先除息再除權，除權息參考價＝（股價 － 現金股利）/（1+ 配股率），除息是股價減股息。只要在除權（息）交易日之前持有股票，就能參與分配股利。股利會在股利發放日當天自動配發至投資人的帳戶中，一般在除權息後約 1 個月左右。

除權息所拿到的股利發放，其實領的是自己的錢，當除權息執行時，股價會從前一日收盤價下修至除權息參考價。填權息代表股價漲回調整前的價格，完成填權息就可以視為投資人在股價沒有變動之下，額外獲得配股及配息。股票並不保證能填權息，只要沒填就不算真正賺到股利，慎選穩健成長股票，有較大的機會可以享受除權息的好處。

台灣於 2018 年進行稅改，股利所得改採合併計稅與分離計稅雙軌制，納稅人可選擇對自己較有利的方式報稅。合併計稅制將股利併入綜合所得稅總額課稅，按淨額適用累進稅率計算應納稅額，並按股利的 8.5% 計算可扣抵稅額，但每一申報戶以 8 萬元為折抵上限。分離計稅制股利及盈餘不計入個人綜合所得總額課稅，統一以領到股利的 28% 稅率分開計算應納稅額。稅率級距達到 40% 以上的大戶採分離計稅較有利，而稅率 20% 以下選合併計算較有利。稅率達 30% 以上則需要精算，股利收入在 94 萬以下用合併計稅便能全額抵扣上限 8 萬。稅率 5% 的小資族股利越多越能節稅，若抵減稅額大於應納稅額，可以領到退稅。

三十六、波浪轉折～資本市場

　　波浪理論（Wave Principle）是在 1930 年代，由技術分析大師艾略特（R. N.Elliott）所發明，透過長期觀察美國道瓊工業指數，再運用群體心理的概念進行歸納、探討，發現股市走勢有規律的漲跌脈絡。波浪形容股票價格波動，就像海浪一樣不斷重複出現，只是每一次波動的時間與幅度略有不同。

　　不斷重複出現的規律是由八個波所組成，包括了五個上漲的推進波和三個調整波，不過未來趨勢是否真的會這樣走，還是得看當時的基本面狀況而定，有時候遇有突發性的基本面利多或利空，都會導致走勢不如預期。投資人看好時股市量價齊揚，審慎樂觀時股市量縮價穩，看壞時股市帶量下殺，前景不明時股市無量盤跌。籌碼安定的股票穩步趨堅後勢看好，籌碼紊亂的股票壓力沈重走勢蹣跚；投資人對未來缺乏信心，政府國安基金進入股市護盤。

　　發行人透過發行有價證券，債券（bond）直接或間接地向投資大眾籌措建設經費或營運所需資金，並相對地承擔債務，是具有流通性表彰債權之借款憑證。屬確定收益（有息票收入或折價反應收益）之證券，有固定之還款期限，到期發行人需還本（息），資金成本（承銷費用＋利息費用）較高，最主要目的是在吸收中長期資金。債券殖利率（yield to maturity）為債券買入價格的的配息報酬率，換算成之利率。

　　債券發行人可為政府機關、金融機構、公司企業、外國之政府或機構、國際性之機構與公司企業。發行市場（初級市場）係債券的發行與標售，交易市場（次級市場）主要重心在店頭市場，並以政府公債為市場最熱絡標的，在集中市場的債券交易占少數。

　　公債為各級政府所發行，流動性最佳、信用風險最低。金融債券由銀行所發行，其債信等級僅次於政府債券，因發行額度低且多為相關金融行庫預購，少見流通。外國金融債券乃跨國性的外國金融機構（如亞洲開發銀行）來台灣發行以美元、日圓或新台幣計價之債券。公司債由企業所發行，轉換公司債結合債券與股票之雙重性質，持券人可依轉換條件將企業債轉換為發行者股票。

　　企業有較長的資金需求，發行公司債融通資金；公司為了籌措季節性或短期性的週轉金，以貼現方式發行本票，出貨收到貨款後再把商業

本票買回。

　　所得財富增加、對未來報酬的預期獲利提升、債券風險降低、其他資產風險提高、貨幣政策增加貨幣供給等，使債券需求（資金供給）增加，債券需求線向右（債券量增加）上（價格上升；利率下跌）方位移；反之則需求減少，債券需求線向左（債券量減少）下（價格下跌；利率上升）方位移。

　　廠商投資機會增加（發行公司債）、預期通貨膨脹率提高（實質債務降低）、財政政策以債券融通（發行公債）等，使債券供給（資金需求）增加，債券供給線向右（債券量增加）下（價格下跌；利率上升）方位移；反之則債券供給減少，債券供給線向左（債券量減少）上（價格上升；利率下跌）方位移。

　　債券主要交易方式分為買賣斷（長期投資）與附條件交易（短期信用擴張）兩種。買賣斷交易所有權在完成交割手續後即永久移轉，債息自成交日起即歸於買方所有，買方須付給賣方自上次付息日至成交日的利息，亦即補息款。附條件交易雙方按約定之金額、期間、利率，由賣方暫時出售債券予買方，約定日到期後再由賣方買回原出售之債券；買方賺取依據約定利率、期間所計算出來的利息。

　　債券保證金交易即債券的信用交易，是賣斷加附賣回交易，自營商先賣斷債券給投資人，然後投資人再將該債券以質借的方式和自營商做附賣回交易，向自營商融通的金額與實質買斷債券的市價間差額，即是保證金的額度。

　　目前債券市場的投資人主要為債券自營商，包含綜合證券商、銀行、票券金融公司、信託投資公司、郵匯局等，另一類投資人為機構法人與債券投資信託基金，至於一般個人投資者比重極微小。投資政府公債可向中央公債交易商購買或委託標購，也可以參與郵匯局窗口認購小額公債（限一百萬元以下）。

　　投資公司債可參與發行人自行募集（私募）之認購，也可以透過證券承銷商參與競價拍賣或詢價圈購，向債券自營商購買、委託債券經紀商自市場中買賣、向包銷證券商或輔導證券商洽購。

　　股票（stock）為權益證券的一種，代表對某一企業的所有權，股票持有者對該企業的盈餘及資產有最後剩餘請求權，普通股股東沒有固定的股利。

　　股票是一種由股份有限公司簽發用以證明股東所持股份的憑證，它表明股票的持有者對股份公司的部分資本擁有所有權，也是一種有價證券。當自然人或法人向股份有限公司參股投資時，獲得股票作為出資的憑據；可憑股

票來證明自己的股東身份，參加股份公司的股東大會，對股份公司的經營發表意見，可參加股份公司的利潤分配。

　　股票市場為資本證券市場的一種，資金需求者（供給股票之賣方）除了銀行借款與發行債券外，亦可發行股票或出售持股來籌募資金。股票市場為長期性金融商品交易的地方，可增加資金供給者（需求股票之買方）的投資工具，協助資本形成，進而提升企業的經營績效，促使社會資金有效配置。

　　證券經紀商受託於證券交易市場買賣有價證券，向委託人收取手續費。證券承銷商協助企業發行銷售證券，包銷有價證券於承銷期間屆滿後，對於約定之有價證券未能全數銷售者，其剩餘數額之有價證券應自行認購；證券承銷商代銷有價證券，於契約所訂定之承銷期間屆滿後，對於約定之有價證券未能全數銷售者，其剩餘數額之有價證券得退還發行人。證券自營商於證券交易市場以自有資金買賣有價證券，得為公司股份之認股人或公司債之應募人。

　　股票的買方為市場需求者，代表有主觀意願與客觀能力購買股票的潛在購買者；賣方則為市場供給者，代表有主觀意願與持有股票的潛在出售者。股票市場常見影響供需變動的因素包括景氣、偏好、對未來的預期、參與人口等。股票殖利率為股票買入價格的的股利報酬率，換算成之利率。

💡 生活智慧：有借有還再借不難

　　金融信用（credit）即提供貸款和產生債務，指借債方償還債務的信譽和能力；能夠先取得金錢或是商品，日後再行付款的限度。在延遲付款期限前還清欠款就是正面的信用紀錄，時常欠款又還清的人反而比不曾借錢動用信用的人有更好紀錄，信用額度也更容易擴大。借錢過時限不還稱為違約，會被註記在財團法人金融聯合徵信中心，各家金融機構於承作借款業務前都會先查詢，嚴重時再次借款會很困難。即使已還款，違約記錄的註記也會揭露數年的時間。

　　個人信用報告大多數會運用在信用卡申請、信用貸款以及房貸、車貸上，銀行都會先查詢個人聯徵資料，確認目前手上有多少張信用卡、每期信用卡欠帳（呆帳）、已有貸款金額以及信用卡遺失停用補發等資訊，都能夠在這份紀錄報告資料內查出來，最後還會列出信用報告分數，滿分是 800 分，分數越高代表信用品質越好。然而各家銀行風險容忍程度不同，並沒有絕對的標準，因業務別不同（信用卡、房貸、信貸），標準也可能不同，申請過件率仍需看銀行的內部政策而定。

翻轉吧～經濟學！給您看得懂用得到的經濟原理

有借有還再借不難，增加別人的信任感，就能讓人很樂意又安心。好心借錢幫助朋友的人，借出去的錢往往很難要回來，還被當成仇人；借錢給別人會人財兩失，向別人借錢會揮霍無度。借錢給關係親密的親朋好友，清楚他的收入基本狀況，便於控制風險；最好不要借錢給關係疏遠或者距離太遠的，因為對他們的情況不了解，把朋友當成獵物借錢不還的機率也很高。借錢給他人時，一定要根據自身情況量力而借，千萬不要打腫臉充胖子，但是幫助他人辦事時可以全力以赴毫無保留。風險管控放在第一位，借錢數額必須在自己承受範圍之內，即便對方不能及時償還，也不會給自己造成太大的經濟壓力。

信用評等（Credit Rating）是指由專業信評機構，對國家、銀行、券商、基金、債券及公司進行信用評級，藉此評估信用狀況或償債能力。評等方式是將受評者的各項信用屬性量化，對照信用評級後，供投資人或相關機構來判斷財務是否健全、適合投資。通常評等越好的投資風險越低，但利率也不會很高，而違約風險高的高收益債券，則屬於高風險、高報酬，能承擔較高風險的投資人才適合選擇這類商品。投資等級債券AAA、AA、A、BBB，其中AAA、AA是高評等，A、BBB是中評等。非投資等級BB、B、CCC及以下，都屬於高收益債，只要到C開頭，都是風險等級極高的垃圾債券（junk bond）。

適度申辦信用卡，並且持續穩定使用和繳清款項，是小資族累積信用評分的作法。只繳信用卡最低應繳導致循環利息產生、使用信用卡預借現金功能及其他現金卡，申請無擔保貸款且啟動循環利息都代表還款能力低。信用卡額度也是負債的一種，適度申請提高常用卡片的額度，或在短期大額消費前預先繳清部分款項。有心想累積信用要長期持有一張以上的信用卡，讓自己在信用徵信歷史上可以維持一定的長度。

⚇ 經營管理：公司的最適資本結構

資本結構指公司透過債券負債融資、股票權益融資等方式，負債、權益占公司資本構成的比例關係；負債融資計入公司總負債，權益融資成為股本計入業主權益。公司資本中債務構成負債融資的比例，以權益負債率或資本負債率、債務資產比率、財務槓桿率來衡量公司對負債融資的依賴程度。

負債的利息可以抵減所得稅，使公司價值隨舉債融資程度提高而增加，只要公司的破產成本小於稅盾效果帶來的增值，負債越高的公司價值越大；負債過度導致投資者不願投資的財務困境成本，和企業破產

清算帶來的損失，企業價值會下降。當市場對於公司的股價高估時，公司管理者會選擇權益融資，如果市場低估公司的股價時，公司不會選擇權益融資，而放棄有價值的投資計畫。最適資本結構（The Optimal Capital Structure）是能使公司價值最高的資本分配方式，公司可以權衡負債融資和權益融資占資本結構的比例來設計最優化的融資方案，公司治理能力越好，其調整至最佳資本結構的速度就越快，一旦監督力量不足，很容易產生過度負債或負債不足的代理人問題。

　　當債務資本比率上升時，如果投資的項目取得成功，股票的持有者將從高股價中獲益。公司的風險收益或損失會在股票持有者和債權人之間轉移，因此隨著債務資本比重的提升，債權人進而要求更高的利率以補償其監督成本；債務比率過高會導致股東價值降低，因此股東往往與管理層存在委託－代理問題。

　　企業資本由企業對外開放債務和資本淨值兩部分組成。對外開放債務包含非流動負債、營業利潤和其它債務三部分；資本淨值是總資產扣減負債總額以後的淨值，包含以多種方式資金投入的資本及其非經營所得的資本盈利和未分派的利潤。多種不同類別的證券能吸引不同的投資者，也能支付給管理層的股票期權，促使他們以固定價格購買新發行的普通股。複雜資本結構使用不同形式的證券，公司可能擁有數種特別股類別的組合，每一種都具有不同的投票權和股息率，通常會導致公司普通股每股盈餘（EPS）的減少。

　　當經理人使用過度負債（Over levered）時，負債高風險與破產機會也就高，因怕被併購而提高負債比例，不願意將負債往下調，往最佳資本結構調整的速度較慢。經理人使用負債不足（Under levered）是擔心負債會造成利息的支出，產生資金周轉不靈，因此將負債降低可降低公司倒閉的風險。負債過多的經理人不希望被他人併購，因此不願調降負債；而負債不足的經理人希望少付利息，因此不願提高負債。公司治理機制良好，可抵銷經理人的自利行為，讓他們更願意往最適資本結構調整，對整個公司、股東與經理人本身都有好處。

　　由於公司稅、個人稅、財務危機成本及代理成本的存在，資本結構的選擇將直接影響企業的資金成本，進而改變公司的價值與股東財富，因此公司的未來成長機會、盈餘波動、獲利及稅盾等特性均會影響公司的資本結構決策。

翻轉吧～經濟學！給您看得懂用得到的經濟原理

Ⓢ 投資理財：股神與債券天王

華倫・愛德華・巴菲特（Warren Edward Buffett，1930 年－）是美國投資家、企業家及慈善家，世界上最成功的投資者，波克夏・海瑟威（BerkshireHathaway）公司的最大股東、董事長及執行長。巴菲特投資股票的眼光獨到，徹底實踐班傑明・葛拉漢（Benjamin Graham）的價值投資哲學，被投資人尊稱為股神，然而其投資也並非穩賺，更曾經大賠出場。

巴菲特11歲在父親的證券經紀商工作，同年也是他頭一次買進股票，明瞭投資績優企業並長期持有股權的重要性。19歲取得商業管理學士學位，在閱讀葛拉漢的名著《智慧型投資人》後，也奠定巴菲特在投資方面的興趣與基礎。在 1956 到 1969 年間，平均每年以 30% 以上的巨大複利成長，而一般市場的常態只有 7 ～ 11%。後來巴菲特善加運用公司多餘現金，收購私人企業及買進公開上市公司股權，波克夏成為全球最大的控股公司之一。

凱薩琳・達迪・伍德（Cathie Duddy Wood，1955 年－）是美國金融分析師及企業家，現任方舟投資行政及投資總裁，以投資破壞性創新科技公司，使其基金高回報而獲得廣泛關注，有科技女股神的外號。1977年在導師拉弗（A.B. Laffer）的引薦下，於資本集團公司獲助理經濟師職位，開始其金融分析師的職業生涯。認為違背共識的潛力非常巨大，常反其道而行獲得成功。2014 年伍德成立方舟投資，自 2017 年起隨著公司持有的股票上漲持續增長，2020 年被彭博社評選為最佳選股人。認為傳統的大型基金對科技股的分析思維落後，難以與日新月異的時代並進，因此成立 ARK Invest，以投資人工智慧、能源儲備（如電池系統、電動汽車、自動駕駛）、機器人技術、DNA測序及區塊鏈技術等創新領域為主，關注破壞性創新公司所帶來的長期影響和增長潛力。

比爾・葛洛斯（Bill Gross，1944 年－）曾為美國最傑出的債券投資人，1971 年創辦太平洋投資管理公司（Pacific Investment Management Company；PIMCO），並管理完全收益基金（Total Return Fund），不僅是全球最大的債券基金，其績效也優於其他同類型的對手，平均每年為客戶賺進10%的報酬率。展現絕佳的投資技巧，有勇氣與眾人持相反的意見，並長期讓股東獲得優異的報酬。運用許多賭博的手法來分散風險並計算機率，承擔因為利率、匯率、高收益證券以及新興市場所帶來的風險。叱吒市場 40 餘年後於 2019 年宣布退休，重心移往慈善及管理個人資產領域。

葛洛斯過去三十年預測經濟趨勢與撼動市場的能耐，為他贏得債券天王的美譽，認為固定收益投資組合可以積極交易而非只是持有，以增加總回報。葛洛斯把市場當作狐狸，不斷追逐吸引目光的最新事物，而他自己是刺蝟，專注在重大長遠的宏觀情勢。2014年葛洛斯因與PIMCO管理層分歧而離職，並接手管理駿利亨德森全球無限制債券基金，每年報酬率卻不到1%，未能重現他的輝煌業績，老驥伏櫪光環難再。

三十七、磁吸效應～加速原理

資本增量是指企業在資本存量基礎上增加的資本投入量，一方面表現為企業資產的增加，另一方面也表現為企業權益（負債或業主權益）的增加。資本支出在會計學上是指為了獲得固定資產，或為延長固定資產耐用年限而流出的費用。企業通過資本支出擴大商業規模或用於長期投資，購入新辦公室、擴建新倉庫或修繕工廠設備，均為資本支出。

當產量增加而所得亦增加時，須擴大生產設備，以配合產量增加的需求，因此淨投資常隨所得之增加而增加，而透過乘數作用，又引起所得的增加。當產量減少而所得亦減少時，有超額產能存在，淨投資因而為負，透過乘數作用又引起所得的減少。

收入扣除成本（不包括投資金額利息）的差額與投資金額之相對比例，投資邊際效率（marginal efficiency of investment；MEI）即增加一單位投資金額可以獲得的報酬，又稱為預期投資報酬率（expected rate of return on investment），由凱因斯（J. M. Keynes）提出。

與使用資本的單位成本比較，當投資報酬率 MEI 大於市場利率 i，表示投資有利，使投資需求增加；當投資報酬率 MEI 小於市場利率 i，表示投資不利，使投資需求減少。因此市場利率愈低則投資有利的機會愈大，而市場利率愈高則投資有利的機會愈小，即投資需求（D_I）變化與市場利率（i）變化呈反向變動關係，形成負斜率之投資需求曲線。

在市場利率以外的因素不變下，市場利率變動引起投資需求量呈反向變動，需求量變動在圖形上表示需求線不動，點沿原需求線移動。當市場利率以外的影響因素改變時，需求變動在圖形上表示整條投資需求線位移，形成另一條往右（量增加）移的需求線，或另一條往左（量減少）移的需求線。

市場利率以外影響投資需求的因素，包括技術創新、現有資本、未來預期、產品需求、要素成本、經營能力、所得水準、政策制度等。

政府以降低利率減輕使用資本的單位成本，及其他相關配套措施增加有利的投資機會，刺激投資活動的需求。

自發性投資（autonomous investment；Ia）為不受國民所得大小影響的基本投資水準，但仍與所得以外之其他因素有關，受到技術創新、要素成本、政策制度、物價水準、未來預期、信用利率等因素影響而改變。

會隨國民所得的增加而增加的投資稱為誘發性投資（induced investment；mpi×Y），國民所得乘以投資增加率即是誘發性投資額，意指受到所得增加而誘發增加消費支出，引導增加投資生產。

邊際投資傾向（marginal propensity to investment；mpi）為每變動一單位所得所誘發的投資變動量，表示在增加的所得中，可以用來增加投資的比例，亦即投資增加率。

$$mpi = \Delta I / \Delta Y$$

藉由多角化（diversification）分散投資各種不同資產或不同公司證券，當部分資產因不利事件而價值下跌時，其他資產卻可能因有利事件而價值上漲，因此抵消損失而降低風險。若各種不同資產之間的相關係數為正，代表風險事件對各種資產價值的影響是同方向變動，無法藉由多角化分散風險；若不同資產之間的相關係數為負，代表風險事件對各種資產價值的影響是反方向變動，可以藉由多角化分散風險，抵消部分損失；若各種不同資產之間的相關係數為負1，多角化可以完全互相抵消損失，形成無風險投資組合。

克拉克（Clark）和金納利（Chenery）於 1917 年提出加速原理（acceleration principle），認為國民所得的變動，將引起淨投資（資本增量）更大的變動，因為資本財需求的變動方向與比率，決定於最終財貨需求的變動方向與比率。

$$In（淨投資）＝ \Delta K（資本增量）＝ \alpha \times \Delta Y$$

經濟體充分利用所累積的現有資本存量，在既定之生產技術與資本生產力下生產，要增加產出所得（ΔY），必須增加資本（ΔK）投入，而所須增加之資本（擴充產能）是產出所得增加之倍數（α 值）。因此淨投資是所得變動的倍數，α 值稱為加速係數（accelerator），α 值大於 1 代表所得變動對淨投資有加速影響，即 ΔK（資本增量）大於 ΔY（所得變動）。

所得加速成長的經濟發展國家，淨投資增加具有「磁吸效應」吸引外資，引來更大的資本增量。

1981 年諾貝爾經濟學獎得主杜賓（J. Tobin）於 1969 年提出 q 理論，認為廠商的投資決策，依據市場（社會投資人）對其股票之認同度，以其股票之市場價格對該廠商重置成本的比值（q 值）為指標＝股票之市場價格／廠商的重置成本＝投資預期報酬折現值／資本購置成本。

當杜賓 q 值大於 1，即廠商的股票市場價值大於其重置成本市場價值，代表社會投資人認同其投資報酬率較其他投資項目為高，看好股市行情時願意購買其股票，廠商可由市場籌資並賺取價差，因而增加淨投資；反之若杜賓 q 值小於 1，即廠商的股票市場價值小於其重置成本市場價值，代表社會投資人認為其投資報酬率較其他投資項目為低而不願購買其股票，則廠商減少實質投資。

股票市場價值等於未來各期預期股利報酬的折現值，因此市場利率（折現率）愈低則 q 值愈大，而市場利率愈高則 q 值愈小，亦即 q 值與市場利率（i）變化及資本購置成本呈反向變動關係；市場利率愈低則愈有利投資，而市場利率愈高則愈不利投資。廠商重置成本等於現有資本財之市場價格，資本的購置成本愈低則愈有利投資，而資本的購置成本愈高則愈不利投資；q 值與資本報酬呈同向變動關係，預期資本報酬愈高則愈值得投資，而未來資本報酬愈低則愈不值得投資。

杜賓 q 值大於 1，代表投資預期報酬折現值大於資本購置成本，廠商因而增加淨投資；反之杜賓 q 值小於 1，即投資預期報酬折現值小於資本購置成本，則廠商減少實質投資。

♀ 生活智慧：所得地位誘發消費支出

凱因斯（J. M. Keynes）於 1936 年發表一般理論（The General Theory），提出消費理論的基本心理法則（fundamental psychological law），又稱為絕對所得（absolute income），強調消費支出與消費者現有實質所得水準的關係。一般人的消費支出大小，與可支配所得呈同方向但不同比例變化，即消費支出隨可支配所得的增加而增加，但消費支出增加率小於可支配所得增加率。

自發性消費（autonomous consumption；Ca）即不受可支配所得大小影響的基本消費水準，當可支配所得為 0 時，為維持基本生活所須支付的最低消費額。與可支配所得無關故稱為自發性，但仍與其他因素有關，

翻轉吧～經濟學！給您看得懂用得到的經濟原理

受到所得以外之因素影響而改變，如主觀偏好、生活習性、政策制度、物價水準、未來預期、信用利率、實質資產等。當可支配所得小於消費支出代表消費透支，須動用自己過去的儲蓄或向他人借貸（動用他人的儲蓄），使總儲蓄減少為負儲蓄；當可支配所得大於消費支出，代表消費後有餘額，使總儲蓄增加為正儲蓄。

誘發性消費（induced consumption）為會隨可支配所得的增加而增加的消費支出，可支配所得乘以消費支出增加率即是誘發性消費額，意指受到所得增加所誘發增加的消費支出，亦即總消費支出扣除自發性消費後之部分。邊際消費傾向（marginal propensity to consumption；mpc）表示在增加的可支配所得中，可以用來增加消費支出的比例，亦即每變動一單位所得所誘發的消費變動量，消費支出增加率小於可支配所得增加率，即 $0 < mpc < 1$。自發性消費、誘發性消費、邊際儲蓄傾向的規劃，都會受社會環境影響而變化。

笛生柏林（Duesenberry）於 1949 年所提出相對所得（Relative Income），認為消費支出大小並非完全依據其絕對所得大小，消費效用還會受到社會上其他人的消費水準所影響，稱為示範效果（demonstration effect）。相對所得是本身的絕對所得相對於全體平均所得的地位，當相似或更低地位的所得者消費水準偏高時，為顯示其相對地位，將維持偏高之消費水準。習性堅持效果（habit persistence effect）即消費習性形成後具有不可逆性，消費水準向上調高後不易再調低，說明虛榮心對消費行為的影響，以及由奢入儉難的理由。

傅里曼（Friedman）於 1957 年提出恆常所得（Permanent Income），認為消費支出的比例依據可支配所得中之恆常所得，而不受暫時所得的影響，亦非只依據目前所得來規劃消費；消費支出不能依據暫時所得，而應衡量恆常平均所得以規劃平均消費水準。恆常所得是目前財富可在未來產生的固定收益，包括生產性人力資源產生的勞動所得，以及非生產性經濟活動產生的財產所得，因此財富現值為恆常所得的折現值，而消費支出為恆常所得之固定比例，恆常消費增加主要來自恆常所得的增加。暫時所得（transitory income）具不確定性，消費者在衡量日常生活預算時，必須依據可預期之恆常所得，暫時所得不能計入恆常之消費支出比例中。

👤 經營管理：公司的最適投資決策

資本支出預算是公司資本投資性業務的預算，諸如公司固定資產的購置、擴建、改建、更新等，都必須在投資項目可行性的基礎上編製預

算，具體反映投資的時間、規模、收益以及資金的籌措方式等，包括固定資產投資預算和未完工項目進展投資預算。由於資本支出的特點為投資持續時間長、投入的資金龐大，同時企業所擔當的風險亦較大，因此對於企業未來的獲利及財務狀況會造成影響，也使得企業評估時須謹慎以對。外界亦會將企業當年度的資本支出金額，做為評估該公司擴充產能積極與否的指標。

資本支出預算是與投資項目決策密切相關的專門決策，主要根據經過審核的各個長期投資決策項目編製，需詳細列出該項目在壽命週期內各個年度的現金流出量和現金流入量的明細資料。企業內用以擴大資產、提升服務效率等進行長期投資活動所形成的支出，收益期間超過一個會計期間，大多用於添購、擴充固定資產或增加現有固定資本的價值，例如企業購買或升級設備、所有物或工廠建築等。

投資毛額包括廠商購買所需之存貨增量等各種資本財，存貨（含原料、半成品、製成品）可及時供應市場需求，但廠商亦負擔利率（機會）成本，因此最適存貨量與市場利率（i）變化呈反向變動關係。存貨減少可降低利率成本，但市場需求增加使廠商提高訂貨交易成本，因此最適存貨量與市場需求及訂貨交易成本呈同向變動關係，廠商選擇均衡最適存貨量使總成本最低。

資本形成毛額包括新建住宅，投資住宅的報酬率為房產之租金（設算）率及價格上漲（資本利得）率扣減折舊率，住宅投資量與報酬率呈同向變動關係。廠商（家戶）為追求最大利潤，以比較住宅資本財與其他資產之相對投資報酬率，來決定其最適住宅的投資決策。當住宅投資報酬率較高，廠商（家戶）會增加住宅投資；反之若其他資產投資報酬率較高，則廠商（家戶）增加金融資產而減少投資住宅資產。

外商直接投資（Foreign direct investment；FDI）是指外國企業為獲得利益，在本地所作的經濟投資。一般外國企業會和本地企業組成一個公司，形成一個多國企業或國際企業。為了證明跨國企業母公司足以承擔其對於海外聯合企業或公司的治理權，國際貨幣基金定義治理權要至少須10%或者更多的普通股份，或擁有投票權的團體組織，低於此限制只能算是投資組合。

政府促進投資的政策可吸引台商返鄉、增加就業機會與經濟成長，卻可能無法吸引有利於台灣長期發展的企業，因為吸引的主要是勞力密集產業，而非吸引創新、資本密集的製造業以生產有更高附加價值的產

翻轉吧～經濟學！給您看得懂用得到的經濟原理

品。台灣的投資利基包括已發展的產業聚落與供應鏈、高教育水準的勞動力及有活力的民間部門，在產業升級、交通通訊等基礎設施改善，開放醫療保健、教育、金融服務、通訊等產業，更能激發投資意願。

⑤ 投資理財：生涯階段的理財規劃

　　義大利裔美國籍的經濟學家弗蘭科‧莫迪格里尼（France Modigliani），主要的研究領域為金融經濟學（Financial Economics），為 1985 年諾貝爾經濟學獎得主。1953 年發表《國民收入和國際貿易》確立了他作為經濟學家的地位，利用時間序列數據，描述凱恩斯主義在開放經濟中的經濟計量理論。於 1985 年提出生命循環（Life Cycle），認為消費主要決定因素為所得與財富。依據所得變化來規劃一生之消費變化，以一生中之恆常所得限制條件，包括預期未來勞動及財產所得，追求一生之消費效用極大，而非只依據目前所得來規劃目前之消費，此一假設在研究家庭和企業儲蓄中得到了廣泛應用。

　　平均消費傾向（average propensity to consumption；APC）表示每一單位總所得的總消費額度，在可支配所得總量中可以用來消費支出的比例，亦即消費支出率。每一時期消費額不斷提高，而所得中可以用來消費支出的比例 APC 隨所得增加而遞減；在生命循環中，所得高峰之中年時期 APC 偏低，所得偏低之青年時期與老年時期 APC 偏高。不同人生階段會有不同的消費及投資需求，因應的理財態度是根據所處的生涯階段做好理財規劃。

　　以生命循環消費理論，來規劃人生每一階段的生活水準及儲蓄目標。一般而言，青年時期初入社會工作所得雖然不高，但預期未來所得增加且對耐久財消費需求較大，因此 APC 偏高而儲蓄偏低；中年時期所得達到一生中之高峰，但愈接近退休則消費保守，因此 APC 偏低而增加儲蓄；老年時期所得減少而基本生活消費有增無減造成 APC 偏高，可能須動用過去的儲蓄或接受社會救助（負儲蓄）。

　　青年新婚期約 25 ～ 35 歲，消費理財目標可能是在買房子的頭期款、購車、計劃生寶寶等，積極性投資以累積財富為主，保險是不可輕忽的重點之一。壯年創業期約 35 ～ 45 歲，生活及經濟基礎日益穩定，透過資金不同比例的配置，選定長期的投資計劃，規劃細水長流的收益，再逐步增加風險性如股票、基金等投資。中年穩定期約 45 歲以上，消費理財目標是為了退休或養老，安排適當年金和醫療相關保險所需的費用後，投資心態應更為謹慎。老年安養期約 60 歲之後以保本為宜，投資策略應

以降低風險為主，如儲蓄、債券等穩定成長的投資工具是首選。

　　生涯規劃協助找到人生目標，制定計畫付諸行動度過一段有意義的人生。工作是收入的主要管道，學習各項技能不斷提高個人能力，保證工作穩定收入增長。首先要滿足正常的生活需要，其次是對剩餘財產進行安排，合理劃分生活開支與可投資資產。短期財務規畫針對一年內的收入及支出做出年度預算表，中長期財務規畫則是儲備所需資金，為家庭建構財務藍圖。理財規劃體系統籌個人或家庭的財務安排，以及理財目標、風險承受度等，著眼財務運行的健康和安全，涉及到人生目標。

三十八、虛擬貨幣～貨幣的功能

　　虛擬貨幣（Virtual Currency）又稱為加密貨幣，由開發者發行與管理，在該虛擬貨幣社群中被認同其價值，可作為貨幣使用，在虛擬空間中特定社群內可以購買商品和服務，具有交易媒介和記賬單位的貨幣功能。與現行各國貨幣不同，不是由政府開發與管控。常見的虛擬貨幣種類有比特幣（BTC）、以太坊（ET H）、萊特幣（LTC）、瑞波幣（XRP）、幣安幣（BNB）等。

　　傳統的帳戶是由金融機構集中管理，受到政府監督。虛擬貨幣將區塊鏈的技術應用於分散式的帳本，不受政府組織監督控制，貨幣總供給有上限，能夠防止過度發行導致通貨膨脹的問題，但也因去中心化特性，沒有中央銀行能夠控制貨幣價值不正常的劇烈浮動，導致價格波動度很高。

　　貨幣可以當成資產貯存，同時作為交易的媒介，因此為具有完全流動性的資產，風險較低但增值報酬不高，只有通貨膨脹會造成實質購買力下降的風險，而無名目本金損失的風險；其他增值報酬較高的資產，有本金損失的風險；貯存貨幣而不轉換成其他資產，可能損失較高報酬的機會成本；貯存其他資產則可能損失本金價值，且需要交易媒介時將損失變現成本。

　　交易的媒介與計價單位，為貨幣的基本功能；價值貯藏與遞延支付標準，則是貨幣的引申功能。

　　貨幣是市場買賣雙方共同接受的付款工具，提供財貨勞務後獲得貨幣，再用來購買所需之其他財貨勞務，交易的媒介（medium of exchange）可以簡化市場活動，使交易順利進行，促進專業分工擴大經濟發展。市場買賣財貨勞務有統一的貨幣單位表示，並具有一致的價值標準，計價單位（unit of

翻轉吧～經濟學！給您看得懂用得到的經濟原理

account）代表貨幣具有購買力。

　　獲得貨幣未必立即用來購買財貨勞務，可以暫時儲蓄或當成資產貯存，價值貯藏（store of value）累積財富存量。購買財貨勞務未必立即支付貨幣，但契約中載明未來的權利義務，因貨幣具有長期儲存與價值穩定的特性，遞延支付標準（standard of deferred payments）使信用交易順利進行。

　　藉由電腦資訊之科技發展，將書面之票據交換清算簡化，轉為電子化交易，例如儲值卡（stored value card）、電子錢包（electronic purse）、電子資金轉帳系統或電腦網路等電子貨幣（electronic money）交易方式，立即由銀行存款帳戶支付等值通貨，又稱為無現金（cashless）交易。

　　信用卡（credit card）等簽帳形式亦可作為交易媒介，但未立即支付等值通貨，不能稱之為貨幣，用來支付的活期性存款則是貨幣。各種其他交易工具與交易方式的開發引進，取代貨幣本身的交易媒介功能。

　　貨幣需求（demand for money；Md）是一存量的概念，在某一時點想要持有之貨幣金額數量。貨幣持有數量高將負擔閒置資金未充分運用的機會成本，而貨幣持有數量低將負擔換取貨幣所耗費之交易成本。因此閒置資金的機會成本提高將降低持有貨幣的需求，而換取貨幣之交易成本提高將增加持有貨幣的需求。

　　任何其他資產轉換成貨幣的容易程度稱為流動性，因貨幣本身具有完全充分的流動性，凱因斯（Keynes）認為持有貨幣的需求，也就是對保有流動性資產的偏好需求，包括交易動機、預防動機、投機動機，會受到所得、利率與其他相關因素的影響，又稱為貨幣需求的流動性偏好（liquidity preference）。利率與貨幣需求量之間呈反向變動關係，因此有負斜率需求線。

　　實質貨幣（M/P）強調貨幣的實質購買力，而非名目貨幣數量。實質貨幣需求與所得水準、貨幣的交易成本、其他資產的風險呈正相關，而與市場利率水準及其他資產報酬率呈負相關。物價水準上漲使交易金額提高，增加交易動機之名目貨幣需求；但預期通貨膨脹將使貨幣之實質購買力降低，人民將持有的貨幣轉換成增值報酬較高的其他資產，而減少投機動機之實質貨幣需求。

　　持有貨幣用來購買所需之財貨勞務，當所得水準愈高購買能力愈強，交易動機（transaction motive）提高則貨幣需求增加，所以交易動機之貨幣需求與所得水準呈正相關。

無現金交易方式降低交易動機之貨幣需求，加工程序較多的迂迴生產過程則增加廠商交易動機之貨幣需求。

貨幣可以暫時持有以備不時之需，預防動機（precautionary motive）即持有貨幣作為預防隨時可能發生意外交易之貨幣需求，避免流動性風險，降低變現成本。當所得水準愈高，保留多餘貨幣的能力愈強，所以預防動機之貨幣需求與所得水準呈正相關。

保險產品多樣化與社會安全制度健全，可能降低預防動機之貨幣需求。

多餘貨幣未必全部保留作為預防，投機動機（speculative motive）可以轉換成其他增值報酬較高的投機性資產（如債券、股票等）。投機動機之貨幣需求與市場利率水準及其他資產報酬率呈負相關。

各種其他資產與交易方式的開發引進，金融創新（financial innovation）取代貨幣本身的價值貯藏及交易媒介功能，當其他資產的風險低或轉換成貨幣的交易成本降低，將減少持有貨幣需求；反之，當其他資產的風險較高或轉換成貨幣的交易成本提高，則增加持有貨幣需求，所以貨幣需求與貨幣的交易成本及其他資產的風險呈正相關。

經濟情勢急轉直下，投資人虧損累累，全球股市、債市、匯市全面大震盪，現金為王成為投資人最安心的策略。最佳投資策略應是建構具防禦性的投資組合，定存部位最安全保本，再搭配防禦性的債券基金來穩中求贏。

虛擬貨幣交易所類似股票買賣，只負責撮合買賣。每種虛擬貨幣都有各自的特色，市場也不同，供給和需求也差異甚大。交易價格、數量、貨幣總市值是決定投資的重要依據。挖礦需要投入硬體成本，也需負擔運作費用，常見挖礦方式是雲端挖礦，找到大型挖礦公司租借單位挖礦力來投資虛擬貨幣。

♀ 生活智慧：行動支付普及化

行動支付（Mobile Payment）是使用行動裝置進行付款的服務，不需使用現金、支票或信用卡，消費者可支付各項服務或數位及實體商品的費用。金融機構和信用卡公司、網路服務公司如Google、行動通訊服務營運商、通訊網路基礎建設商以及行動裝置的跨國公司如Apple等，提供了行動支付的解決方案。

翻轉吧～經濟學！給您看得懂用得到的經濟原理

以簡訊為基礎的行動支付方式中，消費者透過簡訊發送簡碼，支付的款項由電信帳單或電子錢包中扣除。支付的物件在收到支付成功的確認訊息後提供商品或服務，多數接受簡訊支付的服務為數位商品；商家透過多媒體簡訊也可傳送條碼，消費者可在商家處出示條碼並在掃瞄後換取商品服務。

行動帳單付款方式不需使用信用卡也無需在線上支付網站註冊，消費者在電子商務網站結帳時經過密碼與一次性密碼（OTP）的雙重授權後，支付的款項將會計入消費者的行動服務帳單中收取。行動網路支付使用無線應用協定（WAP）作為技術基礎，消費者透過網頁或額外下載並安裝在手機上的應用程式（APP）來進行支付。QR 碼（Quick Response Code）全稱為快速回應碼，是一種正方形的二維條碼，能夠將資訊輸入行動電話中，當用戶結帳時，出示 App 顯現的 QR Code 或二維條碼（barcode）掃描後即可完成支付。

近距離無線通訊（Near－field communication；NFC）簡稱近場通訊，是一套通訊協定，讓兩個電子裝置如智慧型手機進行通訊。NFC 應用於社群網路，分享聯絡方式、相片、影片或檔案，可以充當電子身分證和鑰匙卡，提供設定簡便的低速連接，也可用於引導能力更強的無線連接。NFC 支付方式經常在實體商店或交通設施中使用，消費者將信用卡、Debit Card 或悠遊卡等資訊綁入手機，再透過感應的方式完成付款，例如 Apple Pay、Google Pay 等。使用虛擬卡號支付，減少實體卡號暴露盜用的危險，是一種安全的支付技術。

台灣行動支付近年持續成長，政府也喊出 2025 年非現金支付普及率達 9 成的目標，包括 LINE Pay、街口支付、悠遊付、Apple Pay、Google pay 及政府聯手公股行庫推出的台灣 Pay 等都是常見的行動支付工具；商家相繼推出的電子支付例如 7－11 的 Open 錢包、寶雅 Poya Pay 等。只要帶上手機就能結帳，且支付前得先輸入密碼、指紋或 Face ID 解鎖，安全性較刷卡高，也可轉帳給他人，省去手續費及輸入銀行帳號的麻煩。

行動支付是將行動裝置例如手機、平板電腦等作為載具，以取代現金、實體信用卡來付款的行為，國內最常見的兩大方式為 NFC 感應與 QR 碼掃描。電子支付是由金管會所管轄，不僅可以支付日常購物，還可以進行轉帳、儲值，等同擁有一個數位帳戶。第三方支付是由經濟部管轄，交易行為會先透過一個公正的第三方來代收付服務，在商品寄送無誤後，才會統一處理款項，以確保整個交易的安全性；保障買方的消費權益，

商家也無須另外和各家收單銀行進行簽約，但只能進行代收付服務，無直接、即時的轉帳與儲值功能。

👤 經營管理：區塊鏈建置共用分類帳

　　區塊鏈（blockchain）是藉由密碼學與共識機制等技術，建立與儲存龐大交易資料區塊串鏈的點對點網路系統。每一個區塊包含前一個區塊的加密雜湊、相應時間戳記以及交易資料，內容具有難以篡改的特性。區塊鏈技術串接的分散式帳本能讓兩方有效記錄交易，且可永久查驗。目前最大的應用是數位貨幣的發明，用於儲存全部交易記錄的公共帳簿。

　　比特幣區塊鏈帳本的每個區塊基本由上一個區塊的雜湊值、若干條交易、一個調節數等元素構成，礦工實現對交易整理為帳本區塊和區塊安全性的維持。一個礦工通過交易廣播管道收集交易專案並打包，協定約定區塊生成速度，不斷將調節數和打包的交易資料進行雜湊運算而滿足當時相應的難度目標值，最先計算出調節數的礦工可以將之前獲得上一個區塊的雜湊值、交易資料、當前算出對應區塊的調節數，整合為一個帳本區塊並廣播到帳本發布管道，其他礦工則可以知道新區塊已生成並知道該區塊的雜湊值，作為下一個區塊的上一個區塊的雜湊值，而放棄當前待處理的區塊資料生成並投入新一輪的區塊生成。其他區塊鏈的應用，主要是針對所負載的資料，區塊安全性的維持方式等進行調整。

　　公有鏈為公共區塊鏈，所有人都可以公平公開參與，可自由存取、發送、接收、認證交易。公有鏈是完全去中心化的區塊鏈，它們之間存在不同架構，開發人員可以自由地在一個區塊鏈的基礎架構上建立公鏈，每條鏈與鏈之間都不會影響彼此擁有的資源，不會因個別應用資源消耗過多而造成網路擁擠。用現有區塊鏈來開發新型去中心化社群的專案，區塊鏈網路可以是公有、私有、許可的或由聯盟建置。

　　區塊鏈是不可變的共用分類帳，幾乎任何有價值的東西都可以透過區塊鏈網路追蹤交易記錄與程序，以全面降低風險和成本。追蹤的資產可以是有形的房子、現金、土地或無形的智慧財產權、專利、著作權、品牌。區塊鏈可提供儲存在不可變總帳中的即時、共用及完全透明資訊，只有獲得許可的網路成員才能存取這些資訊，可追蹤訂單、付款、帳戶、生產等，看到交易從到到尾的所有細節。在交易記錄至共用分類帳之後，任何參與者不能變更或竄改交易，如果交易記錄包含錯誤則必須新增交易以更正錯誤，這兩筆交易都會呈現。

　　建置企業區塊鏈應用程式時，務必要有全面的安全策略，以減少遭

翻轉吧～經濟學！給您看得懂用得到的經濟原理

受攻擊和詐騙的風險。身為僅限的網路使用成員，可以確信收到正確且及時的資料，而且機密區塊鏈記錄只會與特別授與存取權的網路成員共用。資料區塊可記錄自選的資訊對象、內容、時間、地點、多寡甚至狀況。區塊會確認交易的確切時間和順序，並會安全地連結在一起，防止任何區塊遭到變更，或在兩個現有區塊之間插入區塊。每多加一個區塊就會加強前一區塊的驗證，加強了整個區塊鏈的驗證，移除惡意行動者進行竄改的可能性，進而建置可信任的交易總帳。

⑤ 投資理財：數位貨幣交易

數位貨幣（Digital currency）是電子貨幣形式的替代貨幣，是虛擬貨幣的一部分，它的價值被肯定，能被用於真實商品和服務的交易，而不局限在網路遊戲中。現在的數位貨幣，如比特幣、乙太幣和點點幣是依靠校驗和密碼技術來創建、發行和流通的電子貨幣，基於特定的算法得出，發行量有限且被加密保證安全。運用 P2P 對等網絡技術來發行、管理和流通貨幣，避免官僚機構的審批，讓每個人都有權發行貨幣。

虛擬貨幣是一種無法律約束、由開發者發行與管控、被特定虛擬社群成員接受和使用的數位化貨幣；而電子貨幣實際上就是實體法幣在互聯網的替代品，以數碼記帳方式替代現金交易的貨幣系統。數位貨幣兼顧虛擬貨幣和電子貨幣的部分特點，在特定範圍內流通、任意選擇是否與法幣掛鉤、可線上下交易實體商品等，同時也存在總量一定、參與者共同維護貨幣信用等；具有雙向流通性，可以從機構流向用戶群體，也可以在用戶群體間自由流通。數位貨幣利用區域鏈機制，每筆交易都要所有參與者共同確定，達成共識後才能入系統，保證所有數位貨幣交易是安全透明，交易者承擔最低的交易成本。

數位貨幣的投資過程中，任何突發的因素都有可能引起貨幣價格的變動，漲跌幅度無法估計和控制，市場價格的劇烈波動加劇投資者的損失風險。在不親自開採數位貨幣的前提下，差價合約（Contracts for Difference；CFD）利用很少的初始資金，預測對數位貨幣的未來價格即可雙向獲利。投資者通過有監管的大型交易平臺完成 CFD 交易，建倉後對未來價格看漲則持有 CFD 的多頭頭寸，反之如果看跌則為空頭頭寸，當要平倉所持有的頭寸時，就需要進行反向操作賣出或買入數位貨幣的 CFD。

虛擬貨幣交易所提供一個虛擬貨幣的集中市場，讓流動性更大、減少交易成本以及交易過程更安心買賣的場所。以現貨為主，比較常見衍

生性金融商品有槓桿交易、期貨合約、期權合約、槓桿代幣。虛擬貨幣的本質傾向去中心化不受集中管理，因此並非各國都有法規提供完善管制和保障。數位貨幣 ETF 通常追蹤一種或多種數位貨幣，也就是買進成分股的策略，通過 ETF 方式投資數位貨幣達到分散風險的目的。

非同質化代幣（Non－fungible Token，NFT）是區塊鏈加密技術下所產生的獨特數碼編號，應用在影音藝術品上，成了帶有所有權證明的商品，任何少了標記的複製品都只是贗品而不是真跡。當元宇宙真正成形，NFT 可交易的虛擬資產將會越來越豐富，與現行世界的金融秩序共存，收藏、交易買賣或創建自己的 NFT 作品，都需要透過 NFT 平台進行操作。

幣安（Binance）是目前全球最大的全中文化介面加密貨幣交易所，接受多種加密貨幣買賣，提供超過 100 種加密貨幣的交易，同時也有推出自家的 NFT 平台，用戶可自由上架、購買、出售 NFT。

三十九、槓桿操作～貨幣乘數

古希臘最傑出的科學家阿基米德說：「給我一根夠長的槓桿和一個支點，我就可以搬動地球。」這就是槓桿的力量，用小資金撬動大利潤。

槓桿是放大投資報酬率的一種方式，適度的槓桿對投資人有好處，但是過度使用可能會導致災禍；交易的結果可能比投入大得多，損失最終可能超過初始保證金。在投資人所期望的上升軌道中能放大投資收益，但在下跌過程中也會放大損失，帶來致命的打擊。

銀行貨幣（bank money）以貯存在銀行的存款所有權作為兌換基礎，開立支票成為支付工具，持票人以支票為憑據向銀行兌換等值通貨，亦即以支票為憑據將銀行存款作為交易媒介，又稱為存款貨幣（deposit money）。支票可作為交易媒介但未立即支付，不能稱之為貨幣，用來支付的支票存款則是貨幣。

古代保管黃金的金匠經驗法則，存入黃金的所有客戶在正常狀況下，不致於同時將所存黃金全部提領，因此金匠法則（gold smith's principle）只要保留部分準備，即可應付日常提領需要。

存款所有權屬於存款人，為銀行之負債，但銀行只要保留存款金額的一部分作為準備金，部分準備（fractional reserve）即可應付日常提領需要。銀行

翻轉吧～經濟學！給您看得懂用得到的經濟原理

經營管理閒置資金加以有效運用，包括準備金、流動性資產、投資有價證券、貸款等方式，成為其資產並創造收益。

　　準備金（reserves）包括銀行在央行的存款及自行保留的庫存現金，以配合法令穩定金融，並支應存款人日常提領需要；自行保留的通貨，銀行可以經營管理，加以有效運用。

　　銀行操作國庫券、商業本票等短期票券，流動性資產（liquid assets）易於變現應付不時之需，可以作為銀行第二準備金，利率雖低但仍可為短期閒置資金創造收益。銀行投資有價證券（investment securities），如政府公債、公司債、股票等，可以獲得固定收益（利息）或賺取價差（資本利得）。

　　貸款（loans）變現性低而風險高，銀行將閒置資金貸放給有資金需求的借款人並獲得利息收益，是銀行主要收入來源。貸款買房子是一個很常見的槓桿操作，假設買房子可以從銀行貸款房價的八成，只要準備 1000 萬元就可以買一間 5000 萬元的房子。

　　槓桿可用於多種金融產品，券商只要求擁有倉位總價值的一小部分，開立和維持槓桿交易所需的款項稱為保證金。包括差價合約和遠期外匯，借錢投資最常見的是股票信用交易，自帶槓桿的金融商品有期貨、選擇權、權證、外匯保證金、槓桿 ETF 等衍生性商品。

　　銀行保留存款金額的一特定比例，存款準備率（reserve ratio；r）作為準備金以應付日常提領需要。銀行保留的準備總額稱為實際（actual）準備，其超過法定應提的部分，稱為超額（excess）準備，銀行加以有效運用並創造收益；銀行向央行融通之準備金稱為借入（borrowed）準備，超額準備扣除借入準備的餘額為淨（net）超額準備或自由（free）準備。

　　資金供給者之存款由銀行經營管理為銀行負債，銀行再將超額準備貸款給信用良好之資金需求者，成為銀行資產並創造收益，使銀行貨幣呈倍數增加，貨幣創造（money creation）又稱為信用擴張或信用（credit）創造。通貨以及銀行準備金可以作為貨幣創造的基礎，準備貨幣（reserve money）又稱為貨幣基數（money base；B）；具有創造乘數效果之貨幣稱為強力貨幣（high－powered money）。準備貨幣減少或信用緊縮，亦造成貨幣減少的緊縮（負）乘數效果。

　　貨幣數量變動（△M）＝銀行準備變動（△R）×貨幣乘數（m）

　　資金供給者存入由銀行經營管理之存款，銀行存款（負債）增加但整體社會貨幣供給不變，原始存款（primary deposit）可以準備作為貨幣創造的貨

幣基數（B）。銀行存款再貸款給資金需求者，銀行資產增加所創造的存款貨幣引申存款（derivative deposit）；貸款終將回流銀行體系，此過程不斷創造引申存款後，貨幣乘數（money multiplier；m）為貨幣創造過程使銀行貨幣呈倍數增加之倍數，社會貨幣供給增加量（△M）為銀行貸款總合（△L）。

　　央行釋出郵儲金供銀行低利貸款，進入銀行體系的準備貨幣經過信用擴張，可以創造貨幣乘數效果，市場貨幣供給額增加。若銀行放款政策保守，超額準備保留閒置資金使貨幣乘數減少，貨幣年增率降低。當銀行貸款未全部回存銀行體系，資金外流狀態下的貨幣乘數減少，貨幣年增率降低。

　　商業銀行以收受支票存款、活期存款、定期存款，供給短期、中期信用為主要任務。商務內容包括存款與放款，其服務對象分為企業（法人）金融及個人（消費）金融。企業金融主要以企業為服務對象，如現金管理、中長期融資、外匯業務、衍生性金融商品；個人金融主要以個人為服務對象，消費性金融商品如信用貸款、信用卡、現金卡等。

　　外匯指定銀行是中央銀行指定，可以承作開發信用狀或出口押匯等外匯業務的單位，一家銀行中可有好幾個分行直接辦理外匯業務，其他分行僅能代收後再轉至外匯指定銀行辦理。儲蓄銀行以複利方式收受儲蓄為目的之定期存款，為供給長期信用業務。目前台灣已經沒有儲蓄銀行，上海商業儲蓄銀行於民國初年成立時是儲蓄銀行，所以保留這個名稱，但早已屬於商業銀行。

　　農會是屬於地方基層金融，不能跨縣市，一般由信用部、供銷部、推廣部、保險部等部門組成；並非只有銀行業務，還有其他農業推廣、供銷等業務。農民銀行則屬於專業銀行，分行遍佈全國，除了有農會一般存、放、匯業務外，還包含了信託、證券等農會所無法承辦之業務。2006年中國農民銀行與合作金庫商業銀行合併，存續合作金庫過去屬於專業銀行，處理其他各專業銀行關係往來，但在民營化後的營運趨向商業銀行。1946年改組成立的臺灣土地銀行，為政府指定唯一辦理不動產兼農業信用之專業銀行，貫徹政府推動住宅、農業及土地政策。

生活智慧：正向思考創造良性循環

　　良性循環是指一個具備眾多利於自身條件的環境，做事可以更輕鬆實在，帶動周圍的人，更能夠雙贏互相影響，擴大良性循環。日本企業戰略經營暢銷書作家，赤羽雄二的著作《成長思考力：創造人生良性循

環的七個行動法則》一書，指創造良性循環是事先打下的諸多基礎開啟順勢而為，必須事先思考如何根據現有引發更好的結果，然後將其轉化為良性循環，提前打下諸多基礎取得先機，創造有利條件便能順利推動事態的發展。

只要加入創造良性循環的發想，就能夠獲得源源不絕的成長機會。外部資源之所以願意提供協助，是因為組織之間的利害關係一致，只要運用得當，機會就能不斷向外延伸。主動創造良性循環，從中萌生新的機遇，自己再設法創造有利的局面，進而獲得成果。

創富良性循環是把收入用來增加資產，資產又會產生更多的收入，這些收入又再增加資產，資產又再產生更多的收入，金錢就會不斷增加。良性循環不單令資產增加，同時帶來收入的不斷增加，可投資的資金增加又再令資產增加，靠利息等資產收入也能生活。

在親密關係中有惡性循環也有良性循環，對於惡性循環保持了解，要多讚賞彼此，正向回饋和鼓勵對方成長的意願，靠良性循環儲存對彼此的正向感受和信任。家庭問題是循環的問題，也就是雙方同時促成目前的互動模式，所以雙方都有責任，也都要為目前的關係負責。

一味悼念遺憾卻不積極作為，將是惡性循環的開始。遺憾已屬沉沒成本，不要膠著在過去，必須企圖讓人生進入良性循環。將自信轉化為可強化自身能力的思考方式，一旦有所成長便能達成過往無法做到的事，也能發現無法察覺的問題，更能獲得過去自己所無法企及的觀點。轉變為正向思考的人，徹底掌握了解自身的最佳狀態，與同伴共享彼此的創意和資訊，找出有效達成目標的方法將努力效益最大化，一起成長所有人都受益；當互助系統運作良好，前輩們會向需要幫助的人伸出援手。

互助互利型經濟是一個善的循環，無條件付出的慷慨，往往會獲得比原來行動更大的回報。這種行為稱作互惠原理，當從別人得到一些東西時，就會忍不住想要回報對方。這是一個生生不息的生態系統，有能力伸出援手幫助別人，需要幫助時向人求援，身為互助互利經濟中施與受的一員，為善的循環盡一份心力。

循環因果觀指事事互為因果彼此來回影響，覺察人與人之間的互動模式，一點一滴的好事聚集起來，也有可能產生良性循環。用不同的眼光看見一點一滴的好，放大這些小改變，有一天能累積成為大改變，扭轉惡性循環成為良性循環。找到解決方案的各個部分，不需要做到每一件事，所做的任何小事都是朝正確的方向踏出一步，都是朝良性循環的

發展大步邁進。

👤 經營管理：去槓桿化調整財務結構

去槓桿化（Deleveraging）泛指償還債務以降低債務收入比率（Debt－to－Income Ratio）的過程。當一個國家或地區的債務負擔過重，到了收入不足償還本息時，必須透過去槓桿化將債務負擔調整至較健康的水平。低利率的貸款成本吹大信貸泡沫，當泡沫破裂來襲的通貨膨脹或債務違約處理，可能傳導成為破壞區域甚至全球金融秩序的導火線。企業、家庭和私人等各類債務加總的規模已攀升至高峰，龐大的債務損害了企業盈利和人民消費能力，不但惡化資產負債表，也大幅延緩經濟長期持續成長動力。

槓桿是舉債，去槓桿化就是償還債務的過程。債務風險可能削弱經濟成長、消費和就業，並擴大銀行陷入危機。當經濟穩定或成長時，企業和個人願意借款來投資，導致債務增加和槓桿比率上升；當融資承受的風險擴大，超過收支不平衡時開始轉向崩潰，爆發金融危機時融資機構雨天收傘，陷入去槓桿化循環的過程尋求重生，以債務最小化來修復資產負債表，減少消費以增加儲蓄來抵減債務。

資產負債表衰退導致企業還債需求超過融資需求，企業目標從追求利潤最大化轉為負債最小化，金融部門的放貸也因風險考量而保守以對。當企業的投資活力不再，在企業減少負債優先的思維下，不願投資研發和擴大生產，勞動力日益減少和技術知識的人才流失。企業和機構開始考慮去槓桿化，紛紛拋售資產等方式降低負債，造成大多數資產價格如股票、債券、房地產的下跌。政府部門貸款增加，拉動整體信貸回升，透過舉債來協助民間投資不足，透過自己承擔風險來刺激經濟成長，債務必須透過經濟成長的動能才能化解。

金融上的槓桿是透過借款或發債等方式籌資發揮財務槓桿，給足夠的槓桿，將能買下全世界。適度的槓桿可以拯救個人、企業或國家於危急存亡之秋，更能增強自身的規模和競爭力。高槓桿不利財務體質，繼續借貸並且發揮槓桿到達極致，當遇上成長放緩或不景氣，高槓桿所產生的利息遠超過獲利，公司會被財務槓桿壓垮，面臨重整或破產的命運。高槓桿能夠成就快速增長，但亦能導致崩塌，不能不把眼光放遠，將短期優勢轉化成以創新推動成長的模式，及早規劃去槓桿化調整財務結構。

中國打房影響恆大集團的動盪，恐蔓延殃及銀行的貸款業務，甚至外溢至建設公司、營建設備製造商、家具與家電業。中國為遏制房地產

翻轉吧～經濟學！給您看得懂用得到的經濟原理

泡沫，限制銀行對房地產的曝險程度，對開發商貸款與抵押貸款實施管制措施，同時對土地拍賣進行全面改革，政策的緊縮導致地產業面臨廣泛困境。銀行信貸風險節節升高，若房價下跌、經濟持續放緩，恐危及抵押貸款的支付，效應外溢衝擊至其他相關領域。來自於歐美消費者的去槓桿化，中國的出口會受到嚴重威脅，進而引起國內產能過剩、製造業投資疲軟、製造業工人失業等連鎖問題。

⑤ 投資理財：信用交易增加市場波動

　　信用投資即使資金不足、未持有現股，仍可買賣股票，還可操作當沖交易，更迅速地應對股市變化。融資向券商借錢買股票，賣出後再將所借資金連同利息還給券商。融券向券商借股票賣出，待股價落至低點，再將股票買回來連同利息還給券商。當沖是當日買進、賣出股票，透過兩筆單沖銷賺取價差，可避免股票放到隔天承受波動。融資融券都屬於槓桿型操作，獲利或損失都會成倍數放大，應謹慎評估股票走勢。

　　現金交易即投資人使用現金買進或賣出股票，信用交易是通過融資或融券的方法來買賣股票。當投資者進行融資需要自備購買股票40%的資金，剩餘的60%由券商借出；而進行融券則需要預先繳納90%作為保證金。投資者向證券公司融資融券，增加交易籌碼，獲得以較小資金贏得較大利潤的機會，需要付給券商利息。投資者可以有效地分散或對沖投資組合，增加投資多元化程度；當投資希望對沖下行風險，可以賣空特定的投資標的。

　　由於資本市場極大的不確定性，投資者的預期常沒有達到甚至背道而馳。在融資買股投資時預期股票上漲，但實際該股卻下跌了；券商為避免損失要求投資者以低價賣出，導致反而虧損。融券時向券商借股，預期股價下跌後賺取價差；但實際股價上漲，被迫以更高的價格買入股票歸還給券商因而導致虧損。當投資者沒有及時追加保證金，券商可以出售該證券，展示融資融券中斷頭的風險。

　　融資融券可能會助漲助跌，增加市場波動。股票上漲到一定程度的時候，融券的投資者因為做了相反的預測而虧損，隨著股價上漲會有更多人要購回股票還給券商，軋空行情反而推高股價，導致更多人遭遇斷頭風險。保證金的利息成本隨著時間累計增加，會逐漸侵蝕股票的收益。融資融券不適合用於長期交易，在市場波動期間，投資者會承受較大的壓力。

在台灣股市每年有兩個融券必須強制回補的日子，一是股東會，另一個是除權息，因為公司需要編制股東名冊，確定誰有權利來參加股東會，知道誰有權領取公司發放的股利。手上還有未將股票還給券商的投資者，被要求要買股票回來還，因此股價就容易上漲。

融資、融券是一般散戶常用的操作方式，融資與融券餘額是目前市場中有多少投資人運用融資或融券的方式買或賣股票的張數，表示後續股價相對較不穩定。當融資餘額持續增加，表示市場投資人大多看好此股後續的表現，因此願意融資買入；融券餘額增加，則表示市場中越多人預料股價後續將下跌，因此選擇先跟券商借券，等到股價如預期跌落時再買入還給券商。融資餘額降低、融券餘額增加但股價卻持續上揚，後續常有一波較長的漲幅，甚至逐步軋空。融資餘額增加、融券餘額降低但股價卻不漲反跌，表示隱藏其他利空訊息，後續股價亦可能重挫下跌。

四十、劣幣驅逐良幣～葛萊興法則

商品貨幣本身仍是商品，因此成份較佳，其價值高於面值之商品貨幣，會被保留作為貴重商品；而作為交易媒介在市場流通之商品貨幣多為成份較差，其價值低於面值者，葛萊興法則（Gresham's law）即劣幣驅逐良幣的現象。

16世紀的英國伊麗莎白鑄幣局長葛萊興觀察，消費者保留儲存貴金屬含量高的貨幣，而在市面使用成色較低的貨幣進行市場交易，使得在市場流通的大多為劣幣，良幣則被保留而較少流通，此定理也被廣泛用來表示反淘汰效果。

商品貨幣（commodity money）本身仍是商品，早期社會常將金、銀、貝殼等貴重物品使用作為交易媒介，幣值與其本身價值接近，又稱為實體貨幣（full bodies money）。

作為交易媒介必須具有普遍接受、容易識別、長期儲存、價值穩定、攜帶方便、可以細分等特性，黃金與白銀等貴重金屬成為最被廣泛使用的商品貨幣，又稱為金屬貨幣（metallic money），並漸由官方接受保證其面值賦予公信力，發展為金幣、銀幣。

翻轉吧～經濟學！給您看得懂用得到的經濟原理

貴重的商品貨幣數量有限且有劣幣驅逐良幣的現象，交易媒介逐漸發展為本身價值低而攜帶方便的紙幣；初期為取得公信力，紙幣（銀行券）面值可以兌換等值或部分比率價值的貴重物品（如黃金），可兌換紙幣（convertible paper money）漸由官方接受成為政府發行的紙幣。

法定貨幣（fiat money）以無限法償（legal tender）由法令賦予貨幣價值公信力，政府發行的紙幣或硬幣，其本身價值遠低於貨幣面值，作為通用之交易媒介，且不須庫存貴重物品作為兌換，又稱為不可兌換紙幣（non－convertible paper money），或統稱為通貨（currency）。純粹紙幣本位制度又稱為管理貨幣（managed money），政府發行紙幣不需金（銀）現金準備，但應符合社會經濟活動之貨幣流通，以維持紙幣價值的穩定。

政府的貨幣金融主管機構，中央銀行（central bank）主要任務為發行國內通貨、訂定執行貨幣政策、控制貨幣供給、調節外匯供需、監督金融機構營運等，以健全金融市場環境，促進經濟穩定發展。因此中央銀行為發行國幣的銀行，也是執行貨幣政策的銀行。

中央銀行亦管理國庫存款，包括中央政府各機關存入現金、票據、證券等的保管、出納、移轉等，是政府的銀行；中央銀行可以查核了解金融機構的資金吸收及運用狀況，監督全國銀行業務，是銀行的銀行。必要時中央銀行亦得提供貸款支應有資金需求的銀行，作為資金最後貸放者（lender of last resort）；央行對不願意配合貨幣政策的銀行採取懲罰性利率、拒絕融通等方式。

我國中央銀行隸屬行政院，美國的中央銀行為聯邦準備理事會（Federal Reserve Board；Fed.），中國人民銀行為中華人民共和國的中央銀行。

貨幣供給數量（M）＝準備貨幣（B）× 貨幣乘數（m）

準備貨幣（reserve money）等於銀行準備金加通貨，代表中央銀行對整體經濟社會的無限法償貨幣性負債，中央銀行可以直接控制的部分是強力貨幣，乘以貨幣乘數等於經濟體貨幣供給總量。

準備貨幣＝中央銀行資產－中央銀行其他負債－中央銀行其他項目淨值

中央銀行資產包括庫存現金、融通債權、外匯資產等，中央銀行其他負債包括發行票券餘額、政府與金融機構轉存款等；中央銀行資產增加時準備貨幣增加，中央銀行其他負債與其他項目淨值增加則準備貨幣減少。

狹義的貨幣定義強調其交易媒介功能稱為 M_1，包括通貨淨額及存款貨幣，又稱為交易貨幣（transaction money）；廣義的貨幣定義再加入準貨幣，代表可以轉換為貨幣使用而影響總體經濟活動之總量，稱為 M_2。某一時點之貨幣總計代表存量，貨幣供給（money supply；M^s）以物價水準平減（M/P）稱為實質貨幣餘額（real money balance），某一期間之貨幣供給成長率則是流量。

M_{1A} ＝通貨淨額＋支票存款＋活期存款

通貨淨額是通貨發行扣除庫存在央行以及各貨幣機構現金之後的餘額，代表經濟社會持有流通之貨幣；而庫存現金則未在市場流通，視其流動性大小再加入各貨幣定義中。

開立支票以在銀行的支票存款作為兌換基礎，支票為支付工具，用來支付的支票存款則是貨幣；活期存款多為公司法人所開立，透過電子資金轉帳系統或電腦網路等方式交易，由企業部門在銀行的活期存款帳戶支付等值通貨。

M_{1A} 為最狹義、流動性最大、儲蓄性最小的貨幣定義，代表工商企業進行主要經濟活動所流通之貨幣。

M_{1B} ＝ M_{1A} ＋活期儲蓄存款

活期儲蓄存款只有個人才能開立，具有貯存在銀行的性質，流動性較活期存款低，但亦可透過電子資金轉帳系統或電腦網路等方式交易，立即由家戶部門在銀行之活期儲蓄存款帳戶支付等值通貨。

M_{1B} 強調貨幣之交易媒介功能，代表社會所有經濟活動所流通之貨幣與活期性存款；支票存款、活期存款、活期儲蓄存款統稱為存款貨幣或銀行貨幣，可以隨時提領轉換成現金。

M_2 ＝ M_{1B} ＋準貨幣

準貨幣（quasi － money）包括定期存款、定期儲蓄存款、外幣存款、外國人之新台幣存款、郵政儲金、金融機構附買回交易之票券餘額等，強調貨幣之價值貯藏功能，是流動性較活期性存款貨幣為小但比其他資產為大之金融資產，代表一定期限內庫存而不在市場流通之貨幣存量。定期性存款可以提領轉換成現金，但受到契約期限的限制，提前提領將有部分損失。

M_2 包括經濟活動所流通之貨幣，與支票存款、活期存款、活期儲蓄存款等存款貨幣，以及非活期性存款之金融資產，代表可以轉換為貨幣

使用而影響總體經濟活動之貨幣總量，為最廣義的貨幣定義。

♀ 生活智慧：反淘汰效果

劣幣驅逐良幣被應用於泛指價值不高的東西會把價值較高的東西擠出流通領域，假冒的劣質產品向正牌商品挑戰，並具有膨脹和蔓延的趨勢。經濟秩序和法規約束尚不完善時，盜版影響正版的製作銷售，而危害軟體業的健康發展，盜版驅逐正版是一種非正常的市場狀態，別因一時的貪小便宜，讓自己協助盜版商謀取暴利。

盜版商品或網站吸引購買是因為便宜，即使品質較正版品略遜一籌，低價盜版品成為許多消費者的首選。盜版廠商沒有取得著作權或專利權的成本及合法性，因此內容可以比正版商品更多元豐富，成為吸引消費者的重要因素。跨域網路的高匿名性讓查緝成本和難度增加，大幅降低盜版內容提供者和使用者的法律風險。阻止盜版不能只靠執法單位的取締，加強消費者對智慧財產權的重視，鼓勵廠商開放多元商業方案才是根本的解決之道。

盜版降低正版廠商持續創新製作的動機，對產業發展不利，但盜版也不是百害而無一利。羅伯特‧紐沃夫（Robert Neuwirth）的《地下經濟》一書中提到，盜版商品提供了和正版品功能類似但價格低廉的替代品，對於消費能力不高或不願意輕易嘗試新產品的消費者，會提高他們使用產品的意願，甚至改變消費習慣，進而培養活絡正版品市場；將流行思維注入民眾潛意識中，盜版品成為免費的品牌廣告。盜版的低價讓更多人得以降低經濟因素可能帶來的知識、藝文內容匱乏，甚至促進社會階級的流動；盜版書籍的發行量比正版多，作家們也打響知名度拓展讀者市場。

低俗傳媒比嚴肅的傳統傳媒更容易獲得更大的市場，因為低俗媒體刊載大量的媚俗內容，能製造噱頭賺來更多的閱讀率，傳統媒體的讀者量往往會少於低俗媒體。新聞行業壞消息驅逐了好消息，即追求獲得更高的收視率而高估或低估某些新聞，深度內容要立足社交網絡舉步維艱。在信用領域失信者得利而守信者失利的現象，因政府法令或缺乏資訊等因素，導致真實價值與必須接受的價值之間存在明顯的差別。

低俗內容主要是指庸俗低級趣味使人萎靡頹廢的內容，電子花車噪音、清涼鋼管女郎在台灣成了低俗象徵，但德國柏林日報記者馬克卻盛讚電子花車能凝聚眾人信仰令人感動，攝影師沈昭良更花費長達 10 年拍攝台灣綜藝團主題，要全世界看見台灣最美的一面。

臺灣文化本身沒有錯，錯的是錯誤使用臺灣文化的人。廟宇祭祀慶典曾經是令人著迷的在地文化，成為許多觀光客一睹風采熱愛的台灣味，舞台車濃縮台灣人對上天神明的感謝，也結合最頂尖的科技、最優秀的歌舞人才，讓消逝的中華文化於台灣發展蛻變。包含臺灣漢人宮廟信仰和臺灣原住民歲時祭儀，這些文化是臺灣建構民族性和自我認同很重要的一部分，應重新掌握臺灣信仰文化的詮釋權，讓這些文化恢復以往榮光。

👤 經營管理：最適貨幣持有量

美國經濟學家包莫（W. Baumal）利用企業決定存貨的方法應用於決定貨幣持有數量，廠商選擇均衡最適存貨量使總成本最低，一般人選擇均衡最適貨幣存貨（money inventory）使成本最低。包莫—托賓模型將維持多少貨幣存量的問題，轉化為如何使利息收入損失和交易費用兩種成本之和最小。利率的市場化有利於吸收居民需求的貨幣量，根據利率的變動投資企業，一方面解決企業的融資問題，另一方面增加居民的收入，有利於擴大有效需求。金融工具的多樣化，引導貨幣投入生產流通領域，增加就業增加收入促進經濟良性循環。杜賓（Tobin）提出資產組合平衡（portfolio balance），強調選擇最適資產結構，未來風險與增值報酬決定個人資產持有組合。

一般人持有貨幣可以及時作為交易的媒介，但貯存貨幣亦負擔利率（機會）成本，因此最適貨幣持有量與市場利率變化呈反向變動關係。貨幣持有量減少而貯存其他資產可以降低機會成本，但需要貨幣時將損失變現成本，因此最適貨幣持有量與所得水準（交易需求）呈正相關，而與其他資產變現成本呈反向變動關係。持有貨幣與持有債券的報酬相等之利率水準稱為臨界水準（critical level），因個人對未來利率水準預期不同，臨界水準亦因人而異，個人依其臨界水準決定持有流動性資產（貨幣）或持有投機性資產（債券）。

緊急預備金（Emergency Fund）是用於應付意外或其它緊急狀況時，支付必要花費的資金，準備六個月的生活支出，應付無法預期的重要緊急狀況，避免自己的財務陷入困難甚至負債的風險。為長期的財務安全作考量，而不是滿足一時的慾望；緊急預備金存量大小和責任大小成正比，責任越大緊急預備金就要準備越多。基數六個月是取樣於失業人員的平均失業期間，只是較安全的建議值，每個人的家庭狀況、生活方式、個人財務都不同，需要準備的基數也不同。工作愈不穩定預備金的準備

就要愈多，年紀愈大準備的月數也要愈長，如果經濟愈來愈糟就要再拉高。預備金最主要的功能是在突發狀況發生時可以保護現階段所有的理財規劃，不需要強迫自己從股票、跟會、基金或其它理財中把資金抽出來。

實質無借款企業指企業的現金、約當現金、持有短期有價證券等手頭資金，扣掉借款及公司債等有息負債後淨現金有餘，也就是償還借款後還有資金。手頭資金過多不會產生利益，企業的總資產周轉率不高，資產報酬率和股本報酬率也不會太高。保有現金可提高企業經營的安全性，但保有太多資金也會損害企業的資本效率，應考量自家的商業風險高低保留必要的資金額度。

新冠肺炎疫情席捲全球時，企業大量囤積現金暫緩回饋股東，隨著疫情趨緩，企業又開始實施庫藏股計畫和發派股息，同時也將多餘的現金用於購併。許多企業坐擁大量現金，因過低的利率而無法在資產負債表上呈現太多獲利，只能償還到期債務並向股東返還更多現金。

⑤ 投資理財：籌碼面分析搭順風車

籌碼面分析觀察股市買賣，掌握大戶主力的動向，提高投資獲利的可能性。籌碼是賭桌的資本和賭金，在股票市場中籌碼就是股票，跟著大金主的動向搭上順風車。觀察知道那些券商分點在定期操作某檔股票後，就可以找到他們的操作規律提前布局。主力的前15大券商分點、關鍵券商、地緣券商、公司派高層、融資融券、官股券商、三大法人是籌碼面分析觀察的指標。籌碼面屬於落後的資訊，通常只能在盤後才知道。法人主力大戶也非穩賺不賠，投資人仍要自行做好風險管理及資金規劃。

三大法人包括外資、投信、自營商，佔整體股市交易比重高，雄厚資金具有影響股價的能力。外資指政府認可的境外公司，也是三大法人中資金最龐大，下單透過國外券商；投信是投資信託公司，向廣大投資人募集資金後，由基金經理人代為操作買賣股票；自營商則是券商的自營部門，用券商公司自己的錢自行買賣。外資通常偏好操作大型權值股且非常重視公司基本面，通常連續幾天會有一樣的買賣交易方向。投信要對投資者績效負責，因此在季底結算績效時常會出現作帳或結帳，作帳是用現有資金部位去拉抬持股，使淨值數字更漂亮；結帳則是由於持股水位過高或已達目標價位，出脫手上部位以實現獲利。自營商進出快速果決，一般的買賣超都納入避險的部分，因此參考性並不是很高。證券交易所三大法人買賣統計表，可以查詢日報、週報、月報，另外也可

以依據產業別查詢。

主力通常是指一檔股票背後有足以影響短期股價的人或機構，通常會出現在股本或成交量相對較小的中小型股，初期刻意壓低股價進貨，過程中甩轎洗掉散戶籌碼再度吃貨，最後利多消息拉高股價出貨賣給進場追價的散戶。大戶為躲避追蹤，有時會假裝外資在國外券商下單。由於法人不能信用交易，因此融資融券又被稱為是散戶指標，不過非投資機構的主力大戶也會利用融資融券進行交易。若融資餘額高同時融資維持率也高，很有可能是主力用融資買進看好的股票，不可視為長線題材，須用短線波段操作策略，慎防主力高檔倒貨造成股價下跌的風險，一旦出現爆量下跌就該留意出場點。

公司內部的董監事及大股東們對於自家公司的財務狀況及未來動向的掌握度比其他人具有優勢，了解一家公司經營高層對自家公司的信心程度，當他們大動作購買或拋售自家股票時，可能透露出公司後續的發展動向。當籌碼集中在少數人如公司董監事、主力大戶及三大法人手中，意味著籌碼較為安定，股價後市易漲難跌；如果籌碼分散在多數散戶手中，股價後市則易跌難漲。

當 M1 年增率持續上升代表民間資金活動力增加，M2 年增率持續上升代表廣義資金供應量增加，M1 對於資金增減的反應敏感度高於 M2，當貨幣年增率 M1 向上超越 M2 形成黃金交叉，即經濟活動所流通之貨幣成長超越價值貯藏之貨幣成長，通常代表景氣復甦市場活絡，股市將有資金行情。

四十一、師父領進門修行在個人～貨幣政策工具

老師只指點門路，真正要學到本領還是靠自己體會努力；貨幣政策非拯救經濟萬靈丹，效果強度受銀行管理決策及經濟金融環境影響。經濟學家凱因斯曾說：「你可以牽一匹馬到河邊，但卻不一定能使牠喝河裡的水。」景氣衰退時連連降息，企業卻未必會投資，也救不了經濟。

降息的本意是要提振實體投資，借錢成本降低引導企業多蓋生產線，提升自動化設備，不幸的是錢進去實體投資少，跑去蓋房、炒房、炒股的多。把房價炒到高處不勝寒，廣大的青年人因此買不起房子。炒股、炒房過頭出現泡沫，美國 2001 年網路泡沫、2008 年房市泡沫都是降息惹的禍，最後也掀起全球經濟大災難。

中央銀行訂定執行貨幣政策可以使用的方法，以貨幣政策工具（monetary policy instruments）達成操作目標，影響中間目標，完成最終目標。央行對貨幣供給的控制分為量的管制、質的管制、直接管制、間接管制。

央行將 M_2 成長作為貨幣政策中間目標，主要因 M_2 與物價和經濟活動的長期關係較為密切且穩定。

央行控制整體經濟社會之貨幣供給額，全面影響總體經濟活動，一般性信用管制（general credit control）又稱為量的管制（quantitative control），貨幣政策工具包括公開市場操作、調整重貼現率、調整法定存款準備率。

中央銀行公開市場操作（open market operation）政策，可以自行發行可轉讓定期存單、儲蓄券、乙種國庫券等，並公開在金融市場買賣政府發行或保證之票券、銀行發行的金融債券或保證承兌之票券、以及外國通貨（外匯）等，影響市場資金流向及貨幣存量。

當市場資金過剩，央行發行或賣出票券，金融市場支付資金購買央行票券，造成央行收回通貨之緊縮政策效果，沖銷市場游資使利率上升；反之若市場資金不足，金融市場發行或賣出票券籌措資金，央行支付資金購買市場票券，造成央行釋出通貨之寬鬆政策效果，增加貨幣供給額而降低利率。

央行進行公開市場操作，可以依情勢持續微量或隨時反向操作，因此具有政策彈性而機動快速，能精確調控金融市場準備貨幣數量與短中期利率結構，但是依市場機能完成交易而無強制性，且無法明確表達長期政策方向。

央行為抵消外在因素對金融市場準備貨幣的不當干擾，而被動進行防衛性操作（defensive operation）；外在因素造成市場資金過剩或不足，央行進行公開市場操作而使市場資金供需均衡，因此通常為調控短期貨幣環境之政策工具。

央行年節前購買市場票券釋出通貨，先支應市場的短期資金需求；在年節後，依約定價格由賣方（金融市場）再買回該票券，央行收回市場游資。

資金需求者以持有的未到期票據，向銀行貼現（discount）請求預先兌換成現金，銀行收取利息報酬為貼現率；銀行資金不足時再持該票據向央行請求融通稱為重貼現，央行收取利息報酬即為重貼現率（rediscount rate）。

中央銀行調降重貼現率（降息），可降低銀行融通資金成本，增加銀行借款意願，造成央行增加釋出通貨之寬鬆政策效果，增加貨幣供給額而市場利率降低；反之央行調升重貼現率（升息），即提高銀行融通資金成本，減

少銀行借款意願，造成央行減少釋出通貨之緊縮政策效果，減少貨幣供給額而市場利率上升。現代銀行融通資金的管道及工具很多，未必受央行調整重貼現率影響，即重貼現率政策不具有強制性，但央行是銀行的銀行，因此央行調整重貼現率具有宣示參考利率指標的效果，稱為宣示效果（announcement effect）。

當央行宣布調降重貼現率，銀行亦配合調降放款利率，可降低資金需求者成本，增加其借款意願而增加貨幣創造乘數效果，造成增加貨幣供給額之寬鬆政策效果；反之央行宣布調升重貼現率，銀行亦配合調升放款利率，將提高資金需求者成本而減少其借款意願，造成減少貨幣供給額之緊縮政策效果。

央行調整重貼現率，須能夠影響銀行融通資金的意願而改變銀行準備，或銀行願意配合調整改變市場利率水準，才能達成政策目標。

政府為穩定金融，由中央銀行規定法定存款準備率（legal reserve ratio）政策，銀行應保留存款金額的最低提存比例，作為準備金以應付日常提領需要。

央行調降法定存款準備率（降準），增加銀行可以自行運用的準備金，經過貨幣創造乘數效果，造成增加貨幣供給額而降低市場利率之寬鬆政策效果；反之央行宣布調升法定存款準備率（升準），銀行減少可以自行運用的準備金，經過貨幣創造負乘數效果，造成減少貨幣供給額而市場利率上升之緊縮政策效果。

法定存款準備率具有強制性，而且直接影響銀行準備及貨幣乘數，是最強力且長期有效的貨幣政策，明確表達長期政策方向，但是缺乏短期調整彈性。當經濟蕭條時採行調降法定存款準備率之寬鬆政策，因銀行放款保守或民間投資等經濟活動低迷，銀行體系的準備貨幣增加，卻未能充分有效運用超額準備；或貸款無法回流銀行體系，即閒置資金率或資金外流率提高，降低貨幣創造乘數效果，造成擴張性政策目標不如理想。

央行規定銀行體系的貸款條件或資金成本，以控制貨幣供給的使用分配，影響特定市場經濟活動，選擇性信用管制（selective credit control）又稱為質的管制（qualitative control）；貨幣政策工具包括調整證券保證金比率、對房地產市場的不動產信用管制、對商品市場的消費信用管制等。

放寬信用條件可以降低購買者的資金成本而增加其借款意願，造成市場之寬鬆政策效果，用以刺激經濟活動；反之嚴苛信用條件將提高購買者的資

金成本而減少其借款意願，造成市場之緊縮政策效果，用以壓抑通貨膨脹壓力。

　　央行規定銀行體系的貸款條件或資金成本，直接管制（direct control）直接干預貨幣供給的使用分配，用以配合產業發展政策並維持金融市場安定；央行可以限制銀行貸款額度、存款吸收、業務範圍、風險性資產等，對不願意配合調整的銀行採取懲罰性利率、拒絕融通等方式。

💡 生活智慧：信用管制與信用分配

　　借款人以持有的股票質押給銀行抵押貸款，或投資人向證券金融機構以融資買進股票，不能全額貸款而須保留一定保證金比率（margin requirement）金額。當股票價格下跌至某一程度即須補足保證金，否則貸款銀行或證券金融機構可以自行處分抵押股票以確保債權。調升保證金比率亦即調降融資比率，將提高資金成本而減少借款意願，造成借貸市場與證券市場之緊縮政策效果，以壓抑熱錢投機；反之調降保證金比率亦即調升融資比率，可以降低資金成本而增加借款意願，造成借貸市場與證券市場之寬鬆政策效果，以刺激投資意願。

　　不動產信用管制（mortgage credit control）針對不動產貸款（投資、擔保）之最高限額、最長償還期限、每期應償還最低金額等貸款數量及條件加以規定限制，用來壓抑過度投機炒作的不動產市場，並降低銀行長期資金風險。央行、金管會聯手整頓房市，要求銀行對投資客及豪宅貸款，祭出利率加碼、成數減少、取消寬限期之三縮政策。

　　消費者信用管制（consumer credit control）針對消費者使用信用（預借現金）卡額度，或購買汽車、傢俱等耐久財分期付款之頭期款最低金額、最長償還期限、每期應償還最低金額等付款條件加以管制，造成消費市場之緊縮政策效果，避免通貨膨脹與社會過度信用擴張的壓力。

　　中央銀行將貨幣供給信用分配（credit rationing），使有限資金獲得最大效率，導向較有利的用途配合經濟發展建設需要；運用金融機構或郵政儲金轉存款及各種專款進行專案融資，例如中小企業發展基金、首次購屋低利房貸額度等。中央銀行接受自金融機構或郵匯局的轉存款增加，造成央行收回通貨之緊縮政策效果，減少貨幣供給額；中央銀行將轉存款運用分配，造成央行釋出通貨之寬鬆政策效果，增加貨幣供給額。

為維持金融市場安定，避免銀行為追求高報酬而承擔高風險，央行可以直接行動（direct action），針對銀行的流動比率、各類貸款條件及最高限額、各種投資限制、存放款利率上下限及利差幅度等，直接進行干預控制要求限期調整改善。中央銀行不直接控制貨幣供給的使用分配及干預銀行業務，而以溝通協調方式要求銀行配合其貨幣政策，間接管制（indirect control）不具強制約束力，通常用來輔助其他貨幣政策工具以增強政策效果。央行口頭勸說銀行配合其貨幣政策，道義說服（moral suasion）又稱為開口（open mouth）或下巴骨政策（jaw boning policy）。

中央銀行為降低放款利率及對企業紓困，可以透過各種公開宣傳管道傳達其理念，形成輿論壓力或人民預期導向其政策方向；亦可以銀行的銀行之角色，要求銀行公會自律自動合作，或藉由金融檢查、業務開放等方式，約束引導銀行配合政策。央行找業者進行溝通，了解銀行承作貸款資料，對於土建貸款也進行道德勸說，對房貸做金融專案檢查，提醒銀行注意風險控管。

👤 經營管理：利率的期限結構

在銀行出現資金短絀時，中央銀行可透過貼現窗口給予資金融通，包括貼現與放款。擔保放款融通指銀行以政府公債、央行所發行的定期存單、貼現之商業票券等作為擔保品，向央行申請擔保放款。短期融通則是銀行可以提供合格票據、政府債券、中央銀行發行的定期存單或經中央銀行同意的有價證券為擔保品，申請短期融通，央行收取利息報酬即為擔保放款融通利率。

金融工具到期收益率（i）與不同到期日（t）的關係，又稱為利率的期限結構（term structure）。利率隨到期期限增長而上升，即長期利率高於短期利率，又稱為正常（normal）收益曲線；利率隨到期期限增長而下降，即長期利率低於短期利率，又稱為反轉（inverted）收益曲線。債券發行人為補償投資人承擔長期額外風險而給付利率貼水，吸引投資人購買長期債券，期限愈長貼水愈高，即長期利率高於短期利率之正斜率收益曲線。當利率水準偏低，資金需求者願意發行長期債券，為長期利率走勢上升之正斜率收益曲線；若利率水準偏高，資金需求者傾向發行短期債券，長期利率走勢下降呈負斜率收益曲線。

當貨幣數量增加，流動性效果使短期市場利率下降，但所得效果與價格預期效果使市場利率回升，吉普生矛盾（Gibson's paradox）即寬

鬆貨幣政策增加貨幣供給額，未必降低市場利率。當持有貨幣超過實質貨幣流動性需求，導致債券購買增加而債券價格上漲，市場利率下降。名目所得增加導致各種資產與財貨勞務購買增加而價格上漲，生產者資本產值或報酬提高、消費者對產品需求增加，使資金需求增加利率上升。預期通貨膨脹使貨幣之實質購買力降低，為補貼額外風險，預期通貨膨脹率愈高則貼水愈高，因此名目利率愈高。

美國經濟學家傅里曼（M. Friedman）以研究總體經濟學、個體經濟學、經濟史、統計學，主張自由放任資本主義而聞名。1976 年取得諾貝爾經濟學獎，以表揚他在消費分析、貨幣供應理論及歷史、穩定政策複雜性等範疇的貢獻，被譽為 20 世紀最重要的經濟學家之一。1962 年出版《資本主義與自由》一書，提倡將政府的角色最小化讓自由市場運作，以維持政治和社會自由。他的政治哲學強調自由市場經濟的優點，並反對政府的干預。

傅里曼在芝加哥大學成立貨幣及銀行研究小組，藉著經濟史家安娜・施瓦茨（Anna Schwartz）的協助發表《美國貨幣史》，挑戰凱恩斯學派的觀點，抨擊他們忽略貨幣供應、金融政策對經濟周期及通膨的重要性。他提出貨幣供給作為決定生產價值基準的因素，主張通貨膨脹在根本上源自於貨幣供給量。貨幣主義是現代經濟學在貨幣數量理論的重要觀點之一，主張貨幣供給的改變是影響經濟生產的首要原因，認為貨幣供給的變動雖然在短期能夠影響實際經濟變量，但在長期能影響的只有通貨膨脹。主張貨幣發行增長率要保持一個恆定的速度，讓經濟中的個體對通貨膨脹有完全的預期。央行調整貨幣供給額，目標是配合經濟成長的貨幣需求，而非積極改變引導經濟活動與景氣波動。

Ⓢ 投資理財：非傳統貨幣政策 QE 與縮表

央行成為市場參與者，依市場機能完成交易，為執行寬鬆或緊縮貨幣政策，主動進行動態性操作（dynamic operation），須與金融市場進行相對交易，才會有改變貨幣供給之效果。附買回（RP）操作是指銀行拿有價證券抵押給央行，並約定好未來到期時買回；央行透過此操作機制，可釋放資金給銀行支援流動性，等到約定到期時再將資金收回。央行可以向市場買進有附買回條件的票券，當市場的暫時或季節性資金需求消失，金融市場準備貨幣即恢復常態。金融機構若資金吃緊，能透過此機制拿到錢，有助於改善流動性問題。

量化寬鬆（Quantitative easing；QE）操作方式主要是中央銀行通過公開市場買入證券，為銀行注入新的流通性。QE就等於央行長期增加印鈔，藉購買政府及企業債券等資產，長期挹注資金到銀行體系的一種貨幣政策，以維持利率在極低的水準，增加貨幣流通量進而刺激銀行借貸，達到重振經濟的作用。最先採用量化寬鬆貨幣政策的國家是日本央行，2001年在零利率基礎上實行的進一步擴張性貨幣政策，將大量超額資金注入銀行體系中，使長短期利率都處於低水平，從而刺激經濟增長對抗通貨緊縮。

　　歷經2008年金融海嘯後，已無法以傳統貨幣政策改善經濟問題，美國的中央銀行聯邦準備理事會（Fed）開始推出QE政策，2009年3月至2010年3月實施第一輪QE1，規模約1.75兆美元，主要購買抵押貸款、美國國債以及機構證券。第二輪QE2在2010年8月底至2012年6月實施，規模約6千億美元，主要購買財政部發行的長期債券，平均每個月購買金額為750億。第三輪QE3在2012年9月採取激進的無限期量化寬鬆，沒有到期時間，每月採購400億美元的抵押貸款擔保證券（MBS），沒有總上限，在高峰期每月購債規模高達850億美元。聯準會直接跟銀行買回民眾的房貸，讓銀行提前收回資金，然後有更多的錢可以再借貸出去。2014年起逐步縮減每月購債金額至150億美元，10月後終止每月購債結束整個QE計畫。三輪資產收購計畫對市場挹注超過三兆美元，聯準會資產負債表接近創紀錄的4.5兆美元。

　　新冠肺炎疫情蔓延衝擊環球經濟，美國聯準會2020年4月宣布無限量QE，不限總量每月購買1,200億美元公債和抵押貸款證券（MBS），效果發酵各國股市一片欣欣向榮。由於經濟復甦強勁且通膨竄升，2021年12月起每月減碼購債150億美元，直到2022年3月完全結束。聯準會的資產負債表來到接近9兆美元的規模，縮減資產負債表（shrink the balance sheet；縮表）讓貨幣政策回歸正常化，停止將到期債券的本金與利息所得再投入購買新債或拋售相關部位，Fed的資產與負債會同時減少，就是聯準會回收資金的過程。債券市場中少了聯準會大買家，導致債券價格下跌，債券殖利率上升，進而影響實質利率。對於高成長前景但目前沒有實際獲利的企業風險更大，在投資人趨避風險的情況下，股市出現回檔。

四十二、水能載舟亦能覆舟～貨幣政策效果

　　唐‧吳兢《貞觀政要》：「臣又聞古語云：君，舟也；人，水也。水能載舟，亦能覆舟。陛下以為可畏，誠如聖旨。」比喻事物使用得當則有利，不當則有害；湖水平靜時可以承載木舟，掀狂潮時卻能夠翻覆木舟。在水而言，會產生漩渦與巨浪乃地形與風勢；在錢而言，會令人厭惡於對金錢的貪婪。引申比喻百姓與君主的關係，即百姓可以擁戴君王，也可以將其推翻。

　　由於各國採取貨幣寬鬆措施刺激經濟，製造業未能受益，反而催生更大的金融、地產泡沫；低利率持續愈久，資產泡沫越大。大規模的財政赤字計劃，背後需要央行擴大資產負債表來埋單。長期低利率有助於大規模財政刺激計劃融資，但也會加重金融體系、資產價格的脆弱性，可能推升下一輪金融危機。

　　中央銀行訂定執行可以使用的方法，貨幣政策（monetary policy）改變準備貨幣與貨幣乘數效果，調整貨幣供給額，以達成健全金融市場環境，引導配合總體經濟活動，促進經濟穩定發展的目標。

　　中央銀行執行貨幣政策，直接對銀行體系之資金供需與貨幣價量造成短期影響，操作目標（operating target）包括短期貨幣數量指標的貨幣基數及銀行準備，短期貨幣價格指標的金融同業拆款利率與貨幣市場票券利率等。銀行可與其他金融機構間拆放資金，隔夜拆款利率最能反應當日資金市場供需狀況，為短期指標利率。

　　貨幣政策影響短期操作目標後，經過銀行體系之運作，創造貨幣乘數效果，進而改變貨幣中期價量，中間目標（intermediate target）包括中期貨幣數量指標的銀行信用額與流動性以及貨幣供給額 M_1、M_2，中期貨幣價格指標的銀行中長期存放款利率、匯率與資本市場債券利率等。

　　貨幣中期價量將影響長期經濟活動，達成中央銀行健全金融市場環境、維護銀行體系正常運作、國際收支平衡、緩和物價波動、確保充分就業、經濟穩定發展的最終目標（final target）。中央銀行由應達成的最終目標分析出貨幣中間目標，由達成該中間目標所需之操作目標訂定適合的貨幣政策；央行訂定執行貨幣政策，先直接達成操作目標，再影響中間目標，進而完成最終目標。

中央銀行執行貨幣政策若以貨幣數量為指標,將貨幣供給額固定在目標量,當貨幣需求變化會引起利率波動,失去對貨幣價格指標的控制,而無法達成最終目標。反之若以貨幣價格(利率)為指標,貨幣供給額須隨貨幣需求變化而調整以維持在目標利率水準,如此貨幣政策將難以穩定;而且當貨幣需求因所得水準降低而減少,貨幣供給額須隨之減少造成緊縮政策效果,使經濟景氣更加惡化,將與央行最終目標背道而馳。因此中央銀行執行貨幣政策,政策目標不能同時控制貨幣數量與貨幣價格,亦即不可能達成貨幣供給額固定在目標量與貨幣價格固定在目標利率的雙重目標。

央行隨景氣波動而主動調整貨幣政策,權衡性(discretionary)貨幣政策影響貨幣價量,引導總體經濟活動,以達到理想的健全經濟成長目標。

經濟蕭條時央行增加貨幣供給額,降低市場利率,擴張性(expansionary)貨幣政策刺激總體經濟活動使景氣復甦繁榮,又稱為寬鬆(easy)政策;景氣繁榮時央行減少貨幣供給額,拉升市場利率,降溫總體經濟活動以減緩通貨膨脹壓力,稱為緊縮性(contraction)貨幣政策。

貨幣學派傅里曼(M. Friedman)主張以法則替代權衡,認為貨幣政策應有其穩定性,不宜隨景氣波動而主動調整改變,若因貨幣政策失當誤導經濟活動方向,或政策效果落後在不適當的時間發生作用,將更惡化景氣波動。央行依循法則(rules)貨幣政策,只要訂定最適貨幣供給額成長率作為標準。

最適貨幣成長率＝預期物價上漲率＋預期經濟成長率×貨幣總額占總所得比率

央行調整貨幣供給額,目標是在支應物價上漲,並配合經濟成長的貨幣需求;而非主動干預矯正,積極改變引導經濟活動與景氣波動。

以法則貨幣政策與貨幣數量的指標,觀察我國之貨幣年增率目標區,及其對總體經濟活動的影響。

貨幣政策調整貨幣供給額與流動性,貨幣傳遞機制(monetary transmission mechanism)引起金融市場利率變化,進而影響商品市場實質面的經濟活動。從貨幣政策到影響經濟活動需要一段時間,亦即信用市場落後(credit market lag)。政策效果受銀行管理決策及經濟金融環境影響,市場利率與信用變化之後,社會大眾亦觀察、決策、調整投資、消費等經濟活動,進而改變就業與生產等總體經濟環境以及國內總產出所得。中央銀行貨幣政策明確,銀行願意配合調整,民間投資等預期心理效果更能達成政策目標方向。

利率代表貨幣需求者須支付的代價，在其他條件不變下，利率降低表示貨幣需求者支出降低，利率傳遞效果引導交易動機、預防動機、投機動機之貨幣需求增加。利率降低使消費的機會成本降低，借款者因利息支出減少而增加消費量。當利率水準偏低，資金需求者願意發行長期債券，有利廠商籌資進行長期投資，資產膨脹財富效果而刺激消費活動。信用傳遞效果因資金充裕而刺激投資、消費等經濟活動，提高國內總產出所得。緊縮性貨幣政策減少貨幣供給額拉升市場利率，金融市場資金有限而進行信用分配，影響特定市場經濟活動。

市場利率水準偏低代表持有貨幣的機會成本較低，而增加貨幣流動性偏好需求。市場利率下跌至最低水準時，預期利率水準上升；市場利率無法降低，貨幣傳遞機制失效，流動性陷阱（liquidity trap）造成貨幣政策無效。

當經濟蕭條時採行寬鬆政策，增加貨幣供給額降低市場利率，但銀行放款保守或民間投資等經濟活動低迷，資金成本降低未刺激投資、消費等經濟活動，貨幣傳遞機制失效，投資陷阱（investment trap）造成貨幣政策無效。

貨幣政策無法解決金融體系的核心問題，擴張貨幣只是增加流動性，並沒有從根本上解決償債能力的問題，無法消除普遍面臨的不確定因素，其刺激經濟景氣的效果不若預期。

♀ 生活智慧：央行掌握數位貨幣主導權

央行數位貨幣（Central Bank Digital Currency；CBDC）是由央行發行並控制的加密貨幣，能使貨幣本身價值波動低，可以解決現有貨幣體系由上到下體制中面臨的不效率，不過沒有完善規劃的央行數位貨幣，對傳統銀行而言也可能是場災難。

央行掌握印鈔票的權力，透過它的信用來創造並穩定鈔票的價值，一般市井小民和金融體系主要是經由商業銀行。數位貨幣並不仰賴某一機構對於貨幣的壟斷，而是透過演算法形成共識，利用密碼學來建構一套新的信任系統，在完全去中心化的經濟模型裡，打破傳統金融體系的金字塔結構。央行發行數位貨幣，試圖引入去中心化的概念來解決中心化的問題，透過中心化的概念來改善去中心化的缺點。部分經濟體現金支付已經漸漸消失，取而代之的是簽帳卡、信用卡或第三方支付等方式，為貨幣政策與金融監管帶來更多不確定性。CBDC減輕現金邊緣化所帶來的壓力，並且重新掌握央行貨幣主導權，避免被私營機構壟斷。

央行發行CBDC是電子形式，所使用的技術也是點到點的支付演算法，必須開發錢包軟體、進行技術監督與維護、反洗錢與融資恐怖行動。零售型的CBDC在國境內所有交易都會被記錄在電子帳本上，可以解決交易糾紛也直接實現普惠金融的目的。在分散式帳本中，每個人都會以一組數字表示，就像用銀行轉帳一樣具備匿名性。批發型的CBDC主要是為了替代現行的跨行轉帳與結算系統，使帳本紀錄更即時可靠且更低成本，對經濟體不會造成太大負面影響。

發行CBDC可以讓央行對金融體系的掌控力上升，透過利息的調控，央行可以更直接傳遞貨幣政策，甚至可以解決長期以來貨幣政策的障礙，以最快的速度刺激復甦。在加密貨幣的經濟模型中，金融行為是由點到點進行，不需要中介的存在，而將財富以CBDC的方式保存幾乎不存在風險，擠兌也可能為金融體系帶來災難性的後果。

CBDC是由中央銀行貨幣數位化而來，是國家官方認可的法幣；具備中心化特性，由央行掌管貨幣，有權選擇機構管理貨幣讀取區塊鏈。虛擬貨幣有發行上限，CBDC則無限制，由央行透過控制貨幣的供給與需求來實施政策。CBDC能夠促進惠及眾人的金融服務，保住政府在支付界的地位。作為大家都能用的數位貨幣，將可以促使支付系統間互通，民眾使用CBDC可以減少交易成本。

中國央行最近開始試行數位貨幣電子支付（Digital Currency Electronic Payment；DECP），用數位化的方式來呈現紙鈔的形式。民眾在運用行動支付交易時，不需要三方支付工具先綁定銀行帳戶或信用卡，只要下載DCEP的APP，確認個人資訊後就可以直接支付。台灣目前對於CBDC沒有急迫需求，投入研究的目的是要了解未來的支付趨勢，以備不時之需。

經營管理：金融危機的產生過程

短期利率、資產（股票、不動產）價格、企業的清償能力等金融指標出現急劇惡化，以及金融機構發生倒閉，稱為金融危機（financial crisis）。國際貨幣基金（IMF）曾歸納銀行發生危機的前兆，包括大量短期外資進出、國內信用過度擴張卻缺乏有效風險管理、實質經濟活動放緩以及資產價格泡沫破滅等。台灣過去金融重建，花了2,841億元處理56家經營不善的金融機構。

銀行危機的產生過程：外資流入→貨幣供給增加→銀行信用擴張→股市及房地產飆漲→泡沫經濟破滅→銀行呆帳激增。貨幣危機的演變過

程：貨幣擴張利率下降→減輕民眾債息及企業壓力→財政擴張增加政府債務支出→經濟體制失衡而引發信心崩潰→資金投機客打擊匯市及股市→金融痛苦指數升高。資本市場危機的過程：央行採緊縮貨幣政策→拉高利率防衛投機性攻擊→提高企業資金借貸成本→拖累股市及地產等資本市場。

　　2007 年美國的次貸危機帶來巨大災難，引發的經濟衰退與 1930 年代的經濟大蕭條類似，銀行及金融機構因為巨額損失及房地價格大幅滑落，導致違約貸款金額劇增被迫緊縮信用，讓金融中介的功能嚴重受損，也造成經濟的持續滑落。債務危機轉化到股市下跌，沒有足夠的資金流入會面臨更大的恐慌。2008 年世界金融海嘯後，G20 要求各國總體審慎預警、強化巴賽爾協定的資本與流動性要求，並推動重要金融機構的監理與壓力測試，希望降低系統性金融危機發生的機率。

　　1990 年代初期資金湧入東南亞，經歷 8% 至 12% 的高 GDP 增長，被稱為亞洲經濟奇蹟。1996 年經濟出現泡沫，由於泰國放棄固定匯率制而爆發，隨後波及至鄰近亞洲國家的貨幣、股票及其他相關資產的價值也因此暴跌。打破亞洲經濟急速發展的幻象，而後資本投資減少，亞洲各國經濟遭受嚴重打擊，紛紛進入經濟衰退，甚至影響俄羅斯和拉丁美洲經濟。本國匯率的貶值，以外匯標價的負債轉以本國貨幣的標價使債務急速上漲，導致更多的破產，金融市場很快將陷入混亂。

　　台灣是少數安度亞洲金融風暴的國家之一，但集團財務槓桿比率過高又碰上經濟不景氣股市慘跌，1998 年台灣颳起本土型金融風暴。東隆五金、新巨群、國揚、國產車等集團紛傳掏空、違約交割，而後風暴擴大到東帝士、台鳳、華榮、中興銀、安鋒、廣三、長億、華隆、鴻禧甚至力霸等集團。一路到 2007 年初，最後是全民付出上兆元代價打銷銀行呆帳才逐漸平歇，涉嫌掏空及債留台灣金額最高的是東帝士及力霸兩集團。

　　過去大約每 10 年左右就會發生一次大規模國際金融危機，全球經濟問題似乎又走到另一個極端，歷史上每次美元出現持續升值必引爆新興市場泡沫，包括中國房地產在內的一系列新興市場資產有可能大幅調整，上次美元上揚觸發亞洲金融危機和俄羅斯債務危機。

⑤ 投資理財：股市與房市的資金行情

　　帶動股市上漲有一種推力是資金行情，股市上漲的動能不單僅有基本面，還有資金面夾雜著市場情緒。資金首要推升美國股市，緊接著外

溢到新興市場，在資金湧入下，新興市場貨幣升值推升股市走強。長期低利率是資金行情的溫床，當經濟成長，由資金行情轉往具基本面的景氣行情，升息是副作用，選出具成長性的資產格外重要。

強勢股股價出現爆量收黑，需提防主力大戶及公司派大股東在賣股票，未來是否出現資金退潮的情況。資金面凌駕基本面的個股，股價超漲使投資價值大幅降低，需留意基本面及獲利能否跟上。投入的散戶大增，螞蟻雄兵盲目瘋狂跟進，一旦泡沫破滅股市重挫勢必受傷。全球股市泡沫危機浮現，瘋狂的股市漲時會漲過頭，跌時也會跌過頭，投資人要很謹慎。

各國央行的低利率政策，造成熱錢在全球流竄，到處尋找投資機會，台股也受惠於資金行情。當股價大漲到最後噴出階段，股價震盪加劇可能做頭，出現慢性盤跌吸引投資人搶短，讓新手投資人掉入溫水煮青蛙的陷阱。股價會在大跌後再往上拉抬，當股價出現開高走低收盤大跌的避雷針型態，往後幾天股價仍然往下跌，一旦主力大戶及公司派大股東賣完股票及資金退潮，股價及大盤可能會出現大跌修正。

在低利、錢多、建材成本高的情況下，資金湧入房產推升房價，台灣各地不少區域改寫歷史新高價，觀察重點在M1、M2貨幣供給量、土地價格及股市。世界各國採用貨幣量化寬鬆政策，加上部分台商資金回流到房地產，使房價呈量穩價揚的態勢。在政府導引資金回流，力推投資台灣方案後，購置不動產一路走高，不少企業回台買地、買廠房擴大投資。

房市出現通膨預期、資金行情與廠商擴廠的眾多利多匯集，市場出現一波價量齊揚的走勢，不過高漲的房價最終可能會成為社會問題，後續會有政策出手降溫，市場將會政策與高房價拉距。不動產投資熱潮在前，但銀根緊縮在後，將衍生建築業的過度樂觀投資，但資金成本飆高的風險，恐造成財務體質不佳建商的危機，值得投資者及銀行及早防範。

超寬鬆的利率條件出現改變，央行針對建商融資進行金檢與降低貸款成數，銀行放款政策也進一步緊縮，同時美國進入升息循環，台灣後續跟進，低利環境出現轉折。政府政策高頻率出手時，也是景氣走到高峰的時候，若是不斷有新政策出爐且加強管制力道，還是會動搖民眾信心進而降溫房市。

少子化對房市衝擊的時間點，預期2030年後開始出現，並在2040年有明顯影響。國內房市基本面很脆弱，大多只靠資金行情的技術面與

公共建設的消息面在支持。在缺工缺料影響下，房價下跌空間有限，但也因房價處於高點、升息趨勢與政策打炒房等因素，導致買方觀望進而壓抑房市價量。

四十三、如何拔鵝毛～政府收支

稅收是取之於民用之於民，最終目的是惠民，最大化為民服務。通常由行政部門擬定，民意機關監督控制，以防止政府浪費誤用經濟資源。

財政專家常用拔鵝毛來比喻課稅，拔鵝毛要有技巧，最高明的是拔最多的鵝毛，聽最少的鵝叫，如果拔到鵝痛不欲生，讓很多鵝跑掉、死掉，將會得不償失。透過加稅來滿足財政需求並非上策，國家財政若靠加稅政策，是拔鵝毛拔到鵝會痛；若靠經濟成長帶動，則是拔鵝毛但鵝不會痛。

市場機能自行決定之均衡，通常未能符合所得平均分配之經濟公平；所得重分配（income redistribution）使所得分配趨向平均，政府對高所得者課稅，並藉由補助等各種社會福利政策將國民所得分配移轉給低所得者。

貧富不均差距懸殊易引發社會動亂，因此所得平均之經濟公平具有經濟社會安定的外部效益，對全體國民皆有利，須由政府干預施行。

政府為提升經濟效率、維護經濟公平與安定、推動經濟穩定成長使社會福利達到最大，公共支出須購買各種財貨勞務於國防退輔、警消救災、社會福利、環境保護、教育文化、交通建設、經濟發展、政務服務等，以維持政府的正常運作與政策的順利推行。

經常支出（current expenditure）購買各種財貨勞務的消費支出、當期折舊完畢的消耗支出、債務付息等支出。資本支出（capital expenditure）購買耐久財及資本財支出、公共投資與建設支出、債務還本等支出。

過去借貸而須於當年償還債務本金利息的支出包含在總預算中之債務支出，不包括借債收入與支出的公共收支項目又稱為實質收入與實質支出。於實質收入不足支應時，借債收入為滿足支出需求，以發行公債或向金融機構賒借等方式所得之額外收入。借新債大於還舊債會增加負債餘額，造成往後政府預算中之債務支出提高，反而排擠正常的實質支出。

未提出具體籌措資金的計畫即編列預算，也未列明全部計畫內容與各年分配額度，有違預算法也限縮立院審查權。

政府為運用公共支出以推動各項政策，公共收入自公營事業取得營利收入，並向民間部門徵收租稅、規費、以及收取利息、罰鍰、賠償、捐贈、雜項等其他收入，作為各項公共收入的來源。

政府的營利收入來自公營事業之盈餘及專賣收入，公營事業不只追求最大利潤之經營目標，亦須兼顧經濟公平安定、推動經濟穩定成長配合政策目標。在經濟自由化與國際化趨勢下，公營事業逐漸民營化，政府營利收入在公共收入中的重要性與比例亦逐漸降低。政府提供特定服務而向使用者收取費用成為公共收入，規費（fee）如燃料費、過路費、手續費等，具有強制性但非普遍性，因此在公共收入中的重要性與比例相對較低。

政府向民間部門徵收租稅（tax）具有強制性及普遍性，因此在公共收入中的重要性與比例最高。依課徵對象與性質可歸納為所得稅、財產稅、消費稅三大類，課徵對象的價值稱為稅基（tax base）；全民如何分配賦稅負擔依據受益原則及負擔能力原則；課徵賦稅應符合簡明方便、公平合理、有效運用等原則以降低課徵成本與民怨，促進經濟穩定成長，使社會福利達到最大。

目前台灣國民租稅負擔率偏低，不及14％（歐美先進國家25％至35％）。台灣的租稅問題不是稅負過高，而是稅基不合理，有不同的租稅待遇。稅改重點應放在稅基合理化，取消資本利得免稅，降低經濟弱勢階層的所得稅負。

政府向民間部門課徵賦稅，應依據人民享有之利益或政府耗費之成本大小而定，受益原則（benefit principle）又稱為成本原則。此原則較適用於特定使用者付費之規費，或向特定範圍的人民課徵之賦稅。政府向民間部門課徵賦稅，負擔能力原則（ability－to－pay principle）應依據各人之負擔能力大小而分配，而不須衡量該納稅人的受益程度；一般廣泛普遍的公共支出成本，受益對象及受益大小不易明辨區分，較適用此原則。

受益原則或成本原則較適用於特定使用者之規費，政府提供高速公路、垃圾處理等特定服務，而向使用者收取費用，使用者付費成為公共收入。

將全民依其負擔能力區分大小等級，課徵大小不同之賦稅，稱為縱（垂直）的公平（vertical equity）；而每一相同負擔能力等級者，須課徵同等之賦稅，則稱為橫（水平）的公平（horizontal equity）。

所得稅依據各人之收入所得大小區分賦稅負擔能力等級，包括個人綜合所得稅、企業營利事業所得稅、土地增值稅等。綜合所得稅以個人或家庭為課徵對象，可以將家庭成員的各項所得合併為一納稅單位；營利事業所得稅

針對各類型公司或營利事業法人團體之盈餘利潤課稅；土地增值稅則是向土地擁有者之資本利得，藉由賦稅將漲價歸公。財產稅依據各人持有之財產價值大小區分賦稅負擔能力等級，包括房屋稅、地價稅、遺產稅、贈與稅、車輛使用牌照稅。

負擔能力原則將全民負擔能力區分等級，課徵不同之賦稅，所得稅以及土地增值稅、遺產稅、贈與稅等，依據各人之負擔能力大小分配而採行累進稅。

消費稅針對市場交易之特定商品課稅，包括貨物稅、娛樂稅、銷售稅（如營業稅）、流通稅（如證券交易稅、土地交易稅、印花稅、契稅）、關稅等，通常可藉由商品漲價轉嫁給購買者，依據各人交易商品之消費能力大小，區分賦稅負擔能力等級。

從量稅（specific tax）賦稅依據稅額占交易數量的比例課徵，交易數量愈高則稅額愈高，通常為稅率固定之比例稅；若賦稅由廠商負擔，將造成廠商邊際成本增加。從價稅（ad valorem tax）賦稅依據稅額占交易金額的比例課徵，交易價格愈高則稅額愈高，通常為稅率固定之比例稅；若賦稅由廠商負擔，將造成廠商邊際收入減少。

降低營利事業所得稅可營造良好的投資環境，並厚植產業創新能量及加速技術升級轉型。

♡ 生活智慧：稅賦優惠與增加課稅

我國所得稅法規定，綜所稅的免稅額、標準扣除額、薪資所得特別扣除額、身心障礙特別扣除額、課稅級距金額及退職所得定額免稅金額，依照消費者物價指數（CPI）做彈性調整，當物價指數較前一次調整年度上漲 3% 時，就必須依照上漲程度調整稅額。遺產稅、贈與稅的免稅額、課稅級距金額，當物價指數較前一次調整年度上漲 10% 時，也必須依照上漲程度調整稅額。

美國經濟學家拉弗（A. Laffer）說明稅率與稅收之間的關係，稅率為 0 時稅收為 0，隨稅率提高使政府稅收增加，可以增加公共支出以刺激景氣。可是當稅率過高，將造成人民難以負擔並降低工作意願；可支配所得減少而壓縮消費、投資等經濟活動，稅基降低反而減少政府稅收；稅率為 100% 時經濟活動停頓稅收為 0，因此政府稅收隨稅率提高而先增後減。

德國學者華格納（Wagner）於 1877 年提出華格納法則，經濟活動的熱絡會增加政府稅收而促進政府成長。雷根於 1980 年競選總統時，以減稅為主要政見之一，他認為當時美國稅率過高影響工作意願，因此降低租稅提高工作誘因，所得與稅收收入將會隨之增加。拉弗與雷根的觀點被稱供給面學派（supply side economics），認為稅賦優惠提升工作意願並累積資本，提升生產力增加生產潛能，擴張供給面使均衡總產出（所得）提高，並減緩通貨膨脹壓力。

雷根經濟學目標是藉降低個人稅率來增加總合供給，不進行財富再分配，而是反過來使有錢人更富有，大企業隨後大量投資，使社會各階層皆獲益。在第一個任期即創造高達六千億美元的赤字，超過 1933 至 1980 年間歷居總統的赤字總和；任職八年，大量減稅與增加軍費造成美國赤字從不到一兆美元增加到將近三兆美元。於是雷根經濟學被譏為巫毒經濟學（voodoo economics），比喻以擴張赤字來預支國家經濟有如吸食毒品。其為增加勞動與投資動機的大幅減稅措施，削減對窮人的社會援助計劃，則被指為嘉惠富人而欺壓窮人。

取消軍人、中小學教師免稅，將增加的稅收部分用於降低經濟弱勢階層的所得稅負，將遺贈稅降至 10% 有助於資金回流。產業創新條例業於 2000 年通過公布，營利事業所得稅稅率由 25% 調降至 17% 後，與新加坡稅率相同，略高於香港的 16.5%，有助於提升國際競爭力，增加外商來台投資誘因。取消促進產業升級條例的各項租稅獎勵，加上創新研發抵減優惠及中小企業增僱補助，透過降低稅率、減少減免來達成稅改目標。

2021 年房地合一稅 2.0，原本 2 年的房子繳獲利 20% 的稅率提升到 35%，要維持 20% 的稅率，房子須放到 5 年以上，預售期的房子則至少需要放 7 年，預售屋課 45% 重稅將增加轉手難度。主要打擊炒短線的投機客，課重稅增加持有年限，反而有利長線自住客進場置產。房屋稅條例將住家用房屋區分為自住及非自住，自住限三戶稅率為 1.2%；第四戶起則屬於非自住囤房，由各地方政府視所有權人持有的房屋戶數，自行訂定 1.5% 至 3.6% 的差別稅率。

經營管理：公司法人的企業稅

企業稅是指針對公司或類似性質法人收入的稅，可能是消費稅或所得稅。營業稅屬於營業者向客人銷售產品或提供服務時，依照銷售金額所繳交的稅。加值型營業稅用於銷售貨物或勞務所收取的稅額，減去購

翻轉吧～經濟學！給您看得懂用得到的經濟原理

入貨物或勞務所支付的稅額；非加值型營業稅指銷售額乘以稅率。貨物稅於貨物出廠或進口時徵收，其納稅義務人，國內產製之貨物為產製廠商，委託代製之貨物為受託之產製廠商，國外進口之貨物為收貨人、提貨單或貨物持有人。凡是在中華民國境內經營的營利事業，應依所得稅法規定課徵營利事業所得稅。

營業稅是消費稅，由政府要求企業向民眾代收，企業會將營業稅反應在售價上，只要企業在境內銷售貨物或提供勞務就必須課徵營業稅。一般企業為加值型營業稅，依照進貨憑證和銷貨憑證之間產生的差額再乘以稅率來計算，只有當銷項稅額大於進項稅額時才需要繳交營業稅。公司營運時所產生的費用才能扣抵營業稅，員工旅遊所收到的發票不能當作扣抵營業稅的進貨憑證。現行稅率為 5%，每兩個月為一期，於次期的 1 日～15 日內向主管稽徵單位繳交上期的應繳稅額，並檢附相關證明文件，適用零稅率之營業人得另申請每月申報。

在商品的生產和流通中，在最終到達商品的消費和使用者手中之前，其所經過的環節越多，各環節所累計的營業額也越多，營業稅有可能成為商品成本的主要增長因素。商品生產和流通及勞務服務等不再徵收營業稅，而以在流通環節稅負較低的增值稅代之。非加值型營業稅適用行業包括小規模營業人、夜總會、有娛樂節目之餐飲店、酒家等，銀行業、保險業、信託投資業、證券業、期貨業、票券業及典當業等，依照行業與業務不同，稅率為 0.1%～25%。

營利事業之總機構在境內者，應就其境內外全部營利事業所得，合併課徵營利事業所得稅。但其來自境外之所得，可以由納稅義務人提出所得來源國稅務機關發給的同一年度納稅證明，並取得所在地中華民國使領館或其他經政府認許機構之簽證，自其全部營利事業所得結算應納稅額中扣抵，扣抵的金額不得超過因加計其國外所得而依國內適用稅率計算所增加之應納稅額。國外分支機構或營業代理人有虧損者，也應併同國內總機構合併計算。營利事業之總機構在境外，而有中華民國來源所得者，應依法課徵營利事業所得稅。

營利事業所得稅課稅所得額＝營業收入淨額－營業成本－營業費用＋非營業收入－非營業支出，自 2018 年起稅率由 17% 調高為 20%。年度所得在 50 萬元以下的中小企業，依據年度所得額高低分為免稅（12 萬以下）、減半課稅緩衝區間及正常課稅（20%）等三個課稅級距。每月營業額在 20 萬元以下並免用統一發票的小規模營利事業，獨資合夥的行號

經營事業盈餘應併入個人綜合所得稅申報。營利所得包括公司股東所獲分配之股利、合作社社員所獲分配之盈餘、其他法人出資者所獲分配之盈餘、合夥組織營利事業之合夥人每年度應分配之盈餘、獨資資本主每年自其經營事業所得之盈餘及個人一時貿易之盈餘皆屬之。

⑤ 投資理財：合法節稅規劃

合法節稅是一個正確的理財思維，事先進行節稅規劃，將每一筆紀錄和憑證都保存完整，後續若稽徵機關提出質疑，也能夠列舉相關證據核對帳目資訊，避免不必要的誤會。節稅之前研究相關資訊，因為一時疏忽後續補稅的罰金更重，還必須面臨刑事或行政上的罰則，可能失去原本的減免優惠。

一般公司申報當年度的純益額和營所稅時，可以將過去10年的虧損計入扣除後盈虧互抵。依照所得稅法和促進產業升級條例規定，有許多稅務減免優惠獎勵可利用，但必須符合適用條件，平常多關心租稅相關法規的變動，疫情期間財政部也推出各項減稅或延期繳納的優惠。公司費用扣抵稅務時，其憑證必須符合國內公司行號的統一發票、銷售人名稱、品名、地址、統編、金額和營業稅額及買受人的統編3大要件。交際應酬、獎勵員工、自用小汽車和非供本業務使用之勞務或貨物，非依規定取得和保存之憑證，都不得扣抵營業稅額，但花費由公司支出，可以留存憑證以扣抵營所稅。

綜合所得稅可以扣除的金額分為一般扣除額及特別扣除額，一般扣除額有兩種方式可以選擇，僅可選擇其中一種方式辦理申報。選擇採用標準扣除額，不需要任何證明文件而照稅法規定的金額扣除；另外一種是用列舉方式，如果所得年度中有捐贈、人身保險費、醫藥及生育費、災害損失、購置自用住宅貸款利息以及自住房屋的租金等項支出，且合計的總金額大於標準扣除額時，就可以選用申報列舉扣除額較為省稅。

扶養直系親屬可增加每人9.2萬元免稅額，70歲以上一人13.8萬元，扶養之親屬的列舉扣除額也能一併計算扣除，但所扶養之親屬也一併計算所得來源。已婚者可選擇分開及合併計稅的方式，若雙方收入都很高，合併計稅可能會適用較高的綜合稅率，分開申報較有利；若一人收入高而一人收入低的夫妻，兩人合併較有利。捐贈可享節稅效果，捐贈給公益團體列舉扣除額度不得超過綜合所得總額的20%，對政府捐贈則可全額列舉扣除不受限制；入會費、寺廟光明燈、太歲燈、義賣等屬於有對價關係的行為，無法視為捐贈。依公告年度每人基本生活所需的費用乘

以納稅者、配偶及申報受扶養親屬人數計算的基本生活費用總額，超過申報的全部免稅額、一般扣除額、儲蓄投資特別扣除額、身心障礙特別扣除額、教育學費特別扣除額、幼兒學前特別扣除額及長期照顧特別扣除額合計金額部分，得自納稅者申報的綜合所得總額中減除。

擁有或使用車輛的人把握按日課徵的規定，即時申請身心障礙用車免使用牌照稅。土地所有權移轉訂約之日起 30 日內，申請一生一次一屋適用自用住宅用地稅率課稅、重購退稅。贈與行為發生後 30 日內，運用配偶相互贈與免稅、每年贈與免稅額。報廢舊車並於 6 個月內購買新車，符合相關資格可減徵新車貨物稅。購買完全以電能為動力之電動車輛並完成登記者，免徵該等車輛應徵之貨物稅，但電動小客車超過完稅價格 140 萬元部分不予免徵。

四十四、錢要花在刀口上～財政政策效果

政府常透過特別預算進行重大建設，但事前規畫不夠完整，導致執行狀況不如預期，錢沒有花在刀口上發揮不了效益。晚清四大小說之一，李寶嘉的代表作直指封建官僚習性與官場黑暗腐敗，《官場現形記》：「錢用在刀口上才好，若用在刀背上，豈不是白填在裡頭？」

所有紓困、振興、防疫經費的每一分錢都來自人民的納稅錢，必須把錢花在刀口上，審慎地使用嚴謹編列預算的每一分錢。

政府調整公共收入與支出，引導總體經濟活動，以達到理想的均衡所得及物價水準。政府運用公權力自民間部門取得公共收入，用之於公共支出以推動各項政策，因此政府預算表達政府的財政收入來源及支出方向，亦代表政府投入之經濟活動規模，財政政策（fiscal policy）即政府以預算管理達成經濟目標。政府支出直接影響經濟活動；政府課稅收入為人民的直接負擔，造成可支配所得與生產成本的變化，間接影響民間消費、投資等經濟活動。

權衡性（discretionary）財政政策又稱為功能性財政（functional finance），政府隨景氣波動而主動調整公共收入與支出，以預算變動引導總體經濟活動，達到理想的經濟目標。政府主動引導總體經濟活動，改變當前之景氣波動，又稱為反循環財政政策。經濟蕭條時政府增加公共支出並減少課稅收入，以刺激總體經濟活動使景氣復甦繁榮，稱為擴張性（expansionary）財政政策；景氣繁榮時政府增加課稅收入並減少公共支出，以降溫總體經濟活動，減緩

通貨膨脹壓力，稱為緊縮性（contraction）財政政策。

　　政府的預算管理以達成充分就業為目標，充分就業預算（full employment budget）依該經濟體達成充分就業所需之公共收支編列預算。當景氣蕭條時，政府自動增加失業保險給付支出並減少所得稅收，因此造成的財政赤字稱為循環性赤字（cyclical deficit）。失業率提高時，政府主動增加公共支出並減少課稅收入，因此造成的財政赤字稱為結構性赤字（structural deficit）。當政府採行赤字預算，即支出大於收入，須籌措資金來源以彌補收入之不足。

　　政府財政收入與支出相等，預算平衡（balanced budget）為財政收支平衡。當政府支出大於收入，稱為財政赤字（deficit）；政府收入大於支出，則稱為財政盈餘（surplus）。

　　政府財政於每一會計年度的收入與支出相等，年度（annually）預算平衡又稱為連續（continually）預算平衡，亦即政府每年編列公共收入與支出，以達成財政收支平衡為目標。年度預算平衡的目的為健全政府財務結構，但是預算代表政府投入之經濟活動規模，年度預算平衡可能惡化經濟循環問題。當經濟繁榮時政府課稅收入增加，可以積極量出為入增加公共支出，可能造成總體經濟活動過熱，引發通貨膨脹壓力；經濟蕭條時政府課稅收入減少，必須消極量入為出減少公共支出，將造成總體經濟活動緊縮，導致景氣更加衰退。

　　政府編列預算隨景氣循環波動而調整引導總體經濟活動，週期（cyclically）預算平衡使每一景氣循環週期的收入與支出相等。經濟蕭條時增加公共支出並減少課稅收入，以赤字預算刺激總體經濟活動，使景氣復甦繁榮後，政府可以增加課稅收入並減少公共支出，以盈餘預算彌補經濟蕭條時之赤字預算，赤字與盈餘相抵而達成預算平衡之財務健全目標。

　　每一景氣循環週期的蕭條與繁榮之期間、程度不盡相同，政府編列的赤字預算與盈餘預算金額亦不致完全相等而抵消，週期預算平衡為理想狀態，但實際執行卻難以達成目標。

　　政府編列預算增加公共支出，若未能促進經濟復甦增加國民所得，赤字預算與盈餘預算金額不致抵消，將惡化赤字並縮減政府經濟活動規模，對政府財政及總體經濟活動造成不利影響。

　　政府不必隨景氣波動主動調整公共收支，而以特定財政制度，如誘發性租稅與社會保險，自動穩定因子（automatic stabilizer）使經濟體系具有自動調節機能，稱為內在（built － in）穩定因子或非權衡性（non － discretionary）

翻轉吧～經濟學！給您看得懂用得到的經濟原理

財政政策。

　　當景氣繁榮時政府自動增加稅收或減少支出，以減緩通貨膨脹壓力；經濟蕭條時政府自動增加支出或減少稅收，以刺激總體經濟活動，因此緩和景氣波動的幅度，但不能完全扭轉。

　　誘發性租稅（induced taxation）稅收隨所得提高而增加，當景氣繁榮所得高時政府自動增加稅收，人民的可支配所得增加幅度減緩，總體經濟活動不致於過熱引發通貨膨脹；經濟蕭條所得低時政府自動減少稅收，人民的可支配所得減少幅度不致惡化。

　　政府實施社會安全保險福利制度，社會保險（social insurance）如失業保險給付，屬於政府對人民的移轉性支出，為人民可支配所得的一部分。當景氣蕭條（失業率高）時政府自動增加失業保險給付支出，人民的可支配所得減少幅度不致惡化，景氣衰退得以緩和；景氣繁榮（失業率低）時政府自動減少失業保險支出，人民可支配所得增加幅度減緩，減輕通貨膨脹壓力。

　　非權衡性財政政策之所得累進稅及社會安全保險福利制度，對財富分配、社會安定與經濟活動有正面穩定影響。

　　當經濟體系之自動調節機能，使政府財政收入大於支出造成財政盈餘時，財政拖累（fiscal drag）代表政府取得之稅收未完全用於公共支出為民謀福利，國家經濟資源未有效充分利用，不利整體經濟發展。政府主動調整公共收入與支出刺激總體經濟活動，國家經濟資源有效充分利用財政紅利（fiscal dividend），達到理想的健全經濟目標。

　　政府的財政管理以統收統支為預算原則，個別支出與個別收入之間沒有關聯，因個別支出沒有特定收入來源，而有用之不竭的樂觀幻覺，稱為財政幻覺（fiscal illusion）。政府預算經常產生支出大於收入的財政赤字現象，因向民間部門徵收個別收入時多遭排拒，而有取之不易的悲觀幻覺。

💡 生活智慧：振興消費券與替代性消費

　　2008 年美國次貸危機擴大為全球金融海嘯，我國為了活絡經濟，2009 年政府首度推出振興經濟消費券政策。2020 年初受新冠肺炎疫情影響，國人減少外出與避免室內集會活動，降低外出消費，加上出入境人次大幅減少，政府先對衝擊最嚴重的產業推出紓困方案，之後在疫情趨穩下，於 2020 年 6 月推出振興三倍券。2021 年 5 月國內新冠肺炎疫情急速升溫，全國進入三級警戒狀態，餐廳禁止內用，電影院、健身房也暫時停業，重挫國內的民生內需消費產業，在疫苗覆蓋率提升及疫情趨緩

下，行政院 8 月宣布發放振興五倍券。

　　除了振興也得加強紓困，把錢花在刀口上才符合全民期盼。消費券政策是否能有效振興經濟，台經院預估在完全沒出現替代性消費下能帶動 0.37% 到 0.53% 的 GDP 成長。替代性消費只是本來就要消費的項目，並不是額外消費，加上印製振興券的行政成本，包括設計、手續費用和兌換交易成本，重點是要穩住民心給予消費信心。發放現金是最便捷的紓困手段，所需要的行政成本較少，但未必是妥當的振興措施，理由在於沒有使用期限，很容易被忽略；消費券則有限定使用期限的優點，短期內會有帶動消費的點火效果。

　　民眾將消費券用於原日常支出，不會購買較貴或較多商品，加碼消費效果未顯現。消費券之替代效果偏高，乘數效果有限，對經濟成長之貢獻未如預期。要民眾把大部份的振興券拿去做擴張消費不容易，反而是各消費通路和商品紛紛推出優惠折扣，利用振興券來吸引民眾增加消費，其效果比振興券本身的效益更大。發放消費券的優點為鼓勵全民踴躍消費，缺點是不得找零對中小攤商幫助較小；以消費券取代現金，產生替代效果影響實際成效。

　　發放振興券希望刺激消費，讓受疫情衝擊的小商家、零售餐飲業迅速走出谷底，但是現金才能達到救急效果，又節省印製成本，國外也多以普發現金為主流。紓困應該用最快速度給予現金，但振興經濟如果發放現金就會轉為儲蓄；美國全面普發現金，結果當期儲蓄率飆高，歐美國家發現金大多出現此情況。無償取得又有限制用途的振興券，對民眾而言是筆意外之財，可能使用在非日常生活所需的產品或服務上。不過有 81% 的受訪者表示，即使沒有消費券也會購買日常商品，替代率太高效益就會大打折扣。

　　振興券具有短期振興消費的效果，以總金額越高、使用期間越短、使用便利性越大、消費者交易成本越低，發行效益就會越大。五倍券強調數位，金額加碼且免費領取。經濟部大手筆祭出 400 萬份好食券的加碼方案，只要綁定數位券免抽籤就能獲得；數位券也增加共同綁定功能，並設計數位標章，只要民眾取得標章，消費時出示給店家即可。

　　政府應該在符合個資保護的前提之下規劃數位追蹤系統，並公開振興券的流向與資訊，政府到學界都能夠掌握更多資料進行研析，龐大數據便可作為後續精準政策的基礎，有效提升政策效益，創造政府與人民雙贏的結果。

翻轉吧～經濟學！給您看得懂用得到的經濟原理

🧑 經營管理：政策落後與超前部署

政府採行權衡性政策須掌握經濟環境變化，彈性調整因應對策，但實際上政策要生效通常會經過冗長過程，而發生落後的現象。可能導致政策緩不濟急成效不彰，甚至在影響效果出現時，經濟環境變化已與決策立意不同，反而弄巧成拙造成問題惡化或經濟不穩定。

政策落後過程：問題→認知→決策→執行→效驗

從經濟環境的研究分析確認問題發生，到政府體認問題嚴重性而願意調整因應，所需之時間及延誤為認知落後（recognition lag）。因為影響經濟活動的因素複雜多變，難以準確預測判斷立即掌握時機，且決策者多不願承認執政失誤，而使調整對策裹足不前。當學者專家警告經濟可能衰退，政府斥其唱衰台灣而未立即採取對策，對經濟活動影響不利。

由政策之研擬修正至完成立法確立內容，所需之時間及協調折衝過程為決策落後（decision lag）。因為政府各部門對問題嚴重性、發生原因、可行對策等常有不同看法，而立法機構民意代表亦來自不同選區與團體，不易達成共識。

立法通過的財政預算與政策方案付諸實施，推動公共建設之行政程序，或行政效率低落及執行品質落差修正，造成之延誤為執行落後（execution lag）。政策實行後引導總體經濟活動，發揮效果達到解決問題的目標所需之時間為效驗落後（impact lag），其效果常受到條件限制及環境變化之影響。

政府有專責機構負責超前部署的工作，例如國家安全委員會、行政院國家發展委員會、各部會的規劃單位，對於未來有周全準備、預防及準備就緒，包括施政願景、策略，對於環境的變遷及掌握等。超前部署是政府存在的價值與本份職責，在全球競爭下為國為民規劃布局未來，國家資源有限下做好分配。政府應有制度化、系統化、法制化的基本規範及作業手冊指引，讓各個部會就其所負責業務提出計畫，給人民安心與希望。超前部署的前端是情境模擬和政策前瞻，應建立法治保障規範，減少不合理的干預；並應有政策評估機制，定期檢視各部會政策落實計畫。

任何的預測都是在假設條件下，運用科學推測或數學運算，所推估出來的可能情境，沒有絕對的準確，主要目的是對組織決策提供相對反應及行動參考。情境預測和政策推估的目的在於找出潛在的風險，以提

早提醒進而分工合作，早做準備和預防。

　　結果基本上都是落後指標，例如業績表現、服務滿意度、品牌知名度等，領先指標是在事情發生前的早期徵狀對可能結果有所預期。業績衰退的早期徵狀是客戶流量或成交率下降，訂單是業績的領先指標、名單是訂單的領先指標。落後數據是從報表中如實反映現況，並不能提供更進一步的預測價值。數據預測以目標導向為前提，即時偵測消費者，強調速度與精準度，經由交易數據推算出商品推薦模型，調節行銷策略提供溝通和個性化訊息。

⑤ 投資理財：政策概念股投資機會

　　2050 淨零轉型是全世界的目標，也是台灣的目標。世界地球日上台灣向全世界承諾也要在 2050 年達成淨零排放，國發會攜手環保署、科技部、經濟部、交通部及內政部，共同宣布公布台灣 2050 淨零排放路徑規劃，全面揭露台灣達到淨零碳排的方法與目標，向產業界、企業界乃至於一般大眾宣示台灣淨零轉型的決心。

　　台灣 2050 淨零排放選定建築、運輸、工業、電力及負碳技術五大路徑，依階段里程碑設定目標，並以能源轉型、產業轉型、生活轉型、社會轉型四大轉型策略及科技研發、氣候法制兩大治理基礎來推動；從低碳邁向零碳分為兩階段，到 2030 年以現有技術落實減碳，2030 到 2050 年以新技術漸進走向零碳。為了達成 2050 淨零目標，將輔以氫能、節能、碳捕捉、電力系統與儲能等十二項關鍵戰略來實行，包括 2025 年起不興建新燃煤電廠、2030 年風力光電累積裝置容量達 40GW，2040 年燃煤、燃氣電廠依碳捕捉與封存（CCUS）發展進程導入運用，且 2040 年電動車、電動機車市售比達 100％ 等，同時力拚 2050 年再生能源發電占比超過60％、智慧變電所布建率達 100％。

　　政府規劃 2030 年內將編列近九千億預算以協助產業、各部門轉型，這是台灣有史以來針對氣候、淨零最龐大的預算規模，可望帶動近四兆元以上的民間投資，同時減少對石油及煤的依賴，預計 2050 年進口能源依存度由 2021 年的 97.4％降至 50％以下，2030 年空汙量也可比 2019 年減少三成。再生能源占比將從 2025 年的 2 成提高到 6 成以上，並提出 4 大路徑規劃、4 大轉型策略及 2 大基礎，執行 8 大計畫，要讓台灣在淨零碳排接軌國際，也成為台股的投資顯學，綠能概念股晉升成主流族群。節能、儲能、創能等三能概念股躥紅，以太陽能、風電、電力管理、LED等為主，發展出新投資機會。

翻轉吧～經濟學！給您看得懂用得到的經濟原理

為減少運輸部門的碳排放，政府也規劃公共運具先行，城市公車在 2025 年要有 35% 電動化，2030 年全面電動化；家庭代步用車則訂出 2030 年電動車及電動機車新市售占比要達到 30% 及 35%，2040 年兩者皆要達 100%。台灣電動車發展以電池材料、導線架、功率元件等為主，大部分是中小型零件元件廠，供應鏈缺料狀況持續緩解，預期電動車零組件廠營運將優於同業。中國雖提高補貼門檻，但鼓勵市場提高電池能量密度、快充功率、儲電量等電池技術，有利相關供應鏈的需求。電動車是 3C 以外的第四 C（Car），電動車創造的產值及榮景將高於智慧型手機的黃金十年。

政院近來大力支持風力發電產業，劃設領海內未開發之離岸風場，並積極推動產業供應鏈全面本土化，包含風力機零組件、發電機鋼材、塔架、葉片、海事工程等，整體產值超過千億台幣，相關題材順勢成為股市焦點。政府逐漸制定政策並挹注資源後，機組與風場建設工程陸續發包，發電機、電力及海事工程相關類股將接獲可觀的訂單，離岸風電場預計接連投入商轉。

四十五、巧婦難為無米之炊～財政融通

宋・陸游《老學庵筆記》僧曰：「巧婦安能作無面湯餅乎？」諺語巧婦難為無米之炊，靈巧能幹的婦女如果沒米也做不出飯來，比喻做事缺乏必要條件難以完成。健全政府財政，維持適度支出規模，嚴格控制預算歲入歲出差短及公共債務餘額，謀求國家永續發展，落實財政紀律。

大幅增加政府歲出或減少歲入，應先具體指明彌補資金之來源。預算案之審議，應注重支出增加、收入減少之原因、替代財源之籌措及債務清償之規劃。

政府籌措資金來源採取向中央銀行舉債方式，貨幣融通（money financing）由央行直接貸款或承購政府公債，發行通貨支應財政政策所需，為最快速有效的資金來源；但因貨幣供給大幅增加，可能引發通貨膨脹壓力，除非緊急情況不宜採用。目前我國預算法禁止貨幣融通，避免政府向中央銀行舉債，央行亦不得直接承購政府公債。

政府籌措資金來源，採取增加課稅收入支應公共支出所需，使財政得以收支平衡，賦稅（taxation）融通是最穩健的資金來源。經濟蕭條時，政府增

加公共支出以刺激總體經濟活動，增加課稅卻造成人民難以負擔，可支配所得減少而壓縮消費、投資等經濟活動，並降低工作意願，抵消政府支出之擴張效果。因此應降低課徵成本與民怨，促進經濟穩定成長，使社會福利達到最大。

通常賦稅依據稅額占稅基的比例課徵稅率，例如所得稅率為稅額占所得之百分率，所得愈高則稅額愈高。稅率以總量表達者稱為平均稅率（t）＝繳稅總額（T）／所得總量（Y）；以變動量表達者則稱為邊際稅率（Δt）＝繳稅增額（ΔT）／所得增量（ΔY）。

比例稅（proportional tax）稅率固定，賦稅依據稅額占稅基的固定比例課徵，所得愈高則稅額愈高，但增加幅度相同，因此邊際稅率等於平均稅率，通常針對市場交易之特定商品消費稅所採行。

累進稅（progressive tax）稅率隨所得增加而增加，即賦稅依據稅額占稅基的不同比例課徵，所得愈高則稅額愈高，且稅額增加幅度較大，因此邊際稅率大於平均稅率；通常為所得稅以及部分財產稅所採行。

定額稅（fixed tax）即賦稅不依據稅額占稅基的特定比例（稅率）課徵，繳稅總額為與稅基大小無關之固定金額，不論所得高低其稅額均相同，通常為政府提供特定服務而向使用者收取之規費所採行。

賦稅中立（tax neutrality）即原定經濟計劃與相關活動，不因賦稅之開徵而有所改變。政府取得之全部稅收為人民的直接負擔（direct burden），但可用於公共支出為民謀福；當賦稅使整體社會的損失超過直接負擔時，其差額為超額負擔（excess burden），代表對原來的經濟活動造成不利影響；政府課徵賦稅應避免超額負擔的損失，為賦稅中立原則。

為了將外部成本內部化或稅基公平化，而向原有超額利益者加徵賦稅造成其負擔，則是必要之賦稅不中立；若符合公共利益而減少社會損失之福利，仍接近賦稅中立原則；使社會福利之損失減少最小的賦稅，稱為最適賦稅（optimal taxation），代表消費與生產決策的最適組合改變最小，對經濟活動的影響最小。

賦稅改革之困難度，向原有超額利益者加徵賦稅導致其超額負擔，對原來的經濟活動造成不利影響；賦稅改革是必要之賦稅不中立，解決之道符合公共利益，仍可接近賦稅中立原則。

納稅負擔使家戶部門之可支配所得減少後，正常財消費與儲蓄都會減少，為消費所得效果；稅後實質所得收入減少，亦即消費的機會成本降低，

因此消費者會選擇增加目前消費而減少儲蓄，即消費替代效果。

公債（public debt）融通籌措資金來源以彌補收入之不足，政府向銀行借貸或發行公債，亦即將民間之閒置資金，藉由承購（資金供給者）公債轉移至政府（資金需求者），作更有效的運用可以促進經濟發展，是最保守常見的政府理財方式。以稅收支付公債利息將增加人民負擔，抵消政府支出之擴張效果，因此政府支出亦須節制。公債增加速度不宜大於實質國內生產毛額成長速度，通常會以立法限制公債發行數額，使公債利息只占實質國內生產毛額微小比例。

公債由政府擔保發行，內債（internal debt）政府公債由本國人民承購，本金安全可靠且利息收入穩定，在金融市場變現容易具有高度流動性；民間增加此一金融資產代表淨財富增加，可以提升消費、投資等經濟活動，進而增強政府支出之擴張效果。

公債由外國人民承購，外債（external debt）之利息收入由外國人民獲得，不能直接提升本國消費、投資等經濟活動，卻增加本國人民負擔，政府應有足夠國際準備而具備償還外債的能力以維持本國國際債信。因此通常會將外債用於投資性支出，使本國實質產出成長率大於公債利息之支付，不致造成本國人民實際負擔。

亞洲金融風暴對台灣與韓國的影響不同。台灣政府公債由本國人民承購為內債，韓國由外國人民承購為外債，積欠鉅額外債無力償還，引發嚴重國際金融風暴，影響本國及國際經濟穩健發展。

李嘉圖中性（neutrality）論點認為政府以公債融通或賦稅融通支應公共支出所需，並不會影響總體經濟活動之總支出。目前公債發行數額增加，未來必須增加課徵租稅來支應公債的還本付息支出，因此未來增加課徵租稅之折現值，應等於目前增加發行公債之現值，即人民的淨財富價值並未增加，其總支出亦無改變，又稱為貝羅－李嘉圖對等性定理（Barro － Ricardo equivalence theorem）。

公債由金融機構承購，將減少銀行體系超額準備，降低信用創造的功能與貨幣乘數效果，造成貨幣緊縮。因此政府發行公債應以社會大眾為主要對象，公債管理的分布合理化原則吸收民間之閒置資金。政府應避免在貨幣緊縮時發行公債，公債管理的金融市場影響原則降低對金融市場與民間籌資之衝擊，公債管理的金融政策配合原則有效協調穩定市場。

💡 生活智慧：理債規劃清償債務

房貸、車貸、學生貸款、信用貸款等銀行借款，貸款利率大約介於2～8%，通常銀行會要求有良好的信用、還款計畫或抵押品等。地下錢莊的利率是以十天為一期每期5分，也就是每十天複利一次5%，換算月息15%年息435%，只借半年至少要加倍奉還，最優先要還清的是利率最高負擔之最大貸款。

用平常心面對持有債務，理債也是理財的第一步。做好還款計畫，了解目前收入，列出所有債務金額及利率，設定還款目標追蹤管理，根據收入、支出及財務狀況提出可行的方案。在最低生活費之餘還款，並在債務餘額表上記下償還金額。試算每月收入－每月生活支出－卡債利息－中長期信貸繳款－車貸繳款－房貸繳款，如果金額為正值代表可以還清，如果為負值代表透支還不起，需要和銀行進行債務協商。刷卡消費就發生支出，並背負一筆應付帳款的負債，要記在消費的該月份，而不是繳卡費的下個月。

台灣信用卡循環信用餘額一直都維持在1千億元以上，背負最高15%的循環利息。信用卡把付款時間遞延到下個月，容易讓人不小心就用未來收入來支付現在的享受。很多人因為借錢方便過度消費舉債養債，未考慮到自己的負擔能力；同時也有人心存僥倖擴充信用最後自食惡果，民眾應建立正確用卡與理性消費的觀念。用不同信用卡刷分期付款更難追蹤，容易疊床架屋還不出卡債，循環利息不但傷害財務健康，也會嚴重傷害聯徵中心的個人信用評分。晶片金融卡與存款帳戶連結，帳戶存多少就用多少，沒有透支的問題，更沒有信用瑕疵或循環利息問題。

催收及呆帳若完成清償，只要6個月就會消除記錄；信用卡的繳款資料，則自繳款截止日起1年後就會消除，不是一輩子都甩不掉，只要不破產或清算，理債後仍可恢復信用。不要將信用卡額度刷滿，最好保持一定的信用空間，定時還款不要只繳最低金額；妥善運用信用卡每期全額還款，還可以提升個人信用評分。有4成畢業生背學貸平均每人金額31.1萬元，平均每月償還近5000元，提前償還本金是解決學貸最快的方式，本金變小之後每期利息支出也會變少。列出個人負債表後，可以清楚每筆貸款的月付金及負債總額，先還本金大幅減少未來的債務負擔利息。

借錢投資的風險更大，投資獲利來自長期投資的複利，但債務利率也是複利會吃掉報酬率。當投資收益下降無法償還利息及本金，就需要

翻轉吧～經濟學！給您看得懂用得到的經濟原理

撥出薪資收入來彌補損失。減少貸款筆數，負債結構複雜會損害到個人信用，造成負債整合困難等後續影響。負債整合的方法是借新還舊，向銀行新申請較低利的貸款，償還其他高利率的負債，整合後的月付金及利息也會降低，可以減輕每月的沉重負擔。先還清對個人信用影響程度較大的債務以提升個人信用，按時繳房貸、車貸、學貸或信貸等有固定每期還款金額的貸款，遲繳會使個人信用評分被嚴重扣分，後續若想申請條件較好的信貸就會困難重重。

👤 經營管理：公債發行與財政紀律

公債為國家或政府以債務人的身份，向國內外取得的債務；是國家財政收入的一種形式，政府調節經濟的重要手段。政府透過公債管理，將公債的償還期間長期化、債息負擔最小化，與金融政策相配合，達成政府舉債的目的。政府發行公債籌措財源考慮最低成本，當經濟處於通貨膨脹時期，因長期利率相對較高，應發行短期債券；反之於經濟衰退時期應發行長期債券，達成債息最小化。債券種類多樣化，以不同的期限、利率或稅負迎合購買者的需求，設置償債基金具備償還能力，增強公債信用及穩定公債價格。

公債發行的臨時財源原則須籌措資金來源以彌補經常收入之不足，政府才能以公債融通支應公共支出所需。政府以公債融通之特定公共支出所需，應用於可以自償（self－liquidating）的投資性支出，公債發行的自償財力原則健全穩定財政收支。自償性公共債務係以未來營運所得資金，或指撥特定財源作為償債財源之債務。公債發行的長期受益原則應用於建設耐久財的投資性支出，並健全穩定整體經濟持續成長發展。公債運用的公平負擔原則避免以稅收支付公債利息，將負擔轉嫁其他人民及後代子孫，造成社會財富分配不均。

公債管理的種類多樣化原則配合金融市場各種投資人所需，使民間淨財富增加，可以提升消費、投資等經濟活動。政府公債應訂定合理利率，市場利率偏低時增加發行，市場利率偏高時減少發行，配合國庫券與不同期限公債，公債管理的負擔極小化原則降低支付利息負擔。中央政府及直轄市政府為加強債務管理、提高財務運用效能，得設立債務基金籌措財源，辦理償還到期債務、提前償還債務及轉換高利率債務為低利率債務等財務運作之相關業務。

我國公共債務法規定舉債上限，中央及各地方政府在其總預算、特別預算及在營業基金、信託基金以外之特種基金預算內，所舉借之一年

以上公共債務未償餘額預算數，合計不得超過行政院主計處預估之前三年度名目國民生產毛額平均數之百分之四十八；縣（市）及鄉（鎮、市）所舉借之一年以上公共債務未償餘額預算數，占各該政府總預算及特別預算歲出總額之比率，各不得超過百分之四十五及百分之二十五。公共債務未償餘額預算數，不包括中央及各地方政府所舉借之具自償性公共債務，但自償性財源喪失時，所舉借之債務應計入。中央及各地方政府總預算及特別預算每年度舉債額度，不得超過各該政府總預算及特別預算歲出總額之百分之十五。

　　為健全中央及地方政府財政，貫徹零基預算精神，維持適度支出規模，嚴格控制預算歲入歲出差短及公共債務餘額，謀求國家永續發展，落實財政紀律，特制定財政紀律法，由財政部、行政院主計總處、審計部及相關機關依職權辦理。對於政府支出成長之節制、預算歲入歲出差短之降低、公共債務之控制及相關財源籌措，不受政治、選舉因素影響，促使政府與政黨重視財政責任與國家利益之相關規範。

Ⓢ 投資理財：資金排擠與類股輪動

　　社會財富的總量一定，政府占用的資金過多會使私人部門可用資金減少，經濟學稱為財政的排擠效果（Crowding Out Effect），政府向公眾和商業銀行借款來實行擴張性的財政政策，引起利率上升和借貸資金需求上升的競爭，導致民間部門支出減少，使財政支出的擴張效果被抵消。

　　台灣產業發展不均，資訊、通訊、半導體、電子零組件等產業欣欣向榮，而 ITA 產業的高薪及優渥福利，導致其他產業面臨資金排擠、人才短缺等問題。半導體在就業市場有強大的磁吸作用，其他公司或行業感受徵才留才的壓力。當市場資金往台積電集中造成資金排擠效應，大部分類股因此走弱。

　　荷蘭病（Dutch Disease）並是英國新聞周報《經濟學人》於 1977 年提出的新名詞，汜指因過度依賴單一產業導致大量資本流入，幣值急速上升而喪失國際競爭力的現象。1960 年代荷蘭發現北海油田，往後靠著大量出口天然氣累積不少外匯，卻造成荷蘭盾的匯價大幅升值，勞動者薪水也同時上漲，生產成本大幅攀升，導致國內其他產業空洞化，工業產品的國際競爭力急速下滑，失業率攀升造成經濟惡化，政府財政負擔加重等經濟問題。

資金過度集中於建築放款，發生資金排擠效果，避免房市過熱有炒作疑慮，銀行房貸放款有水位上限，防止銀行因為不動產市場價格波動而影響其經營穩健性。商業銀行辦理住宅及企業建築放款總額，總分支機構提供借款戶申貸資金，用於興建或購置住宅及企業用建築物的放款，不得超過所收存款總餘額及金融債券發售額加總的 30%。金管會鬆綁銀行辦理都市更新、危老宅重建、長照安養、社會住宅、學校、政府廳舍、企業廠房興建等融資排除在建築融資上限之外，以鼓勵更多銀行參與並配合政府推動的政策。

由於 MSCI 調降台股權重，部分國際及本土資金將排擠台股資金。IPO 股票首度掛牌時定價常低估，股價通常都會出現飆漲行情。投資人為了申購新股等待抽籤，資金從市場抽回存入證券戶，流動性萎縮對股市產生資金排擠。當上市櫃的公司越來越多，原本有限的資金出現分散效果，市場的金主、主力為了讓資金更有效率，就出現類股輪動。

資金沒有辦法同時拉抬整體所有的市場，演變成利用市場中各個類股產業輪動的時間差，在一段有效期內控制市場行情並且提高資金的周轉和賺錢效率。法人和公司派會利用類股輪動的時間差中找出強勢股和黑馬股，遇到個股盤整休息的過程避開，進行高效率的資金周轉，把賺錢的速度拉到極致。

在大盤趨勢成形後，會有類股輪動的狀況出現，其中也包含季節性跟不同產業的旺季，形成一種市場循環，強勢主流股通常會優於大盤的表現。掌握類股輪動的趨勢與市場操作節奏，找出盤勢脈動跟資金流向之間的關係，具題材個股在短線輪漲的表現，選股以成長性高、市場追逐的題材股、集團及投信作帳標的為首選。

四十六、自由的代價～古典學派與貨幣學說

19 世紀初資本主義盛行，對金融自由主義的崇拜最終釀成 1929 年經濟大危機。1933 年美國頒布《格拉斯－斯蒂格爾法案》，建立現代金融分業經營的防火牆。80 年代以來過度宣揚金融自由化，過早撤除資本市場和銀行體系之間的防火牆，使商業銀行的信貸業務和投資銀行的證券業務在新商業模式下風險交叉傳遞。

古典學派認為薪資與物價的漲跌牽引總體經濟活動，使供需雙方自動達成並維持穩定的均衡狀態，即勞動市場之充分就業及商品市場之最大產出

（所得），因此政府不應以政策干預自由市場運作。西洋社會自 1770 年代工業革命之後經濟長期持續繁榮，古典經濟學派得到驗證支持。

　　古典經濟學（Classical Economics）始祖英國經濟學家亞當·史密斯（Adam. Smith）於 1776 年出版國家富強的本質與原因（國富論），認為市場力量會透過價格機能進行調整，引導整個經濟社會資源運用最有效率，因此反對外力干預主張自由放任，後人稱之為古典學派。

　　觀察工業革命初期的重商主義社會，認為專業分工可以增進技術能力，提升生產力而增加總產出水準，進而促進經濟成長並累積國家財富；儲蓄等於投資使資本累積增加，配合更多生產性勞動而提高勞動效率，促進國家財富增加；儲蓄可以持續累積資本而擴大淨產出，利率水準可以完全伸縮調整。

　　古典學派的代表人物李嘉圖（David Ricardo）指出，任何人從事生產都是為了消費，銷售是為了讓消費者購買直接有用或有益於未來生產的其他商品。經濟市場不加干涉，生產者運用各種生產要素，依消費需求持續生產，最後整個經濟社會將會達到充分就業。英國劍橋大學教授皮古（A. C. Pigou）在其所著的失業論認為，除了摩擦性失業和自願失業者外，整個資本主義社會應該會達到充分就業，解決失業的方法就是工人自願降低貨幣工資。

　　古典經濟學派的總合供給決定了充分就業之最大產出，而總合需求決定物價水準，因此主張自由放任由市場中看不見的手自動調整，以政策干預總合需求只會造成物價波動；以達成年度預算平衡為目標，健全政府財務結構。

　　法國經濟學家賽伊（J. B. Say）於 1803 年提出市場法則（law of market），認為供給創造其本身的需求，又稱為賽伊法則（Say's law），成為古典經濟學理論的基石。有限資源應處於充分使用而沒有閒置之充分就業狀態，產出價值滿足最大慾望的消費需求，因此經濟社會自然達成供需均衡的穩定狀態。

　　古典經濟學透過價格機能進行調整的過程，均衡狀態並非可以立即達成並持續不變，可能引發通貨膨脹與所得降低等問題。

　　美國經濟學家費雪（I. Fisher）提出交易方程式（equation of exchange），以市場之全面均衡，解釋貨幣數量與物價水準的關係：$MV = PY$

　　貨幣供給量變動率＋貨幣流通速度變動率＝物價水準變動率＋實質所得變動率

　　M 是貨幣供給數量；P 即物價水準；Y 為實質總產出（量）；V 為貨幣流通速度，貨幣在一定期間內之平均轉換使用次數 $V = PY/M$，代表交易總

額 PY 使用貨幣供給數量 M 須週轉之次數。M×V 表示貨幣在一定期間內之使用總額，代表總支出或總需求；P×Y 表示實質總產出之貨幣價值，代表總產值或總供給；MV ＝ PY 表示總支出等於總產值（名目所得），總需求等於總供給代表交易總額。

交易方程式以貨幣價值說明古典學派維持穩定均衡狀態的基本理論，並強調貨幣可以重複多次交易的功能。

短期內生產資源不易改變，充分就業之最大產出 Y 固定，交易次數 V 亦不易改變，因此物價水準 P 與貨幣供給數量 M 呈正比。所以古典經濟學派認為以貨幣政策改變貨幣供給數量，只會造成物價波動而不能改變實質總產出，費雪效果（Fisher effect）預期通貨膨脹率上升將提高名目利率。

名目利率＝實質利率＋預期通貨膨脹率

英國經濟學家馬歇爾（A. Marshall）領導的劍橋（Cambridge）學派提出現金餘額方程式（cash balance equation），將交易方程式加以修正，強調貨幣除交易外，亦有價值儲藏的功能，又稱為劍橋方程式。

M ＝ kPY

M 是貨幣需求量；k ＝ M/PY 代表貨幣需求 Md 占名目總所得 PY 之比例，即持有現金餘額的比例。劍橋方程式表示貨幣需求量為總所得之某一比例 k，在均衡時 Md ＝ Ms ＝ PY/V（交易方程式），因此劍橋方程式之 k 等於交易方程式之 1/V，即貨幣需求占總所得之比例與貨幣流通速度呈反比關係；持有現金餘額比例愈高則貨幣流通使用次數愈少，k 值愈高亦代表金融深化程度愈高。短期內持有貨幣之需求習性不易改變即 k 固定，因此名目貨幣需求量 M 與名目總所得 PY 呈正比。

古典經濟學派的貨幣數量學說（quantity theory of money），交易方程式中之 V（貨幣流通速度）與現金餘額方程式中之 k（持有現金餘額比例），決定於經濟社會的支付習慣方式、金融市場制度、持有貨幣偏好等因素，短期內不易改變，因此 V 與 k 為定值。短期內生產資源不易改變，因此充分就業之均衡最大產出（所得）Y 為定值。所以物價水準 P 與貨幣數量 M 呈正比，即物價水準與貨幣數量呈同方向同比例之變動，通貨膨脹率將等於貨幣數量增加率。

金融創新與交易方式多樣化使貨幣使用次數 V 改變影響交易方程式的分析。

美國芝加哥經濟學家傅里曼（M. Friedman）倡導貨幣學派（Monetarism），強調控制貨幣供給數量的重要性，主張法則性貨幣政策。貨幣學派認為解決經濟問題最好的方法為政府堅守固定規則，維持固定的貨幣成長率。以寬鬆貨幣政策救經濟，長期只會造成通貨膨脹。

貨幣學派承襲古典學派的基本理論，但承認均衡狀態並非可以立即達成，認為變動有限且可以預測，因此應該適度調整而非完全放任；貨幣對實質經濟活動的影響短期並非中性，長期則為中性。名目利率會有波動，但實質利率則長期維持穩定。

生活智慧：自由經濟與市場機制失靈

英國經濟學家彌勒（J. S. Mill）於 1848 年出版＜政治經濟學原理＞，區隔財富生產與財富分配之差異：財富生產決定於技術環境，財富分配則決定於人為制度，將亞當史密斯與李嘉圖等人的古典學派經濟學理論總其成。認為一切生產活動都為了消費，個人所得最後會用於消費和投資用途，因此社會的總供給必定會等於總需求，資本全部投入擴大勞動就業，而達到充分就業。

賽伊進一步闡釋市場定律（Say's Law of Market），在工業革命之後完全賣方主導的市場，商品的供給會為自己創造需求，為 19 世紀古典經濟學的思想主流。商人累積大量財富，為獲得更豐厚的利潤，致力投資開設工廠、購置原料和發明新機器，提高工農業的產量，成就工業革命的輝煌。在資本主義的經濟社會不會發生生產過剩的危機，更不可能出現就業不足。商品生產數量完全由商品的供給面所決定，透過物價高低的調整，商品供給量最後必將等於商品需求量。生產者愈多將促進市場繁榮，買賣雙方彼此會愈有利，都市與農村、工業與農業、國家與區域，彼此之間的繁榮都有連帶關係。

如果賽伊法則是正確的，同樣的供給只會帶來同樣的需求，資本家的消費和投資只是相同數量的貨幣形式價值在循環流轉。理性生產者不會生產多餘商品造成滯銷，也不會故意減產讓自己的收入變少，短期內可能會因預測錯誤而導致滯銷或供不應求，但市場長期會藉由看不見的手來自行調整供需狀況，最後會使總供給和總需求達成一致。古典學派的成長理論偏向悲觀，認為總產出固定在充分就業水準，平均每人實質所得終將維持在基本生活水準，經濟成長只是短期現象不可能長期持續，因此當時的經濟學被稱為幽暗科學（dismal science）。

資本家在儲蓄時得到利息，如果利潤率下降至利息之下，資本將抽回以貨幣形式握有收取利息，等待更有利的時機再投資，導致有效需求不足。工業技術使產能迅速滿足市場需求，當經濟泡沫化後，人們因為恐慌而停止消費，但仍持續生產使市場上供過於求。經濟大蕭條當時無數的銀行與企業接連宣布倒閉，全球預計共有 2～3 千萬人失業，市場機制完全失靈。

1930 年代發生經濟大恐慌，陷入長期大量失業與國民所得降低之經濟蕭條狀態，古典經濟學派的理論受到質疑。1933 年小羅斯福就任美國總統後實行三 R 新政：救濟（Relief）、復興（Recovery）和改革（Reform）；救濟窮人與失業，將經濟復興到正常水準，改革金融系統預防再次發生大蕭條。一系列經濟政策增加政府對市場的干預，緩解經濟危機與社會矛盾。

在市場高度發達成熟的美英等國家，市場機制依然存有巨大漏洞。曾經表示私人規範較政府管制更可抑制風險的前聯準會主席葛林斯潘，承認金融機構並未如他所假設，做到保護股東與資產的自我規範，這些金融機構正是 2008 年引發全球經濟衰退的罪魁禍首，卻接受政府大筆紓困金。

👤 經營管理：貨幣學派與貨幣成長率

1960 年代發生停滯性膨脹及需求政策失效現象，使凱因斯學派受到挑戰。貨幣學派承襲古典學派的基本理論，抨擊以需求政策干預經濟活動只會造成物價波動，但認為應該適度調整市場機能之不足。支出擴張使實質利率上升，導致儲蓄增加而投資、消費減少，其他實質變數與名目變數則不受影響。貨幣學派抨擊權衡性政策可能誤導經濟活動方向更惡化景氣波動，擴張政策使工資上升反而提高失業率而不能改變實質總產出。

古典經濟學派認為貨幣中性（neutrality of money），貨幣數量變動只影響經濟體系的名目變數，薪資可以完全伸縮調整以維持充分就業狀態，而不能影響實質變數（所得之相對購買力），因此貨幣對實質經濟活動的影響為中性。古典經濟學派二分論（dichotomy）將經濟體系分為實質部門與貨幣部門，實質部門的經濟活動決定相對購買力，再影響貨幣數量變動及其他實質變數，而不受絕對物價與貨幣數量影響，貨幣部門則影響絕對物價水準。為了追求利益極大化，人們會將擁有的所有貨幣購買消費品或生產工具，而避免貨幣或資金閒置損失機會成本。

經濟活動的可用資金固定，當貨幣流通速度不變，完全排擠效果完全抵消擴張政策提高之所得，因此財政政策完全無效；當貨幣流通速度上升，經濟活動的可用資金略增，抵消部分擴張政策提高之所得，財政政策部分有效，稱為不完全排擠效果；當貨幣流通速度下降，經濟活動的可用資金減少，民間部門減少總合需求支出，因此財政政策有負面效果，稱為超額排擠效果。

人民為減少持有過多貨幣餘額，將增加消費、投資等支出需求，刺激就業、產出、所得、物價上升，造成經濟短期波動，但可以調整到新的均衡狀態。長期達到最大總產出後，多數貨幣追逐有限產品，因此通貨膨脹是由貨幣所造成的現象；貨幣以外因素只會造成物價短暫波動，而不會造成長期通貨膨脹。只要將貨幣數量維持在適度穩定的成長率，即可確保經濟穩定成長，且不會導致物價水準大幅波動，短期調整不致於反而成為惡化景氣波動之亂源。貨幣學派承認凱因斯流動性偏好理論，認為貨幣需求會受利率、財富、預期通貨膨脹率等因素所影響，但貨幣需求函數仍十分穩定。

貨幣數量學說中的貨幣流通速度與持有現金餘額比例，雖非完全固定常數，但變化不大且可以預測。因此貨幣數量變動調整短期經濟活動，可以略為改變實質所得，但長期均衡狀態主要影響還是在物價水準波動，各種資產與財貨勞務購買增加而價格上漲；以寬鬆貨幣政策救經濟，長期只會造成通貨膨脹。

最適貨幣成長率未能精確估算掌握，大約等於允許的通貨膨脹率加上所得的成長率，央行多採取上下限作為標準，即容許一定範圍內之目標區間。我國央行 M2 成長參考區間維持 2.5％至 6.5％，若未來 M2 成長率持續偏離區間甚或發生結構性改變，央行將會加以檢討並適時調整。

Ⓢ 投資理財：金融自由與金融肥貓

金融自由化與國際化的主要目的，在於建立現代化符合國際慣例的法律與制度架構，有效結合儲蓄與投資，以促進資源的有效分配與經濟的穩定成長，並促使國內銀行在世界金融舞台上扮演更積極的角色。利率與匯率的變動頻繁，銀行業務範圍擴大，新金融商品不斷推出，資金移動限制放寬，金融機構、廠商與家計部門的理財方式改變，金融機構經營環境發生很大的變化。

金融自由化的成功推行需要穩定的金融環境，如果金融情況不穩定，則貨幣市場利率巨幅波動，股價暴漲暴跌，外匯管理徒增不穩定的投機

資金移動，影響市場的正常運作。貨幣政策應該控制信用擴張的總量，加強承做生產性投資放款，提高中長期計劃性融資比率，有效控制資金用途。繼續對房地產貸款執行選擇性信用管制，以抑制資金過量投入房地產市場。外商銀行享有更多參與國內金融市場的機會，引進新的商品與做法，促進市場競爭與資源的更有效分配與運用。將台灣與全球金融服務網結合，達成發展區域性金融中心的目標。

　　金融自由化並非放任或為自由化而自由化，必須安排更多的金融交易能夠在更好的市場進行。並非單純地放寬限制，而必須推動各項制度改革，重新規定法令制度，以建立明確而符合國際慣例的金融遊戲規則。為避免不穩定的資本移動，一方面提供避險工具，另一方面要求金融機構建立健全的風險管理。

　　美國智庫每年發布經濟自由度調查，以 4 大面向（法律制度、政府規模、監管效率及市場開放），12 項指標（財產權、司法效能、廉能政府、租稅負擔、政府支出、財政健全、經商自由、勞動自由、貨幣自由、貿易自由、投資自由及金融自由）進行評比。勞動自由方面，傳統基金會特別針對台灣人口老化、藍領短缺等問題提出警訊。投資自由指標主要評估資本國際流動問題，因外人投資條例要求逐案事前審查，因此影響評比表現，經濟部持續檢討、修正相關法規。金融自由指標主要評估金融業經營效率與政府對金融機構干預程度，由於國內金融法規較繁瑣，加上公股行庫比例高，台灣被評等為中度政府干預，金管會也持續研議法規鬆綁。

　　經過金融海嘯震盪後，美國金融業的薪酬與紅利爭議曝光，要求改革肥貓條款的聲浪不斷。為避免金融從業人員從事過度冒險行為再度引發金融危機，且化解民眾對全球貧富差距擴大的不滿，美國及歐洲的監管機構都相繼提案限制金融業肥貓領取不當報酬。美國監管機構提案限制數千名華爾街交易員、經紀人及投資銀行員的過度報酬，包括延後分紅，以及金融機構員工被發現有詐騙或不當行為時分紅將被索回的條款。

　　把風險拋在一邊去追逐最大獲利，高額分紅是金融海嘯最大的問題根源。金融機構拿政府大筆資金紓困，員工還接受分紅，不滿情緒終於全面引爆，對奉行自由經濟，重視財產權和合約精神的美國帶來重大影響。在追求報酬和善盡社會責任之間尋找合理的平衡點，是資本主義必須遵循的道路。

四十七、節儉的矛盾～所得乘數效果

　　古有明訓節儉是美德，可是節儉會導致經濟衰退。節儉的矛盾是指當整體經濟的儲蓄意願提高時，其實際達成的總儲蓄不但不會增加反而會下降。因為當大家有消費行為時全體國民的所得才會增加，有所得也才能夠增加儲蓄的金額；為增加儲蓄而減少消費，會讓國民所得因此減少，總儲蓄也反而會減少。

　　對個體而言儲蓄或許是有益的，國家儲蓄處於高水準意味國家富裕，但卻對整體社會有害，節儉矛盾說明增加儲蓄對總體經濟不一定是好事。儲蓄對個人來說是美德，但將使國家經濟趨緩。從土地、勞動、供給方面創造有錢賺的空間，才能將台灣過多的超額儲蓄轉入直接投資，帶動經濟成長。

　　英國經濟學家凱因斯（J. M. Keynes）於 1936 年發表《就業、利息及貨幣的一般理論》，提出新的經濟理論架構。凱因斯認為經濟大蕭條發生的原因是社會之有效需求不足，因此主張政府有效派用資源，改善所得與就業水準，而非自由放任市場機能自動調整，新經濟學（New Economics）經其追隨者發揚光大成為凱因斯學派，又稱為需求面經濟學。對商品總需求的減少是經濟衰退的主要原因，維持整體經濟活動數據平衡的措施可以在總體上平衡供給和需求。

　　凱因斯認為古典學派賽伊法則供給創造其本身的需求與事實不符，凱因斯法則（Keynes's law）主張需求創造其本身的供給。當總合需求支出不足，商品銷售減少造成就業機會減少即失業增加；當總合需求支出旺盛，則就業機會增加即失業減少；若生產供給增加不足，將造成通貨膨脹之過熱現象，因此充分就業只是可能的結果之一，而非必然達成的狀態。

　　現實經濟社會並非完全競爭，勞資雙方都有壟斷性組織，以維護其基本生活與成本，薪資與物價水準不能完全伸縮調整以維持充分就業狀態，短期內價格水準不受 GDP 變動影響，因此總合供給線固定於某一特定物價水準呈水平線即價格僵固性。水平總合供給線總產出（所得）決定於總合需求，政府應該積極採取政策改變總合需求（消費、投資、政府支出、出口淨額等）。

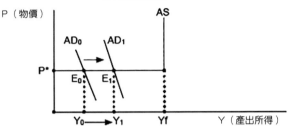

水平總和供給線

總支出（aggregate expenditure；AE）包括消費、投資、政府支出、出口淨額等總體經濟活動的支出面。

$$AE = Ea + eY = C + I + G + X - M$$

自發性支出（autonomous expenditure；Ea）指不受總產出（所得）大小影響的基本支出水準，為維持基本生活所須的最低支出額。誘發性（induced）支出指受所得增加所誘發增加的支出，總支出增加率為 e。凱因斯分析封閉經濟體系（AE = C + I + G），後人分析開放經濟體系，加入國際貿易為總體經濟活動的一部分，即出口淨額（X - M）亦是總體經濟活動總支出的一部分。

總支出與總產出（所得）均衡是理想的穩定狀態，當實現的總產出（所得）發生不足或過剩現象，造成非計畫預期之存貨變化，透過投資、消費等經濟活動的調整達到均衡所得，使實現總支出等於實現總產出。

當總支出小於總產出，表示總產出過剩，使非計畫存貨增加，因此廠商減少要素雇用使產能利用率降低，所得與就業水準降低使消費支出減少。

總支出中以民間消費活動受所得水準的影響最大，當增加自發性消費、投資、政府支出、出口等提高所得與就業水準的注入項，即增加總需求支出，可以導致增加總所得 1/（1 - c）倍，分別稱為消費、投資、政策、出口之所得乘數效果。邊際消費傾向 mpc（c）愈高則引發增加的誘發性消費支出愈大，導致總所得增加幅度愈大，即所得乘數愈大。

所得乘數 = 1/（1 - c）= △Y/△Ea > 1

當政府支出與課稅收入等量增減時，將引起所得水準亦等量增減，稱為預算平衡乘數效果，平衡預算乘數（balanced budget multiplier）= 1。

政府支出增加 △G，所得乘數 = 1/（1 - c），導致總所得增加 ΔY =

$\triangle G/(1-c)$；稅收淨額增加 $\triangle T$ 導致消費支出減少 $c\triangle T$，總所得減少 $\triangle Y = c\triangle T/(1-c)$，因此淨所得增加 $\triangle Y = (\triangle G - c\triangle T)/(1-c)$，預算平衡時 $\triangle T = \triangle G$，得 $\triangle Y = \triangle G$，即政府支出與課稅收入等量增減 $\triangle G$ 時，將引起均衡所得水準亦等量增減 $\triangle G$。

獎勵投資與出口擴張，自發性支出增加經過所得乘數效果，最後新的均衡所得成長幅度更大。

自發性支出減少導致均衡所得呈倍數減少的現象，稱為節儉矛盾（paradox of thrift）。任何所得以外之因素影響造成自發性支出減少 $\triangle Ea$，表示消費、投資等經濟活動減少導致總產出所得減少；當 $\triangle Ea$ 為負則 $\triangle Y$ 亦為負且幅度更大。節儉表示增加儲蓄而減少消費，但是總支出減少導致總所得減少且幅度更大，結果總儲蓄反而減少，發生矛盾現象。

個人節儉儲蓄累積財富所得，透過金融市場將儲蓄資金用於投資活動，可以累積社會資本並使總支出增加，提高所得與就業水準，未必發生節儉矛盾。但若社會多數人持續節儉儲蓄，將造成產能過剩存貨增加，降低投資意願使儲蓄資金與社會資本閒置，引發經濟衰退而失業增加，發生節儉矛盾現象。

充分就業尚未達成時代表資源閒置，應擴大需求支出，充分利用資源以提高所得與就業水準，節儉而減少總支出會產生節儉矛盾；充分就業達成時，代表資源飽和，應節儉儲蓄降低需求支出避免通貨膨脹，並累積社會資本而擴大供給面，提高充分就業之最大產出所得，不會產生節儉矛盾。

消費信心疲弱與投資意願低落影響，造成自發性支出減少，經過負的所得乘數效果，導致均衡所得呈倍數減少。若發生金融風暴，儲蓄資金不能透過金融市場用於投資活動，降低所得與就業水準。

♡ 生活智慧：節儉是美德嗎？

在供應不足的情況下選擇節儉，減少物資不必要的消耗，將資源留給其他社會成員使用，主動減少自身享用的機會；將有限的物資留給其他人，使節儉成為一種帶著人性光輝的美德。即使富足也不在當下隨意支出，而為未來留有節餘以備不時之需。社會經濟的發展需要供應與需求兩端的平衡，如果一味生產和儲蓄而沒有消費，產能過剩會反過來消減生產力。消費不變成浪費，取捨除了是個人的選擇外，更是彰顯個人的修養。

翻轉吧～經濟學！給您看得懂用得到的經濟原理

消費率指一定時期內最終消費額佔國內生產總值使用額的比重，可能與傳統的節儉習慣相關，我國的消費率長期以來偏低。消費是保持經濟動力的重要因素，對應生產者的銷售。出口是以他國的消費來對接我國的生產力，讓別國不節儉的消費者來購買和享用我國的工業產品和服務。全球金融危機造成外需減少，出口的商品銷售低迷，產能過剩的現象更為嚴重。收入增速不高的預期加大預防性儲蓄的力度，就更抑制消費變得更節儉。

在一個未達充分就業或經濟處於衰退階段的社會，當人們自發性儲蓄提高、自發性消費意願減弱，透過乘數效果造成總合需求下滑，進而壓低均衡所得，使誘發性儲蓄跟著減少，就發生了節儉的矛盾。生產過剩問題使廠商投資意願更加低落，失業問題更為嚴重，經濟表現每況愈下讓儲蓄難以累積。

節儉是體現對自己以及每一個勞動者的尊重，節儉不浪費除了能成就自我高尚的品德，也能做到真正親善自然的節約和環保，維持人類永續的資源應用。愛惜外物的人就不會去糟蹋浪費物資，而是了解每一項物資和勞動力的價值。節儉能讓人保持遠見，聰明地管理和使用金錢獲得永續恆財，從而為人生的富足打下堅實的基礎。管理自身的生活在時間上不浪費，可以累積豐富的知識跟經驗，為自己的幸福打下基礎。

錢很重要，但沒有重要到要每天念茲在茲努力賺錢；節儉不等於吝嗇，吝嗇代表過於看中外物，傷害到身邊的人或自己。現時社會的生產能力提高，物質短缺的情況改變，生產者希望消費者不要節儉，使其貨品可以熱賣，以廣告介紹產品或教育潛在需要，就是要消費者掏腰包。只要不胡亂揮霍，花錢不應再錙銖必較，適度的享樂才能對得起以前的辛勞與勤儉。不知道自己的人生還有多久當然不能拼命花，不過人生苦短還是得及時行樂。

每個人對花錢項目的滿足感完全不同，唯一的標準是認為是否值得。花掉辛苦的獲利，至少還能擁有美麗的回憶，讓人生下半場能在沒有經濟壓力下，好好慰勞人生上半場的辛勤努力。時間無價，不能為節儉而耗費寶貴時間，把每一分每一秒利用好才是真正的節儉；開闊的不只是自己的眼界，還增加自己的見識。老一輩做牛做馬努力一輩子省吃儉用沒享受就走了，年輕一輩有遺產也不必努力，這兩代都在浪費人生。賺的錢拿來享受與體驗人生，促進消費內需就可以自給自足。

👤 經營管理：緊縮缺口與擴大內需

英國經濟學家約翰·梅納德·凱因斯（John Maynard Keynes），最卓越的成就是他在總體經濟學上的貢獻，主張政府應積極扮演經濟舵手的角色，透過財政與貨幣政策來對抗景氣衰退。凱因斯的思想成為1920至30年代世界性經濟蕭條時的有效對策，構築1950至60年代許多資本主義社會繁榮的政策思維，為政府干涉經濟以擺脫經濟蕭條和防止經濟過熱，提供了理論依據，創立總體經濟學的基本思想。因而稱為凱因斯學派並衍生數個支系，是理論與應用兼具的經濟學家典範。

理想的均衡所得為充分就業之最大產出所得水準，對應適當的總支出水準；現實支出水準與理想支出水準之間的差距稱為缺口；現實的均衡若非充分就業理想狀態，應調整經濟活動至理想目標。總支出不足導致總產出所得未達充分就業所得水準，總支出與理想支出水準之間的差距，即支出不足之差額稱為緊縮缺口（deflation gap），經濟活動衰退引發景氣緊縮，即失業率高而所得偏低又稱為衰退（recession）缺口，代表為達到充分就業所得水準，所需之自發性支出增加量。

經濟衰退時採取擴張性政策，以增加自發性支出補足緊縮缺口，通過增加消費、投資、政府支出、出口淨額等支出，至維持充分就業所得所需之理想自發性支出水準，經過乘數效果導致總所得增加至充分就業所得水準。擴大國內投資、消費、政府支出的總和，擴大內需（expansion of domestic demand）增加經濟體的內部需求，發行國債等積極財政貨幣政策，啟動投資市場信貸等經濟槓桿，拉動消費市場以增長經濟。

因為金融海嘯而推出擴大內需方案，振興經濟擴大公共建設，包括加強地方建設；力挺企業包括加強對中小企業放款、中大企業新增投資融資、擴充行政院國發基金；照顧勞工包括短期促進就業措施、長期就業方案；照顧弱勢包括物價穩定措施、工作所得補助方案；照顧民眾包括調升標準、薪資、教育扣除額；調降遺產稅及贈與稅；發放振興經濟消費券。經濟漸露曙光，各項經濟指標逐漸回溫，而金融市場也漸趨穩定。

因應美中貿易戰及限縮陸客來台，繼推動擴大秋冬旅遊獎勵後，行政院決定推出擴大內需方案規模上看百億元，補助重點鎖定住宿、商圈和夜市，但補助範圍不限旅遊，家電補助也加碼，全民一起拚國內消費。國營事業帶頭點火擴大內需，經濟部所屬油電糖水四家國營事業扮領頭羊，機電、電線電纜及營建工程等關聯產業可吃大補丸。

翻轉吧～經濟學！給您看得懂用得到的經濟原理

自歐債危機發生開始，樽節措施對於歐洲經濟成長造成相當大的影響。實行樽節措施可以避免深陷債務危機，不過政府開支及政府部門就業人數將會出現大幅下滑，雖然能夠改善國家長期的償債能力，但在短期內卻為經濟成長帶來負面影響，需要多數人繳更多稅金或接受較少的政府補貼福利。

Ⓢ 投資理財：儲蓄率與浴缸定理

儲蓄率（Savings Rate）是反映一個國家或地區儲蓄水平的重要指標，可藉以分析和研究區域居民在一定時期內，參加儲蓄的意願和趨勢，是制訂儲蓄計劃的重要依據。儲蓄率分為總儲蓄率和個人儲蓄率，總儲蓄率指一國全部儲蓄金額占國民生產總值的百分比，個人儲蓄率則指一個人儲蓄金額占個人可支配收入的百分比。國民經濟會計所稱之政府儲蓄指經常收入與經常支出之差額，可用於資本支出（建置資產或償還債務）之財源。公司儲蓄之內容包括當期提撥各類公積金及未分配盈餘等，家庭儲蓄指可支配所得減最終消費支出之差額。

隨著國民所得的成長，當基本生活被滿足以後，就會有較多的所得部份被儲蓄。國民儲蓄通常是用來提供國內投資資金所需，投資愈多則經濟成長愈快。儲蓄減投資得到的餘額即為超額儲蓄，閒置資金太多顯示投資動能不足，儲蓄率升高反映民間消費不足的現象。超額儲蓄除以GNP即為超額儲蓄率，可做為觀察一國資金閒置程度的參考指標。

浴缸定理（bathtub theorem）以浴缸內水量代表總產出（所得），當總注入與總漏出相等，總水量維持均衡狀態；若總注入大於總漏出則總水量增加，總注入小於總漏出則總水量降低。經濟活動支出需求增加引發產出（所得）增加，稱為所得與就業水準的注入（injection），經濟活動支出需求減少引發產出（所得）減少，稱為所得與就業水準的漏出（leakage），當注入與漏出相等才能達到均衡所得，即實際總支出等於實際總產出的均衡狀態。

所得用於經濟活動為支出，剩餘未動支部分為儲蓄。儲蓄使總支出減少，為降低所得與就業水準的漏出項；透過金融市場將儲蓄資金用於投資活動使總支出增加，投資為提高所得與就業水準的注入項。出口代表外國需求支出用於購買我國商品，增加我國生產活動使總體經濟的總支出增加，為提高所得與就業水準的注入項；進口代表我國需求支出用於購買外國商品，減少我國生產活動使總體經濟的總支出減少，為降低所得與就業水準的漏出項。儲蓄與投資受利率及所得水準的影響，稅收

與政府活動受政策及所得水準的影響，出口與進口受兩國相對物價、貿易及所得水準的影響。

我國的超額儲蓄創新高主要是淨出口與境外資金匯回造成，台灣超額儲蓄增加的速度愈來愈快規模愈來愈大，恐怕隱含整體消費與投資動能不彰，經濟走勢會受到拖累。當實質的消費與投資無法滿足龐大游資，前進房市與股市吹大資產泡沫，拉高整體金融市場的風險。政府應將資金適度引導至實體產業投資或優化新創募資市場，強化資金的正向循環促進經濟發展。

國發會利用私募股權基金在產業上的專業知識與投資眼光，來引導規模龐大的保險業資金，前進六大核心戰略、五加二、公共建設以及有助轉型升級的產業，解決投資不足所形成的超額儲蓄問題。若能把投資範圍擴展到更為早期的新創，可以帶動整體產業的投資風氣，也更有助國內產業的轉型升級。

四十八、雙管齊下～ IS － LM 分析模型

唐·朱景玄《唐朝名畫錄》：「張璪以手握雙管，一時齊下，一為生枝，一為枯枝。」唐代張璪對於松樹的畫法特別，他可以手握兩枝筆同時作畫，其中一枝筆畫蒼翠的樹枝，另一枝筆畫乾枯的樹枝，完全不同的形象一次完成，後來成語雙管齊下就用來比喻兩件事同時進行或採用兩種辦法來做事。

財政激勵與貨幣政策若雙管齊下，比單獨政策更能發揮全面的效果。有更多貨幣與財政政策工具，防止陷入另一次大蕭條。但是在貨幣和財政政策一併失誤的情況下通膨將快速升溫，另一後果是財政赤字擴大，將限制財政政策的自由空間。

投資需求（I）變化與市場利率（i）變化呈反向變動關係，形成負斜率之投資需求曲線，在市場利率以外的因素不變下，市場利率變動引起投資需求量呈反向變動。儲蓄（S）透過金融市場將儲蓄資金用於投資活動，投資（I）使總支出增加，均衡總產出（所得）Y ＝ C ＋ S ＝ C ＋ I，因此商品市場均衡 I ＝ S。計畫儲蓄與計畫投資相等，並等於實現儲蓄與實現投資，沒有非計畫之存貨變化，即均衡的穩定狀態。

以 IS 曲線探討總體經濟之商品市場均衡，並分析利率變動、支出變動與所得變動之相互影響關係。

IS 曲線代表商品市場均衡時 I ＝ S，所得及利率水準是的 IS 曲線內生變數，在其他的因素不變下，利率下降刺激投資需求增加，使總支出增加而提高均衡總產出（所得），因此商品市場均衡時，所得（Y）變化與市場利率（i）變化呈反向變動關係，形成負斜率之 IS 曲線，每一市場利率所對應的投資需求量決定總產出水準。商品市場均衡時，當所得及市場利率以外的因素改變，即自發性支出改變，在圖形上表示整條 IS 線位移，支出擴張形成一條往右（所得增加）移的 IS 線，支出緊縮則形成一條往左（所得減少）移的 IS 線。

利率彈性愈大 IS 曲線愈平坦，代表投資需求對利率變動愈敏感，利率下降刺激投資需求增加愈大，使總支出增加而提高均衡總產出（所得）增加愈大。

貨幣供給（M）由央行貨幣政策控制，貨幣市場均衡時 $M^S ＝ M^D$，貨幣市場均衡即貨幣供給與貨幣需求相等。LM 曲線代表貨幣市場均衡時 L（M^D）＝ M（M^S），貨幣本身具有完全充分的流動性，為貨幣需求的流動性偏好（liquidity preference；L）。所得及利率水準是 LM 曲線的內生變數，在其他的因素不變下，當所得（Y）水準提高，使貨幣需求增加導致均衡利率上升，因此貨幣市場均衡時所得（Y）變化與市場利率（i）變化呈同向變動關係，形成正斜率之 LM 曲線，每一總所得水準所對應的貨幣需求決定均衡利率。

貨幣政策不變時貨幣供給量固定不變，貨幣政策與物價水準為 LM 曲線的外生變數，所得及利率以外影響貨幣供給因素改變，在圖形上表示整條 LM 線位移。實質貨幣餘額（M/P）降低（緊縮貨幣政策或通貨膨脹），市場均衡利率上升，形成一條往左（所得減少）上（利率上升）方位移的 LM 線；反之實質貨幣數量增加（擴張性貨幣政策或物價水準下跌），形成一條往右（所得增加）下（利率下降）移的 LM 線，又稱為凱因斯效果。

以 LM 曲線探討總體經濟之貨幣市場均衡，並分析利率變動、貨幣供需變動與所得變動之相互影響關係。

IS 曲線與 LM 曲線交叉點 E 為總均衡點（IS ＝ LM），對應均衡利率水準 i* 及均衡總產出（所得）Y*，代表商品市場與貨幣市場同時達成均衡狀態。貨幣市場利率變動影響商品市場之投資需求，而商品市場總產出（所得）變動影響貨幣市場之利率水準，因此均衡利率水準 i* 及均衡總產出（所得）Y*，是由商品市場（實質面）與貨幣市場（貨幣面）相互影響，貨幣政策與財政政策亦相互影響，不能單獨決定均衡利率水準 i* 及均衡總產出（所得）Y*。

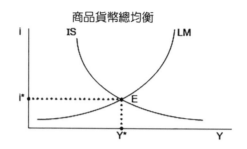

商品貨幣總均衡

所得及利率水準是 IS － LM 均衡模型的內生變數，假設物價水準不變。IS 曲線與 LM 曲線之形狀及變動，可以分析貨幣政策與財政政策的相對有效性：LM 曲線愈平緩或 IS 曲線愈陡直時，貨幣政策愈無效而財政政策愈有效；LM 曲線愈陡直或 IS 曲線愈平緩時，財政政策愈無效而貨幣政策愈有效。

延伸凱因斯模型探討商品市場與貨幣市場變化的因素，以 IS 曲線與 LM 曲線及其均衡點之變動方向，分析利率水準、產出、所得、就業等總體經濟指標的可能變化，IS － LM 均衡模型由凱因斯學派的英國經濟學家席克斯（J. R.Hicks）提出，稱為希克斯－漢森交叉圖。漢森（A.Hansen）是當代美國著名的凱恩斯主義經濟學家，在羅斯福實行新政時代曾任政府經濟顧問，其代表著作有《財政政策與經濟周期》、《貨幣理論與財政政策》、《凱恩斯學說指南》。認為 20 世紀初的資本主義經濟處於長期停滯階段，實際經濟增長率小於潛在經濟增長率，主張利用國家財政政策有效控制停滯，實現充分就業和經濟穩定增長。

漢森與薩繆爾森提出解釋經濟周期的乘數－加速原理，又稱為漢森－薩繆森模型。說明在市場機制自發調節時，由於消費、投資和國民收入之間的相互影響必然發生經濟周期，而證明國家干預經濟的必要性。美國國會 1946 年通過的就業法案作為經濟計劃的大憲章，把維持充分就業作為聯邦政府的重要職責。主張經濟停滯不是自動調節的教條所能解決，在蕭條年份會有赤字，在繁榮年份會有盈餘，因此在長期中仍可以實現財政預算平衡，稱為周期預算平衡論。

💡 生活智慧：乳酪理論與危機管理

乳酪理論（Swiss Cheese Model）是英國曼徹斯特大學心理學家詹姆斯‧瑞森（James Reason）於 1990 年提出，關於意外發生的風險分析與控管的模型。起司在製造與發酵過程當中會產生小孔洞，如果把許多片起司重疊在一起，正常情況下每片起司的空洞位置不同，光線透不過；

翻轉吧～經濟學！給您看得懂用得到的經濟原理

只有在很極端的情況下，空洞剛好連成一直線，才會讓光線透過去。導致嚴重事故發生不是因為某個單獨的原因，而是多個問題同時出現。

在作業流程中的每一個環節，不論規範得如何完整嚴密，在執行過程中還是因為人性造成潛在的缺失。在一個沒有錯誤的世界就像沒有洞孔的乳酪，但在真實的世界中乳酪則會被切成薄片，每一薄片上各有許多洞孔；每一片乳酪像工作流程中的一道防線（defensive layer），乳酪上的洞孔則是此環節中可能的失誤點。每一次錯誤發生時，若是其中有一片乳酪阻擋下來，未釀成災害則可稱為虛驚事件，但若是各環節乳酪上的洞孔連成一線，讓錯誤突破每一道防線時，就會造成致命的大災難。

整個作業流程必須依靠制度的設計與不斷改善，才能讓不同環節中的洞孔不會在同一個地方發生，阻止錯誤意外通過不同環節的把關，造成重大災難。把每一片乳酪上面的小洞比喻成一個潛在的危險因子，當這些小洞同時出現在某一個位置時，就表示這些潛在危險因子即將串連在一起，也代表一個危機即將發生。如果有良好的預防措施，能堵住其中一個小洞，危機就可以因此避免。

意外會發生是一層又一層的漏洞所產生的，其中一層防護擋住憾事就不會發生。控制風險最主要是增加防護層，另一是減少每層的氣孔數量，重新設計檢查機制，讓發生意外的機率降低。每一片起司都有破口，任何管理階層在處理問題時切忌過度自信，忽略每個事件間細微的脈絡關係，便宜行事的處事風格可能會導致嚴重的偏誤及致命盲點，面對未知應該更加謙卑。

危機管理在危機爆發前解決危機因子，並於危機爆發後以最快速有效的方法轉危為安。危機處理的SAPIM，分別為找出危機（scope）、分析（analysis）、掌握重點（prioritize）、施行（implement）、處理（management）。管理危機的六個階段是預防危機發生、擬妥危機計畫、嗅到危機存在、避免危機擴大、迅速解決危機、化危機為為轉機。許多危機的成形與爆發都是漸變、量變、最後質變，醞釀期潛藏危機因子的發展與擴散，是危機處理的重要階段。在危機爆發之前，找出問題的癥結加以處理是成敗的關鍵。若能掌握警訊及時處置，將問題化於無形能化解風暴；反之若忽略警訊，則有可能演變為嚴重危機。

危機如處理不慎會擴大，傷害程度更大，也會對其他的領域造成不同程度的危機。後續發展至關鍵階段完全視危機處理的智慧與專業，應

掌握優勢發揮到極大化，並化解本身的弱點，克服外在的威脅使傷害減至最小。危機若未澈底解決，還可能捲土重來。

經營管理：財政政策與擠入效果

　　財政政策影響需求支出使整條 IS 曲線位移，擴張性財政政策增加總合需求支出，使 IS 線外（右上）移（$IS_0 \rightarrow IS_2$），提高均衡總產出所得（$Y_0 \rightarrow Y_2$），增加貨幣需求，市場均衡利率上升（$i_0 \rightarrow i_2$）；反之緊縮性財政政策減少總合需求支出，使 IS 線內（左下）移（$IS_0 \rightarrow IS_1$），降低均衡總產出所得（$Y_0 \rightarrow Y_1$），使貨幣需求減少，市場均衡利率下降（$i_0 \rightarrow i_1$）。

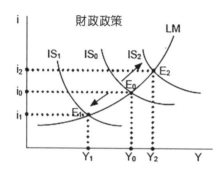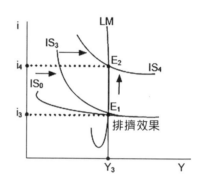

　　在市場資金固定有限（LM 不動）下，民間部門從事投資、消費等經濟活動的可用資金減少，導致利率上升而支出減少降低所得水準，IS － LM 模型中的支出乘數小於簡單凱因斯模型下之乘數。在 IS 曲線水平段以及 LM 曲線垂直段，多發生於高所得（曲線右方）之景氣過熱至勞動生產力飽和時，增加總合需求支出而總產出所得不變，排擠效果完全抵消財政擴張提高之所得，代表財政政策完全無效；貨幣學派主張寬鬆貨幣提供經濟活動資金，使 LM 線往右位移則貨幣政策相對有效。IS － LM 模型未考慮物價波動因素，在金融市場採取配套措施提供寬鬆貨幣資金，才能改善經濟活動情形。

　　總支出增加使資金需求增加而利率上升，但是當所得誘發性投資增加幅度更大，擠入效果（crowding － in effect）總投資需求增加導致所得水準提高。於低所得（曲線左方）之景氣蕭條衰退時，LM 曲線愈平緩代表市場利率對貨幣需求愈不敏感（利率愈不上升），或 IS 曲線愈陡直時代表投資需求對市場利率愈不敏感（投資需求愈不減少），排擠效

果愈小而財政政策愈有效。

　　由於企業對未來缺乏信心而不敢進行投資，導致國家經濟衰退，導火線之一是企業開始將計畫延後；企業獲得利潤和收入不願增加投資和消費，而是優先償還債務且降低新的舉債規模。穩定和擴大民間投資可以緩解就業壓力，增加就業可以增加收入從消費端擴大內需。

　　投資扮演驅動生產擴增及產業升級轉型的重要角色，半導體領導廠商持續推動資本支出計畫，供應鏈深化在地投資之群聚效應顯現，加上台商回台投資，電信業者加速布建 5G 網路，離岸風電與太陽光電等綠能設施持續建置，以及運輸業者擴增運力可望維繫投資動能。相關供應鏈廠商擴大投資，外商建造風場帶動鋼鐵業新增產能；而半導體業者擴廠，帶動化學材料業等業者增產，5G、車用電子、高效能運算、物聯網等新興應用需求暢旺，具產業競爭優勢的科技類產品出口強勁，固定投資呈成長格局。

⑤ 投資理財：貨幣政策的陷阱

　　貨幣政策影響貨幣供給使整條 LM 曲線位移，央行採行緊縮政策減少貨幣供給，LM 線內（左上）移（$LM_0 \to LM_1$），市場均衡利率上升（$i_0 \to i_1$），導致總支出減少而降低均衡總產出所得（$Y_0 \to Y_1$）；央行採行寬鬆政策增加貨幣供給，LM 線外（右下）移（$LM_0 \to LM_2$），市場均衡利率下降（$i_0 \to i_2$），刺激總支出增加而提高均衡總產出所得（$Y_0 \to Y_2$）。

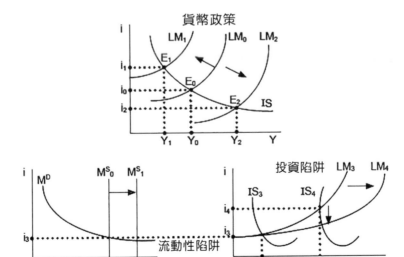

貨幣政策調整貨幣供給額，引起金融市場利率變化，進而影響商品市場實質面的經濟活動，當貨幣傳遞機制失效將造成貨幣政策無效。LM曲線水平段為流動性陷阱以及IS曲線垂直段為投資陷阱，多發生於低所得（曲線左方）之經濟蕭條，代表貨幣政策無效，資金寬鬆不能刺激增加經濟活動，而財政政策直接引導總體經濟活動則相對有效。

　　利率下跌至貨幣需求曲線水平段，流動性陷阱（liquidity trap）在LM曲線水平段，代表市場利率對貨幣供給不敏感，寬鬆政策貨幣供給增加無法再降低市場利率，總產出所得亦不變，即寬鬆貨幣政策無效而財政政策相對有效。增加貨幣供給額亦無法再降低市場利率，貨幣傳遞機制失效造成寬鬆貨幣政策無效，凱因斯理論稱之為貨幣無用（monetary impotence）。

　　投資陷阱（investment trap）在IS曲線垂直段，代表投資需求對市場利率不敏感，在投資人欠缺信心下，寬鬆貨幣政策降低市場利率不能刺激增加經濟活動，總產出所得亦不變，即寬鬆貨幣政策無效。垂直IS曲線左右移動直接影響總產出所得改變，代表財政政策相對有效。

　　凱因斯指出當利率水準降到不能再低時，無論貨幣數量如何增加，利率再也不會下降。即使是利率接近於零，也不能夠使銀行貸款、商業投資、消費真正運作。利率太低人們寧願持有現金，擴張性貨幣政策失去作用。1990年代日本泡沫經濟崩潰後進行量化寬鬆，最後降至零利率的水準，卻仍無法誘發企業貸款投資，史稱日本經濟空白30年。

　　利率低影響一般存款人的收入，退休基金的資金不足壓力日益嚴重，較低的利率需要更多存款以達到同樣的財富目標，增強存錢心理降低消費力無法刺激需求。低利率環境吸引許多低品質的投資，扭曲金融市場製造泡沫，後續出問題的機會非常大，屆時利率升高需要舉借更高成本的資金來救災。

四十九‧宏觀調控～總合需求與供給

　　商品和服務的供給和需求受價格規律及自由市場機制所影響，經濟增長會引發通貨膨脹，而後衰退使經濟停滯甚至倒退，這種周期波動對社會資源及生產力構成嚴重影響，宏觀調控透過人為調節整體社會的經濟運作。

　　在自由經濟下透過市場機制來自然調整，而宏觀調控則透過人為的操控來達到經濟目的，政府實施政策措施調節市場經濟的運行。實施的手段通常

是貨幣政策、匯率政策、土地政策、租稅政策，引導市場行為與市場機制結合，可以達到事半功倍的效果。

　　總合價量圖形上的價是總體物價水準，通常以物價指數（PI）代表；量是總體產出（所得）水準，通常以 GDP（Y）代表。總合需求（aggregate demand；AD）AD 線上的任一點使貨幣市場及商品市場同時達到均衡，為一由左上向右下延伸的負斜率曲線。社會中全體生產者所能提供之各種財貨勞務的總量總合供給（aggregate supply；AS），AS 線代表商品市場與要素市場達成總均衡。

　　總合供給線代表每一特定均衡物價水準對應均衡總產出（所得）水準的組合軌跡，依經濟條件差異（蕭條→復甦→繁榮→過熱），形成不同形狀之區段（水平→正斜率→垂直）。在物價水準以外的因素（生產資源）不變下，供給量變動在圖形上表示供給線不動（最大產出 Yf 固定），點沿原供給線移動。

　　總合供需均衡在圖形上為總合需求線 AD 與總合供給線 AS 交叉點 E 為均衡點，對應均衡物價水準 P* 及均衡總產出（所得）Y*。代表商品、貨幣、勞動市場同時達成均衡狀態，稱為總體經濟均衡（macroeconomic equilibrium）。完整凱因斯模型探討總合供需變化的因素，以總合供需線及其均衡點之變動方向，分析物價水準、產出、所得、就業等總體經濟指標的可能變化，稱為總合供需分析模型或 AD － AS 均衡模型。

　　政府採取適當的財政或貨幣政策，影響消費、投資、政府支出、出口淨額等需求面變動，需求管理政策（demand management policies）使整條總合需求線位移，改善物價水準、產出、所得、就業等總體經濟指標的表現。擴張性政策使總合需求增加，AD 線往右（量增加）位移；緊縮性政策使總合需求減少，AD 線往左（量減少）位移。

　　凱因斯認為現實經濟社會為維護其基本生活與成本，薪資與物價水準不能完全伸縮調整，因此凱因斯區 AS 線為供給彈性無限大之水平線，固定於某一特定物價水準即價格僵固性。水平區通常發生於景氣蕭條資源閒置，位於左方（低所得）景氣蕭條時充分就業尚未達成，增加利用閒置資源可以提高總產出（所得）水準，因生產成本未增加不須調高物價。

　　凱因斯區需求擴張加大支出，可以增加社會需求改善經濟問題，稱為有效需求（effective demand：ED）。AD_1 表示需求不足，Y_1 低即失業率高而所

得偏低，若採取擴張性政策增加需求支出，總合需求線右移至 AD_2，均衡點 E_2 對應均衡總所得增加（Y_2），失業率降低物價仍可維持穩定（P_0），所得乘數最大。總需求減少（AD 線左移）將使實質產出衰退，產生長期性的失業但價格水準不變。

　　凱因斯的經濟理論架構建立於 1930 年代經濟大恐慌，總合供給線水平區說明景氣低迷時的經濟指標特性與經濟活動情形，應採取擴張性政策拚經濟。

　　中間區通常發生於景氣復甦至繁榮之資源調整。當物價上漲生產收入增加，生產者利潤增加而提高總產出水準，其他條件不變下，沿原供給線往右（所得增加）上（價上漲）方移；反之物價下跌生產者利潤減少而降低總產出水準，沿原供給線往左（所得減少）下（價下跌）方移，總合供給是價格與其供給量之間呈同向變動關係的正斜率曲線。生產者利潤增加較多則大幅提高總產出水準，供給彈性較大即正斜率曲線較平（ΔY 較大）。當勞工發覺物價成本上漲，要求提高名目薪資以維持實質所得水準，則生產者利潤增加較少減緩提高總產出水準，供給彈性愈小即正斜率曲線愈陡（ΔY 愈小）。

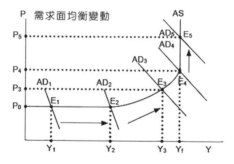

　　中間區經濟條件改善但未達充分就業狀態，政府需求政策兩難。若採取擴張性政策，總合需求繼續擴張至 AD_3，需求拉動通貨膨脹即失業率降低而所得提高但物價上漲，實質總所得增加幅度減小（乘數效果較小）；若採取緊縮性政策總合需求衰退，總合需求線同左下移（$AD_3 \rightarrow AD_2$），新均衡（$E_3 \rightarrow E_2$）物價水準降低但失業率提高，造成經濟衰退通貨緊縮（硬著陸）。

　　景氣遇到挑戰，正是推動經濟改革最好時機，以轉型厚植國力，轉變體質迎接挑戰。

　　當勞動生產力飽和時，薪資與物價水準完全伸縮調整，無法再提高總產出（所得）水準，即達到勞動市場之充分就業及商品市場之最大產出；古典

區位於總合供給線 AS 線右方（景氣繁榮高所得），供給彈性＝0 是固定於某一特定總產出（所得）水準的垂直線，為古典學派主張的理想均衡狀態。

若總合需求繼續擴張由 AD_4 至 AD_5，對應均衡物價水準上漲，但均衡總產出（所得）固定於 Yf，停滯性膨脹即產出成長停滯而物價上漲，貨幣的實際購買力與實質總所得降低（泡沫經濟）。在景氣過熱面臨通貨膨脹壓力下，必須採取緊縮性政策降溫調控，總合需求減少使 AD 線向下移降低通貨膨脹，而總產出（所得）與充分就業狀態不變（軟著陸）。

泡沫經濟的形成原因，當生產技術、資源等影響總合供給的因素不變，垂直 AS 線不動，若總合需求繼續擴張，即發生停滯性膨脹。

♡ 生活智慧：因時制宜與以古為鑑

《淮南子·氾論》：「法度者，所以論民俗而節緩急也；器械者，因時變而制宜適也」。古時的法律制度不能適用於今日，古時的武器在今日也不合用，法律制度應順應民俗而隨時調整，武備兵器應依據時局變遷而因應改良。根據不同時期的情況，當時、地、事各種條件產生變化時，要採取不同的措施因應。

《新唐書·魏徵傳》：「以銅為鑑，可正衣冠；以古為鑑，可知興替；以人為鑑，可明得失」。用銅做鏡子，可以整理一個人的穿戴；用歷史作為鏡子，可以知道歷史上的興盛衰亡；用別人作自己的鏡子，可以知道自己的得失。用古代的事情來作為今日的借鑑，用以往的故事反映警示當代問題。

歷史是過去發生的事情，但會影響現在和未來。行動模式受到過去的影響，不是單一的事件或人物造成的結果，而是社會和文化不同。包括家族、學校、公司、社區、種族和國家，每一個人都有自己的過去、歷史、事蹟、故事等。專業研究如何解決問題、鏈接不同的問題，以及收集和檢視對不同時期歷史和事件的深入了解，歷史能找到許多同類事物，也能告訴我們行動可能帶來的結果。然而對歷史的了解不深，過分類比事件以支持自己採取的措施，因此做出錯誤的決定。

經濟學家用來理解世界的抽象架構，模型不但是經濟學的力量所在，也是經濟學的致命弱點。經濟學不只有單一的特定模型，而是涵蓋了許多的模型，多樣性原因是現實世界也具有極大的彈性。不同的社會環境需要不同的模型，不可能會發現放諸四海皆準的通用模型，經濟學家努力擴展模型的數量並且改善這些模型與真實世界的吻合程度。

經濟學家以自然科學為典範，把一項模型當成定論在所有條件下都切合需求而且可行，經常誤用自己的模型。必須隨著情況的改變挑選模型，更有彈性地在不同模型之間轉換。經濟學經常提出普遍適用的主張，卻忽略文化、歷史以及其他背景條件所扮演的角色，未能解釋以及預測經濟的發展。經濟學其實是眾多模型的集合，但沒有特定的意識形態傾向，也不導向某一種獨特的結論。

經濟學是一門社會科學，致力於理解經濟如何運作，運用特定工具建構一套形式化模型與統計分析的機制，因此經濟方法可以應用在其他許多領域，包括決策乃至制度的問題。對於模型的優點與誤用，也同樣適用於政治學、社會學或法學當中採取類似的研究方式。社會生活的多樣化可能性，不能期待經濟學提出一致通用的解釋，或是不論情境都能夠一體適用的處方。每一種模型都能夠看清一部分的地貌，是最佳的認知嚮導，可以探索無數的社會經驗。

把過去的經驗結果依科學方法歸納起來可以得到知識，人之所以有文化脫離其原始本能，在於其能繼承前人的創造；有歷史素養吸收前人的指引，避免重蹈覆轍。過去的歷史幫助我們從事新的活動，歷史是人不斷奮鬥的紀錄，但也是人不斷犯錯的紀錄，從錯誤中汲取教訓，鑑往知來也可以變成繼往開來。

👤 經營管理：供給面變動帶動新經濟

新經濟（New Economy）意指傳統製造工業經濟的型態轉變成新的科技經濟型態，盛行於1990年代的美國。由於經濟全球化和資訊技術進步，保持低度物價膨脹率和低度失業率，經濟可以持續成長。解釋美國上世紀末經濟空前繁榮的原因，造成對經濟前景的過度樂觀和投資，其他國家群起效尤。促成新經濟的因素有全球化生產、金融市場的變遷、僱用型態的改變、政府的政策、開發中國家市場的擴大、資訊技術的發展等。

當其他條件改變生產資源，供給面變動使整條總合供給線位移，造成均衡物價水準、產出、所得、就業等總體經濟指標的變化。要素支出或原料成本上升、能源危機、資本外流、人才出走、產業外移、環境破壞等因素影響，負面供給衝擊使廠商減少生產，總合供給線向左上移，成本推動通貨膨脹造成市場物價上漲且生產潛能產出減少，實質總所得明顯降低。

1970年代初期由於糧價及油價大漲，造成舉世的物價上漲而經濟萎縮，形成停滯性膨脹（Stagflation）。凱因斯學派認為是足以導致總供

給減少的各種意外事件諸如戰爭、農產品欠收、石油或重要原料短缺；勞動市場因素包括人口結構變化與工會力量，產品市場結構變動，公共部門的結構變動諸如政府支出與租稅結構的改變。主張改善勞動市場，如教育訓練與在職訓練等手段；對工資和物價進行管制不超過勞動生產率的增長，避免通貨膨脹。

政府採取適當的政策鼓勵研發技術進步、提高人力素質吸引人才、稅賦優惠等措施改善投資環境、長期資本累積可以擴張供給面，提升生產力增加生產潛能，總合供給線右下移，使均衡總產出（所得）提高，並減緩通貨膨脹壓力。

1990年代美國由高科技新經濟帶動物價穩定之繁榮，供給面擴張增加生產潛能，總合供給線右下移。資訊科技產業帶動美國經濟發展，改善企業的庫存管理，促進商業競爭導致經濟結構的質變。在不引發通貨膨脹之下，美國的潛在經濟成長超越一般景氣循環的波段變化。2007年美國經濟開始泡沫化，出現景氣循環的衰退階段，挑戰新經濟的建構和其他國家的運用。

當經濟條件已達維持充分就業水準（古典區），只有供給面政策有效而需求管理政策無效。若供給面擴張未能持續，當需求增加至總合供給線 AS 線右方（高所得）的垂直線（古典區），長期仍會發生產出成長停滯而物價上漲。

政府欲增加總產出水準，應該提高工業技術水準，生產成本降低可導致投資增加。以知識為主導的經濟類型，增加國民財富卻沒有帶動通貨膨脹，對民眾福利與生活提昇有很大幫助。繼續採取開放鬆綁政策，讓人才自由進出、資金自由流動、企業布局全球。充分發揮企業家精神是促進經濟增長的重要因素，為民間建構良好投資環境，重點扶持文化創意產業、高科技產業、生技產業、觀光產業等。政府主力放在經濟成長元素，產業、輸出、投資、政府效能等點火引擎，以經濟發展為重點。

⑤ 投資理財：明斯基時刻來了嗎？

明斯基時刻（Minsky Moment）意指在信貸周期或景氣循環中，資產價格崩盤的時刻，是市場繁榮與衰退之間的轉折點，用來描述金融危機。由第一位提出不確定性、風險及金融市場如何影響經濟的美國經濟學家海曼．明斯基（Hyman Minsky）的理論而命名。主要觀點是經濟長時期穩定導致債務增加、槓桿比率上升，進而從內部滋生爆發金融危機和陷入去槓桿化週期的風險。金融危機的開始即視為明斯基時刻，之後的危

機是反明斯基過程。

　　因資產過度投機膨脹造成價格泡沫，明斯基周期以一系列的明斯基時刻為特徵，一段時間的穩定鼓勵了風險的承擔，進而導致一段時間的不穩定，又導致更保守和迴避風險的去槓桿行為，直到穩定性恢復，繼續下個周期的循環。明斯基周期物極必反的概念，可以應用到更廣泛的人類活動中，而不僅限於投資經濟學。好日子的時候敢於冒險，時間越長冒險越多，直到過度冒險致崩潰。

　　在經濟繁榮期，企業利潤增加現金流充沛，有較強的能力進行投資，投機性的貸款增加，因此經濟長時期穩定可能導致債務增加槓桿比率上升。隨著時間不斷推移，投資者承受的風險水平越大，直到超過收支不平衡點而崩潰，即資產產生的現金流不足以支付債務需要的利息。在長期的經濟繁榮中，過多投機所產生的債務，當經濟放緩或多頭行情逐漸來到尾聲，為了償還貸款支付利息造成投資者現金流緊缺，便壓低價格拋售資產，導致資產價格進一步下跌以及流動性緊張，最終造成資產價格的崩潰。

　　資本主義追逐利潤的本性和金融資本家天生的短期行為導致金融的不穩定，只要存在商業週期，內在不穩定就必然演化為金融危機，並進一步將整體經濟拉向大危機的深淵。在商業週期的上升階段，內在危機會被經濟增長所掩蓋，一旦經濟步入停滯甚至下降週期，矛盾便會迅速激化。第一階段投資者們負擔少量負債，償還其資本與利息支出無問題，稱為對沖性融資。第二階段擴展金融規模，只能負擔利息支出，稱為投機性融資。第三階段債務水平要求不斷上漲的資產價格才能安然度日，即龐氏騙局稱為龐氏融資。

　　始於 2007 年的金融海嘯為一場明斯基式的危機，金融體系崩潰和經濟衰退也確認關於資本主義經濟危機的理論。但是在金融創新、管制放鬆以及不斷增長的金融風險嗜好共同作用下，泡沫和債務限額難以預料讓讓這一體制的預判失準。每當市場經歷一段時間的熱絡後出現急剎車，明斯基時刻的聲音就會浮現，不論股市暴跌是否預告迎來黑暗時期，投資人應該留意自身的風險控管，千萬別過度擴大槓桿。

　　在金融危機爆發前，主流經濟學家力圖證明經濟較之前更加穩定，理解明斯基的理論也許能提前採取措施以預防危機發生；穩定中蘊含著不穩定，似乎實現了強勁的經濟增長時已經為經濟崩潰埋下隱患。

五十、魚與熊掌不可兼得～菲力普曲線

孟子《魚我所欲也》：「魚，我所欲也，熊掌亦我所欲也；二者不可得兼，舍魚而取熊掌者也」。魚是我想要的，熊掌也是我想要的；如果兩個東西不能同時得到，就捨棄魚選取熊掌，強調當不能兼得的時候應如何取捨。不相同的兩件事不可能同時做到，或兩個不相同的目的不同時達到，兩者只能選擇其一。

1958 年菲力普（A.W. Phillips）提出原始菲力普曲線描述政策兩難，表示失業率與薪資上漲率呈反向關係（負斜率曲線）。勞動市場需求增加時，導致名目薪資上漲及失業率降低；勞動市場需求減少，則引發失業率提高及名目薪資下跌。若政府以增加支出的方式，試圖將失業率降至低於充分就業的水準，會造成通貨膨脹。

在總合供給線中間區，政府不論採行擴張或緊縮政策，都無法同時解決失業與通貨膨脹問題。以擴張政策提高所得而降低失業率，將引發通貨膨脹壓力；以緊縮政策降低通貨膨脹壓力，卻造成失業率提高而所得降低，失業與通貨膨脹之間的抵換（trade－off）關係造成政策兩難。

犧牲比率＝產出所得變動百分比 / 通貨膨脹變動百分比，代表為降低 1% 通貨膨脹率，產出所得必須降低之百分比抵換代價。

菲力普曲線（Phillips curve；PC）描述失業與通貨膨脹之間的關係，欲降低失業率必將接受高物價上漲率。當失業率等於自然失業率，勞動市場薪資水準維持在均衡穩定狀態，薪資上漲率＝0；當失業率大於自然失業率，代表勞動市場超額供給，則薪資上漲率＜0；當失業率小於自然失業率，代表勞動市場超額需求，則薪資上漲率＞0。

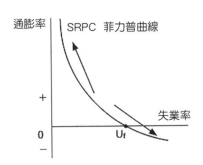

315

薩繆森（P. A. Samuelson）與梭羅（R. M. Solow）於 1960 年提出，以通貨膨脹率與薪資上漲率之同向關係，將原始菲力普曲線轉換引申，為描述失業率與通貨膨脹率之間的反向關係（負斜率曲線），成為至今常用的菲力普曲線，同時衡量勞動與商品市場（勞動需求為商品市場的引申需求）。

負斜率菲力普曲線與橫軸交叉於 Uf 點，代表當失業率等於自然失業率，物價上漲率＝ 0；Uf 點左上方通膨率為正，代表當失業率小於自然失業率，市場超額需求則物價上漲率＞ 0；Uf 點右下方通膨率為負，代表當失業率大於自然失業率，市場超額供給則物價上漲率＜ 0。總合供給或預期通貨膨脹率不變則菲力普曲線固定，短期（short－run）菲力普曲線（SRPC）線上每一點代表某一特定失業率所對應的通膨率，亦即失業率與通貨膨脹率沿線相互抵換。

菲力普曲線描述政策兩難，但亦顯示權衡性政策可以引導經濟活動，進而改變所得與物價水準，符合凱因斯學派主張。若總合需求繼續擴張至總合供給線 AS 線右方（高所得）的垂直線（古典區），即發生景氣過熱之停滯性膨脹，形成往右（失業率提高）上（通膨率提高）延伸的正斜率菲力普曲線，即古典學派主張的政策無效（非政策兩難）。

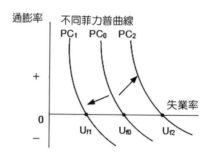

總合供給或預期通貨膨脹率變動則整條菲力普曲線位移，不同菲力普曲線代表不同供給條件或預期通貨膨脹率水準。總合供給增加或預期通貨膨脹率下降時，菲力普曲線往左（失業率降低）下（通膨率下降）位移（PC₁），總合供給減少或預期通貨膨脹率上升，則菲力普曲線往右（失業率提高）上（通膨率提高）位移（PC₂），即發生成本推動之停滯性膨脹。

政府採行擴張性政策刺激景氣，短期薪資僵固性，有效需求之政策效果佳，因此凱因斯學派短期菲力普曲線較平；長期薪資依物價水準調整影響政策有效性，因此長期菲力普曲線較陡，失業率變動較小。

長期（long－run）菲力普曲線（LRPC）描述實際通貨膨脹率等於預期通貨膨脹率時，失業率與通貨膨脹率之間關係的組合軌跡。

貨幣學派承認均衡狀態並非可以立即達成並持續不變，貨幣對實質經濟活動的影響短期並非中性，長期則為中性即政策短期有效而長期無效。貨幣政策不能改變長期均衡所得，貨幣學派菲力普曲線長期為垂直線，失業率固定。以最適貨幣供給額成長率作為法則，法則不變則人民預期通貨膨脹率＝0，改變貨幣供給數量只會造成物價波動，預期通貨膨脹率等幅調高，而不能改變實質總產出及失業率（垂直 LRPC）。

景氣繁榮引發需求拉動通貨膨脹，導致長期失業率未下降且名目薪資及物價水準卻上漲，因此貨幣學派長期菲力普曲線是失業率固定的垂直線。

當人民已知政府會推行擴張性政策，將依理性預期完全推測物價水準及名目所得上升幅度，預期通貨膨脹率向上修正，並立即要求等幅調高名目薪資；廠商因成本提高不願增加勞動需求以擴充產量，導致失業率未下降且產出所得未增加，名目薪資及通膨率卻上升（沿 LRPC 上移），即預料中的政策無效，因此理性預期學派菲力普曲線短期與長期同為失業率固定（自然失業率）的垂直線（非抵換關係）。

當景氣反轉房價走跌，政府優惠房貸補貼利率救房市，民眾可能賺利差賠價差，政策美意容易會被預期心理打敗，提振經濟的效果變得有限。

💡 生活智慧：理性與適應性預期

古典學派盧卡斯（R. E. Lucas）提出理性預期（rational expectation），主張應依據所有相關的完整資訊，包括未來情勢的可能變化及影響。又稱為前瞻式（forward－looking）預期，強調以任何經濟計量模型分析政策效果，必須衡量人民預期的影響，稱為盧卡斯批判（Lucas critique）。依理性預期立即等幅完全調整，政策短期與長期皆無效，無法利用貨幣政策和財政政策來降低失業率。

古典學派加入理性預期的假設，新興古典學派（new classical school）認為一般人可以充分運用完整資訊推測未來情勢的可能變化，所以市場力量會透過價格機能完全調整，又稱為理性預期學派。新興古典學派與貨幣學派同樣主張以法則政策維持經濟穩定，反對政府採行權衡性政策，因積極調整可能誤導經濟活動方向更惡化景氣波動，又稱為

政策無效（policy ineffectiveness）。理性預期為古典學派的基本主張補強理論基礎，使古典經濟學在 1980 年代再領風騷。經濟研究單位對未來的預期，不能局限過去經驗和目前條件的限制，只有彼此不相關的隨機誤差難以避免，不會造成系統性錯誤。

新興凱因斯學派（new Keynesian school）主張工資與物價具有僵固性，認為適應性預期（adaptive expectation）較接近現實。人民要充分運用完整資訊推測未來情勢的可能變化須耗費相當的訊息成本，依理性預期完全推測物價水準及名目所得上升幅度，亦須具備經濟學理論基礎及分析能力。一般人對未來的預期受到過去經驗和目前條件的限制，而未能充分運用完整資訊，又稱為回顧式（backward－looking）預期。承認新興古典學派之理性預期會影響政策有效性，但主張以權衡性政策引導經濟活動，至少在短期內有部分效果，不至於完全無效。適應性預期理論為凱因斯學派的基本主張補強理論基礎，預料外的政策將有效，使新興凱因斯學派持續發展，與古典經濟學之論戰仍未止歇。

凱因斯學派經濟學家杜賓（J. Tobin）認為，薪資與物價水準不能依理性預期完全伸縮等幅調整，因此凱因斯學派菲力普曲線短期與長期同為失業率與通貨膨脹率呈反向關係之負斜率曲線，政策短期與長期皆有效。長期預期通貨膨脹率向上修正，薪資依預期物價水準調整但不會完全等幅，因此長期菲力普曲線較陡，表示廠商因成本變動影響政策有效性（失業率變動較小）；短期菲力普曲線較平表示價格（薪資）僵固性，因此政策效果佳（失業率變動較大）。

人民不知政府將推行擴張性政策，或未能完全推測物價水準及名目所得上升幅度以等幅調高名目薪資，造成預料外的總合需求變動，沿正斜率總合供給線往右（量增加）上（價上漲）方移，則實質產出所得水準改變，即預料外的政策有效。根據理性預期學派，只有在社會大眾一時無法預期政策效果時，可以使失業暫時性地降低。長期後依據所有相關的完整資訊進行調整修正，完全推測物價水準及名目所得上升幅度，造成預料中的總合需求變動與政策中立性。

🧑 經營管理：決策兩難與有限理性

擁有整合思維的人能夠同時思考、衡量兩個互相對立的觀點，不會陷入只能二選一的困境，反而能創造出全新方法、兼具兩個選項的優勢。整合對立選項提出創新解決方案的能力，創造新的策略才能找到傳統思維以外的競爭優勢。整合思維者願意重新考量重點，鑽研複雜的因果關

翻轉吧～經濟學！給您看得懂用得到的經濟原理

係，以整體角度而不是拆解為獨立問題來看待決策，能夠從不完美的取捨中找出一條新路。

　　傳統思維傾向將自認為的特定因素納入考量重點，目標是盡可能排除各種因素。傳統思維是減法，整合思維是加法，對於考量重點採取更寬廣的看法，使問題變得更混亂，最佳答案往往來自於複雜。傳統思維傾向簡化因果關係，單向線性模型是偏好的工具；整合思維不怕考慮多方向、非線性的因果關係。傳統思維會將一個問題拆分為多個視為獨立的問題分別解決，簡化做決定的複雜度。整合思維同樣會拆解問題，但仍視為整體而不是獨立的多個問題，提高認知上的挑戰，但也更有機會得到突破性的解決方案。傳統思維傾向接受不夠好的權宜之計，整合思維會在衝突對立中找尋創新的解決方案，而不是接受不完美的妥協。

　　將資料轉化成資訊再萃取出重要意義的過程中，所付出的代價就是過濾掉可能重要的資訊。以主觀認知來解讀看到的客觀事實，形成認知事實找出解決方案，過程中就可能不斷造成混淆與衝突。商業社會鼓勵簡化與專業化代表職場工作者的價值，將各領域分開視為各自獨立的存在，劃分各單位部門彼此獨立運作；混亂可以用簡化與專業化來獲得控制，但複雜必須勇於面對，才能從中找到差異化的創新解決方案。

　　企業主管通常只能掌握少量資訊，就必須做出影響重大的決定。生成式推理利用邏輯尋找可能為真的事物，除了運用演繹與歸納外，還會運用溯因邏輯來針對不符合現行模式的新資料尋求最佳解釋。如果無法考量非線性、多方向的因果關係，就無法精確建構出動態模型。用肯定式詢問來瞭解他人的觀點，會發現之前沒想過的考量重點以及未察覺的因果關係，也能用來化解立場相左的衝突僵局，避免各執己見而沒有結論，透過經驗累積而提升專業度與創新力是整合思維者的一大特質。

　　由於人的有限理性，決策只能找出令人滿意或夠好的方案，而不能找出最好的方案。介於完全理性與非理性之間，在高度不確定與極其複雜的現實決策環境下，人的知識、想像力與計算能力是有限的。直覺判斷可能產生偏誤，但邏輯推理也由於決策者的時間、成本、智力、認知等限制，無法做出最佳決策。決策者根據解讀與詮釋問題來改變決策，卻常因為視而不見或刻意忽視而無法得到重要資訊。決策過程有機會提升有效性，意識到可能產生偏誤的根源與影響，質疑現有的決策過程，增強改變判斷的動機，進而提升決策品質，持續檢視釐清現有缺失的根源，讓新決策過程形成習慣。

⑤ 投資理財：利多與利空的預期

利多代表公司動態或財報資料等資訊，有利於股價上漲。原本可以帶動股價上漲的利多消息，由於在市場流傳已久，等到正式公布消息時，股價不漲反跌稱為利多出盡。公司動態、財報資料等資訊，帶動股價下跌則稱為利空。不利消息在發布時不跌反漲，則是利空出盡。利多消息有收購、第三方配股、借殼上市、技術輸出、訂貨公告、業績好轉、庫藏股買進、股票註銷、債權團體的資金援助等；利空消息則有貪污與私吞、毀約、增資減資、訂單取消、轉盈為虧、庫藏股處分、新股認股權等。

當股價突破低點時，新聞的力度會提高，而在低點區間的新聞，就會隨著消息的力道不同，決定股價是否會突破低點區間，如果成交量較低股價卻上漲，很可能暫時突破之後又再度回跌。短期的利空影響短期的趨勢，長期的利空影響長期的趨勢，投資市場中有非常多的消息，然而有些只是雜訊，投資人要審慎評估這些消息對公司的影響。

由於疫情的持續發酵，供應鏈混亂，世界各地受累於地緣政治和貿易戰的不穩定等因素，皆拖累了客戶、供應商等各商業夥伴的業務和財務狀況。市場的競爭日趨激烈，各種新技術出現，需持續投入研發支出改良產品和服務。外幣匯率的波動、稅率和額外義務也會造成額外的支出，為了要留住和吸引人才，人事成本也持續增加，對獲利能力都會構成壓力。

先前全球爆出晶片荒，甚至有些國家致函台積電，希望能增產以紓緩短缺問題，台積電也提高 60% 的車用晶片產能，但相對低毛利卻導致獲利不如預期，為全球晶片鬧劇付出代價。關鍵在於最先進的技術，台積電已經是需要最佳半導體製程業者的唯一選擇，但前期開發會衝擊獲利，只有達到量產水準時才能享受較高的獲利；公司鉅額投資能帶來效益，但是投資人要得到收穫報酬前需要抱持一點耐心。

當公司獲利超過分析師預期時股價容易大漲，而公司獲利低於分析師共識則股價容易大跌。投資更重要的是看未來獲利，即使一家公司過去獲利輝煌，若未來展望不佳，股價也很難有好表現。個股在法說會的前後都會有一段行情出現，主要是法人會重新評價公司並調整持股，因此造成股價的波動；投資人可以從企業主的性格與近期的訊息來捕捉上漲的機率，俗稱法說會行情。

法說會全名是對法人投資機構的業績說明會，對投資大眾說明公司目前營運狀況及未來獲利展望，以利大家了解公司經營與獲利狀況。參

翻轉吧～經濟學！給您看得懂用得到的經濟原理

與法說會的人士大多擁有資金、與對產業有相當程度了解的背景，會比記者問得更深入，不是經營者可以輕易過關，所發布的訊息含金量與可信度遠高於其他場合。

價格波動反映所有市場參與者預期的利多與利空，然後又分析預期市場的價格波動。一個專業的交易者應考慮風險，即便獲利沒有達到預期，也要在行情變化之前及時出場；堅持自己的觀點與市場對抗，是交易者的大忌。

五十一、物極必反～景氣循環

《文子·九守》老子曰：「天道極即反，盈即損」。天地運行的自然法則，發展到極限就會朝相反的另一方轉化，過於自滿會招致損害。作者文子是春秋晉國人，為老子弟子。物極必反形容事物發展到極點，會向相反的方向發展，易經中有濃厚的物極必反思想。

老子觀察宇宙萬物的變化，發現自然原理，物極必反盛極而衰，衰落從達到巔峰的一刻就開始了。1998 年發生亞洲金融風暴，2007 年有次級房貸的金融海嘯，10 年景氣大循環似乎有歷史規律。從 2003 年的 SARS 過後，景氣進入擴張期，一直延續到 2007 年中達到高峰盛極而衰，總體經濟循環進入收縮期，許多潛藏的事件陸續爆發，趨勢向下接著就進入嚴重的不景氣階段。

一般總體經濟活動興衰，會發生非定期重複出現的波動現象，產出、所得、就業、物價等總體經濟指標亦隨之變動，基本的景氣循環（economic cycle）歷經衰退、蕭條、復甦、繁榮四階段。短期事件影響及定期重複出現的季節性變化，則不屬於景氣循環；而每階段循環波動幅度、型態、期間不同，亦可能形成長期特定發展趨勢。

一個景氣循環包括一個擴張期及一個收縮期，經建會指出，1990 年之前每個循環的擴張期比較長，經常超過 50 個月，但近年受到全球資本快速流動影響，擴張期曾減至 21 個月，顯示景氣循環速度愈來愈快。

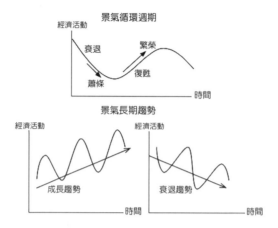

經濟活動由高點收縮下降，總合需求逐漸減少，衰退（recession）導致產出所得水準降低且失業率上升的現象。

經濟活動持續收縮下降，導致產出所得遠低於充分就業水準的現象，當經濟衰退到極低點，蕭條（depression）又稱為谷底（trough）；通常景氣由此開始向上回升，亦稱為低轉捩點（lower turning point）。衰退與蕭條都是經濟活動收縮現象，合稱為景氣低迷（downswing）。

經濟活動由低點開始擴張向上回升，總合需求逐漸增加，復甦（recovery）導致產出所得水準提高且失業率降低的現象。

經濟活動持續擴張向上，產出所得接近充分就業水準，當經濟成長到極高點，繁榮（prosperity）又稱為頂峰（peak）；通常景氣由此開始向下回跌，亦稱為高轉捩點（higher turning point）。復甦與繁榮都是經濟活動擴張現象，合稱為景氣上揚（upswing）。

頂峰所需支出逐漸完成，投資經營居高思危；谷底耐久財完成折舊而須更新替換，危機即是轉機，再度帶動另一次景氣循環。

熊彼得（J. Schumpeter）提出創新理論（innovation theory），認為科技創新會帶動新產品、管理、技術、市場等的發明或開發，可以降低廠商成本，並增加收入而提高利潤，誘發總合需求支出增加，經濟活動逐漸擴張向上回升，景氣復甦持續成長至頂峰；產品供給過剩而降低利潤，使經濟活動收縮下降，景氣衰退持續至谷底，企業為求突破，再度以創新活動發動另一次景氣循環。

創新活動是社會進步的原動力，其規模與重要性對經濟活動的影響不同，因此每一次創新活動發動的景氣循環波動幅度及期間亦不同。

翻轉吧～經濟學！給您看得懂用得到的經濟原理

薩繆森（P. A. Samuelson）引用投資加速原理與凱因斯乘數理論，提出乘數加速原理解釋景氣循環波動；國民所得的變動引起淨投資（資本增量）更大的變動，再經由乘數效果影響國民所得的變動。

貨幣學派認為貨幣數量可以調整短期經濟活動，新興古典學派則主張市場只有預料外的政策與物價衝擊才會發生景氣循環的調整波動現象，因此對景氣循環重複出現波動現象的解釋不如新興凱因斯學派。普瑞史考特（E. Prescott）等人提出實質景氣循環理論補強，延續理性預期與價格機能完全調整達成均衡的假設，並主張貨幣中立性；認為景氣循環非純粹貨幣所引起，亦非短暫失衡現象，而是實質因素影響理性預期，價格機能完全調整，導致市場供需價格變動，發動另一次景氣循環波動，長期趨向市場均衡狀態。

影響經濟活動的實質因素，如生產力變動可以發動另一次景氣循環波動，實質景氣循環（real business cycle）強調經濟活動的生產面影響。財政政策為實質景氣循環理論強調的需求面實質衝擊，影響消費、投資、政府支出、出口淨額等總合需求變動，是發動景氣循環波動的主因；貨幣政策則無效（中立性），非實質景氣循環理論的實質衝擊，不會干擾景氣循環。

總需求支出不足導致景氣蕭條資源閒置，擴張性財政政策直接增加政府支出，降稅刺激消費、投資等經濟活動，景氣擴張復甦；擴張性貨幣政策則增加貨幣供給引導利率下跌，但物價等幅上漲使實質貨幣供給與實質利率不變。

景氣繁榮至過熱，均衡總產出（所得）固定於充分就業的最大產出，緊縮性財政政策直接減少政府支出，增稅減緩消費、投資等經濟活動，導致景氣收縮衰退；緊縮性貨幣政策則減少貨幣供給引導利率上升，但物價等幅下跌使實質貨幣供給與實質利率不變。

新產品、管理、技術、市場等的發明或開發，創新活動可以降低廠商成本，生產實質衝擊於 1990 年代的新經濟繁榮，循環至 2000 年代的泡沫衰退。

♀ 生活智慧：否極泰來天道循環

否極泰來比喻情況壞到極點後逐漸好轉，否表示陰陽不交閉塞不通，泰表示陰陽交感萬象亨通，否、泰皆為易經卦名，二卦相鄰，其卦象相反；否卦的結構是乾卦在上坤卦在下，泰卦的結構是坤卦在上乾卦在下。在太極原理中乾卦陽為天為君主為統治者，坤卦為陰為地為臣民為底層百姓。古人認為輕清上浮者為天，其質陽也，乾卦往上走；重濁下凝者為地，

其質陰也，坤卦往下走。

否卦的卦辭：「否之匪人，不利君子貞，大往小來」。否卦象徵閉塞蒙暗，小人甚多，不利於君子，乾卦（陽剛）向外走，坤卦（陰柔）往裡來，象徵天地陰陽不通不交，君臣上下離心離德，而且小人得勢君子失意。萬物不通而天下無邦，內陰而外陽內柔而外剛，內小人而外君子，小人道長君子道消也。中醫認為凡是體內不通必定有病，一個國家如果上下不通也必定是病態的社會，所以在否卦所處的社會狀態之下，陰居陽位君子難行，代表統治者的乾卦高高在上遠離民眾。社會閉塞蒙暗，君子不可以被榮華富貴所誘惑，應該收斂自己的慾望而修養道德以避免災禍。

泰卦的卦辭：「泰，小往大來，吉亨」。其卦象表示坤卦（陰柔）向外走，乾卦（陽剛）往裡來，所以吉祥而順利。天地交而萬物通，上下交而其志同也。內陽而外陰內健而外順，內君子而外小人，君子道長小人道消也。天地陰陽交和、君臣上下相通，象徵亨通太平。統治者姿態低下，和民眾融為一體同甘共苦，政治理念是老百姓在上為天，是真正的政治智慧。

否字就是不認可、不承認、被推翻，如果社會狀態處於否卦的狀態之下，最終會被否定。否卦的上九爻，象徵閉塞蒙暗到極點，所以必然傾覆，開始雖然閉塞但是最終通泰歡喜。〈否卦〉坤下乾上，在下的坤陰氣下沉；在上的乾陽氣上升，於是陰陽二氣不交，具天地不交萬物不通之象，屬凶卦。〈泰卦〉乾下坤上，在下的乾陽氣上升；在上的坤陰氣下沉，於是陰陽二氣相交，具天地交而二氣通之象，屬吉卦。否終則泰表示物極必反，惡運到極點，好運即將降臨。

周文王被紂王囚禁，但他並不為外在環境的榮辱感到憂愁，潛心研究易經中的天人之理，推演伏羲氏的八卦為六十四卦，並作卦辭和爻辭。後來困厄終於結束，人生的禍福是天道循環，只要能夠積極面對不懷憂喪志，順遂的日子必然到來。

小人的惡劣行徑不斷地警示和考驗君子，真君子是磨鍊和考驗出來的，激發出高尚人格、崇高理想，奮發有為，超越自己戰勝小人，最後得以改造社會創造美好生活。在《泰卦》君子當道上下通泰的太平盛世，主政的君子一旦驕傲自滿放鬆警惕，很快就會轉入《否卦》的混亂黑暗境地。

翻轉吧～經濟學！給您看得懂用得到的經濟原理

否極泰來傳達奮發有為的積極態度，堅定信心懷有希望，前途終究光明。乾卦《大象傳》：「天行健，君子以自強不息。」君子見到天體運行，應當反思而勵行自強不息，有如天體運行從不停歇。

☗ 經營管理：產品的生命週期

產品生命週期（product life cycle；PLC）是產品的市場壽命，即新產品從開始進入市場到被市場淘汰的整個過程，美國哈佛大學教授雷蒙德‧沃農（Raymond Vernon）1966 年首次提出。產品和人的生命一樣，經歷形成、成長、成熟、衰退的週期，經歷開發、引進、成長、成熟、衰退的階段。企業制定產品以及行銷策略，必須定位產品生命週期的階段，因應策略包括市場行銷、產品發展、通路策略與定價策略等。

新創期是產品從設計產出直到投入市場進入測試階段，顧客對產品還不了解，生產者投入大量的促銷費用對產品進行宣傳推廣。由於生產技術的限制，產品生產批量小、製造成本高、廣告費用大、銷售價格偏高，銷售量有限，通常不能獲利可能虧損。

當產品引入市場銷售取得成功之後便進入成長期，產品通過試銷效果良好，購買者逐漸接受，在市場上站住腳並且打開銷路。需求增長階段需求量和銷售額迅速上升，生產成本大幅度下降，利潤迅速增長。競爭者看到有利可圖，紛紛進入市場參與競爭，使同類產品供給量增加，企業利潤增長速度逐步減慢，最後利潤達到生命週期的最高點。

成熟期指產品走入大批量生產並且市場銷售穩定，經過成長期之後，隨著購買產品的人數增多，市場需求趨於飽和。產品普及並日趨標準化，成本低而產量大，銷售增長速度緩慢至轉而下降。由於競爭加劇，潛在的顧客很少，導致同類產品之間加大投入在品質、花色、規格、包裝服務等方面而增加成本。

衰退期指產品不能適應市場需求而進入淘汰階段，隨著科技發展及消費習慣改變等原因，產品的銷售量和利潤持續下降，市場上有其它性能更好、價格更低的新產品滿足消費者的需求。成本較高的企業無利可圖而陸續停止生產，該類產品的生命週期也就陸續結束，最後完全撤出市場。如果能夠通過合適的改進策略，公司可再生再創產品新的生命週期，有些產品生命週期中的成熟期可能無限延續。

時尚（fashion）是在某一領域大家所接受且歡迎的風格，剛上市時很少有人接納（獨特階段），但隨著時間增長終於被廣泛接受（大量流

行階段），最後緩慢衰退，消費者將注意力轉向另一更吸引他們的時尚。熱潮（fad）俗稱時髦，是很快吸引大眾注意的時尚；生命週期往往快速成長又快速衰退，只是滿足一時的好奇心或需求，吸引少數尋求刺激、標新立異的人，通常無法滿足更強烈的需求。

　　由於消費者的需求變化以及影響市場的其他因素造成商品由盛轉衰的週期，主要是由消費者的消費方式、消費水平、消費結構和消費心理的變化所決定。在不同的產品生命周期階段，產品需要不同的行銷、財務、製造、採購及人事策略，以提升其競爭能力。

$ 投資理財：景氣循環概念股

　　景氣循環股是隨著經濟循環的盛衰而漲跌的股票，企業經營狀況與股價不穩定，深受產業景氣變化影響，周期性股票（Cyclical Stocks）指容易受經濟變化循環影響的股票。當產業景氣低迷，個股獲利呈現大幅衰退，股價重挫；景氣邁向復甦，類股的股價會出現飆漲。

　　一般所稱的景氣循環股包含原物料的鋼鐵、航運、塑化、紡織、造紙、及電子業的 3D 族群 DRAM、LCD、LED，以及 3P 族群包含封裝測試、印刷電路板跟被動元件。當產業需求上升時，這些股票的價格也迅速上升；當需求下降，股票的價格也下跌。非必需消費品的產業也具有景氣循環特徵，如汽車、酒類、奢侈品、航空、飯店、營建等，因為消費者收入減少或預期收入不確定性提高，就會減少對非必需品的需求。非景氣循環股或稱必需品公司，不論經濟走勢如何，對這些產品的需求不會有太大變動，例如食品和醫療等。

　　如果能在景氣循環觸底反轉前介入，就會獲得最為豐厚的投資報酬；但在景氣循環到達頂端時再買入，則會遭遇嚴重的損失，錯誤的時點可能需要忍受長時間的等待，才能迎來下一波景氣循環的復甦。循環股上去之後一定會下來，通常不適合長期持有。太多因素會影響原物料產出的情況，例如原油產出受國際政治衝突影響，氣溫也影響農作物的生長。

　　原物料族群龐大，要掌握全部產業的景氣週期行情非常困難，可以觀察公司派的動作，當大股東積極回補或外資開始搶進，表示他們已掌握到景氣復甦的訊號。贏家通常是買在本益比高、獲利很爛的時候，當公司開始獲利賺錢、本益比低時，反而是賣出的時點。最佳買入時機出現在產業內大部分企業處於虧損的狀態；有基本面支持獲利開始回升，其實是賣出訊號。

許多產業的景氣循環週期長達十幾年，好日子有限壞日子無限，一般投資者很難把握；投資自己熟悉的產業，可以提高成功的機會。台灣的電子股大多是代工或關鍵零組件，沒有自己的品牌；在主升段以後，成長股會蛻變成景氣循環股，因為科技業的技術更迭快速，追題材總是炒過頭。

　　凱因斯學派認為，人民的預期心理與修正會影響投資意願，影響經濟活動變化引發景氣循環波動。當經濟開始逐漸擴張向上回升（復甦），人民預期樂觀而增加總合需求支出，經濟活動持續擴張向上（繁榮），成長至極高點（頂峰），因過度樂觀導致膨脹缺口；經濟活動反轉（衰退），人民預期悲觀而收縮持續至極低點（谷底），因過度悲觀導致緊縮缺口，經濟活動反轉（復甦）。

　　在景氣谷底時工廠庫存不斷上升，景氣開始復甦時會先用庫存應付需求。當景氣持續復甦庫存已去化完畢，原物料的價格開始發生變動。景氣循環股的需求面隨著經濟的發展而增加，但供給面卻因為生產以及擴廠的時間延遲，因此造成供需不平衡，刺激相關廠商擴大設備大量生產，直到供需反轉；景氣循環股的高點已過，投資人很容易被沖昏頭。

五十二、萬丈高樓平地起～經濟成長

　　高樓是從平地一層層蓋起來，萬丈高樓平地起比喻萬事萬物都從基礎做起，由小到大由低到高逐漸發展而成；從零到有一點一滴逐步發展，最後才能聚沙成塔獲得成功。

　　經濟成長為衡量一國經濟實力與國民福祉的重要指標，台灣經濟奇蹟代表國家的能力與榮譽，可以增進國家安全及國際地位。經濟成長代表平均每人所創造的生產價值提高，有助於改善人民的生活水準，而且所得財富累積增加，可以舒緩資源有限的壓力並滿足更大的慾望。在成長過程中亦進行財富重分配，可以減少貧窮而促進社會穩定，更有利經濟成長環境。

　　經濟成長（economic growth）是平均每人實質所得（gdp per capita）逐漸增加的現象，生產要素充分就業之長期總供給成長，可以使總產出（Y）達到潛在國內生產毛額。

　　經濟成長率＝（$Y_t - Y_{t-1}$）/ Y_{t-1}×100％ ＝ a×s；Yt ＝ a×Kt

經濟成長率代表平均每人實質所得增加率，決定於資本產出率（a＝Y/K）及儲蓄率（s＝S/Y），當期總產出（Yt）則決定於資本產出率（a）及期初資本（Kt）。透過金融市場將儲蓄資金用於投資活動，儲蓄與投資愈多及資本產出率（生產力）愈大，則經濟成長率愈高，亦即生產力、儲蓄與投資為經濟成長的主要動力。

總合生產函數 Y ＝ F（K，L）

投資為經濟成長的主要動力，具有雙重效果稱為投資雙重性。投資活動增加引導總合需求擴張，稱為需求創造效果（demand － creating effect），經由乘數效果促進所得成長；實質投資變動影響資本累積，淨投資之實質資本存量增加，提高總合供給生產，稱為產能創造效果（capacity － generating effect），經由提升總產值促進經濟成長。

總合生產函數代表生產要素總投入與總產出（Y）的關係，K（資本）與L（人力）為總合生產的內生變數，實質投資變動影響資本累積，人口出生率（n）及健康影響勞動數量；其他條件（如技術能力）則是總合生產的外生變數，受知識及經驗等因素影響；亦即經濟成長受內生變數資本與人力，以及外生變數技術能力所影響。

平均每一單位勞動產出稱為勞動生產力（labor productivity；LP），在技術能力不變下，內生變數K（資本）與L（人力）變動，生產要素增加投入而促進經濟成長，又稱為勞力效果（producing harder）。

在固定資產（K）不變下，因每人可用之資產設備減少，人口總數增加將發生勞動邊際生產力遞減現象。若人口總數（N）不變，則資本累積受限於既定勞動人口與技術能力，而逐漸發生資本邊際生產力遞減現象，影響廠商繼續增加投資的意願，資本累積（經濟成長）停滯，總產出固定在充分就業狀態的均衡水準。以政策獎勵儲蓄與投資可以加速資本累積，增加實質資本存量；資本存量增加率與勞動數量（人口出生率）增加率相同時，實質資本存量（K/L）不變，對應特定的單位勞動產出（Y/L）不變。

獎勵儲蓄與投資以及教育普及，可以提升生產力與經濟成長。民間儲蓄率較高，對於支撐未來國內需求增長有一定助益。

實質資本存量（K/L）增加，可以使更多單位勞動獲得資產設備而投入生產活動，稱為資本廣度（capital widening）；也可以使每一單位勞動獲得更多資產設備而增加單位產出，稱為資本深化（capital deepening）。

翻轉吧～經濟學！給您看得懂用得到的經濟原理

若技術能力進步（生產外生條件變動），技術能力變動代表每人使用資產設備之生產力提升，即資本品質提升使資源的經濟效益增加；但若技術進步未能長期持續，終將發生邊際生產力遞減現象。技術能力進步促進經濟成長，又稱為智慧效果（producing smarter），生產力向上突破提升。

古典成長理論主張經濟成長只是短期現象，平均每人實質所得終將維持在基本生活水準，又稱為生存水準成長理論（subsistence theory of growth）。人民為維持基本生活所需的最低工資水準，稱為生存工資率（subsistence wage rate）。

古典成長理論主要描述古老農業經濟之人口與產出的關係，只有人口是內生變數，忽略人口以外的其他影響因素，適用於分析低度開發國家的經濟成長。

馬爾薩斯陷阱（Malthusian trap）認為人口總數增加速度較總產出增加速度為快，若技術能力進步，每人使用資產設備之生產力提升促進經濟成長，但人口總數隨之增加，而無法提升平均每人生活水準。

凱因斯學派經濟學家哈羅（R. F. Harrod）與多瑪（E. D. Domar）於 1940 年代提出哈羅－多瑪成長模型，主張資本是經濟成長的決定因素，推導出經濟成長率（g）等於平均儲蓄傾向（APS）除以邊際資本／產出比率（$\Delta K / \Delta Y$）。

經濟成長率 $g = (\Delta Y / Y) = APS / (\Delta K / \Delta Y)$

經濟成長均衡時，資本供給（APS）＝資本需求（g×$\Delta K / \Delta Y$）。依據哈羅－多瑪成長模型，提高儲蓄率並發展邊際資本／產出比率較低之輕工業，可以加速經濟成長率，代表每增加一單位產出所需資本較低，即輕工業之單位資本對產出增加的貢獻較高；發展邊際資本／產出比率較高之重工業則有助於資本累積，增加經濟持續成長所需之實質資本存量。

哈羅－多瑪成長模型說明開發中國家多發展輕工業以加速經濟成長，而先進國家則發展重工業維持經濟優勢。

美國經濟學家梭羅（R. Solow）於 1950 年代提出新古典成長理論，又稱為外生成長理論（exogenous growth theory）。認為人口成長、資本累積、技術能力進步共同影響經濟成長，但主張人口成長與技術進步是外生變數，不受經濟體系內之實質工資率等因素影響；人口受醫療保健品質、社會家庭觀念等外生變數所影響，技術進步亦受自然科學、研發創新等外生變數所影響。資本與勞動比率是內生變數，要素（內生變數）增加可以提升總產值。

新古典成長理論主要描述工業革命後,資本累積與技術進步的重要角色,適用於分析經濟體系內資源缺乏之開發中國家的經濟成長。

♀ 生活智慧:收斂假說與內生成長理論

收斂(convergence)假說主張一國的每人均衡所得水準與原來的人口總數及資本存量無關,而是受勞動人口及資本成長率影響,因此原來貧弱的開發中國家引進資本與技術,可以使經濟成長快速;已開發國家在技術能力不變下,技術差距會漸縮小,成長速度減緩,最後收斂至各國每人所得水準接近。

相對(relative)收斂假說認為經濟結構不同的國家,經濟成長率大小決定於原來每人資本與均衡每人資本的相對距離。原來每人資本與均衡每人資本的距離較大的國家,引進資本可以使經濟成長快速;原來每人資本與均衡每人資本的距離較小的國家,資本累積增加則經濟成長緩慢;邊際生產力遞減使成長速度減緩,最後收斂至各自不同之均衡每人所得水準。

收斂假說分析開發中國家的經濟成長率高於先進國家的原因,新成長理論說明先進國家如何維持經濟領導地位。美國經濟學家盧卡斯(R. E. Lucas)與洛莫(P. M. Romer)於 1980 年代提出新成長理論,主張人力資本與技術進步均為內生變數,受經濟活動本身影響互動,又稱為內生成長理論(endogenous growth theory)。先進國家累積資本,生產力提升使所得進一步提高,持續投資形成良性循環富者更富,強國優勢使其與貧國差距拉大而非收斂,適用於分析經濟體系內資源充裕之先進國家的經濟成長。

貝洛(R. J. Barro)主張政府投資教育訓練與保障財產權,可以提升人力資本與技術進步,提高資本邊際生產力使經濟成長。人力資本與實質資本可以藉由經濟體系內之所得成長不斷累積,在人力素質與資本品質不斷增進下,有效勞動投入(effective labor input)使生產力提升,而不會發生邊際生產力遞減現象,經濟成長因而得以長期持續而非短期現象。因此人力資本累積利於生產進步,內生成長均衡時每人所得水準得以持續成長,並非固定不變。

內生成長理論的關係式 $Y = F(K,hL)$,h 是有效勞動投入。以人力資本取代勞動人數,認為經濟活動之教育訓練與工作經驗,可以累積知識與增進技能而提升人力資本,創新發明亦由人力資本研究發展而得。

翻轉吧~經濟學!給您看得懂用得到的經濟原理

內生成長理論觀察科技創新時代的經濟成長，市場需求亦是刺激投資與創新的重要誘因，因此人力資本與技術進步應為經濟體系內生變數，在專業分工與規模經驗下從做中學（learning by doing），有利增進技術能力並發揮規模經濟效率，使規模報酬遞增而非邊際生產力遞減。

經濟學家羅賓遜（J.Robison）與卡多爾（N.Kaldor）的新劍橋成長模型，延續凱因斯學派主張，資本是經濟成長的決定因素，但經濟成長加重所得分配不均的問題。投資為經濟成長的主要動力，廠商願意增加實質資本存量，代表投資利潤較高而工資成本較低，即所得分配不均；增加投資代表廠商利潤提高且經濟成長，資本利潤在國民所得之比例上升而勞動工資所得比例下降，所得分配不均隨之擴大，廠商願意增加投資使經濟成長但分配不均也持續擴大。

八 經營管理：人力資本與科技管理

創新發明與經驗累積都可以增進技術能力，包括設備產能、生產方法、管理效率、人力素質等的精進，人力資本為經濟成長的重要資源動力。在有限資源下增加產出，市場擴大刺激廠商加速資本累積與創新發明以擴充產能。

美國有多元化的產官學合作，官方成立多家科技人才訓練中心，學校也提供多種認證與在職訓練課程，企業界則常與外界合作人才培訓，例如企管顧問公司或上下游合作廠商，地區大學或專業協會等機構，擴大人才培訓的資源。多樣化的訓練課程可透過內部網路、研討會、教材、錄影帶或專業媒體報導快速傳達訊息，讓員工便於學習。領導階層也要建立支持學習的企業文化，鼓勵員工分享知識有效提昇組織績效，並且建立對員工的信任。

新加坡國際資訊技能中心（NICC）協調與分析產業人才需求，提供專業人才訓練與認證。職能開發系統是培育日本科技人才的重要來源，受到不同規模企業的歡迎與合作；多元化的培育課程與企業界資訊技術的交流，形成良性的人才流通，由企業提供資源在大學設立研究室進行專案開發與研究。德國發展職能研究與企業供需調查，定位企業需求與標準進而規劃發展模組化課程，並配合證照發給制度，也可將業界的技術研發工作，轉為跨學科的技能課程。整合式學習更加強化延伸學習效果，灌輸企業經營理念、節省人事訓練成本、提高工作效率、增強管理能力、培養專業技能和提升服務水準等。

科技管理（information technology management；IT management）探討如何將科學發現與技術創新成果，經由商業化過程轉化為經濟性的價值，有效管理研發創新活動與新事業開發，在知識經濟時代，藉由不斷的研究發展與創新提高競爭力。科技管理屬於跨學門的整合性學科，橫跨自然科學、工程科技、商學與企業管理等領域，內容包括經濟、創新管理、國家科技政策、技術與產品系統、研究發展管理、新產品開發程序、技術生命週期、技術策略規劃、技術商業化、技術競爭與標準化、創新專案管理之規劃執行、控制與評估、組織設計與人力資源管理、開放式創新管理、高科技風險投資、高科技企業經營管理、新興科技事業開發等。

科技系統（science system）開發和提供新知識，教育和開發人力資源之知識傳送，以及使知識普及並提供解決問題方法之知識移轉，應用研究與技術創新的發展，成為產業與經濟發展的主要動力，是知識產生的主要來源。產業在產品生命週期縮短與消費者需求提昇的壓力下，唯有不斷的學習並回應市場，才能掌握競爭優勢。

建立技術移轉者的積極性以及技術接收者的強烈學習企圖心，發展適當的移轉模式並大力投入有關的教育訓練。在目標設定、策略規畫、授權分工、激勵機制等都要能對技術移轉產生助力，有效結合資源與技術創新能力。

⑤ 投資理財：殖利率倒掛預告經濟衰退？

當短期公債的殖利率大於長期公債的殖利率稱為殖利率曲線倒掛（Yield curve inversion），殖利率曲線平緩時所有的線都聚在一起，通常接下來可能會發生倒掛。短期的公債從 1 個月到 3 年不等，長期的公債則有 5 年、7 年、10 年與 30 年期。公債發行時的利率稱為票面利率，之後投資人在市場上進行交易，因為買賣的價格會波動，投資人獲得的配息報酬率稱為殖利率，債券的市價（投資成本）與殖利率（報酬率）則成反比。

一般持有長期公債的風險比較高，再加上時間價值，殖利率大於短期公債投資人才會願意持有長期公債。因此長期公債的殖利率大於短期公債是常態（兩者相減為正），但是當長期公債的殖利率小於短期公債（兩者相減為負），產生殖利率倒掛，就表示市場出現了非常態的現象。如果投資人認為未來經濟會衰退，聯準會將進行降息，市場對長期債券的殖利率預期就會開始下降。市場處於擴張狀態聯準會正在升息，反而

推升短期債券的殖利率，就導致殖利率倒掛的現象，而升息是緊縮貨幣政策，也增加了經濟衰退的可能性。

殖利率曲線倒掛的成因，是投資人對於未來的預期不樂觀。長期經濟已趨緩，但短期資金仍在緊縮，資金流入長期國債避險。投資者對熊市擔憂加劇，長期國債可以提供一個安全的避風港，免於受到股市下跌的影響，並且在利率下降的時候具有升值的潛力。長期國債的需求大增導致市價上升殖利率下降，收益低於短期國債，形成了殖利率曲線倒掛。

升息會同時推升短期殖利率與長期殖利率，可是短期殖利率因為升息預期恐慌上升；但長期公債卻因為資金湧入市價上升，殖利率沒有更大的上升幅度，最終反應出殖利率曲線倒掛的結果。短期利率升高引起市場資金緊俏及流動性短缺，對股票市場不利，因為短期資金成本上升引起體質較差的企業倒閉。通膨快速上升帶動短期利率上升，同時市場憂心會損害未來的經濟成長表現，造成長期利率下滑，殖利率倒掛確實可能預告未來的經濟衰退。

殖利率曲線倒掛時，長期債券的風險溢價不見了，短期債券投資反而有更好的回報。美國公債一般被視為無風險投資，相較垃圾債券、公司債券、房地產信託投資（REITS）等風險低的多。短期利率上升，對需要短期周轉的個人及企業壓力很大，因為成本上升甚至借不到錢；消費者須將其更多的收入用於償還既有債務，使得可支配收入相對減少，對整體經濟產生負面影響。

通常觀察美國 2 年期公債的殖利率和來 10 年期公債殖利率的利差，過去 50 年來共發生 7 次殖利率曲線倒掛，每一次都有經濟衰退的情況出現。倒掛的期間短則數月長則達數年，殖利率曲線開始發生倒掛不代表股市馬上要崩盤，有可能在殖利率倒掛期間中，也有可能是倒掛期間結束後才崩盤。殖利率倒掛領先衰退的時間介於 11 個月至 18 個月不等，無法預測衰退何時到來及結束，可以對於資產類型多元化，減少對利率較敏感的投資部位。

五十三、轉骨展大人～經濟發展

　　轉骨發育指兒童轉變為成人時身體上的變化過程，發生於青春期，也就是兒童與成人的過渡時期。青春期是小孩快速長高的時期，同時也代表快要轉大人了。轉骨不只為了長高，而是透過調整臟腑機能並改善偏差體質，達

到促進生長發育的效果。

　　經濟發展（economic development）不只是平均每人實質所得逐漸增加並長期持續的經濟成長現象，還包括改變經濟結構及改善制度，朝向國家現代化。基本要素除了包括經濟成長所帶來的總產出與收入變化外，經濟結構變遷、人民生活品質提高與福利改善、社會政治體制變化、文化法律完善，甚至是觀念習俗變化，目的要提高人民的生活水準，改善人民生活。

　　美國經濟學家路易士（W. A. Lewis）於 1970 年代提出勞動過剩理論（labor surplus），將落後國家的經濟活動區分為傳統部門與現代部門：傳統部門包括層次較低之初級產業，及基本的商業與服務業；現代部門主要為層次較高之製造業與服務業，以及規模較大的農牧礦業。

　　傳統部門在有限資源及固定技術下，人口不斷增加導致勞動邊際生產報酬遞減至接近 0，造成低度就業或隱藏性失業的現象，亦即傳統部門的勞動過剩，投入生產對增加產出並無貢獻。現代部門則將大量勞動集中於具有組織規模的生產單位，以先進技術能力及資本累積，提升生產力與產出報酬。將傳統部門的過剩勞動轉移至生產力高的現代部門，有助於提升生產報酬與所得水準，促進落後國家的經濟發展；反之若傳統部門的過剩勞動無法轉移，因人力資源不能有效運用而閒置或外流，生產力與所得水準難以提升，經濟發展停滯不前。

　　現代部門的勞動邊際生產力大於傳統部門，勞動轉移可以提升生產報酬與所得水準，每人使用資產設備之經濟效益增加，廠商利潤提高而繼續增加投資累積實質資本，擴大現代部門的生產規模並轉移更多傳統部門的過剩勞動。傳統部門的過剩勞動為提高所得水準而轉移至現代部門，並加強教育訓練與工作經驗，以累積知識與增進技能而促進經濟長期成長。

　　現代部門的勞動就業增加率必須大於傳統部門的過剩勞動增加率，現代部門的生產規模才能持續擴大，進而改變經濟結構促進經濟發展。因此降低人口成長率、增加資本形成與累積、提升技術能力、維持實質工資與糧食物價穩定，為落後國家促進經濟發展的重要因素。

　　平衡成長（balanced growth）認為經濟社會中各產業部門應同時發展不可偏廢，經濟學家諾克斯（R. Nurkse）於 1950 年代提出。經濟體系內各部門互動密切相互關聯，平衡成長才能達成市場供給需求與經濟活動循環均衡，各部門互相依賴而同步成長。

經濟發展過程不可忽略農業，許多工業原料來自農業供應，且經濟成長所得水準提高後將增加農產品需求，若農業部門未能同步成長，會造成糧食原料物價膨脹，不利經濟成長的持續發展。因此經濟發展之初，即應著重各產業部門之平衡成長，避免發展過程中不同部門間的失調與衝突，而能維持各部門互動和諧，共同促進經濟順利發展。

不平衡成長（unbalanced growth）主張將有限資源優先集中於少數重點產業，經濟學家赫契門（A.O.Hirschman）於 1960 年代提出。經濟體系內各部門互動密切相互關聯，影響力較大的部門發展後，即會刺激其他相關部門亦配合成長，不平衡成長才是經濟體系整體成長的動力，又稱為連鎖效果（linkage effect）。落後國家的資本不足，經濟發展之初應先著重發展附加價值較高的工業，以帶動經濟體系內其他各部門成長，促進經濟持續發展。

勞動過剩理論說明台灣經濟結構由農業轉型為工商業的過程；平衡與不平衡成長的意義，說明經濟發展過程中，形成城鄉差距與農業危機的原因及影響。

經濟發展之後自立持續成長（self－sustaining growth），經濟體系在發展過程中，可以形成自立持續成長的能量。落後國家致力於經濟發展，必須在發展之初有所突破才能起飛，打破貧窮惡性循環，轉型為自立持續成長。人口成長率若大於產出所得增加率，使邊際生產力遞減，將不利經濟順利發展，因此經濟發展之初應著重控制人口成長與提升人力素質，提高人力資源效率進而增加民間儲蓄與資本累積。

配合經濟發展的人力資源策略主要為提倡家庭計劃與節育觀念，以控制新生人口成長及養育品質，並建立醫療保健與營養計劃以減少疾病破壞生產力，同時推行教育普及掃除文盲，進而培養先進技術與現代管理人才，提高農業生產效率並轉移過剩勞動，擴大工商業規模以提升生產報酬與所得水準。

落後國家本身的資本不足，因此經濟發展之初通常須吸引外國資本流入，包括經援、貸款、投資等方式，引進先進國家的資金、設備、技術，配合國內提升人力素質與健全金融體系，逐漸累積資本促進經濟發展。但若外資只為私利投機炒作，國內亦缺乏資本使用效率，將因國際收支惡化與外債壓力而影響經濟社會安定，不利經濟發展。

自立持續成長的意義，說明土地改革、國民義務教育、家庭計劃等政策，對台灣經濟發展的影響。

經濟發展需要新的制度與價值標準來引導，市場偏好改變、技術創新、價格變化等，亦促成制度的變遷以配合經濟發展。制度面需要自由市場秩序、財產權保障、健全金融市場等以確保生產力、儲蓄及投資的價值與順利運作，及提升人力資本質量、鼓勵技術創新發明等，以提升生產力與價值水準，促進經濟成長。經濟發展亦是舊社會解體重組新社會的過程，政府必須要在發展之初全力主導，全面規劃經濟建設計劃及相關法令制度的配合修定，並扮演前瞻企業家的角色引導經濟穩定成長，同時尊重自由市場機制，協助各產業部門的民間企業，促進經濟持續發展。推動技術創新和經濟結構轉型，在產業政策方面加大對高科技產業和服務業的扶持，實現可持續的發展戰略。

♀ 生活智慧：永續發展與循環經濟

米多士（D & D. Meadows）於 1970 年代提出成長極限（limits to growth），認為經濟成長提高所得水準，為增加產出而耗用更多資源並加重環境污染，當超越地球的生態極限與忍受程度，生活水準終將降低，經濟成長不可能長期持續發展。成長極限理論主張經濟成長須配合生態環境，因此應限制使用自然資源，減輕環境污染，節制人口增加，減少投資產出，最後將導致人口增加率及經濟成長率降低至 0。

聯合國於 1980 年代成立世界環境與發展委員會，認為不須限制經濟成長，但不能以惡化環境的方式發展經濟，永續發展（sustainable development）理論主張自然環境是經濟成長的基本資本，即資源永續利用的發展；若自然環境耗竭創傷，經濟成長亦不可能持續發展。基本資本與實質資本及人力資本，同樣須不斷累積才能促進經濟發展，所以生態環境必須加以維護保育，並彌補其耗用與損失，持續累積資本進行永續發展。

先進國家應努力改變生活與生產方式，減少每單位產出的資源使用量與污染排放量，以創新技術提升生態效率及資源回收再利用。開發中國家則應努力減少人口增加率，並在進行經濟發展過程中引進生態效率技術；先進國家與國際組織亦應提供必要的技術協助與資金援助，各國通力合作才能永續利用全球資源，追求世界持續經濟發展。

循環的概念不僅可以促進經濟成長，更能夠創造長期就業機會；循環經濟正逐步成長並朝全球化進行，供應鏈在循環經濟體中扮演重要角色，是一種促進社會繁榮，同時減少對初級原料和能源依賴的方法。研究報告指出循環經濟可在五年內創造 5 億美元的淨收益，並避免 1 億噸

的材料浪費，全球每年省下 1 兆美元材料成本的潛力，歐洲回收產業超過 100 萬的就業機會。

1972 年於斯德哥爾摩通過之聯合國人類環境宣言原則：人類有在過着尊嚴和福利的生活環境中，享有自由、平等和充足生活條件的基本權利，並且負有保護和改善這一代和將來世世代代環境的莊嚴責任。地球上的自然資源包括空氣、水、土地、植物和動物，特別是自然生態類中具有代表性的標本，必須通過周密計劃或適當管理加以保護。揭示環境權中的後世代權、合理計劃調和環境權與經濟權、合理計劃＝安定進化＋社會經濟和環境最大利益＋避免環境不良影響、符合人權的人口政策、環境教育以及賠償之國際法則等內涵。

循環經濟的指標，主要著重在資源生產力、資源回收率與廢棄物產生量等三面向，呈現與檢視是否符合循環經濟社會的目標。亞洲人權憲章：經濟發展必需能夠永續，保護環境免於營利企業的貪婪和劫掠，以確保提高國民生產毛額同時不致降低生活品質。科技應該解放而非奴役人類，自然資源的運用不能違背對後代的義務。不應忽視資源屬於人類全體，因而負責、公正和平等的運用資源是共同的責任。

經營管理：進口替代與出口擴張

落後國家的資源有限，大部分物資與用品仰賴進口，使國際收支難以改善，不利資本累積發展經濟。進口替代（import substitute）策略由政府主導推行，將有限資源優先扶植少數重點產業，在國內自行生產民生日常用品，減少向國外的進口依賴，可以改善貿易赤字進而累積資本，增加國內市場需求，又稱為向內發展策略（inward orientation）。通常優先發展資本規模不大而且技術層次較低之勞力密集產業，再逐漸累積資本提升技能，發展附加價值較高的工業並帶動各部門成長，促進經濟持續成長。

後進國家在發展進口替代初期，須先保護國內的產業生存，以貿易障礙減少其競爭壓力，但國內產業失去競爭動力，將造成資源浪費而不能成長發展。出口代表外國對本國產品的需求，提高本國內的產出、所得與就業水準，因此政府鼓勵發展出口產業，出口擴張（export expansion）鼓勵發展高附加價值工業並增強其國際競爭力，成長引擎（engine of growth）賺取外匯進而累積資本促進經濟發展，改善貿易條件，又稱為向外發展（outward orientation）策略。

出口擴張促進國際貿易之專業分工，先進國家的資金、設備、技術、人才得以轉移至後進國家，各國資源運用更有效率，形成良性循環之經濟發展。但若產業未能升級，無法提升產品附加價值及競爭力，在自由貿易下將不利經濟發展。台灣於 1950 年代推行進口替代策略，60 年代發展以勞力密集產業為主的加工產品出口擴張，80 年代再升級為資本技術密集產業為主的科技產品出口擴張。逐步用輕工業產品出口替代初級產品出口，用重化工業產品出口替代輕工業產品出口，以帶動經濟發展實現工業化政策。

從進口替代成功地轉向出口擴張，除了國內某些工業部門已具備較高的技術水準和生產管理經驗，有較充分的管理人才和熟練勞動力，廣闊的國外市場以及產品有一定的競爭能力外，政策主要是提供出口企業減免出口關稅、出口退稅、出口補貼、出口信貸和出口保險等，目的在於降低出口成本，開拓國外市場，增強出口競爭能力。提供出口企業低利生產貸款，優先供給進口設備與原材料所需外匯，大力引進資本、技術、經營管理知識，建立加工出口區等，降低生產成本提高產品品質，增加創匯能力。

國家競爭力表達一經濟體的國力之參考指標，主要有瑞士洛桑國際管理發展學院（International Management Development Institute；IMD）發表之世界競爭力報告（The World Competitiveness Report），及世界經濟論壇（World Economic Forum；WEF）發表之全球競爭力報告（The Global Competitiveness Report）。兩者衡量國家競爭力的共同項目為政府效能、金融市場、基礎建設、企業管理、科技能力、人力資源；IMD 加上國內經濟實力及國際化程度，強調國家間創造財富的相對能力；WEF 則加上開放程度及法規制度，突顯國家間持續經濟成長的相對能力。

⑤ 投資理財：金融市場的牛市與熊市

華爾街銅牛是紐約曼哈頓金融區的重要地標之一，為祈求股市蓬勃發展，象徵牛市到來。牛市又稱多頭市場，因為公牛攻擊的方式使用牛角往上頂，如同股市行情往上，也形容證券交易所中投資人熱絡擁擠的現象就像圈養的牛一樣壯觀。熊攻擊的方式是以熊掌向下拍擊，就像是股市下跌一般，牛熊共存才能表達市場最理性的態度。

慢牛指價格穩定上漲的股票，雖然漲幅較少但震盪也較小，屬於長期穩健上升，比較不會出現大漲大跌的情形，投資風險相對較低。瘋牛是行情急速上升的股票，較容易發生大漲大跌，投資風險大需要冷靜分

析。熊在冬天就需要冬眠，所以代表市場瀰漫荒涼寂靜的氣氛，因為價格大跌股市冷清，對於買賣股票的態度非常消極，證券交易所形成門可羅雀的景象又稱為空頭。

牛市和熊市會在經濟循環的過程中交替出現，根據整體經濟的了解以及對股市的深入研究才能做出有利的判斷。牛市第一期從市場低潮回升，經歷先前的不景氣，大部分的股票價值不高。很難預測何時開始好轉，多數投資者缺乏熱情不敢貿然買股。牛市第二期市場開始受到刺激，有些股票的價值升高，各大型企業的業績漸有起色，投資者對前景有所期待。牛市第三期投資市場呈現盛況，容易有炒股的現象，很難判斷經濟何時會到景氣的最高點由好轉壞，若投資者沖昏頭，容易因為大量投資而造成損失。

在景氣最高點的時候，熊市第一期會無聲無息地開始，大部分投資者還沉浸在賺錢的快感中，渾然不覺自己身處在市場過熱的危險中，不易察覺波動的變化，等到市場明顯下跌才會拋售大量股票。熊市第二期在經歷損失後，大部分的投資人會抱持小心的態度，企業的業績下降財務也陷入危機，市場對未來抱持悲觀的想法。熊市第三期的股票已經長處低價，投資人大多只看不買，所以成交量非常少，但牛市的第一期同時會緩緩出現，以低價購入好的股票，待價格回升就可以獲得高額報酬。

最早設立牛熊雕像的德國法蘭克福證券交易所，為了紀念成立400周年，1988年雕塑建成面世，分別為公牛本爾哈德和熊本爾瓦德。牛角上頂的公牛雕像代表股市上升之勢，也表達對財富的期盼；熊掌向下的熊雕像表示跌市，展現金融市場上牛市與熊市的相互較勁。2010年出生在上海外灘的牛尾巴直衝雲霄，象徵中國蒸蒸日上的經濟形勢與更廣闊的發展前景。被稱為東方神牛的玉牛雕塑來歷神秘，據說是一家上市公司送給上海證券交易所的禮物，因為被放置在內部，像是牢籠困住了牛勢，因此2012年將玉牛搬至上交所西門外草坪，象徵破牢而出牛市指日可待。

2021年美國華爾街銅牛對面突然出現一隻大型猩猩銅像，銅牛身邊散落了1萬根香蕉，銅牛象徵富人、大猩猩代表掙扎求存的普通人、香蕉代表財富；表達華爾街操弄資本市場，暗示普通人被富人階級拋下的掙扎日常。

五十四、知識就是力量～知識經濟

知識經濟利用現有知識創造新知識，將知識轉化為生產力，提高產品的價值改善生活。管理大師彼得杜拉克（Peter Ferdinand Drucker）在 1965 年即預言知識將取代土地、勞動、資本與機器設備成為重要的生產因素，企業累積財富創造競爭力的優勢將掌握在知識。處於知識經濟時代，知識不僅是企業的資源，更是競爭力的關鍵。

隨著經濟全球化、區域化及知識經濟化，以知識為中心的國際新分工發展，從過去的生產分工逐漸走向知識分工。台灣一方面由美日引進高科技及先進生產技術，另一方面自行研發各種新型態及新觀念的知識密集型產業，形成各種知識資源中心，例如研究發展、經營管理、人才培訓、設計、資料處理、行銷與售後服務等，因此產業合作態勢仍能穩定發展。

知識經濟（knowledge － based economy）是以知識為重要經濟資源，並使其運用最有效率，達到最大經濟效益，亦即以人力資本和知識累積為主要生產要素，並以知識密集產業主導經濟發展。知識資源有效的使用，由企業、組織、個人及社群等經濟活動參與者，對知識的有效創造、獲取、累積、傳播及應用所構成的經濟活動。

知識經濟一詞最早的來源是 1996 年經濟合作暨開發組織（OECD），指一個以知識的擁有、配置、創造與應用為重要生產投入要素的經濟體系，其貢獻遠超過自然資源、資本、勞動力等傳統生產要素的投入。一個國家的經濟發展階段是否為知識經濟，決定於最終產品的組成中知識所佔比重的增加。

以知識為主的新經濟主張知識與科技具有獨占性質，尤其是涉及專利與智慧財產權的保護或政府獎勵，管制特定知識與科技發展的產業政策，讓知識經濟無法適用完全競爭的市場模型。知識經濟認為知識與科技是長期研發所累積的產物，其過程涉及政府的法規、制度的配合及企業資產的投入，所有權及使用權成本昂貴，不是隨意取用的公共財。

知識經濟強調不同知識或科技對產業發展的影響差異甚大而且處於變動的情況，特殊知識或科技是提升經濟成長與產業競爭力的關鍵性資源。知識經濟科技才是提升產業競爭力與國家經濟發展的主要力量，不同科技產業生產力的差異很大，必須特別突顯不同產業在總體經濟模型中的權值差異，不能採單一總量的方式計算。

翻轉吧～經濟學！給您看得懂用得到的經濟原理

在產業升級的潮流下，朝知識經濟方向轉型，科技園區可吸納高產值產業，加上磁吸效應，產業與外商合作建立台灣為台商的亞太營運總部；一方面提昇技術水平開創有創意的產品，另一方面創造自有品牌及市場行銷管道。

熊彼得（J. Schumpeter）1942 年提出創造性破壞（creative destruction），主張科技、創新與知識在經濟的理論意涵與發展策略上，全然不同於傳統經濟，使競爭者必須順應新經濟的發展潮流、運作內容及經營策略，不然將被淘汰。藉由知識與技術創造財富的利基，凌越以機械化大量生產為導向的工業經濟，知識的掌控與管理者主導未來經濟發展。

企業家的創新是經濟增長的驅動力，而創新能夠從內部革新經濟結構，即不斷地破壞舊有的秩序和結構，同時再不斷地創造新的結構。企業家不斷創造性地打破舊的市場均衡，國家的經濟優勢取決於創造及靈活應用知識的能力，必須更為普及化、多元化、科技化及國際化，無法獲得資訊來源的學習者處於更劣勢地位，成為數位落差的弱勢族群。

亞太區在資訊科技及電腦製造活動的競爭力較強，而北美地區在研發、教育及專利科技方面有較佳的優勢。台灣想要發展獨特知識性製造業，政府應極力協助其知識不受外國控制和壓制。

產業創新鼓勵知識的擴散及應用，推動終身學習改進職業及技術訓練，增強產業整合全球創新知識的能力。由於科技技術外部性經濟、研發所需資訊的公共財特性、資訊不確定性、研發活動的不可分割性等市場失靈現象，政府必要介入產業技術發展。藉由科技專案計畫參與國際共同研發，培養國內企業與國外廠商共同研究開發，進行合資以吸收國外先進技術的能力。

包括專利權、商標權、營業秘密、電路布局及著作權等，因人類智慧創意所衍生之無體財產權稱為智慧財產權（intellectual property），係人類心智發展所產生的成果，透過法律賦予發明人的排他性權利。政府賦予發明或創作者各種特權，作為有效的獎勵及酬勞，使社會、產業進步而造福人群。科技產品發展為避免辛苦研究所得被仿冒者所竊取，鼓吹反仿冒運動，更加強智慧財產權之保護。透過技術研發、專利的取得，再行以技術授權，取得高額的利潤回饋，成為高科技公司的成長模式。

健全國內智慧財產權之法規環境，保障產業投資研發成果，建立國內外專利、商標、著作權等法律資料庫與檢索系統，培養熟悉國外智財權、專利權的專業法律人員。培養產業知識人力，鼓勵創業投資事業參與創新活動，放寬創投事業之投資限制。

智財權管理的意義在於有效運用人力與物力，建立適宜的策略與制度，促進智慧財產的取得及運用，並充分發揮效果，牽涉到法務、技術、管理及產業經濟等領域，範圍包括研究發明的揭露、國內外專利的申請抗辯與維護、智財權運用策略、權授權談判、合約撰寫、權侵權處理、仲裁與鑑定、權利金之管理等，需要精通法律、技術、稅務及管理的人才。智慧資本是無形的資產，包括能夠為企業帶來競爭優勢的一切知識，如作業流程、組織制度和專業能力等。工業產權包括發明專利、商標、工業外觀設計和地理標誌，版權則包括音樂、文學和藝術作品，以及一些發現、發明、詞語、詞組、符號、設計等。

印度商務部希望印度式草藥療法、大吉嶺紅茶、瑜珈、水稻品種香米、草藥食品等傳統智慧，能獲得國際認知與保護，協助印度藥廠迴避國際藥品生產授權規定，為部份印度民俗療法尋求專利保障。

♀ 生活智慧：活到老學到老

學無止境，人的一生都要不斷學習。人大半輩子都以工作為人生重心，退休容易整天無所事事不利於心理健康，增加學習和社交活動可以充實老年生活。年輕的時候認真學習需要的知識技能，以便順利升學、就業、成家，獲得足夠的財富和生活保障。年老的時候應該放下外在的評價標準，重新思考和選擇生活目標與人生價值，學習在有限的歲月裡過得更有意義，回航的人生學習如何放下和分享生活。

學習能力對各個年齡層的人都非常重要，小時候的學習是吸收知識來增廣見聞，長大後的學習是為了豐富生活追求進步，老了以後的學習是要享受世界。學習能力包含學習品質、學習效率、學習素質、學習流量、觀察力、記憶力、抽象概括能力、注意力、理解能力等，但是不包含知識總量，而是指對於知識的吸收與擴編，以及將知識轉化為價值並輸出的能力。學習能力好能夠花較短的時間學習到更多的知識，成長效率事半功倍，快速吸收新知並學以致用，同時也能夠累積自信以及成就感。

學習型組織（learning organization）是一個不斷學習與轉化的組織，由組織內個人成員、工作團隊、整體組織至與組織互動的社群。學習是一種持續性、策略性運用的過程，導致組織成員知識、態度及行為的改變，進而強化組織創新和成長的動力。學習的組織會生產知識、分享知識，全員投入持續一起學習、成長與改變，不斷擴張創造能力，能

翻轉吧～經濟學！給您看得懂用得到的經濟原理

適應環境的變動。

　　1990 年彼得聖吉（Peter Senge）以系統動力學的觀念為基礎，結合相關理論與實務觀察所得，出版「第五項修練：學習型組織的藝術與實務」。第五項修練（The Fifth Discipline）認為學習型組織是一個不斷創新進步的組織，成員不斷的擴展學習能力，新而開闊的思考型態得以孕育，共同願望能夠實現。五項塑造學習型組織的構成技術即為五項修練：自我超越、改善心智模式、建立共同願景、團隊學習以及系統思考。藉由修練工具的整合運用相互影響，啟動組織成功的良性循環，透過團隊學習提升人際互動的品質，進而改善心智模式提升決策品質，再運用系統思考加強行動，最後自我超越建立共同願景，促進結果的品質。

　　終生學習（Lifelong Learning）是一輩子的學習，近代世界因為知識和科技發展經濟結構轉型，知識型經濟成為主流，知識更替迅速，舊知識很快就被新知識取代。聯合國教科文組織是終身學習的倡導者，闡述民主社會世界觀，所有世界公民都有平等的學習機會，讓每個人完整發揮潛能，並且參與建構生活的世界。終身學習的價值觀在於啟發人類社會的新思想，不只提供多樣的學習場所、學習方式、學習媒介與學習機會，也把學習的動力從教育者轉變為學習者本身，重新審視學習的方法與目的，並且用創意來設計一套可以改善生活各層面的學習系統。

經營管理：知識管理與智慧資本

　　知識管理（knowledge management；KM）有關知識的清點、評估、監督、規劃、取得、學習、流通、整合、保護、創新活動，將知識視同資產進行管理，有效增進知識資產價值。由經濟需求出發，進行價值創造的一種策略，著眼於活用知識並與創造未來價值的活動相結合，提升組織內創新性知識的質與量，並強化知識的可行性與運用價值。

　　知識管理的過程，將個體知識團體化，將外部知識內部化，將組織知識產品化，應用知識以提昇技術、產品、服務創新績效以及組織整體對外的競爭力；促進組織內部的知識流通，提昇成員獲取知識的效率，指導組織知識創新的方向，協助組織發展核心技術能力，形成有利於知識創新的文化與價值觀。知識經濟核心是大量投資人力資本及知識技術，提高知識的生產率，使知識轉化為生產力，對無形資產投資的速度遠快於有形資產的投資。科技傳輸技術讓累積知識的速度加快，組織分類知識能力遞增，知識與智慧成為生產元素。

知道如何去做的知識、技術和能力稱為技能知識（know－how），通常是由個別廠商擁有或企業內部發展而成。是一種內在知識，由經驗、認知和學習所獲知的重要知識，並沒有被紀錄起來供人使用，只存於個人記憶中；當有經驗的人退休或轉業，組織也就失去他們的知識。

知道為什麼的知識（know－why），是多數產業技術發展和產品製程的基礎，來自於研究實驗室或大學等特定組織，企業間為了分享和整合技能知識，常形成產業網路，僱用受過科學訓練的人力或經由契約和合作活動。

知道事實的知識（know－what）和知道為什麼的知識（know－why）具有公共財的特質，可由書本、文獻、資料庫取得。面對不確定的環境，企業必須處理並有效運用數碼化知識的 know－how，建立內在知識、充分利用智慧資本，強化組織學習的能力，系統設計留住內在知識、建立個人不斷學習的智慧存貨，讓這些資產可被所需者使用。

專責知識管理工作的單位，負責設計並維護知識累積與分享的過程與技術；另一層結構包含知識支持者、整合者與發展者，負責知識內容的創造與更新。領導者必須宣示創新的決心，整合這些結構中的人員，並運用包括人力、財力以及時間的資源，創造廣泛參與的學習過程。

組織應該鼓勵人員以各種形式進行知識分享與交流，並提供足夠的人力培訓機會，以確立正確的組織核心價值。知識管理是一個不同於以往的管理哲學，必須從組織、過程、科技、管理以及執行等各面向的努力著手，形塑組織學習的整體經驗，克服組織對大規模變革的抗拒，落實良性的互動體系。

企業透過開放的組織文化，激勵員工思考、參與、資訊溝通與分享，有發表與思考的空間，及發現新知識、新技術的機會；規劃對人才引進、激勵與保留的政策，建立公司資訊科技及團隊合作的經營模式。

⑤ 投資理財：知識產業與創新公司

知識產業能高度運用資訊科技營運，知識的經濟化將知識變成經濟活動，並以創新價值的智財權或經營知識為核心競爭力，人力管理、傳統產業、高科技產業、教育、法規、電子商務等都與知識經濟有關，在生產過程中不用太多自然資源就可以創造很大的價值。勞力、土地、資金的重要性都降低，以知識資本為主要生產要素，透過資訊的不斷創新，提升產品的附加價值，同時善用現代化的資訊科技。新興高科技產業屬

於知識經濟，但傳統產業善用知識、不斷創新、技術研發、提高附加價值、改善企業體質，也是知識經濟的類型；任何產業透過創新提升其附加價值，都可以轉變成知識經濟產業。

技術密集型產業又稱知識密集型產業，用先進尖端的科學技術進行工作的生產和服務。知識密集型服務業，包括電信、郵政、電腦系統設計、入口網站經營、資料處理、金融保險服務、專業科學技術、教育服務、支援服務、商品經紀、醫療保健服務等行業，具有跨產業的外溢關聯效果，可創造高附加價值高工資的就業機會，是提升競爭力的關鍵。在台灣經濟發展的角色，由經濟活動支持者轉變為經濟擴張新來源，可發揮對經濟更大的引領作用。

知識密集型製造業包括航太、汽車及其他運輸工具、通訊、電腦及自動化設備、製藥及化學製品、半導體、科學儀器、電機、機械等。設備生產建立在先進的科學技術，資源消耗低；科技人員所佔比重大，勞動生產率高；產品技術性能複雜，更新換代迅速；所需勞動力或手工操作的人數少，產品成本中技術含量消耗佔比重較大；生產環節與管理內容主要依賴知識與技術活動，企業的無形資產佔有相當比重。資本密集不是高新技術產業，又稱資金密集型產業，如冶金、石油、機械製造等重工業，技術裝備多、投資量大、容納勞動力少、資金週轉慢、投資效果也慢。

創新公司行動快速，做決定以資料為基礎，領導階層有心創新，企業文化帶有創業氛圍，持續將焦點放在顧客。不是推出公司認為顧客想要的產品，而是滿足顧客的需求；消費者的洞見是創新的媒介，公司需要更好的方法、工具、資料，質量兼具地了解消費者。

為了對新創事業更友善，臺灣證券交易所及櫃檯買賣中心特別在主板之外，分別增設創新板、戰略新板，對規模還不到上市上櫃的企業，鼓勵擁有關鍵核心技術、創新能力或創新經營模式有發展潛力的公司，透過資本市場籌措長期穩定的資金，強化營運體質加速成長及永續發展，但相對流通性則成為最大的挑戰。核心戰略產業包括資訊及數位、資安、精準健康、綠電及再生能源、國防及戰略、民生及戰備或其他創新性產業。投資人門檻包含專業機構投資人、創投與自然人三大類，總資產超過5,000萬元而且具備充分專業知識及交易經驗的法人或基金，自然人則需要有2年的證券交易經驗，擁有淨資產達1,000萬元以上或是近2年平均收入在150萬元以上。

五十五、全球化國際分工～比較利益

在全球化下，經濟活動突破地域限制，加上科技進步及運輸系統發展日趨完善，不少大型企業將不同類型的經濟活動分散到世界不同地方。企業按照不同地方的特點及優勢，將不同工序分散到不同地區進行，產品研發及設計會在科技水平較高的國家進行，而生產則在發展中國家進行，形成國際分工。

經濟成長過程中，資本技術逐漸累積而勞動薪資逐漸提高，促進產業結構轉型，逐漸捨棄傳統勞力密集產業，而發展資本技術密集產業。

不同地區或國家之間各取所長，國際貿易（international trade）專業分工生產後進行交易，又稱為開放經濟（open economy）；自給自足生產交易，自成一孤立之經濟體系，則稱為封閉經濟（closed economy）。

不同國家之間的經濟資源及生產要素各有差異而且不易移動，國際貿易之專業分工可以促進資源更有效運用，比封閉經濟更提高經濟產出與社會福利，因此分析生產分工決策之絕對與比較利益法則，亦適用於國際貿易專業分工之分析。然而，國際貿易亦遭遇進出口貿易障礙、各國政策限制、不同貨幣流通等問題。在開放經濟下，出口代表外國對本國產品的需求，將提高本國的產出、所得與就業水準；反之進口代表本國對外國產品的需求，將降低本國的產出、所得與就業水準。

絕對利益（absolute advantage）法則由亞當史密斯（A. Smith）提出，認為當有兩國可以生產兩種產品，依據勞動價值，全部數量的勞動投入專業生產某產品可以得到較大產量者，稱為該國對生產該產品具有絕對利益。

比較利益（comparative advantage）法則由李嘉圖（D. Ricardo）提出，認為當有兩國可以生產兩種產品，對其中一產品具有比較利益，表示該國勞動投入專業生產該產品的機會成本相對較低，若兩國分別專業生產各自具有比較利益的產品，結果對雙方均有利。

在不考慮運費、匯率等交易成本下，為了要換取一單位進口產品，而須放棄本國生產的數量，稱為貿易條件（terms of trade）。

淨貿易條件（N）＝ P_X/P_M

以出口對進口產品的價格指數比率表示，出口品國際價格與進口品國際價格之比值，稱為商品（commodity）貿易條件或淨（net）貿易條件；出口產

翻轉吧～經濟學！給您看得懂用得到的經濟原理

品價格相對較高，代表貿易條件愈有利；出口品價格上升的速度比進口品價格上升快時稱貿易條件改善，進口產品價格相對較高則貿易條件惡化。

當貿易條件交易比例符合比較利益原則，兩國會持續此兩種產品的交換；貿易利益（gains from trade）使兩國的生產與消費成本降低而數量增加，提升社會福利，雙方均經由國際貿易獲得利益。

古典經濟學家彌勒（J. S. Mill）提出交互需求（reciprocal demand）法則，進口需求愈強則其出口國的貿易利益愈大，反之進口需求愈弱對本國的貿易條件愈有利。當某國同時具有絕對利益與比較利益，進行國際貿易並不會降低相對機會成本，等成本差異（equal cost－difference）即由國內自行生產兩種產品與國際專業分工之兩種產品交換比率相同，則該國沒有必要進行國際貿易，因為該國無法經由國際貿易獲得利益。

兩岸開放三通後，中國大陸進口需求愈強，則台灣的貿易利益愈大；台灣進口需求愈弱，對台灣的貿易條件愈有利，此即交互需求法則。

由兩位瑞典經濟學家赫克紹（E.Heckscher）與歐林（B. Ohlin）所提出之國際貿易理論模型，要素稟賦比率（factor endowment proportions）以要素稟賦與產品所需要素密集度之不同，說明各國比較利益產生的原因。

生產要素分為資本與勞動兩種，兩國擁有的相對要素稟賦比率不相同；生產不同產品所需之要素比率或密集度亦不同，可分為資本密集財與勞動密集財兩種產品。當某國具有相對豐富的要素稟賦，則生產需要該生產要素密集度相對較高的產品可以產生比較利益，應專業生產出口該產品，稱為赫克紹－歐林定理。具有相對豐富人力資源稟賦的國家，適於專業生產出口勞動密集產品；具有相對豐富資本資源稟賦的國家，適於專業生產出口資本密集產品；各國應依據所具有的相對豐富要素稟賦，發掘適於專業生產出口的產業發展。先進國家將低技術層次產業轉移至新興國家，而致力於產業升級生產高階產品。

藉由產品之國際貿易，要素價格均等化（factor price equalization）可以使貿易之兩國的產品價格與要素價格均趨於相等。新興國家具有相對豐富的人力資源稟賦，因此專業生產出口勞動密集產品，則勞動需求增加而薪資上漲；進口勞動密集產品，則進口國國內市場勞動密集產品供給增加而價格下跌，勞動需求減少而薪資下跌。某國具有相對豐富的要素稟賦，專業生產出口該產品，該要素報酬提高而另一要素報酬下降，擴大效果（magnification effect）使所得分配差異增加；可以藉由所得重分配政策（課稅與補貼），使勞資雙

方共享貿易利益縮短貧富不均。

　　美國學者沃農（R. Vernon）提出產品生命循環（product life cycle），將產品生命循環區分為創新（innovated）期、成長（growth）期、成熟（matured）期，解釋貿易結構的動態變化。最初發明新產品的國家，創新期產品先在該國內生產銷售；獲得普遍認同採用後產品進入成長期，該國享有比較利益而大量生產出口；隨後其他國家以較低成本複製生產，使該產品的比較利益發生轉移，即產品進入成熟期後，其比較利益通常會由先進國家轉移至其他國家，而先進國家藉由不斷研究創新，持續享有各種新產品的比較利益。

　　先進國家具有相對豐富的資本資源稟賦，適於研究創新生產出口資本密集產品；技術逐漸輸出轉移至其他已開發國家，利用高水準人力資本大量生產成長期產品並拓展市場；技術成熟後，具有相對豐富人力資源稟賦的落後國家，適於以較低成本複製生產出口勞動密集成熟期標準化產品。

　　台灣具備半導體技術和平面顯示器的製造管理技術，且擅長與國際大廠專業分工策略聯盟，產業發展具有利基。

💡 生活智慧：專業分工與國際貿易

　　技術貿易（technology trade）通常經由智慧財產權移轉、專利授權租售、跨國企業技術合作等方式，創造更大利潤與貿易利益。先進國家研究創新，技術領先享有比較利益而出口商品或技術；技術差距（technology gap）來自落後國家的技術落後、需求落後、模仿落後等原因，兩國技術差距的變化引發兩國進出口該產品的數量變化。

　　日本學者赤松要（K. Akamatsu）提出雁行理論（wild-geese-flying-pattern theory），認為先進國家有如雁行首領，創新產品後其他國家如群雁列隊跟隨，依產品生命循環之比較利益，形成一完整的國際專業分工產業體系，並帶動經濟持續發展與國際貿易的順利進行。產業發展由完全仰賴進口，技術轉移後逐漸減少進口，增加生產至自給自足再逐漸擴張出口，亦呈 V 字雁行型態。

　　後進國家因缺乏資本且技術落後，最初完全仰賴先進國家進口創新期產品；技術輸出轉移後，以較低成本複製生產標準化成熟期產品，累積資本並逐漸縮短技術差距，進入進口替代階段；技術差距貿易減少至停止，進入自給自足階段；進而大量生產出口，進入出口擴張階段；利用高水準人力資本，生產成長期產品並拓展市場，進入已開發國家階段。

　　美國經濟學家及紐約時報專欄作家，新凱恩斯主義經濟學派代表保

翻轉吧～經濟學！給您看得懂用得到的經濟原理

羅‧羅賓‧克魯曼（Paul Robin Krugman），1991 年獲得克拉克獎章，2008 年諾貝爾經濟學獎得主。研究領域包括國際貿易、國際金融、貨幣危機與匯率變化理論，對國際貿易與經濟地理學貢獻良多。早在 1979 年就提出新的理論模型，解釋產業內貿易現象，顯示規模經濟如何影響貿易模式與經濟活動的區位。

國際貿易不只發生於專業分工之不同產業間相互交易，亦可能同時進出口同一產業的產品，進行產品異質化產業內貿易（intra － industry trade）。各自專業生產其比較利益優勢產品，而各國消費者均可增加異質產品之選擇，並享有較低廉的價格支出。同質性標準化產品，因國內外運輸成本不同、季節性產量差異、轉口倉儲批發、加工再出口、自由貿易區的貿易偏轉等因素，亦形成進出口同一產業同質產品的產業內貿易。在自由化與國際化下，我國產業應發掘適於專業生產出口的產業發展，進行產品異質化增強貿易競爭力。

克魯曼主張要對富人課稅並封殺諸多避稅漏洞，抨擊雷根時代吹起的新自由主義資本經濟風潮，認為沒有管制的資本階級是造成災難的主因；在 1983 年到 2008 年間，25 年中全美國經濟成長果實落入金融業和跨國企業高層 1% 的人口手中，而廣大中產階級所得並沒有增加，還被通膨變相減薪。1996 年出版《流行國際主義》準確預測亞洲金融危機而聲名大噪，是著名的經濟預言家。提出所謂的亞洲奇蹟遲早會幻滅，認為在高速發展的繁榮時期已潛伏著深刻的經濟危機，將在一定時間內進入大規模調整；1997 年該預言成功驗證，奠定了克魯格曼作為新一代經濟學大師的地位。

經營管理：跨國企業管理

國內企業挾其母公司所擁有的各種資源和經驗，海外直接投資（foreign direct investment；FDI）到海外尋找技術、市場、原料採購、資金籌措和其他經營上的優勢，以維持企業成長。區位的選擇，考慮其從事生產、採購、行銷或研發的成本高低、國家或地區的需求狀況，依企業策略目標，評估各區位與營運有關因素對策略目標貢獻程度，是否具備其他支援性工業；一個國家或地區的生產要素，企業最關切勞動成本的比較利益。

跨國企業（transnational corporation）廣義是指企業產品或活動延伸至國外市場，無論是出口、授權、委託代理或加工等活動均屬之，未必需要進行海外直接投資。狹義的企業國際化，跨國企業必須是在海

外設有實體，且與國內母公司在同一決策體系下運作，有實際的國外直接投資活動。

多國籍企業（multi－national enterprise；MNE）起源於某一國的企業，在其他國家（至少兩國）有穩定的經濟活動，有充分的控制權力，而且每年的營業額佔其總營業額的 1% 以上。本國的企業稱為母公司，而在其他國家的分支機構稱為海外子公司；母公司對子公司的控制，可以是財務方面（擁有子公司半數以上的資本）、管理方面（訂定經營契約）、技術方面（技術轉移）。

廠商赴國外投資是為了延續其產品的比較利益，當產品技術定型化後，即可將生產基地移到工資和技術水平較低的國家以降低生產成本。為克服地主國市場特性、風俗習慣差異及決策不確定性的不利因素，以相對風險性較低之延伸網路或群體移棲之國際化生產模式，有效利用產業分工生產體系及企業內部資源。企業在其主要市場漸進式國際化，初期以國外代理商進入市場，隨產銷規模擴大銷售比例逐年增加，自創品牌國際行銷，通常會在其主要市場建立專屬通路，並直接投資海外子公司。次要市場則採代理商通路，隨著海外經驗增加企業對國外投資金額也隨之加碼，由控制程度較低的代理商拓展市場方式走向合資，甚至透過購併或新設公司走向獨資。

多國籍企業的經營利用國際資源，彌補國內之不足，並積極提高國際合作，獲取更佳經營成果，不只對母國與地主國經濟成長有貢獻，對世界經濟成長更有影響力。在當地投資有利當地就業，且可避免地主國外匯流出，對貿易平衡大有助益。潛在優勢包括確保主要原料供應、進入新市場、開發低成本的生產要素、平衡全球資訊管道、多重市場區隔化的競爭優勢，並且利用優勢進行新的策略規範。

國際化策略是以世界為基礎，通常為大國或技術領先的國家所採用，利用其母國的創新與知識來擴展其海外的競爭地位，根據該國或地區顧客的偏好、產業特性和政府法規，來決定其產品之差異化程度，充分掌握地區的反應與差異的彈性。策略聯盟或國際合作可作為企業進入海外市場，獲得知識、技術的主要手段，從合作關係中學習與成長。

ⓢ 投資理財：新興國家金融市場

國家或地區的人均國民生產總值（GNP）沒有達到世界銀行劃定的高收入國家水平就是新興市場（Emerged Markets）；成熟市場（Developed Markets）是相對高收人發達國家或地區的金融市場。

MSCI 新興市場指數（MSCI Emerging Markets Index）認定的新興市場，隨各國的經濟發展也會有所調整。亞太涵蓋亞洲太平洋地區，新興國家不包含日本，主要包括中國、印度、東協（泰國、印尼、菲律賓、馬來西亞）、台灣、南韓等。拉丁美洲涵蓋中南美洲加勒比海地區，主要包括巴西、墨西哥、智利、秘魯等，經濟支柱大多依賴農作物、礦物、石油等原物料。東歐國家以俄羅斯為首，包含波蘭、匈牙利、捷克等。中東非洲國家包含南非、沙烏地阿拉伯、埃及、土耳其、阿聯酋等。

金磚四國是主要代表，國家經濟發展快速，大幅降低主權國家債信風險。巴西（Brazil）、俄羅斯（Russia）、印度（India）和中國（China），其英文起首字母合組稱之為 BRIC，一般用來定義新興工業國家。美國高盛公司首席經濟師吉姆·奧尼爾（Jim O'Neil）首次提出這一概念，預測到 2050 年世界經濟格局重新洗牌，金磚四國將超越包括英國、法國、義大利、德國在內的西方已開發國家，與美國、日本躋身全球新的六大經濟體。

新興市場國家雖然在國民所得、資本市場、工業化程度等方面尚未成熟，但並不是落後國家，而是開發程度已經有一定基礎，隨著經濟發展與全球市場的緊密連結，可為先進國家提供勞動力與資源，經濟發展與所得正在快速提升。新興市場發展尚未成熟，在金融制度、商業規範、市場規模、流動性、開放程度、政治環境等方面，伴隨著較大的風險，市場波動也比較大。經濟發展和人均 GNP 的水平已跨進高收入國家的行列，若資本市場與商業機制不成熟，仍然會被認定為新興市場。

巨大的成長潛力讓新興市場成為投資人的目標，全球化程度較低的國家也可能吸引投資人興趣，因輸入性通膨較低、對外資的依賴程度不高，貨幣政策走向與已開發國家分歧的彈性等。觀察重點包括原物料價格走勢、主要國家央行貨幣政策、美國與歐元區通膨、中國經濟落底回升帶領新興市場經濟穩定。

新興市場債券包含國家發行的公債和私人企業發行的公司債，特性是債券殖利率高但風險也相對高。只要國家或公司不倒，債券就不會發生違約；不過如俄羅斯、希臘、阿根廷、墨西哥等，歷史上都曾有違約紀錄。新興市場產業結構包含製造轉出口或原材料輸出，基本面與全球經濟發展和製造業循環週期息息相關，全球最大的終端需求市場美國、世界最大製造工廠中國以及整體製造業循環位階成為主要關注焦點。當美元表現強勢國際資金回流美國，新興市場常出現明顯的修正；而當美

元表現弱勢時，熱錢流竄至海外市場，新興市場則有機會走出一波強勁的上升趨勢。

五十六、壁壘分明～保護主義

壁壘分明泛指防禦工事，軍事上防禦用的圍牆比喻對立的事物，彼此界限清楚不相混淆。貿易保護主義（Protectionism）為了保護本國產業免受國外競爭壓力，而對進口產品設定較高關稅、限定進口配額或其它減少進口額的經濟政策，重商主義認為保持可觀的貿易順差對國家是有利的。

一國針對直接強勁的競爭對手加強保護主義而對其他國家放鬆，分別採用自由貿易和保護主義政策，以保護本國經濟的持續發展，增強其在國際中的競爭力。保護就業（employment protection）論者認為，壓抑進口可增加本國產品的需求，提高國內產出、所得與就業水準。保護工資（wage protection）論者則主張，貿易障礙可以減少進口低工資產品，以維持本國勞工享有高工資。

政府為保護國內的產業與經濟表現，貿易障礙（Trade barrier）以各種政策限制國際自由貿易之進行。政府對進口產品課徵關稅以提高其價格，或以進口限額直接減少其數量；政府對出口產品補貼，以降低其成本增加其數量。

從價關稅（ad valorem tariff）依進口產品價值的百分比，亦即依據稅額占進口金額的比例課徵，進口價格愈高則稅額愈高，通常為稅率固定之比例稅。從量關稅（specific tariff）依進口產品的某一數量單位，亦即依據稅額占交易數量的比例課徵，交易數量愈高則稅額愈高，通常為稅率固定之比例稅。混合關稅（combined tariff）對同一進口產品，同時依據價值與每一數量單位課徵稅額。變動關稅（variable levy）依進口產品的國內外相對價格差異調整稅率，使該產品的國內稅後價格維持穩定。

政府課徵關稅的目的為增加收入稱為收入關稅（revenue tariff），通常稅率較低，以不影響國際自由貿易為原則；若課徵關稅目的為保護國內產業則稱為保護關稅（protective tariff），通常稅率較高使消費者減少進口需求而以國內的產品替代，對進口者有不利影響，又稱為經濟關稅（economic tariff）；若課徵關稅稅率高至貿易完全停止，則稱為禁止性關稅（prohibitive tariff）。

舊式保護主義（old protectionism）因課徵關稅使進口產品成本提高而價格上漲，又稱為關稅障礙（tariff trade barriers）。以其他方式限制國際貿易則為新式

保護主義（new protectionism），政府直接限制進口數量，限額（quota）通常以進口簽證許可國外生產者的進口數量，或以外匯管制分配國內進口商的進口數量，又稱為非關稅貿易障礙（non－tariff trade barriers）。出口商有時會自願出口設限（voluntary export restrain；VER），以獲得額外利益。

政府對某些特定產品亦可能採取出口設限（export restrain），例如為提高價格收入而以量制價，為保護相關產業發展而對其關鍵原料、零件、技術等限制出口，或為國家安全等政治因素限制戰略性物質、技術等出口。進行國際貿易將產業的技術知識外傳，技術傳播（technology diffusion）使該產品的比較利益發生轉移。關鍵性產業的技術外溢（technology spillover）可以帶動其他相關產業的成長發展，應保障該等產業的產品能在國際市場公平競爭。

以貿易障礙限制高科技廠商外移，保護本國高科技產業的領先優勢。

補貼（subsidy）又稱為負關稅（negative tariff），直接方式由政府給付金額予出口廠商，但為世界貿易組織所禁止；通常採間接方式，例如低利貸款、減免租稅等獎勵方式，降低國內生產者之出口成本。出口補貼可能造成國內市場短缺或售價高於國外，進口國也可能以加徵關稅方式對抗不公平競爭。

國際貿易以低於同類產品正常價格進口而傷害國內產業，對低價促銷的進口產品加徵關稅，稱為反傾銷稅（anti－dumping tariff）；對接受外國政府補貼的進口產品提高關稅稅額，稱為平衡稅（countervailing tariff）；外國政府對我國出口產品差別待遇，對該國進口產品加徵關稅稱為報復關稅（retaliation tariff）。

重商主義（mercantilism）不認為國際貿易可以使雙方均有利，而主張以貿易障礙保護國內經濟。國家進行國際貿易，應長期維持出口大於進口之貿易順差，以累積國家財富（黃金或外匯存底）；若發生逆差將減少國家財富，因此設法刺激出口並壓抑進口，不惜以貿易障礙創造順差增強國富。

後進國家在發展潛力產業的初期，幼稚產業（infant industry）經驗不足規模太小須先保護其生存。若任由其與已具強勢的先進國家產業直接競爭而失敗，將失去發展成長的機會，因此短期內應先以貿易障礙減少其競爭壓力；具有國際競爭力後改採自由貿易，即可彌補貿易障礙期間的經濟福利損失。貿易障礙亦保護民生國防等國家安全（national security）產業，使其達到自給自足，保障國計民生的目標。

若潛力產業的評估認定失當，或在保護環境下失去競爭動力不能成長發展，將造成資源浪費而降低經濟福利。

後進國家出口的產品難與先進國家直接競爭，且易受國際價格波動影響其收入，因此依賴理論（dependency theory）主張出口悲觀（export pessimism），後進國家不要發展出口擴張（export promotion）依賴國外市場，而應設立貿易障礙，以進口替代（import substitution）政策保護國內產業，在國內市場取代進口產品。經濟多樣化（diversified economy）論者則認為，可以藉由貿易障礙保護本國產業的多樣化發展，降低國際市場波動之影響。對於外國政府的不公平貿易政策採取反制，迫其開放市場，亦即為特定市場掃除貿易障礙，以保護該等產業的成長發展，又稱為管理貿易（managed trade）。

開發中國家參與國際貿易，出口初級產品而進口工業產品，易受國際價格波動影響其收入，貿易條件惡化形成貧窮惡性循環，稱為成長貧乏（immiserating growth）。開放經濟體系之國外迴響（foreign repercussion）效果，因兩國相互誘發出口需求，所得增加幅度（所得乘數）比封閉經濟體系更大。

一國對外貿易與國內生產總值（GDP）的比值（以美元計價），貿易依存度用於衡量一國經濟對國際市場依賴程度的高低，或國內市場的開放程度；又可分為出口依存度與進口依存度，即進出口金額分別相對於 GDP 的比值。

生活智慧：本位主義與經濟整合

本位主義是只顧自己不顧別人的一種作風，指小團體主義或個人主義，在處理單位與部門、整體與部分之間的關係時只顧自己不顧大局，對別部、別地、別人漠不關心；缺乏大局觀和全局意識，無論利弊得失都站在局部的立場，與之相對的是集體主義。

許多國家之間進行經濟整合，區域貿易集團化（regional trading block）例如自由貿易區、關稅同盟、共同市場、經濟同盟等，強化區域內的貿易但排擠區域外的貿易。會員國間經貿合作產生貿易創造（trade creation）效果，對區域外國家減少經貿往來則發生貿易轉移（trade diversion）效果。提高會員國的市場競爭力，為增強競爭效果（intensified competition effect）；會員國的廠商擴大生產並有利技術創新與傳播，稱為規模經濟效果（scale economy effect）；區域內的貿易成本與政策固定可以吸引投資，稱為降低不確定效果（lessened uncertainty effect）。

自由貿易區（free trade area；FTA）會員國間取消彼此之關稅與貿易障礙，但對區域外國家則由會員國各自訂定關稅；即區域內會員國間進行自由貿易，而各會員國對區域外仍各別維持不同程度的貿易障礙。非會員國的產品可能進口至關稅較低之會員國，再轉運至關稅較高之會員國，形成自由貿易區的貿易偏轉（trade deflection）問題。關稅同盟（customs union）會員國間取消彼此之關稅，且對區域外國家採取一致的關稅，即區域內進行自由貿易，對區域外有相同程度的貿易障礙，而不會發生貿易偏轉問題。

共同市場（common market）會員國間除了產品（財貨勞務）自由貿易，各種生產要素（人力、資本）也可以在區域內自由移動，更進一步整合勞工、金融等政策。歐洲共同市場於 1967 年整合為歐洲共同體（European Community；EC），1994 年成立歐洲聯盟（European Union；EU）。

1998 年組成歐洲中央銀行（European Central Bank；ECB），德國、法國、義大利、荷蘭、比利時、盧森堡、愛爾蘭、西班牙、葡萄牙、芬蘭、奧地利 11 國成為歐元（Euro）的首批加盟國。1999 年歐元正式啟用，以非現金形式計價並進行清算，但各會員國原有通貨仍並存。2002 年歐元貨幣開始流通，各會員國逐漸回收原有通貨而改為歐元進行交易，歐元正式取代成為法定貨幣。各會員國之間可以降低匯率風險、減少交易成本、商品定價透明化、金融市場流通深化；但推動過程與通貨改變耗費相當成本，國際經濟與物價波動時無法彈性調整各國匯率，而直接影響各會員國國內經濟、物價與國際收支均衡。

亞太經濟合作會議（Asia Pacific Economic Cooperation；APEC）於 1989 年成立，會員包含太平洋兩岸的主要國家，為一區域經濟合作論壇，定期諮商各項區域內經濟合作方案，但因各會員國間經濟發展程度差異大，要進一步推動區域經濟整合則有困難。

👤 經營管理：貿易規範與反全球化

為規範各國貿易的行為準則，1947 年在瑞士日內瓦，最初由 23 國簽署關稅貿易總協定（General Agreement on Tariff and Trade；GATT），主導多邊談判，普遍大幅減除貿易障礙，包括降低關稅、廢除限額、開放市場等，並以最惠國待遇為原則。遵守協定準則的國家超過一百國，其所進行之國際貿易占全世界 90％ 以上，並以此為基礎經過八回合會議。

依據 1986 年的烏拉圭回合（Uruguay round）談判原則，於 1993 年達成協議，1995 年正式成立世界貿易組織（World Trade Organization；WTO）。GATT 為過渡性國際協定，WTO 則具有國際組織法人地位，定期全面檢討各會員國貿易政策措施，由一般理事會統一解決紛爭。中國在 2001 年成為 WTO 的第 143 個會員，而台灣也在 2002 年以「台灣、澎湖、金門、馬祖個別關稅領域」名義，正式加入 WTO 成為第 144 個會員。

貿易的公平普遍不歧視原則，最惠國待遇（most favored nations；MFN）即優惠貿易待遇必須普遍適用於所有 GATT 締約國；雙邊談判達成的貿易條件亦適用於其他締約國，形成多邊協議的效果。進口產品通過海關後，其所受待遇應與國內的其他產品相同，國民待遇（national treatment）為產品的公平普遍不歧視原則，亦即進口國政府不得對進口產品採取更嚴苛的管理標準，如政府差別性採購政策、環境健康安全管制檢驗規範、稅務行政干擾等。

全球化是世界邁向相互依存整合的歷史趨勢，但跨國企業將工作出口至工資低的國家，造成其本國的失業率提升，而且選擇稅率低的國家繳稅，獲得不成比例的盈餘。反全球化包括擔心失業、反對新經濟自由主義與資本主義世界體系、國家農產品保護、認為全球化加劇環境惡化等。經濟規模較大的經濟體吸納周邊的小經濟體，包含經濟、勞工、政治以及文化等層面；強大的經濟體也強勢輸出經濟、勞工、政治、文化等各層面的商品與價值觀點。

台灣與中國的經貿往來在 WTO 架構下運作，2010 年簽訂兩岸經濟合作架構協議（Economic Cooperation Framework Agreement；ECFA），依據 WTO 規範來設計協定內容，免關稅或市場開放，包含早期收穫、服務貿易、投資保障、防衛措施、經濟合作，及爭端解決機制等，屬於兩岸特殊性質的經濟合作協議；只規範兩岸經濟合作事項，不涉及主權或政治問題。

2013 年依據 ECFA 簽署的「海峽兩岸服務貿易協議」，由於擔憂可能使臺灣在經濟與政治上更受中國大陸操縱，2014 年臺灣學生主導並且佔據立法院議場發生太陽花學運，該協議在台灣社會造成廣泛的討論和爭議而被擱置。允許中國企業來臺，有助於增加臺灣的就業機會、改善臺灣勞工的勞動條件及待遇，增加臺灣服務業的良性競爭；但陸海空運輸業、電信業、批發、零售全面開放造成國家安全問題，反對的聲音擔心中國老闆及幹部進來管理臺灣人，可能為臺灣帶來巨大的社會成本以及政治、主權方面的衝擊。

⑤ 投資理財：存託憑證與複委託

美國存託憑證（American Depositary Receipts；ADR）將股票交給託管銀行進行二次發售到美國上市，每個股票會有不同換算至 ADR 的比例，將公司股票交付給國外存託機構，發行以當地幣值計價的股票憑證，出售給投資人。發行 ADR 要達到的要求比掛牌上市簡單，可以節省更多時間及減少繳納的稅務。交易 ADR 和交易普通股票一樣，可以使用股票交易平台。ADR 和股票的價格有差別稱為 ADR 的折價或溢價，賺取差價的操作會慢慢縮減回到正常比例。

非美國的上市公司在美國發行 ADR，非台灣的上市公司在台灣發行台灣存託憑證（Taiwan Depositary Receipts；TDR），而在兩個以上外國股票市場交易稱為全球存託憑證（Global Depositary Receipts；GDR）。外國公司問責法案（TheHolding Foreign Companies Accountable Act）規定美國監管機構必須在三年內成功審查中國公司的審計情況，否則該中國公司將被逼退出美國證券市場；股票持有者須在期限內出售或轉換成該股原始交易所普通股票，不同的券商有不同的轉換方式。在美國交易的股票無論是普通股還是 ADR，都要通過美國證監會（SEC）的批准才能上市發行，保障投資者的利益。

紐約交易所（NYSE）及納斯達克交易所（NASDAQ）是世界上資金流動量最大的交易所，發行 ADR 的公司不只能募集美國投資人的資金，也能提升企業在美國市場的知名度。對美國投資人來說，由於存托憑證是以當地貨幣計價，購買 ADR 不必考慮國外的交易制度、匯率等成本，可用購買美股的方式簡單買到非美國公司的股票。買到的都是同一家公司，只是上市地點、購買幣別不同，最大的差別是交易成本、計價方式。

投資美國股票在配息時會扣 30% 稅款，但 ADR 的公司不是在美國註冊，所以美國政府不會徵收預扣稅，而是依據各國規定扣稅。台灣也對海外所得課稅，但免稅金額很高，投資人全年海外所得若未達 100 萬元可不計入基本所得額；個人基本所得額超過 670 萬元的餘額再以 20% 稅率計算。

投資美股除了開海外的證券帳戶，透過國內股票券商複委託也是一種方式。複委託（Sub－brokerage）就是受託買賣外國有價證券業務，委託國內券商去國外交易所下單買賣海外股票或 ETF 標的。複委託的優點是安全性高、熟悉的證券和銀行、交易軟體熟悉，缺點為費用比海外券商高，要注意最低手續費。使用海外低手續費的券商，只需負擔極低的賣出手續

費給美國政府；複委託買入賣出都需要交易手續費，如果頻繁交易成本會非常大。

投資中國股市主要透過香港券商、海外券商、中國券商、本地券商複委託以及基金平台，複委託除了能買美股，還能買港股、中國 A 股。陸股的散戶多、周轉率高，追高殺低的羊群效應也相當明顯。掌握中國的經濟狀況，可以觀察鐵路貨運量、耗電量和銀行貸款餘額等數據，推估中國實體經濟指標。

五十七、柳樹理論～外匯干預

2005 年時任台灣央行總裁彭淮南提出「柳樹理論」：匯率需具有彈性始能化解外來衝擊，正如同柔軟的柳樹面臨狂風不會折斷。匯率如固定不變，易受投機客攻擊引發危機；匯率波動幅度擴大，可減輕外資大量進出的衝擊。實際操作上，央行不會於盤中強力買匯阻升，而是透過匯率自行調整消化美元賣壓，尾盤再利用以拖待變的作價方式，給予新台幣喘息空間；副作用就是當日收盤價與盤中匯價嚴重失真，造成隔天匯市開盤新台幣出現彈升。

為抵禦美國等先進國家央行大規模 QE 產生的外溢效果，央行近年實施柳樹理論，啟動逆風操作，盤中讓新台幣匯率適度升值，尾盤再一次壓下匯價，延緩新台幣匯率升值速度。風來了柳樹先搖一搖，尾盤再回到原本位置，副作用就是柳樹擺動幅度愈來愈大。

外匯（foreign exchange）是可以作為國際支付工具的外國通貨或是對外國通貨的請求權，必須國際間共同接受可兌換，如外國貨幣、存款、支票、匯票、證券、債權等。兩國不同貨幣之間互相兌換的比例，以一種通貨換取另一種通貨所應支付的單位成本，匯率（exchange rate；e）亦即外匯的交易價格，又稱為雙邊匯率。即期匯率（spot rate）為外匯現貨市場的即期交易，外匯買賣與交割手續同時完成所依據的兌換價格，銀行結匯或立即結清的交易付款。

匯率通常有兩種表達方式（互為倒數），直接報價法（direct quotation）為一單位外國貨幣折換本國貨幣之單位數，又稱價格報價或付出（giving）報價，代表外匯幣值，為美系所採行；間接報價法（indirect quotation）為一單位本國貨幣折換外國貨幣之單位數，又稱數量報價或收進（receiving）報價，代表本國幣值，為歐（英）系所採行。我國目前採用國際較通用之直接報價法，亦即以一

翻轉吧～經濟學！給您看得懂用得到的經濟原理

單位外國貨幣為基準折換（付出）多少新台幣，例如 1 元美金兌換 30 元新台幣。匯率由 30 升至 33，代表美金升值（appreciation），對台購買力增加（有利台出口）；而台幣貶值（depreciation），對美購買力減少（不利台進口）。

　　貨幣資金的使用不限於國內，當進行國際貿易或前往國外時，必須兌換成當地國貨幣才能使用支付。進行外匯買賣交易稱為外匯市場（foreign exchange market），促使國際間資金移轉通暢，國際貿易順利進行，並便利拋補外匯而減少匯率變動風險。

　　一般大眾通常透過商業銀行買賣外匯，在台灣只有經主管機關核准的外匯指定銀行才能經營外匯業務；外匯經紀商則扮演仲介角色，提供資訊並撮合交易以節省買賣雙方的蒐尋成本；中央銀行亦是外匯市場的主要參與者，為配合政策動用其可操控的龐大資金買賣外匯，因而影響市場供需進而達到調整匯率的目標。外匯指定銀行向其他銀行、外匯經紀商、中央銀行批發外國貨幣，零售予一般大眾，牌告匯率之銀行買價（bid rate）較低而銀行賣價（offer rate）較高，商業銀行提供大眾買賣外匯服務而賺取價差。

　　由政府決定宣布匯率水準為價格管制方式，通常貿易逆差國家採取貶值政策而貿易順差國家採取升值政策，以改善國際收支。政府亦可以行政命令進行資金移動管制政策，限制交易條件或資金流動以穩定金融市場，是為數量管制方式。中央銀行將本國貨幣與外國貨幣之間互相兌換的比例，固定在一特定匯率水準不隨意變動，固定匯率制度（fixed exchange rate system）又稱為穩定匯率制度（stable exchange rate system）。

　　固定匯率制度可以降低國際經貿活動之匯差風險，但國際經濟與物價波動時無法彈性調整，外匯市場無效率而直接影響國內經濟、物價與國際收支均衡。固定匯率代表外匯之價格固定，不能依外匯市場的供需調整，當固定匯率價位非均衡價格，出現外匯超額供給或超額需求。

　　純粹浮動匯率制度（pure floating exchange rate system）匯率完全由外匯供需所決定，尊重外匯市場的自由機制決定均衡價格而不加以干預，又稱為乾淨浮動（clean floating）。央行買賣外匯非以干預匯率為目的，不須持有大量外匯準備。藉由匯率的彈性調整，可以減緩國際因素對國內經濟活動及國際收支平衡的衝擊，國內貨幣政策更獨立有效；但匯率經常波動不定，亦使國際經貿活動成本難以控制而形成匯差風險，吸引套匯投機使外匯市場不穩定。

　　管理浮動匯率制度（managed floating exchange rate system）匯率基本上由外匯供需所決定，尊重外匯市場機制決定均衡價格，但央行可以進入外匯市場操

作，買匯使外匯需求增加，賣匯使外匯供給增加，影響外匯市場供需進而干預調整均衡匯率，又稱為外匯干預（foreign exchange intervention）或污穢浮動（dirty floating）。管理浮動匯率制度介於固定匯率與純粹浮動匯率之間，原則上由外匯市場自由運作，當匯率波動過大而影響國際經貿活動成本或匯率區間偏離政策方向時，央行才會進場干預。兼顧固定與浮動之優點，可以減緩國際因素對國內經濟活動及國際收支平衡的衝擊，亦使國際經貿活動成本易於控制而降低匯差風險，但央行須有足夠外匯準備。

人民支付新台幣搶購美金外匯，造成新台幣貶值而美金升值。央行為穩定匯率，在外匯市場操作賣出美金外匯買回新台幣，造成美金回貶而新台幣回升。

許多外匯市場發展尚未成熟的國家採行釘住（pegging）匯率制度，將本國貨幣與某主要國家貨幣固定在一特定匯率水準，而隨該指標貨幣匯率與其他國家貨幣浮動，較偏向干預市場之固定匯率（釘住）。若指標貨幣匯率波動劇烈，亦同時承擔與其他國家貨幣之匯差風險。例如釘住美元匯率，將本國貨幣與美元匯率固定在一特定水準，而隨美元升貶與其他國家貨幣匯率浮動；為避免美元波動風險，可以釘住一籃主要通貨之平均價位。

我國於 1963 年固定 1 元美金兌換 40 元新台幣，1973 年調整固定匯率釘住美元至 38，1978 年釘住美元至 36 後，於 1979 年起改採管理浮動匯率制度。

有效匯率（Effective Exchange Rate；EER）是指數化的複合匯率，以多邊間接匯率（一單位本國貨幣折換外國貨幣）加權平均值，代表本國幣值的相對變化。

🔆 生活智慧：認識國際貨幣組織

世界銀行（World Bank；WB）為國際重建開發銀行（International Bank for Reconstruction & Development；IBRD）之簡稱，於 1945 年底成立。會員國認股比例依該國經濟占全球經濟之比重而定，提供長期貸款促進戰後重建，並協助開發中國家調整經濟結構。

國際貨幣基金（International Monetary Fund；IMF）於 1947 年正式成立營運，會員國提撥基金額度及表決權依該國人口比重、國民所得、對外貿易、外匯存底等經濟實力而定。共同研商促進國際貨幣金融合作，維持各國正常匯兌關係，以推動國際貿易均衡發展，提供會員國必要之國際

融通與金融改革，解決國際收支失衡問題。世界銀行協助新興國家經濟發展，國際貨幣基金協助處理金融風暴。

1969 年 IMF 創設特別提款權（special drawing right；SDR），相當於一籃通貨，由美元、英磅、法郎、日圓、馬克五種主要貨幣構成，是會員國在 IMF 架構內交易會計帳之通用計價單位，歐元流通後 2001 年起取代法郎與馬克。各會員國依其在 IMF 之提撥基金比重分配 SDR 額度，為各會員國在 IMF 之存款提領權，並可兌換他國通貨，1978 年起 SDR 亦可為會員國提撥會費之貨幣。

亞洲開發銀行（Asian Development Bank；ADB；亞銀）1966 年成立，亞太地區會員國股份不低於資本額 60%，並引進其他地區開發資金及技術援助，協助亞太國家經濟發展，參與之歐美國家則可擴展其國際影響力與貿易機會。亞銀資金主要由會員國投資認股及捐贈，亦發行亞銀債券，創設各種特別基金，對開發中會員國提供優惠融資條件，協助合作計劃。

國際清算銀行（The Bank for International Settlements；BIS）為世界各國央行的中央銀行，負責協調各金融機構之間的業務往來，尤其是跨國中央銀行業務；為跨國金融監理機關的相互協調與合作機制，穩定跨國金融貨幣市場。位於瑞士的巴塞爾（Basel，Switzerland），成員包括比利時、加拿大、法國、德國、義大利、日本、盧森堡、荷蘭、西班牙、瑞典、瑞士、英國、美國等十三國，成立巴塞爾委員會，國家代表來自該國的中央銀行，或者由該國的金融監理機關人士所組成。

新版巴塞爾資本協定（New Basel Capital Accord；Basel II）2004 年公布，對象不限於巴塞爾委員會的成員，希望擴大到全世界各個國家都適用，標準化國際上的風險控管制度；提出實用的觀念與方法以期降低各種金融風險，讓跨國金融的運作更加順暢。新架構以風險管理為基礎的三大支柱，包括最低資本要求（minimum capital requirement），確保行庫有足夠資本因應風險；機關監理（supervisory review）國家確保各行庫徹底執行風險管理，主管金融機關內部管控程序及資本適足情形；公開市場揭露（market discipline）規範金融機構的各種公開報表，讓社會大眾共同監控行庫的風險營運。

👤 經營管理：匯兌風險管理

國際貨幣的價格（匯率）隨市場供需之變動而漲跌，產生國際貨幣兌換損失之匯率風險（exchange rate risk），價值波動而帶來利潤或損失。

原始交易發生至到期結算，匯率價格的變動使交易商品或契約產生價值波動，所曝露的可能損失稱為交易風險（transaction exposure）。匯率價格的變動所曝露的可能損失為經濟風險（economic exposure），影響公司的銷售量價、成本控制等企業價值。台灣是外銷導向國家，面臨匯率風險必須採取避險措施。

國內出口商外銷產品取得外匯，透過衍生性金融商品避免匯兌損失，銀行也提供多元化的避險管道。企業財務報表中會反應匯兌風險的項目是資產與債務相減之後的外幣淨部位，將換算調整數列入損益表，隨著匯率變動而變動，使各期淨利產生很大波動，曝露可能的損失。債務與資產的部位相當，即使有匯率變動，事實上沒有匯兌風險，稱為自然避險（natural hedge）。企業財務運作來減少帳面上的匯兌損失，稱為會計避險（accounting hedge）。未來的外幣收入資產變成額外的貨幣匯兌風險部位，形成了過度避險（over hedge）。

通常國際貿易買方先訂貨，未來賣方出貨或交貨時買方才買匯支付貨款，為避免此一期間匯率波動造成損失，可先簽訂外匯買賣契約以未來交易而現在先訂定的外匯兌換價格，遠期匯率（forward rate）鎖定價位避險，亦可在匯率波動投機賺取價差或套利。

中央銀行對於外匯避險的管理嚴謹，遠期貨幣以及選擇權之買賣都需附有相對應資產或債務，如貸款或買賣合約，並有詳細載明金額的債務或債權，沒有相應本金的金融運作就有投機之嫌。多國籍企業設立淨額清算中心管理外匯，各子公司之間的購貨銷售，在一特定日期以相互抵消後的差額收付款項，簡化外匯轉換過程，並降低曝露風險及相關費用成本。國外子公司之資本資產匯率轉換時採用歷史匯率，取得這些資產時之匯率符合成本原則。以現金流量管理減少外匯風險的曝露程度，預期升值貨幣的款項加速支付而延後收款，預期貶值貨幣的款項加速收款而延後支付；極大化強勢貨幣的資產並極小化弱勢貨幣的負債，但須衡量相關法令與契約之限制。

央行公開市場操作消除外匯干預對國內貨幣供給額的不利影響，稱為沖銷（sterilization），以維持國內貨幣供給額穩定。當政府採取貶值政策或避免本國貨幣持續大幅升值，央行進入外匯市場賣出本國貨幣（供給增加使本國貨幣貶值）交換買進外匯（需求增加使匯率上升），央行釋出本國貨幣造成國內貨幣供給增加，央行可發行或賣出票券由金融市場支付資金購買，造成央行收回過剩通貨之沖銷政策效果；若政府採取升值政策

或避免本國貨幣大幅貶值，央行賣出外匯（供給增加使匯率下跌）交換買進本國貨幣（需求增加使本國貨幣升值），央行收回本國貨幣造成國內貨幣供給減少，則央行支付資金購買市場票券，造成央行釋出通貨回補貨幣供給之沖銷政策效果。

⑤ 投資理財：外匯交易的致勝兵法

外匯交易指買入一種貨幣同時賣出另一種貨幣，外匯報價是貨幣對的形式，由報價（賣出貨幣）與基準貨幣（買入貨幣）構成，外匯市場流動性高的貨幣包含美元（USD）、歐元（EUR）、英鎊（GBP）、日圓（JPY）、瑞士法郎（CHF）、加元（CAD）、澳幣（AUD）和紐幣（NZD）等。

影響外匯價格波動的主要因素是供需關係，本國對外國的支付須買匯，因此外匯需求增加（匯率上升）且本國貨幣供給增加（本國貨幣貶值）；反之外國對本國的支付則外國須買本國貨幣，因此外匯供給增加（匯率下跌）且本國貨幣需求增加（本國貨幣升值）。本國對外國的支付包括進口財貨價款、外勞薪資、出國在外開支、對外國人分配紅利、償還本金、支付利息、貸放投資、資金外移等。外國資金流入購買本國商品，使美金因供給增加而匯率貶值，新台幣因需求增加而升值。

任何影響國際資金移動的因素，都將造成外匯供需變化進而影響均衡匯率升降，例如所得水準、相對利率、預期匯率、貿易政策、央行操作等。本國所得提升則進口能力增加，外國所得提升則本國出口增加。本國物價較高則出口減少，外國物價較高則本國進口減少。本國利率較高則外資流入購買我國金融資產，外國利率較高則本國資金外移購買外國金融資產。預期本國貨幣升值則外資流入，預期外國貨幣升值則本國資金外移。關稅與管制等障礙減少進口，出口補貼則增加出口。央行操作買匯使外匯需求增加，賣匯使外匯供給增加。央行賣出外匯，金融市場支付資金購買央行外匯，造成央行收回本國通貨之緊縮政策效果；央行支付資金購買市場外匯，造成央行釋出本國通貨之寬鬆政策效果。本國商品價格相對較低，則外國資金流入購買套利，使外國貨幣供給增加而新台幣需求增加。

一國的經濟發展水準越高，其貨幣價值越高。當一國經濟增速下降，會使用寬鬆貨幣政策，可能導致貨幣的價格下跌。美元具有較強的安全性和流動性，屬於避險貨幣。商品貨幣源於以大宗商品出口為經濟支撐的國家，如澳洲的礦業與加拿大的石油，澳幣和加幣就是典型的商品貨幣；大宗商品價格上漲，商品貨幣的價值也同步增長。外匯市場是世界上交易量

最大的市場，永遠不乏買家與賣家，不會被市場壟斷。除了突發事件之外，大多數會造成外匯市場震盪的經濟數據或會議決策皆有固定的發布時間，而全球投資人也幾乎在同一時間得知結果，可以消除資訊不對稱對於投資人的影響。

臺灣大部分銀行交易外匯商品的時間是早上 9 點到下午 3 點半，投資人可以透過線上或臨櫃交易外幣。國際匯市交易較熱絡的時間，大約集中於臺灣時間下午 3 點至凌晨 1 點，美國芝加哥期貨交易所（CME Group）的外匯期貨，交易時間是臺灣時間早上 6 點到隔日凌晨 5 點，交易類型包括人工盤和電子盤，國內外的合法期貨商都有提供服務。

五十八、未蒙其利先受其害～ J 曲線效果

1997 年從東南亞外匯危機引發成全亞洲的金融風暴，當時嚴重衝擊南韓經濟股市狂跌、外匯存底嚴重不足、韓元狂貶，失業潮、倒閉潮不斷。韓國不得已向國際貨幣基金組織 IMF 申請緊急救助貸款，同時也喪失經濟主導權。

短短兩個月之內，韓元從 890 兌換 1 美元狂貶 50％以上，至 1891 韓元兌換 1 美元。韓元貶值造成外債擴增和進口成本升高，抵消出口競爭力。由於外債和進口以美金計價，貨幣貶值換算成韓元舉債成本大幅攀升，遠遠超過企業獲利能力，最後導致企業倒閉的骨牌效應，重創經濟命脈。韓元貶值相對提昇出口競爭力，隨後經濟成長指標呈 V 型反轉，2000 年韓國外匯準備額超越史上最高 800 億美元，並於 2001 年償還 IMF 所有借貸。

一國政府的外匯存量，外匯存底（foreign exchange reserve）包括央行持有的外匯、特別提款權、在國際貨幣基金的準備部位等，代表該國的國際支付能力，或本國對外國的財產要求權。

國際收支逆差使外匯存底減少，國際收支順差則外匯存底增加。外匯存底少，代表該國的國際支付能力弱，國家債信評等降低。外匯存底多，代表該國的國際支付能力強，國家債信評等提升，但過多將造成國內貨幣供給增加而引發通貨膨脹壓力，且央行外匯資金閒置代表該國的經濟資源未充分有效運用。通常適當之外匯存底為該國三至六個月的進口支出，其國際支付能力即可以維持國家債信、幣值安定、物價平穩。

翻轉吧～經濟學！給您看得懂用得到的經濟原理

台灣因政治因素未能加入國際貨幣組織，須保有較高之外匯存底以維持國家信用，並足以自行因應各種對金融市場之衝擊。一旦國際收支出現逆差，或遭受外資投機客攻擊，台灣沒有 IMF 的奧援，一切都要靠自己。

一國在一段期間內，其居民與外國居民之間進行的各項國際經貿交易活動，國際收支平衡表（balance of payment；BOP）是以貨幣單位記載之系統紀錄，大多以美元計價。我國國際收支平衡表自 1997 年起依國際貨幣基金於 1993 年出版的第五版國際收支手冊，主要帳目分類結構為經常帳、資本帳、金融帳、央行國際準備資產等項，並以誤差與遺漏來調整可能之推估差異，維持借貸方平衡的會計原則。

台灣為全球主要債權國家之一，外債比例偏低、外匯存底充裕、外幣流動性充足，國際債信水準相當良好。

經濟利益中心（center of economic interest）居民包括家戶、企業、政府等經濟活動部門，而國內外居民並非以國籍區分，長期在我國從事主要經濟活動者即為我國居民，因此外國在我國的分支機構及派駐人員視為我國居民，而短暫居留（未滿一年者）及我國在外國的分支機構及派駐人員則視為國外居民。國際收支平衡表傾向屬地主義，應與主要通貨之使用有關。

本國中央銀行買賣外國資產之交易紀錄不屬於金融帳，而另立央行國際準備資產項目，準備資產（net foreign assets）又稱為外匯存底交易帳，或稱為官方準備交易帳（official reserve transaction account）。

央行國際準備資產變動＝經常帳餘額＋資本帳餘額＋金融帳餘額＋誤差與遺漏

央行資產的準備部位可以平衡前三項國際收支餘額，代表該國的國際支付能力。國際收支順差代表資金淨流入外匯存底增加使外匯供給增加，匯率下跌而本國貨幣升值，稱為順差失衡（surplus dis － equilibrium）；國際收支逆差代表資金淨流出外匯存底減少使外匯需求增加，匯率上升而本國貨幣貶值稱為逆差失衡（deficit dis － equilibrium）。國際支付能力無法償付外債則發生國際財務危機（international debt crisis）；本國貨幣大幅貶值為通貨危機（currency crisis）。

政府挹注資金及舉債救市，進一步引發貨幣及外債型金融危機，後續因大舉釋出資金導致貶值風險、財政收支惡化、外債持續擴大等衝擊。

本國貨幣貶值對我國國際收支的影響，隨時間增長使兩國進口彈性增大，貿易帳（X－M）先惡化再逐漸改善，對其貿易餘額之影響是先下降後上升，稱為J曲線效果。直接報價法之匯率上升，代表外國貨幣價值（購買力）上漲而本國貨幣貶值，可以增加我國出口，進而改善我國國際收支。

　　本國貨幣貶值之初（$t_0 \rightarrow t_1$），短期內兩國消費支出購買習性尚未改變，即兩國進口彈性之和小於 1，外國貨幣購買力上漲但尚未增加進口（我國出口），我國貨幣購買力下降亦未減少進口量，反而因一單位外國貨幣折換本國貨幣之單位數增加，進口成本提高進而惡化我國國際收支。

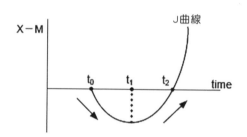

　　經過兩國消費支出購買習性調整，至兩國進口彈性之和大於 1，即外國貨幣購買力上漲而增加進口（我國出口），我國貨幣購買力下降而減少進口，才會逐漸改善我國國際收支（t_1 之後）。本國貨幣貶值對我國國際收支的影響，隨時間增長使兩國進口彈性增大，貿易帳（X－M）先惡化再逐漸改善，圖形上呈J形為本國貨幣貶值的J曲線效果；國際收支順差造成本國貨幣升值時的影響，國際收支呈現先增後減的效果，則稱為倒J曲線效果。

　　本國貨幣貶值可以改善我國國際收支，馬歇爾－勒納條件（Marshall － Lerner condition）是兩國進口彈性之和必須大於 1，即我國進口依賴減少而出口能力增加，否則國際收支反而惡化。

　　本國貨幣貶值的 J 曲線效果須符合馬歇爾－勒納條件，台幣貶值未必可以刺激出口擴張；本國貨幣升值會惡化我國國際收支的條件亦同，台幣升值未必影響出口擴張。

♀ 生活智慧：了解國際收支平衡表

　　經常帳（current account）包括財貨勞務進出口貿易、要素所得與支出、消費財無償移轉等之收支淨額。要素所得與支出包括工作薪資、租賃租金、投資與借貸之股利及利息等收支淨額。經常帳移轉是一國無償提供

翻轉吧～經濟學！給您看得懂用得到的經濟原理

他國實質資源或金融項目用於消耗性支出，國際的補助、捐贈、救濟等收支淨額皆屬之。

財貨勞務貿易包括一般商品進出口交易，以及跨國旅行、運輸、金融、教育等服務費用。商品出口值大於進口值則商品貿易帳餘額出現盈餘，稱為貿易順差（trade surplus）；商品進口值大於出口值則商品貿易帳餘額出現赤字，稱為貿易逆差（trade deficit）。一國若有貿易順差，代表該國是淨出售國內資產給外國人的賣方，會有正的淨對外投資。

資本帳（capital account）包括資本財無償移轉以及非生產性與非金融性資產交易之收支淨額，例如專利權、商譽等無形資產之買賣。資本財移轉是一國無償提供他國實質資源或金融項目用於資本形成，諸如捐贈資金設備、協助投資計劃、債務減免消除等收支淨額皆屬之。舊版 BOP 將所有無償移轉歸屬經常帳一項，新版 BOP 才依據用途細分為經常帳與資本帳。提供人道救援戰亂國家是經常帳移轉支出，協助友邦國家造橋鋪路等建設是資本帳移轉支出。

金融帳（financial account）衡量當期民間部門買賣資產的紀錄，包括直接投資、證券投資、其他投資等各種金融交易之本金收支淨額；舊版 BOP 分為長期資本與短期資本而無金融帳，新版 BOP 則不再以到期期限區分長短期。

直接投資是以控制其他企業經營權為目的之國際資本移動，諸如有形資本、分支機構、商標、技術、管理等經營資源之移動。證券投資又稱為間接投資，非以控制其他企業經營權為目的，包括各種股票、債券、衍生性金融商品之金融性資產買賣交易。其他投資包括貨幣機構及各種金融機構之現金、存款、借貸、貿易信用等非證券、非直接投資之金融交易。

外國居民買進我國資產則我國收入資金，造成我國金融帳順差，稱為資本移入（capital inflow）；本國居民買進外國資產須支出我國資金，造成我國金融帳逆差，稱為資本外移（capital outflow）。高度流動的投機性國際資本進出稱為熱錢（hot money），嚴重的資本外移稱為資本逃離（capital flight）。產業外移造成金融帳逆差為資本外移；吸引外資造成金融帳順差為資本移入。

境外金融中心（offshore banking unit；OBU）又稱為國際金融業務分行，是政府以減少金融及外匯管制並提供免稅或減稅待遇，吸引國際金融機構及投資者來我國參與經營銀行業務所成立的金融單位，可比喻為金融業的加工出口區，視同境外金融機構。持有外國護照（不得雙重）或外籍

人士身份證明在境內無住所之個人以及境外法人，可以開立 OBU 帳戶。境外公司可利用 OBU 帳戶進行海外投資及商業財務操控，免受外匯管制可自由匯入與匯出，達到資金運用靈活之便，若在免稅天堂地區註冊登記則形成雙重免稅優惠。

八 經營管理：國際收支失衡與調整

任何國際收支調整政策，都將造成國際收支變化進而影響國際收支均衡，例如所得水準、相對利率、匯率調整、貿易政策、央行操作等。

順差失衡時外匯存底增加使本國貨幣相對升值，代表外國貨幣相對弱勢（購買力下降），本國貨幣購買力上升，商品進口值增加而減緩順差失衡，恢復國際收支均衡。逆差失衡時外匯存底減少使本國貨幣相對貶值，代表本國貨幣相對弱勢（購買力下降），外國貨幣購買力上升，本國商品出口值增加而進口減少，減緩逆差失衡，恢復國際收支均衡。

央行可以主動市場操作，買匯使外匯需求增加（本國貨幣相對貶值），賣匯使外匯供給增加（本國貨幣相對升值），調整匯率使國際收支恢復均衡。央行減緩或改變市場匯率原來方向，稱為逆勢操作（leaning against the wind）；央行增強市場匯率原來方向，稱為順勢操作（leaning with the wind）。

順差失衡時貨幣寬鬆提高物價水準，本國物價相對較高則出口減少，減緩貿易帳順差，恢復國際收支均衡。逆差失衡時貨幣緊縮降低物價水準，外國物價相對較高則本國進口減少，減緩貿易帳逆差，恢復國際收支均衡。順差失衡時寬鬆貨幣可降低利率水準，外國利率（資產利潤）相對較高，則本國資金外移購買外國金融資產，資本外移減緩我國金融帳順差，恢復國際收支均衡。逆差失衡時緊縮貨幣可提高利率水準，本國利率較高，則外資流入購買我國金融資產，資本移入減緩我國金融帳逆差，恢復國際收支均衡。

順差失衡時提高本國所得水準，則進口能力（購買外國資產）增加，減緩順差失衡，恢復國際收支均衡。逆差失衡時降低本國所得水準則本國進口能力減少，減緩逆差失衡，恢復國際收支均衡。順差失衡時降低關稅與減緩金融管制等障礙可增加進口（購買外國資產），降低出口補貼則可減少出口，減緩順差失衡，恢復國際收支均衡。逆差失衡時，提高關稅與加強金融管制等障礙可減少進口，提高出口補貼則增加出口，減緩逆差失衡，恢復國際收支均衡。

翻轉吧～經濟學！給您看得懂用得到的經濟原理

環球銀行金融電信協會（Society for worldwide Inter－bank Financial Telecommunication；SWIFT）是一套可以與各種電腦連續作業的電信系統，其功能幾乎可以完全取代電報作業，用於全世界各銀行間資訊傳遞、調撥資金、開發信用狀等，而且低成本、安全、迅速、電文標準化。

1973 年成立的 SWIFT 為一國際性非營利法人組織，總部設於比利時首都布魯塞爾，美國、荷蘭分別設有國際作業中心。自成嚴密專用的通訊網路，使用者僅限於銀行金融界之會員，他人無法進入，資訊的傳遞過程中以亂碼執行，不易被第三者解碼竊取。收發電作業有使用者代號及密碼控制以保障安全性，各銀行必須使用經 SWIFT 總部檢查合格之電腦軟體設備，且電文資料輸入至少須經過兩層不同層次之控管作業。主要金融機構如果被禁止使用 SWIFT，等於斷了銀行的跨國網路，難以完成資金支付與移轉。

⑤ 投資理財：台幣升值與貶值概念股

台幣升值電子業出口匯損，資金流向房市，資產、營建股成為避風港，而仰賴進口原物料的內需傳統產業也是直接受惠族群，包括進口商、營建、食品、紡織、鋼鐵等升值概念股。原物料採購主要考量匯率、運費及產品價格因素，台幣兌美元升值對大宗物資進口有利，不過運費高漲抵銷部分優勢。

台幣升值讓進口車與國產車的價差縮小，帶動車市龍頭營運衝高，毛利率也持續提升。台幣一路升值，有助家電廠商採購零組件、SKD 等進口材料，支付成本降低，尤其以美元付款相對有利。資產股泛指土地增值、開發利益可觀的上市櫃公司，早年以低價購置土地蓋廠房或投資，如今地價大幅上漲，無論是直接出售或開發商辦、廠房、住宅銷售，預期都會帶來龐大的業外收益。

資金不斷湧入台股推升新台幣走強，多方買盤也轉進尋找基期相對偏低且報價上漲的原物料族群，如傳產類股中的鋼鐵、造紙、航運與紡織等族群，新能源相關電池個股具表現空間。鋼鐵需要進口煤礦、鐵砂，食品需要進口穀物，以美元結算的原料在美元貶值新台幣相對升值的情況下，獲利能力將進一步看好。資產股利多包括新台幣升值、抗通膨及非電族群續強，沒有營建受打房政策影響的陰霾，後勢相對看好。

新台幣貶值是以美元計價出口產業的優勢，台廠外銷比重高，運動紡織、工具機、汽車零組件、營收優異電子股等，都是長線看佳的新台幣貶值概念股。有助外銷產業的營收及毛利率，相關匯率概念股財報將受惠；

匯率貶值1％，外銷占比超過九成的公司預估毛利率將增加0.5％。電子股之外，受惠於新台幣貶值的還有包括外銷高爾夫球、汽車零組件、工具機、自行車、球鞋、家具等。

台灣上市上櫃公司以出口導向為主，過去受到台幣升值產生匯兌損失侵蝕獲利，台幣轉貶情況下，持有大量美元的公司將產生匯兌收益而反應在財報上。出口外銷比重高包括紡織、製鞋、自行車、汽車零件、機械等產業，其中紡織與製鞋受惠於美中貿易戰，生產線轉移東南亞、具有轉單效益，擴增東南亞產能，且歐美品牌客戶訂單持續暢旺。自行車銷往美國的車款在台灣製造生產，不受貿易戰影響。以歐美市場為主的健身器材，受惠高毛利比重提升。

若原料以國內採購為主則台幣貶值對業者的影響有限，若公司原料來源是國外進口則會受到匯兌的損失。塑膠原料之計價，外銷現貨價以美元為基礎，內銷市場則以台幣為基礎，因此外銷比重越高之廠商，隨著台幣貶值營收也可望隨之增加，對下游布廠及成衣廠之獲利正面影響較大。

當台幣升值台股上漲居多，而台幣貶值台股則下跌；因為當台幣升值時資金會流入台股進而增加資金動能，反之台幣貶值時資金流出不利台股後勢。新台幣貶值下出口相關股可受惠，但一方面挹注個股業績，一方面資金偏向撤出，台股下跌壓力加大，營運動能是否能如實表現在股價上，仍須審慎評估。

五十九、心中自有一把尺～展望理論

個人行為準則有賴心中一把尺，衡量有所為有所不為，加上個人價值觀、社會規範與輿論等，也會影響其判斷。為人處事以這把尺當做標竿、原則、是非判斷準繩，規範自己也審視他人，若他人的言行與心中這把尺有所出入時，就容易發生衝突或陷入自我矛盾。

不論有無宗教信仰，對自己工作生活的評價與反思，啟發自己思考解決問題的方向。良心道德為個人行為思想規範，是自我要求的一把尺；社群、專業團體所共同認定之行為準則，是社會的一把尺；法律基本要求與社會最低標準，最後一道防線是國家的一把尺。道德、倫理是屬於個人與團體的自律，應遵循禮法及合於倫理的行為；法律、政府制定的規範是屬於他律，國家制定的規則為全國人民所共同遵守。

行為經濟學（Behavioral economics）承襲經驗主義，受到心理學與認知科學的影響，探討社會、認知與情感的因素，與個人及團體形成經濟決策的背後原因，了解市場經濟運作與公共選擇的方式。傳統經濟學建立在所謂「經濟人」的特質前提下，指能運用所有資訊做出合理決策的人。1980 年代起發展的行為經濟學知道人類的決策存在偏誤，有系統地偏離傳統經濟學所認為的合理性。捷思法（heuristics）認為人類在計算能力不足的前提下，運用直覺來做決策，將真實的人性帶入經濟學的研究當中。。

行為經濟學主張大多數人只是認知能力有限的普通人，行事常依賴經驗法則（捷思）並有偏誤，決定會受到內容呈現方式（框架）、情緒和社會觀感影響。人天生具有損失規避（loss aversion）特質，對損失之排斥或恐懼強度，明顯超過獲得相同幅度的的快樂或滿意度。擁有某件物品或處於某種狀態（財富、身份地位、權利、意見等）時，放棄所有物所要求的補償，會大於未擁有時欲取得的願意支付價格，亦即稟賦效應（Endowment effect）。

2017 年諾貝爾獎塞勒（RichardH. Thaler）將心理學研究應用於經濟學的決策分析中，他的實證研究和理論洞見加速行為經濟學的擴展，亦為經濟研究和政策方面帶來深遠影響，代表著作有《贏家的詛咒》。引領他進入這個領域的前輩心理學家丹尼爾 · 康納曼（《快思慢想》作者）在 2002 年獲頒諾貝爾經濟學獎，行為金融學大師羅伯 · 席勒（Robert J. Shiller）也在 2013 年獲獎，其研究也受到他的影響。

19 世紀著名的經濟思想家阿爾弗雷德 · 馬歇爾（Alfred Marshall）在 1890 年出版《經濟學原理》一書中下了定義：經濟學旨在研究人的日常生活，包括如何賺取財富和使用財富，一方面是研究財富，一方面在研究人。無論是亞當 · 史密斯或凱因斯，都是在透徹觀察真實世界的人類行為，並且藉此形成理論。但是在 1930 年代出現改變，經濟理論的建構開始轉向依賴數學模型分析。經濟學家開始廣泛假設模型裡的人會根據最大利益來做選擇，而凡事求最佳化的態度稱為「理性」。然而，人不但在做決策時會犯錯，而且是有系統慣性規律可以被分析預測。塞勒思考如何將人性的存在納入經濟學的研究方法，結合心理學來分析真實世界裡有缺陷、有弱點的人如何進行各種經濟行為，而不是只聚焦在數學模型裡的「理性經濟人」。

透過諸如稟賦效應、心理帳戶、自我控制、過度自信、人對公平的感受等觀念來重新理解社會現象、消費心理、商業決策、股票交易、金融危機等問題，行為經濟學已經成為經濟學研究的新典範，塞勒亦在 2015 年擔任美國經濟學會

主席，過去包括傅利曼、貝克、高伯瑞等經濟學大師都坐過這個位子。

行為經濟學破解一般人自制力不足的問題，為政府與企業提出一套退休儲蓄計畫的改革方案，大幅增加參與退休儲蓄的人數和儲蓄金額。

心理帳戶（Mental Accounting）最早由塞勒提出，心理會計學認為人通過心理帳戶來進行各種經濟決策。對於勤勞致富賬戶的錢精打細算謹慎支出，而對獎勵賬戶的錢就會抱著更輕鬆地態度花費，平日捨不得買的作為送給自己的禮物。天上掉下的餡餅賬戶通常是來去匆匆，中了頭彩的人不論平日多麼節儉，通常有善舉捐出一部分。支付水電、雜貨及伙食等開銷帳戶往往精打細算，為犒賞自己而花費獎勵帳戶時較為豪爽，而意外之財帳戶則更容易被拿來購買平時根本不會考慮的奢侈品。心理帳戶學說以人為本，解釋如何組織、制定和評估財務決定，以不同的態度對待等值的錢財，並做出不同的決策行為。

人的不理性經濟決策，並不會按照真實帳戶的成本收益計算，而是在心裡創建分門別類的心理帳戶分別計算，把在現實中客觀等價的支出或收益在心理上劃分到不同的賬戶中。

展望理論（prospect theory）為心理學教授丹尼爾·康納曼和阿摩司·特沃斯基（Amos N. Tversky）提出，每個人基於初始狀況參考點位置的不同，對風險有不同的態度。在不確定條件下的決策選擇，取決於結果與預期設想的展望差距而非結果本身；即心裡預設一個參考標準，然後衡量每個決定的結果與這個參考標準的差別。處於損失狀態時多數人是風險喜好者（反射效應），對損失比對收益敏感（損失規避），對得失的判斷由參照點決定（參照依賴）。人在面臨獲利時不願冒風險，而在面臨損失時成了冒險家；損失和獲利是相對於參照點，相同數額的損失比收益對情感影響更大。

初階思考也稱為反應式思考，直覺反應來自於內在的文化、政治傾向、宗教信仰、價值觀，也就是被動而不自由的思考。中階思考則是學會一些理論、想法，運用在不同的處境中。再往上一層的高階思考也就是批判性思考（critical thinking），檢查在推理初、中階思考的過程中預設立場的推衍邏輯，跳出原來的框架獨立出來。人看事情角度常依賴既有習慣，而難以從其他視角來思考，可以發掘自己沒注意到的想法，找到新的框架。

系統思考需要從抽象思考本質來找出系統運作的關鍵特徵，設計思考是以人為本的精神與方法，考慮人的需求，行為也考量可行性。

翻轉吧～經濟學！給您看得懂用得到的經濟原理

💡 生活智慧：快思與慢想

　　2002 年諾貝爾經濟學獎得主丹尼爾·康納曼（Daniel Kahneman），於 2011 年出版暢銷書《快思慢想》（Thinking，Fast and Slow），將人類的思維歸納為兩大思考模式：系統一快速、直覺且情緒化；系統二較慢、較具計畫性且更仰賴邏輯。根據對損失規避的研究，解釋人們理性和非理性動機與兩種思維系統之間的關聯，以及兩種系統如何互相補足各自的弱點。

　　參照點的選擇（框架）會對最終的結果造成不成比例的影響，人傾向於為複雜的問題尋找簡單的答案，往往對自己的決斷過於自信。二元式的決策陷入可得性捷思法的認知偏誤，雖然有時能幫助做出正確的判斷，但對評估各種結果發生的機率和實際發生的頻率往往落差甚大。控制錯覺指過度高估自己對身邊事物掌握的程度，傾向於低估成本又高估實際的效益，在估計未來任務時低估完成時間稱為規劃謬誤（planning fallacy）。

　　由於對世界的認知主要由諸多小而不具代表性但必要的觀察所組成，因此難以充分考慮各種因素的複雜性，容易錯誤地假設尚未發生的事件會類似於已發生的事件。框架效應（Framing effect）指被問及相同問題但不同描述時，會選擇乍聽之下較有利或順耳的描述作為方案。不願意正視持續增加投資未必會帶來更多回報的事實，而選擇持續對過去失敗的投資項目增資，以逃避過去投資失敗帶來的反悔心理。由於對自己的後見之明有充分自信，容易高估自己對世界的理解程度，尤其低估機率的因素。

　　快思的系統很情緒化，依賴直覺又很會聯想，擅長編故事，能迅速對眼前的情況做出反應；很容易上當，以為親眼所見就是事情的全貌，任由損失厭惡和樂觀偏見的錯覺引導做出錯誤選擇。慢想的系統動作比較慢、擅長邏輯分析，雖然不易出錯卻很懶惰，經常走捷徑直接採納快思的判斷結果。快思的直覺存在很多缺陷，容易導致偏見和失誤；慢想有意識需要集中注意力，但在惰性之下，直覺式快思考也就成為決策和行為的真正主宰。

　　思考風格（Thinking Styles）是個人在面對生活事件處理問題時，所展現的思考偏好方式。衝動型的思考風格常立即反應因而惹禍，只看一部分不假思索立即回應，卻沒有仔細傾聽真正內容，就搶話或自作聰明接續表達。沉思型思考風格定位清楚，不疾不徐、輕鬆自在而有節奏地應對，懂得慢工出細活、三思而後言。觀察近像再想像遠景，能夠更全盤的思考問題，拉開視野去思考未來可能變化，發想符合未來趨勢的功能。

訓練自己的思考模式，並且運用在生活或工作中。放慢腳步對直覺思考結果進行理性檢驗，減少由直覺產生的偏見和錯覺，可以利用旁觀者清給出建議，用慢思考來糾正快思考，避免可能導致的錯誤。集體討論可以啟動很多人的慢思考，不同背景的人提出各自的看法，藉此多角度思考拓展不同的視野，增進彼此的理解。

經營管理：組織行為與管理心理學

組織行為（organizational behavior；OB）是個人與群體在組織內的態度與行為，包括組織內個人的行為動機與群體的人際關係互動；個人行為可以影響組織文化，組織文化亦制約個人行為。組織行為的內容包含個人心理學的人格、知覺、態度、動機、學習、領導、績效、壓力等，群體社會學的團體、溝通、地位、權力、衝突等，社會心理學的行為態度改變、溝通協調方式、團體決策過程等，人類學的價值比較、文化分析、環境變遷等，以及政治學的衝突妥協、權力運用、系統運作等。

組織行為須衡量個人心理與態度、組織內部結構等內在因素，以及外部環境、其他組織等外在因素。組織管理者須了解個人、群體與組織間互動關係，學習人際溝通、壓力適應、時間管理等技巧，以掌握適用的領導管理模式及組織成員的可能反應，有效率地控制組織活動並完成其管理目標。

管理心理學（Management Psychology）研究管理過程中人的心理現象、心理過程及其發展規律，把心理學的知識應用於分析、說明、指導管理活動中的個體和群體行為。調高人的積極性、改善組織結構和領導績效，建立健康文明的人際關係，達到提高管理水平和生產發展的目的。主要研究與組織行為有關人的個體特點如動機、能力、性向等；人的群體特點如群體分類、人與組織的相互作用等；領導行為特點如領導風格、評估與培訓等；組織理論與組織變革如組織模型與組織開發研究等；生活質量著重改善工作環境；跨文化管理心理學比較不同的地區、國家、社會制度、文化背景下管理行為的異同。

掌握人性是管理者最重要的任務，也是最大的挑戰。無論是主管、員工、銷售員還是消費者，都可以透過心理學知識來解讀想法和行為，做出明智決策。心理學知識可以讀人、用人、帶人，是管理中非常重要的一環，不但可以培養關懷人的素養、對人的尊重，還能夠為管理科學的硬道理注入軟技巧。明白人都有個別差異，根據員工不同的工作動機與心理需

求調整互動方式，做出最有效的領導。心理學上的畢馬龍效應（Pygmalion Effect）所揭示的管理思維，給鼓勵、給肯定、給方向、給意義，員工的潛能才會激發出來。懂心理學的管理者，可以有效地激勵員工發揮所長；具備心理學知識的員工，則可以了解自己的工作動機，在職場獲得滿足與成長。

組織長期運作所累積形成的成員互動方式與組織型態慣例，通常會影響組織的價值特質，組織文化（organizational culture）使其不同於其他組織而有所區隔，並強化內部成員的認同感與團隊精神。新進成員的訓練通常會強化對組織文化的了解與認同，藉由內部溝通完成管理功能。組織因應外部環境快速變遷必須進行改造創新文化時，反而會引進屬性截然不同的高階主管人才，甚至進行內部成員大換血，重組系統架構並引導新文化的形成，但新的社會化過程可能引發內部衝突。

⑤ 投資理財：短線當沖與長線布局

短線交易指買賣在 1 周以內，當沖是在一天以內完成買進和賣出，不持有部位過夜，控制時間風險。股票每次交易成本 0.4%，125 次買賣就會虧掉 50% 資金，交易成本是短線交易最大的敵人，策略好壞很短時間內就被驗證。

當沖要選擇波動大的標的，如果波動很低，手續費跟稅負佔獲利比例太高，一檔股票平均波動性在 2% 以下，實際上能獲利的空間就很有限。交易量低的冷門股票可能會有沖不掉的問題，選擇流動性佳的股票確保在收盤前可以沖掉，當沖的金額佔該個股日成交金額的 5% 以上會有流動性風險。漲跌幅排行可以看出高波動的股票，股票週轉率是成交量除以該時期的平均流通股數，週轉率越高代表被轉手的次數越多，也有可能是熱門股。

當沖雖然是當日交易不需要本金，但是有可能判斷的方向錯誤，產生虧損或是無法沖銷掉，就需要轉成現股或融資券，因此資金不夠會有違約風險。在交易前就嚴格設好停利停損點，在交易過程中被上沖下洗，紀律對當沖者是致勝關鍵，減少虧損遠比賺錢更重要。一般開盤後的前半小時及收盤前半小時是行情波動最劇烈的時候，最好在 12：30 之前就完成所有交易，之後就不入場避免當日無法沖銷掉。不要過度交易，一日多次進出場不但交易成本高，隨著收盤時間越近風險也越高，很可能前面賺的後面就虧掉。一定要了解當沖風險跟報酬，10 次交易中至少要有 6～7 次以上都賺錢才有可能獲利，只有極少數人能獲得高額報酬。

積極研究財報不斷地反思，分析基本面發掘具投資價值的好股，從冷門股發掘績優股與轉機股，尋找經營者積極調整體質，拓展新業務或轉型成功，浮現新投資機會的下一波成長股。公司經營與獲利都很穩健，股價卻長期低於其真實價值，一旦所屬產業景氣翻揚或被投資人發現，就可能大漲一波。長期投資需要設定目標堅持方向，好股股價下跌時用閒錢加碼，未來的報酬率與成就感才會豐厚且真實。

投資布局採取多元產業策略，以成長與價值股兼具之投資組合，並視企業財報與營運展望作類股配置調整，危機往往為長期投資者提供絕佳的進場時機。高息股基金能發揮防禦力，適合偏好月退俸、安穩投資的民眾布局，作為規劃退休金的工具。主動式基金操作更具彈性，面對市場變化反應更加敏銳。利用智慧理財平台掌握長線投資機會，自動調整投資策略，即時反應市場變化，依個人對市場趨勢看法進行標的篩選，打造最符合個人需求的投資組合。

小資上班族或理財新手的投資方式，較適合定時定額細水長流，包含股票、基金以及ETF都能以此方式操作，每期以固定金額投入，隨著每次買進的價格與數量不同，在高點買少而低點買多，長期累積達到降低平均成本的效果，降低投資風險；投資方式固定規律操作簡單，策略不易受短暫情緒影響，按照自己的步調持續穩定投入。

六十、謙受益滿招損～過度自信

明・沈采《千金記》：「謙受益，滿招損。」謙虛待人對自己有好處，自滿會招人嫌怨。老子說：「不自以為是的人，才能夠對事情判斷分明；不自誇的人，他的功勞才會被肯定；不驕傲的人，才能夠成就大事。」器量大的人，福澤也必定深厚，而謙虛和驕傲，則是福禍的分際，因此謙虛是君子保持的美德。說話謹慎的人不會虛誇浮華，行為謹慎的人不會把功勞據為己有。

人一旦有自滿高傲的心，就會障礙自己德行的提升，只有謙遜努力在德行上提升，對真理不斷追求和昇華思想境界才能擔當起重任；以寬廣的胸懷包容一切才能善化他人，令一切不正的因素解體。

行為財務學（behavioral finance）研究人們如何看待錢處理錢的心理過程，認為人的行為受其個人特質、性格與心理的驅使，個體對金融市場或經濟體的

狀況會有認知（perception），透過行為與彼此間互動而反映在金融市場或經濟中。傳統財務理論假設人們完全理性，能對未來事件有不偏的預期，進而制定效用極大的決策，個體與群體的決策心理及行為因素則幾乎完全被忽視。行為經濟學借用心理學和社會學的理論，闡釋與傳統經濟學解釋相悖的決策，使經濟學家看待世界的方式產生轉變。

過度自信（overconfidence）傾向高估自己的知識、能力與取得資訊的精確度，或對於自己控制事情、解讀資訊的能力過度樂觀，導致投資者績效不佳卻仍頻繁交易，因高估自有資訊的精確度進而高估經由交易可以帶來的利得，造成過度交易行為。

許多台灣個人投資人將股票市場視為類似賭博的娛樂活動，可能是投資人過度自信與交易的娛樂效果（entertainment effect）。

知名數學哲學家與諾貝爾文學獎得主羅素（Bertrand Russell）：「在現代社會裡，愚者過度自信，而智者充滿懷疑。」最無能的人會對他們的才華做出最不準確的評估，在跟同儕相比時嚴重高估自己；最有能力的人則會自我批判與自我懷疑，尤其在專業領域上。當知道得愈少就愈察覺不到局限，也會更加過度自信；專業知識會提高自知之明，包括知道自己的局限。一般人傾向高估自己的判斷能力，使意外常常發生，在決策形成過程中儘量避免單獨做決定，是避免過度自信的有效好方法。

控制幻覺（illusion of control）是自以為對於不可控制事件具有影響力的錯覺，投資者高估自己所擁有的知識，低估風險並過分放大自己對情勢的掌握能力。投資人為避免後悔，傾向持有損失的股票而去實現獲利的股票。如果買入後股價不幸一路下跌而導致損失，多數投資人寧可套牢並等待股價回升解套，以降低認知失調所產生的痛苦。如果投資人賣出套牢股票認賠出場，無疑承認自己的決策錯誤，其所帶來的痛苦恐怕比金錢的損失還要嚴重。一般投資人在股價下跌時仍繼續持有忍受套牢的壓力，而股價一旦回到成本區或小額獲利就急於賣出持股，稱為處分效果（disposition effect）。

投資人面對損失時的痛苦，會大於實現獲利所得的效用，因為必須同時面對原有認知的改變和財務損失的雙重痛苦。

規範是內在、不明文規定，由個人組成的群體組成，可互相影響。人受到群體的引導或壓力時，更害怕標新立異，容易懷疑自己的判斷進而改變觀點或行為，以保持和其他人一樣的意見，稱為從眾效應（herding effect）。從眾的趨勢可能由小群體到社會及全部人，由於產生不自覺或直接明顯的社會壓力，一

種社會、信念、態度跟隨群體規範的行為，同儕壓力亦有一定的影響。羊群裡很容易因為一部分羊開始移動，其他羊就盲目跟隨，稱為羊群效應（The Effect of Sheep Flock），描述人類亦有盲目從眾的本能，會一窩蜂地做出相同反應。

從眾的目標大多是擁有相似年齡、文化、宗教、教育、環境的人，通常稱之為團體迷思（group thinking），即一種自我欺騙的思想，強制自己同意並符合從眾目標的價值觀和道德觀，害怕承擔由於不合群而導致的社會排斥。從眾行為保持並影響社會規範的構造，同時加快社會的效率，並且儘量讓人們遵循不成文的規定，可以防止危險以及刻意破壞。

迴聲效應（echo chamber）俗稱同溫層（filter bubbles）效應，在一個相對封閉的環境中，一些意見相近的聲音不斷以誇張或其他扭曲形式重複，令大多數人認為這些故事就是事實的全部，對反對方看不順眼。從眾傾向指採納其群體成員的行為和意見，當人接受一個社會角色或屈服於一種社會規範時，某種程度上就是在從眾於社會期望。跨越同溫層要接觸不同觀點的資訊，並對任何資訊抱持懷疑態度交換不同想法，以避免長期處於同溫層而弱化自己獨立思考的能力，導致接受到的資訊被侷限於某個範圍內，可能會增加政治社會的兩極分化和極端主義。

認定權威人物已經過大多數人的認證，所以容易服從權威，抑制主動理解事實的念頭，而忽略與自己立場不同的觀點。

稟賦效應（Endowment effect）或厭惡剝奪，形容當一個人擁有某項物品或資產，對該物品或資產的價值評估要大於沒有擁有這項物品或資產的時候；當擁有某樣東西以後，價值也會在心中相應地提升。在決策過程中會產生偏見，因此在出賣物品或資產時，往往索價要比其本身更高的價值。個人總是以過去的刻板印象或經驗法則作判斷，過度依賴自己感受到相似事件的經驗；投資人情緒（investor sentiment）對股價表現不好的股票過度悲觀，對表現好的股票過度樂觀。獲得意外之財時可能衝動大買奢侈品，但是慢慢存下來的錢，則往往捨不得花；當投資獲利時會增加參加賭局的意願，私房錢效果（house money effect）比較願意用贏來的錢再玩大一點。

顧客實際擁有或體驗某項商品時，評價可能會產生偏見，高估這項產品的價值。利用稟賦效應創造雙贏，給予顧客利益讓他們實際體驗或直接給予點數，顧客對商品的評價提高而增加銷售量和回頭率。

💡 生活智慧：消費者行為的決策過程

　　消費者行為（Consumer Behavior）研究個人、家庭、團體或組織，選擇、保存，使用和處置產品、服務、經驗或想法，以滿足需求，融合心理學、社會學、人類學，市場學和經濟學的元素。了解買方的決策過程，包括個體消費者的特徵如人口結構及行為變數，評估家庭、朋友，參照群體和一般社會群體對消費者的影響。從購買前的活動到購買後的消費、評價和處理活動，包括品牌影響者和意見領袖，以了解人們的需求。

　　買方的決策過程，於市場交易以前、進行中、購買商品或服務之後。消費者意識到問題或是需求渴望某項產品，信息搜尋（Information search）有關產品及服務的信息，買的是解決問題的方案。在一系列品牌及產品中進行比較，消費者方法評估（Alternative evaluation）考慮一定數量的方法，進行評估之後，決定最合適的解決方案，做出購買決定（Purchase decision）。購買後行為（Post－purchase behavior）包括在產品使用後可能產生的心理活動，消費者根據是否滿意以採取進一步的行動。針對消費者的心理和行為，營銷人員可採取相應措施來增加消費者的滿意和未來的銷售。

　　了解消費者搜尋、評估、購買、使用和處置一項產品、服務和理念時，所表現的各種行為，如何將金錢、時間和精力花費在與消費有關的產品上。消費行為被例如人口結構、心理變數（生活方式）、性格、動機、知識、態度、信仰和情感等內部條件影響。心理因素包括個人的動機、感知、態度和信念；個人因素則包括收入、性格、年齡、職業和生活方式。行銷是一種組織性功能與流程的集合，用以創造、溝通與傳送價值給顧客，並且藉由管理顧客關係，使組織本身與其利益關係人受惠。

　　廠商要了解消費者對於產品的態度如何形成、是否可以改變、如何判斷產品的好壞等；購買時需注意賣場的布置如何影響消費者的購買決策；購買後則要了解消費者是否滿意、會再重複購買、產品能否再作改善等。了解消費者為何和如何進行購買決策，可以制定更好的行銷策略，取得更大的競爭優勢。心理學研究個人行為，社會學研究群體行為及次文化，社會心理學研究人際行為，人類文化學研究社會和文化，經濟學則是研究整個社會的物質問題，消費者行為學已成一種跨學門的科學。

　　在相同的時間點無法討好所有人，別想要把相同的東西賣給全部的消費者，分眾時代專注在真正有需求的客戶更重要。購買前除了考量到產品

的特色及價格外，同時也受到購買環境、時間壓力、當時的心情影響。營造能激起消費者購買慾望的情境以吸引消費者，商店形象包含商店的地點、店內的裝潢、音樂等，購買刺激物則是指商品的陳列或展示、折扣訊息及試用品。在與消費者的互動上，除了銷售人員的態度，專業也常被納入考量。部分網站會根據用戶的搜尋結果或使用習慣進行紀錄與分析，持續提供用戶所喜歡的內容。

八 經營管理：盲目擴張大而無當

　　許多公司經營追求成長擴張規模，以達成更多獲利的目標。然而現代科技商業環境快速變遷，在企業準備擴大發展時產品優勢可能已經被其他商品取代，甚至市場已經達到飽和，錯估市場規模的結果可能讓公司越大越窮。組織大的公司忙於管理耗費很多資源及時間，不僅缺乏彈性也沒關注變化，降低企業對外在環境的反應速度。過去的百大企業有近半重新洗牌，具有一定市場規模產品已經標準化的企業，不一定能保持優勢。不盲目追求成長，而是思考如何解決問題，並具有更高的自主性。

　　豐田汽車（Toyota）擴大全球安全召回範圍以降低翻車事故風險，全球汽車龍頭 2010 年陷入有史以來最嚴重的危機，面臨與汽車暴衝有關的傷害或死亡索賠以及集體訴訟案，同意支付創紀錄的 1640 萬美元罰款。掌門人豐田章男說，過去受到大家好評，因為發展速度過快，事業重心朝著收益為主的擴張戰略方向發展。1933 年創業以來關於汽車所堅持的優先順序，第一位應該是產品的安全，但是原本非常重視的卻被自身所破壞掉。強調豐田仍然是一套非常有效的生產方式，要求進一步回歸原點恢復傳統理念。

　　曾揚言要買下台積電的大陸半導體企業紫光集團，因盲目擴張導致資不抵債後，遭債權人申請對其破產重整。過去頻繁通過巨額融資開展境內外併購擴張導致負債規模過大，經營不善使紫光集團於 2020 年爆發債務危機。

　　連鎖超市新一佳是大陸重點培育的 20 強企業之一，但盲目擴張不顧經營質量導致破產。1995 年在深圳開設第一家超市，短短十年內開了近百家分店，最顛峰時期營收高達約新台幣 800 億元，創辦人李彬蘭的果敢決斷及強勢性格，也被商場稱作鐵娘子。2016 年李彬蘭以新台幣約 311 億元的身價登上富豪榜，但管理問題也爆發，急於擴店主力在分店數量上，卻忽略經營及服務的質量，資金鏈斷裂導致大量分店急速關閉，終究敵不過破產的下場。

　　1996 年許家印在廣州創立恆大集團，主要透過借貸擴大規模。恆大地

翻轉吧～經濟學！給您看得懂用得到的經濟原理

產在 280 多座城市擁有 1,300 多個專案，除了房地產，還在電動車、媒體製作、主題公園、礦泉水、足球俱樂部等領域都有涉獵，擁有 200 多家境外子公司和近 2,000 家國內子公司，資產約 2 兆人民幣，相當於中國 GDP 的 2%。新業務擴張都需要資金，不斷貸款債台高築超過還債能力，2020 年恆大出現流動性恐慌，導致金融部門交叉違約，使公司股票債券暴跌。恆大危機加劇了房地產市場動盪，佳兆業、融創、富力等知名房企相繼出現債務問題，房地產業危機也衝擊上下游產業鏈和金融市場，進一步影響金融和社會穩定。

　　創新公司閃電擴張快速成長，並不代表公司能夠獲利，除了速度之外更應該追求持續性。除了靠大量的貸款資金追求擴張，可以嘗試用自己賺到的錢，一步一腳印打造更能持續經營的生意。實現企業能力與競爭力優勢，提升經營績效長期獲利，成就企業穩固永續經營的核心目標。

⑤ 投資理財：金融交易的心理素質

　　市場週期會引發情緒，讓投資人做出不當的決定，心理和財務都要堅韌才能度過風暴，無論是恐懼、焦慮還是喜悅，情緒影響會反應過度，投資決策可能都會付出代價，成為達人的關鍵在於理性及貫徹投資策略。採取投資組合不帶感情的理性投資法，透過審慎嚴謹的流程和深入解析，具體找出錯誤以建立預防機制，避免重蹈覆轍。

　　投資人對個股充滿信心，順利時就覺得是自己的功勞，不順利就怪罪外部因素，過度自信和自我歸因常相信自己的直覺。投資前務必先訂好投資計劃，接著時間目標，分散投資不同類型的資產和產業，以提升投資組合的多元化。投資人賣掉賺錢股票的速度比賣掉賠錢股票的速度更快，獲利時很快地賣出，但有損失時卻不願意賣出，讓自己的資產組合陷入小賺大賠的陷阱，慘賠的最根本因素是心理素質低。無論分析能力強或對未來走勢有洞見，都無法預測市場將發生的事，每筆交易進場之前都要先了解風險別重壓。

　　成為一個維持長期績效穩定的投資人，先建立專屬於自己的交易心理學，再學習適合自己的交易策略。一個好的投資人需要具備相互矛盾的人格特質，既要有大局觀念又要關注細節，既要保持客觀理性又要富有激情，既要遵守投資紀律又要懂得靈活變通，既要開放廣泛聽取意見又要能獨立思考不盲從。交易策略跟心理素質並駕齊驅，專心在自己能掌握的交易機會並確實地執行，進場之後繼續滾動式修正與驗證，規畫策略設好停損就

不會賠大錢。

　　因為恐懼而猶豫不決或因錯失時機而扼腕不已，妨礙投資者本應採取的積極行動；恐懼是一種過度憂慮，心理素質是失敗關鍵之一。進場與出場要有憑有據，允許自己按照交易系統具體執行之後的虧損與失敗，一是心理素質不足就容易意氣用事造成失控的悲劇。只有一小部分投資人能夠持續獲利，關鍵就是心理因素，長期持續獲利的人思考方式跟賺少賠多的輸家截然不同；許多不贊同市場共識的人會受到排斥，而真正瘋狂的卻是那些不懂市場的人。

　　貪婪驅使投資者加入逐利，一股強大的力量可以壓倒常識、謹慎、恐懼、風險規避、邏輯、決心、對過去教訓的痛苦記憶以及其他所有可能的要素，並最終付出代價。貪婪與樂觀相結合令投資者忽略風險，在價格已經過高時抱著增值期望；當獲得短期高額收益時，通常會吸引盲目崇拜。沒有任何策略能夠帶來無風險的高報酬，獲得意外利潤的機會隨著時間的推移而衰減。

　　在繁榮期承擔更大風險的決策或許能夠創造最好的收益，也帶來最大的自我滿足，從眾的壓力和賺錢的慾望使人放棄自己的獨立性和懷疑精神，將與生俱來的風險規避拋諸腦後，自我懷疑與別人成功的傳聞，形成一股使投資者作出錯誤決定的強大力量。避開高風險行為，在好年份賺取穩定收益，在壞年份承擔更低損失，是創造長期財富的最佳準則，但是在短期內不會帶來太多的自我滿足。

六十一、齊頭式平等～馬克思資本論

　　不管個人背景與基礎不同，卻制訂統一規則來適用全體民眾，表面上大家都一樣公平，實際上卻是一種假平等。每個人付出的努力與收獲不同，卻強迫必須跟別人的分配一致，形成有能力者不願意付出，能力差的卻坐享其成，造成大家都不願努力付出，整體生產力變低的惡性循環。

　　改善後天差異讓個人能夠發揮其先天才能，盡其所能貢獻社會，讓先天才能不足者能夠依其努力而獲得足夠改善生活之報酬，才能符合社會公平與改善社會結構。齊頭式平等著重於分配的平均，立足點平等著重於後天差異的平衡；齊頭式平等抹殺人性的特點使人不願意發揮才能，而立足點平等使人能夠貢獻所長。

猶太裔德國哲學家、經濟學家、社會學家、政治學家卡爾‧馬克思（Karl Marx），最著名並帶來廣大影響的兩部作品是 1848 年發表的《共產黨宣言》和 1867 至 1894 年出版的《資本論》。其關於社會經濟與政治的理論統稱為馬克思主義（Marxism），主張人類社會是控制生產的統治階級與提供勞動生產的勞動階級之間，不斷階級鬥爭發展而成。資本主義的內部矛盾會導致自身滅亡，並被新的社會主義形態取代；而資產階級和無產階級之間存在的矛盾，將會由工人階級奪取政治權力而終結，最終建立無任何階級制度的共產主義社會。

　　19 世紀從封建社會轉變到資本社會，馬克思發覺資本主義的剝削，帶領工人階級奪取國家政權，以創造無產階級的共產主義社會。指出工人階級應該有組織地發動革命，積極地實踐理論推翻資本主義以改變社會經濟體制。

　　後代傳承的馬克思主義與正宗思想背道而馳，列寧與史達林用來鞏固政權，托洛茨基為捍衛馬克思精神而反對史達林卻遭刺殺。

　　1848 年馬克思、恩格斯（Friedrich Engels）二人在倫敦以德文發表《共產黨宣言》，鼓勵全世界無產者聯合起來發動革命，推翻資本主義並建立無階級的社會。總結關於社會和政治本質的理論，當時的資本主義社會最終將被社會主義所取代。2013 年《共產黨宣言》與馬克思的《資本論》第一卷一起被聯合國教科文組織列入「世界記憶計劃」。

　　宣言的第一部分「資產階級和無產階級」闡明了唯物主義的歷史觀，即所有現存社會的歷史都是階級鬥爭的歷史。在資本主義中，資產階級不斷的生產革命成為社會上的最高階級，取代封建制度所有的舊力量。資產階級利用無產階級的勞動力為自己創造利潤並積累資本，無產階級將意識到自己的潛力，並通過革命推翻資產階級。

　　第二部分「無產者和共產主義者」概述一系列短期需求，包括累進所得稅、廢除遺產和私有財產、廢除童工、免費公共教育、運輸和通訊國有化、國家銀行集中信貸、擴大公有土地等。

　　第三部分「社會主義和共產主義文學」將共產主義與當時其他社會主義學說區分，廣泛歸類為反動社會主義、保守或資產階級社會主義、批判空想社會主義與共產主義。宣言的最後部分「共產黨與各反對黨的關係」簡要討論共產主義在十九世紀中葉特定國家（例如法國，瑞士，波蘭和德國）鬥爭的立場，最後宣布與民主社會主義者結盟，大膽支持其他共產主義革命，並呼籲採取統一的國際無產階級行動。

《資本論：政治經濟學的批判》是由克思著作、恩格斯編輯的一部歷史唯物主義哲學和政治經濟學的馬克思基礎理論文本，主要分為三個部分。第一卷初版於 1867 年，《資本的生產過程》分析資本家為了追求利潤最大化，會刻意壓低勞動者的工資，僅能維持家庭生存並使人口得以增長的較低水準，新增勞動人口為資本再生產提供源源不斷的剝削對象。由於競爭力較弱的中小企業逐漸被強勢的企業吞併或擊垮，導致小資產階級也逐漸淪為無產階級；資產階級在人口中的比例逐漸下降，而無產階級的比例則相應上升。

　　《資本論》並未明確提出社會主義革命的具體計劃，而著重構建潛在社會革命爆發條件的理論。在資本主義社會中，科技進步推動生產力的發展，創造巨大的物質財富，但生產率提高同時降低商品的交換價值，並導致利潤率降低。占社會人口大多數的無產階級因為工資水平較低，無力購買新增的大量商品，商品積壓最終導致經濟危機，是資本主義的基本矛盾。

　　辯證唯物主義和歷史唯物主義的世界觀和方法論，揭示資本主義社會的經濟活動與產生、發展和滅亡的歷史規律；論證資本主義被共產主義取代的歷史必然性，創立馬克思主義政治經濟學以及有關政治、法律、歷史、教育、道德、宗教、科學技術、文學藝術的精闢論述。

　　馬克思 1883 年去世後，恩格斯匯總他留下的草稿和大量筆記、論文，整理編撰《資本論》第二卷《資本的流通過程》共三篇二十一章，在 1885 年仍以馬克思的名義出版，主要研究資本的流通過程和剩餘價值的實現。1894 年恩格斯根據馬克思的手稿、筆記編纂出版了《資本論》第三卷《資本主義生產的總過程》，共七篇五十二章，主要揭示和闡明資本主義生產總過程的各種具體形式，轉化為產業資本、商業資本和借貸資本；價值轉化為生產價格，剩餘價值轉化為平均利潤，並進一步轉化為產業利潤、商業利潤、利息和地租。

　　資本的生產過程解釋消費、競爭、地租、資本的集中、勞動工資的增長、工作環境的變化、金融系統的運作，以及利潤率的遞減趨勢等經濟現象，並分析對社會發展的影響。由於資本家壟斷生產資料，勞動者無法獨立地進行生產，只能出售自身勞動力供資本家剝削，社會最終被割裂為兩個利益直接對立的階級。對利潤的追求導致社會中經濟與道德的衝突和分裂，以及主觀道德價值與客觀經濟價值的分離。經濟成長和分配公平是世界最關心的議題之一，馬克思認為政治經濟學應該研究價值分配方式，使經濟學發展符合法律和道德觀念。

　　隨著蘇聯解體，馬克思主義的影響力也逐漸衰退。由於西方金融危機等因素的影響，閱讀馬克思著作和研究其思想的熱潮又在歐美世界顯現。

翻轉吧～經濟學！給您看得懂用得到的經濟原理

💡 生活智慧：無產階級專政與改革開放

　　共產黨奉行共產主義意識形態，以代表無產工人階級利益的名義成立政黨，最早是 1847 年成立的共產主義者同盟。1917 年俄國十月革命成功後，建立史上第一個社會主義政體的國家「蘇維埃社會主義聯邦共和國」。1919 年共產國際在莫斯科宣告成立，鼓勵全世界無產階級推翻資產階級的統治，進而建立無產階級專政。在馬克斯的思想中，無產階級專政不是持久，而是從資本主義社會邁向共產主義社會的過渡期政權，勞工階級從資產階級手中奪取政治權力，由廣大勞工統治社會的運作。目標是勞工階級取得政治權力，廢除私有財產，建立一個沒有階級、政府、家庭與國界之分的共產社會。

　　1917 年俄國的革命結果，在具體實踐上並不是馬克思的無產階級專政，而是由一個宣稱代表無產階級利益的共產黨專政，最終演變成獨裁專政政體。黨的獨裁是由已變為有產者的領袖獨裁，也和殘暴、蒙蔽、欺騙、貪污、腐化的官僚政治不分離。1990 年蘇聯在戈巴契夫的主導下，放棄共產黨一黨專政，也放棄無產階級專政的理念。

　　中國共產黨 1920 年舉行第一次全國代表大會，1922 年加入共產國際接受指導和援助。1945 年中國抗戰勝利後，共產黨領導人民解放軍，取得中國大陸地區及其多數沿海島嶼的統治權，於 1949 年建立中華人民共和國，成立人民民主專政的革命政權，實質是一黨專政。在毛澤東建立的計劃經濟體制效率低下以及路線錯誤的情況下，鄧小平 1982 年提出設立中國特色社會主義，提出國家處於社會主義初級階段，引入經濟改革發展資本主義生產方式。20 世紀末期，中共認識到缺乏彈性的蘇聯式政治制度不可行，以及多樣化拓展社會主義道路的必然性，加速轉變至社會主義市場經濟。

　　中國特色社會主義捍衛一黨專政地位，在馬克思列寧主義和毛澤東思想的指導下，引入西方資本主義的部分市場經濟概念，本質為中國共產黨領導的官方指導思想。共產主義主張財產公有，中國改革開放以後引進資本主義體制中的財產私有觀念，以國家手段控制國內的要害經濟部門和大量企業，通過國有資產的概念保護國民經濟的重要部分。允許私人資產和私有經濟的存在，和國家控制的國有經濟主體按照市場經濟形式共同存在，計劃和市場都是經濟手段。思想主軸為市場在資源配置中深化經濟體制改革，但是堅持公有制主體地位，發揮國有經濟主導作用。

　　2012 年習近平組建第五代中央領導，整合中國共產黨中央委員會總書

記作為最高領導人的權力，破壞集體領導制度而朝向毛澤東的個人獨裁統治方式。2017年《中國共產黨章程》修正案，將習近平新時代中國特色社會主義思想寫入黨章，習近平成為繼毛澤東、鄧小平之後，第三位將自己的名字寫進黨章的中國共產黨領導核心。2018年《憲法修正案》取消國家主席和副主席連任不得超過兩屆的限制等內容，習近平連任中華人民共和國主席。

👤 經營管理：脫貧攻堅戰與共同富裕

脫貧指一系列永久擺脫貧窮的經濟和人道主義措施，聯合國發展署制定的全球絕對貧困線是人均日收入1.9美元，也就是年收入693.5美元。2012年中國發起扶貧攻堅戰，貧困戶的脫貧標準收入應達到每人每年人民幣4000元左右，並且不愁吃、不愁穿，基本醫療、義務教育、住房安全有保障。2021年中國召開慶祝大會，領導人習近平宣佈取得全面勝利創造人間奇蹟，區域性整體貧困得到解決，現行標準下9899萬農村貧困人口全部脫貧，832個貧困縣全部摘帽，12.8萬個貧困村全部出列。

習近平強調如果貧困面貌長期得不到改變，群眾生活水平得不到明顯提高，就沒有體現社會主義制度的優越性。中國國家統計局公布的2020年農村居民人均可支配收入中位數15204元，城鎮居民人均可支配收入中位數40378元，目前中國貧困線人口的年收入只有農村人均收入中位數的近四分之一，城鎮居民收入中位數的十分之一。經濟合作與發展組織（OECD）提出用收入比例法確定國際貧困標準，將收入中位數的一半作為貧困線，世界銀行則定義收入中位數三分之一以下為相對貧困，中國的相對貧困問題仍十分嚴峻。

1958年中共中央提出社會主義建設總路線、大躍進和人民公社，隨後又發動文化大革命造成政治動亂。1978年改革開放，鄧小平提出讓一部分人先富起來，先富帶動後富，最終實現共同富裕，但市場經濟又加速擴大了貧富分化。2016年習近平強調作為社會主義本質特徵的共同富裕是全體人民的富裕，是群眾物質生活和精神生活都富裕，不是少數人富裕也不是整齊劃一的平均主義，構建初次分配、再分配、三次分配協調配套的基礎性制度安排。

現代經濟結構由工業經濟、城市經濟、服務經濟等統合而成複雜社會結構，是人類在農村經濟結構之後更高層級的經濟體系，中國需要將傳統的思想與今天的經濟結構融合，協調效率與公平的均衡關係，通過現代化

的經濟治理手段來調節經濟社會的公平問題。中國特色社會主義堅持分配的社會主義特徵和內涵，充分利用資本推動財富增長和提高人類生活品質的創新能力，建設市場高度發達的混合經濟體制，整合境內外經濟要素促進經濟持續繁榮穩定。由政府擔負積極角色，基礎建設達到每個鄉村都有電力和網絡，每個城鎮都有公路和鐵路，再輔之以環境、教育、醫療等公共產品的提供，為廣大的貧弱地區注入新的生命力，提高競爭力與生產力。

共同富裕重新分配社會財富，但相關法律條文和執法細節模糊，許多中國企業如臨大敵，在中國富人圈掀起恐慌，尋求可行途徑希望保住財富。騰訊、拼多多、阿里巴巴等中國大型企業紛紛承諾將獲利捐輸慈善和國家發展，北京對這些企業採取相關整肅措施，怕規模太大不受國家控制。國營進民營退的資本策略，針對特定行業採取的強制手段更增添疑慮，認為中國的共同富裕政策會導致劫富濟貧。

⑤ 投資理財：中國政府反壟斷加強監管

中國政府對科技公司監管，引發市場恐慌。2020 年 11 月螞蟻集團 IPO 被喊停，不斷按照中國政府要求重組，但關聯企業阿里巴巴仍被開出天價的反壟斷罰單，又針對赴美上市的網路叫車巨頭滴滴出行。先前因監管不足而飛快發展的產業，從金融、交通到教育等，外溢效果間接導致不少社會問題。中國政府更在意國家安全問題，一系列監管措施就是要逼企業就範，嘗試建立國家及黨對民營部門的權威，無論投資人承受再大痛苦，都不會阻礙中國政府推進政策的目標。

中國的威權式統治迅速採取有力行動，投資人面臨更大的不確定性。中國監管機關也下令，將整治惡意過濾網址連結等行為，代表淘寶、微信等大型平台需要打破高牆，開始接受競爭對手的連結或支付系統。這些產業都必須進行痛苦的改革，而科技或金融創新並不在中國政府的考量範圍內，對 P2P 網貸產業的整頓，幾乎已完全關上創新的大門。

中國當局不容許企業獨大的情況，各行業均面對加強監管的問題，令市場擔心風暴會持續升級。部分企業已非常大及有影響力，正衝擊政府權力，對行業的競爭環境也帶來負面影響，因此中國政府需要採取反壟斷及其他行動，致力確保公平合理的市場環境，並理順各階層利益不均的情況。

阿里巴巴和騰訊已經成長為中國互聯網領域支柱型的商業帝國，作為中國最早的一批互聯網公司，在經歷了從 0 到 1 的顛覆式創新和從 1 到 100 的規模化發展，巨頭們從創新者逐步變成壟斷者。螞蟻集團實際上像一家

金融公司，因為觸及貨幣體系和更廣泛的金融穩定問題，必須對消費貸款等業務進行監管，要求避免風險過度集中。中國政府強力與科技巨頭對抗，要顯示出自己才是最大的玩家，科技巨頭們則相形見絀。

中國政府對校外培訓機構祭出多項嚴格監管，規定學科類培訓機構一律不得上市融資，要統一登記為非營利機構，此舉讓廣大的中國補教業步入寒冬。義務教育的雙減政策要有效減輕學生過重作業負擔和校外培訓負擔，切實提升學校育人水平，持續規範校外培訓包括線上線下。校外培訓專案收費居高，資本過度湧入存在風險隱患，導致學生作業和校外培訓負擔過重，家長經濟和精力負擔過重，嚴重對沖教育改革發展成果，社會反應強烈。

藉著科技創新、大數據運算，中國網路經濟規模快速發展，相關企業迅速累積財富，並透過投資入股和收購方式，將觸角延伸到行動支付、線上遊戲、雲端服務、快遞物流等領域，鞏固壟斷地位。反壟斷法給予北京當局強大的制裁權力，實施天價罰款或嚴峻的結構改革，實質的法規影響力促使科技巨頭往政府的方向發展。不僅處理壟斷，也可達成維持價格穩定、產業計畫、貿易與對外政策等諸多目的，掌控近九億中國人民的「三流」：金流一窺民間的金錢往來，內容流控制人民思想，資訊流對人民極權控制。

六十二、人雙腳錢四腳～二十一世紀資本論

人追錢很難，兩隻腳的人追不到四隻腳的錢，如果把時間都耗費在金錢的追逐上，則投注在提升自我能力的時間也就相對少，錢沒追到能力也比別人差。把時間投注在不斷強化自己的實力，可以獲得自我滿足與成就感；豐富自己的財經知識，找到適合自己的理財模式，才是未來的致富因子。

在全球化資本主義的浪潮下，減少政府干預、減稅刺激投資消費，結果更加擴大貧富差距。資本主義提升醫療品質也改善生活，並讓專業中產階級得以透過教育與自身努力達成社會流動，資本利得能逃逸出國家界線而自由流動，但是國家對於資本無法有效治理，希望透過制度改革來減緩資本主義對底層勞動者與社會秩序的傷害。

《二十一世紀資本論》是法國經濟學家湯瑪斯‧皮凱提（Thomas Piketty）的著書，最先於 2013 年出版法文版，隨後在 2014 年出版英譯版，討論自 18 世紀以來歐美財富和收入的不均問題。主要觀點認為如果資本收益率（r）大於經濟增長率（g），長期將導致財富集中和經濟不穩定。建議設立一個全球累進財產稅系統，避免大多數財富集中到極少數人手裡。認為貧富不均不是意外，而是資本主義的一個特點，只能通過國家干預來扭轉促進平等。

從稅收與遺產紀錄著手，蒐集整理橫跨二十幾個國家、長達二百多年的數據資料，藉此分析工業革命以來的全球財富分配動態，從中提出一個系統而全面的解釋。從歷史證據來看，有錢人財富增生累積的速度快過一般人工作收入增加的速度，因此富者愈來愈富，占社會大部分的所得與財富份額。各國政府應積極改革稅制，減低財富過度集中的趨勢，否則將危害民主社會依照個人才能與努力決定報酬的基本價值。建議徵收每年不超過 2% 的全球性財產稅，並結合最高 80% 的累進所得稅，以縮小貧富差距。

美國資本家稅繳的多，政治獻金也多，所以控制力大；台灣中下階級繳稅，但資本家負稅率低，而捐出更多政治獻金掌握政府。

資本收益率 r 包括利潤、股息、利息、租金和其他來自於資本的收入，財富傾向於通過 r 而不是勞動來積累，並且向最富的人群集中，加劇貧富不均，兩極分化和貧富差距的原理可以用不等式 r>g 來概括。

第一基本法則 A（資本在國民所得中的占比）＝r（資本平均報酬率）＊B（資本/所得比），第二基本法則 B（資本/所得比）＝s（儲蓄率）/g（經濟成長率）。

皮凱提以鑽研法國 300 多年的財富與所得分配歷史為起點，發掘獨到的證據與見解；極有錢的上層所得財產的累積、稅制與法制上方便其累積、歷史事件衝擊等。各國資本持有集中度從十八世紀至廿世紀初一路攀升，社會終將因為財富與所得分配不均而產生動亂，直到歷經 1930 年代經濟大恐慌、兩次世界大戰、戰後政府大規模重建等外在因素，富人的資本集中度才大幅下降。

1980 年代柴契爾與雷根新保守主義系列政策，包括對富人大減稅、公營事業民營化，富人的資本持有率又快速攀高。

當資本報酬率 r 大於經濟成長率 g 時，資本佔國民所得的比重就會增加，而更集中在資本雄厚的富人手中。整體的經濟成長率 g 代表社會平均財富的增加速度，而資本報酬率 r 則代表資本財富的平均增加速度，r 大於 g 就表示擁有大量資本的有錢人，其財產累積速度大於社會平均財產累積，而且原本資本越

多者累積越快，表示財富分配越來越不平均。

房屋稅、地價稅是資本持有稅，個人持有期間年年要繳，皮凱提認為稅基不只是土地房屋，而是所有資產財富包括股票、現金等，以抽稅減緩資本累積速度。若資本賺錢速度超過經濟成長速度，資本獲利率大於經濟成長率即 r＞g，經濟成長的果實落在富人身上，一般民眾感受不到實質成長。亞當斯密說勞動是生產環節中最有價值的部份，經濟成長的果實勞動者卻都沒分到，馬克斯說勞動者的剩餘價值被資本家剝削殆盡。資本的流動性遠大於勞動，因此較為強勢分配到較多所得，自由市場讓財富更趨集中。現實中各國政府租稅競爭，資本大量流向低稅國，應該課徵全球資本稅透過區域經濟合作讓資本無所遁逃。

將財富分配課題重新帶回經濟學，直接面對全球經濟快速轉變至金融海嘯之後的變動情況。兩次世界大戰使歐洲國家的資本與基礎建設遭受破壞，成了資本主義的重建期，專業的富裕中層階級（醫生、律師與會計師）興起，勞務所得超越資本所得之佔比，由收租者社會邁入經理人社會，縮小了貧富差距。同時資本型態開始有所改變，除了工業資本之外，尚有金融與不動產資本流通，造成才能極端主義（meritocratic extremism）。大型財團與企業中的超級經理人崛起，高所得被認為是個人才能出眾，與整體社會結構無關，有效地合理化金融體系成為累積資本與財富的機制。

所得前 1% 的人其資本存量與累積速率超越一般人所能想像，資本所得與財富繼承決定了當前的社會結構原則，忽略了只要努力就會有收穫的信念，以及將所得高低與經濟成功視為個人才能與成就的經濟神學。在現行國際金融體系高度不透明、欠缺有效監督機制的情況下，承認開徵全球資本累進稅就是一種烏托邦想法。要有效課徵資本持有稅，一定要建立在全球各國財產資訊合作互通的基礎上，才能建立個人資本總歸戶。

皮凱提將廿幾個國家最有錢人所得佔全國所得的資料彙集公開，成為資料庫 WTID（world top income database），免費提供外界使用。涵蓋國家包括美國、英國、法國、德國、加拿大、北歐諸國等，在亞洲則有日本、新加坡、印度、印尼、中國大陸。資料全都來自各國的報稅資料，而不是家庭收支調查。高階經理人動輒千萬美金的年收入、數額大到不可思議的股票分紅或績效獎金、中途離職還可再受補償的黃金降落傘等，許多大公司的 CEO 等都有超級肥貓的待遇，與一般員工薪資比有數百倍之譜，也是造成社會貧富差距擴大的原因。

自由市場曾幫助數億人在近數十年來擺脫貧窮，但對美式資本主義的憤恨情緒逐漸升高，國際貨幣基金呼籲以新的國際法規來查核全球金融狀

況。

💡 生活智慧：M型社會來了嗎？

日本趨勢大師大前研一於 2005 年提出「M型社會：中產階級消失的危機與商機」，主要說明中產階級朝向兩端移動，中間凹陷而兩端突起，就好像英文字母M，描述由原來以中產階級為社會主流，轉變為富裕與貧窮兩個極端，中產階級逐漸消失造成貧富差距擴大。M型社會是一個兩極化的社會，處在一個動盪的狀態，為國家社會埋下不安的因素。

M型社會（M－Form Society）是指社會財富－人口統計曲線呈現以字母M的形狀出現，即中產階級逐漸縮小和消失，很少有人能成為上層階級，社會的主體不再是中產階級，大多數逐漸淪為低收入群體。下層階級向上流通的通道似乎消失，公平競爭的機會越來越少，受過較高教育的社會底層人士也無法獲得高薪或穩定工作。由於全球化與資訊化的影響，中產階級漸漸消失，產生富者愈富、貧者愈貧的現象。

金融危機以來，日本家庭資產持續縮水負債一路攀升，收入兩極化趨勢和社會發展不平衡性不斷加劇，中產階級面臨生存危機。工作貧窮的家庭因缺乏資源，延續下一代造成世襲貧窮，工作貧窮及高學歷的年輕人低薪，代表社會製造出失敗的世代。財力較佳的年輕人面對低薪的方法可能拒絕工作，許多年輕人也因為努力沒有回報而拒絕努力及充實自我，失去自信也失去動力，普遍的無力化造成低生育率的後果，打擊內需造成惡性循環。人口減少帶來老化和勞動力不足，政府舉債照顧銀髮族，增加財政赤字和年輕人的負擔，動搖國家和社會根本。

在工業時代，工程師和高級產業工人是推動社會發展的主體，成為中產階級的主要構成人員。到後工業時代，這類人的社會和經濟地位相對降低，而掌握自然資源、政治資源，以及能夠掌握心智資源滿足精神需求，或破壞性創新創造價值的人，則會向右側移動變成新富人。中下階級人數明顯增加，上層階級也微微增加，但是中上階級人數卻大幅銳減。

2010 年美國貧困線以下人口佔全國總人口的 15.1%，美國年輕世代將矛頭指向世界金融中心的華爾街，2011 年「佔領華爾街」活動的本意不是為了掀起激進的運動，不是為了無產階級專政，背後是理性且民主，真正要反對的對象是激進的資本肥貓。 99%在底下，1%在最上面，中間快空了，高舉全球串聯大旗，聚集各路人馬檢討、阻止走向極度傾斜的金權主義；這是一場不需要流血的價值觀革命，是開放的公民運動。99%的人不

能再繼續容忍1％的人貪婪與腐敗，消除金錢對政客和國家政策的影響，建立一個美好的社會。

據美國有線電視新聞網2011年報導，90％的美國人在過去20年中實質收入沒有增長，而佔美國1％人口的富人財富卻增長33％，嚴重貧富兩極分化成為美國民眾產生不滿情緒的重要因素；社會不平等加劇是反全球化與佔領運動爆發的深層原因，社會變革是逐點累積、萌芽和成長的思潮。

👤 經營管理：推動全球最低稅負制

法國、德國、義大利、西班牙、荷蘭等5國發布聯合聲明，在2023年推動最低稅負15％上路，即使該議案在歐盟無法取得會員國一致同意，也不排除任何可行的立法途徑達成目標。G20和經濟合作暨發展組織（OECD）之稅基侵蝕與利潤移轉（BEPS）行動方案包容性架構指導委員會表示，已有130個國家針對全球稅制改革的關鍵項目達成共識。全球最低稅負推動後，企業透過跨境支付，將所得自高稅率地區轉移至低稅率地區之節稅效果將大打折扣。

全球反稅基侵蝕計畫（Glo BE）聲明除同意全球最低稅負稅率為15％外，尚包含第二支柱藍圖內容。所得涵蓋原則（Income inclusive rule）要求跨國企業計算於各國的實質負擔稅率，若低於15％企業母國有權補稅；徵稅不足之支出原則（Undertaxed payments rule）將不足最低稅率的利潤拉回其他國家徵稅，若跨國企業母國未立法實施全球最低稅負制，企業子公司設立國家可遞補課稅。適用門檻為全球營收規模達到7.5億歐元之跨國企業，但各國可將總部設在該國的集團企業訂定較低的門檻；免稅額為企業有形資產及薪資總額合計數的5％，若最終母公司為政府組織、國際組織、非營利組織、養老基金、投資基金或前述類型實體持有的控股個體則排除適用，亦排除國際航運收入。

全球最低稅負主要防止跨國企業利用國家間稅率不同，將利潤分配至稅率低之國家；繳納一國際間認可之最低稅負，是各國政府反避稅之武器。達成共識之國家佔全球GDP九成以上，顯示全球稅制改革又向前邁進一大步。台商跨國企業須留意未來財政部如何在台灣法令框架下落實，以及適用門檻之金額。國內營利事業基本稅額徵收率從12％調高至15％，財政部密切關注歐盟等國上路時程，台灣機動跟進。

歐盟聯合聲明指出，通膨嚴重衝擊一般民眾的消費能力，公司需負擔公平稅負，全球最低稅負可有效打擊稅基侵蝕及實現租稅正義。台商應優

先檢視其在當地國企業的有效稅率是否超過15%，但對於如何正確計算有效稅率有其複雜度，需密切關注歐洲各國是否跟進以及美國和其他國家的立法動態，以即時因應全球最低稅負所帶來的衝擊，管理企業稅務風險。

替代式最低稅負（Alternative Minimum Tax，AMT）是將高所得者享受較多的特定租稅減免，加回其課稅所得還原成應納稅的稅基，再計算其最低應繳納的稅負。為使適用租稅減免規定而繳納較低稅負之高所得營利事業或個人能繳納基本稅額，我國特別制定「所得基本稅額條例」，自2006年起施行。若當年度應繳納之所得稅高於或等於基本稅額，則免再繳納；若一般所得稅額低於基本稅額，則應就基本稅額與一般所得稅之差額補繳所得稅。海外所得、特定保險給付、未上市櫃有價證券交易所得、申報綜合所得稅時減除之非現金捐贈金額及其他經財政部公告應計入基本所得額之項目，扣除新臺幣670萬元後，按百分之二十計算基本稅額，本所得額門檻金額配合消費者物價指數調整。

Ⓢ 投資理財：台灣證所稅爭議

資本利得即資產增值，指股票、債券、房產、土地或土地使用權等，在出售或交易時發生收入大於支出而取得的收益；對非專門從事不動產和有價證券買賣的納稅人，就其已實現的資本利得徵收資本利得稅（Capital Gains Tax；CGT），是對投資者買賣所獲取的價差收益徵稅。為了避免徵收資本利得稅導致投資者不敢投資，有些國家不徵收資本利得稅，或採用較低的比例稅率、部分收稅等措施。

證所稅的全名是「證券交易所得稅」，針對證券交易獲利的部份。台灣第一次全面開徵證所稅是在1974年，但隨即遭逢能源危機，隔年財政部宣布停徵證所稅。1988年台股炒作風氣日盛，大盤首次突破萬點，財政部宣布於1989年起復徵證所稅，個人當年出售股票達300萬元者即為課徵對象，持股1年者減半徵收。當時股市無量下跌，後來提高免稅額到1千萬元，依舊無法拯救股市信心，台股連跌19日跌幅超過36%，政府於1990年再次停徵證所稅，並將證交稅率從千分之1.5拉高到千分之6，投資人無論賺賠都要課，並指出證交稅中已含有證所稅的性質。

2012年財政部推出新版證所稅方案在2013年實施，根據金管會統計，自證所稅復徵議題再起後，2012年及2013年台股量能明顯萎縮，平均成交日均值減少為957億元，衰退幅度近3成；每季交易金額5億元以上的大額交易自然人人數，由2012年第1季的1188人，明顯減少至僅剩648人。

2012 年至 2014 年的證交稅收分別僅 719 億元、714 億元、887 億元，比 2012 年前 3 年的平均千億元稅收明顯短少，而證所稅復徵後 2013、2014 年分別只有 26 億、38 億元稅收。在整體稅收不增反減，券商、散戶罵聲不斷，大戶持續出走的情況下，立法院 2015 年三讀通過廢除證所稅。

　　證所稅上路以來紛擾不斷，顯見社會對資本利得課稅仍待凝聚共識。台灣最大的稅基缺口就是資本利得稅，造成很多富人不繳稅，無異鼓勵老實繳稅的上班族投機操作而不事生產，難怪有些公司大老闆甘脆炒股賺錢還可以節稅，免徵資本利得稅是制度性大規模逃漏稅。稅率低的家庭也可能是有錢人，資本利得的所得可以全數取得，加上節稅、避稅，幾乎不需要繳稅。許多反證所稅者坦言擔心查核資金來源去路，其中可能涉及贈與、洗錢，甚至內線、炒作、坑殺，向這些大戶妥協鼓勵不法資金，對股市長期發展反而不利。以證交稅取代證所稅，也就是賺錢大戶將證所稅負轉嫁給其他股民，還是重蹈公平爭議。

　　證交稅全稱「證券交易稅」，投資人只要賣出股票、債券或經政府核准的其他有價證券，都需要繳證交稅。不同於手續費在買賣時皆會被收取，證交稅只有在賣出上市櫃的股票時直接由券商代為扣除 0.3%，無需再另外報稅，政府在不同種類的證券及交易方式會有不同的作法。長期持有股票時股利收入會被計入綜合所得稅中，依據自己的條件選擇較有利的計稅方式。

六十三、反璞歸真～綠色經濟學

　　返璞歸真比喻尚未提煉、質樸之人或事物，亦形容去華彩造作而回歸純樸的境界，抹去表面假像回復本來的真正面目。看透世間的虛假、從新檢討自己的生活、放棄奢華浪費的習慣、選擇平實儉樸的生活方式；還其本質回復原來的自然狀態，變得充實、豁然開朗、心境清明，本有的自性便能夠顯現出來。

　　包括商品、理念、政策和動機，經過包裝改頭換面，都能變得色彩鮮艷、耀眼奪目，輕易地迷惑人心，為了持續吸引力，甚至設法掩飾真相。人們漸漸地忘記本來面目，迷戀表象而忽略了本質。

　　聯合國及世界銀行推動綠色國民所得（green GNP），與環境關懷組織合作追求經濟的永續發展，強調環境資源對國民經濟福利之重要性。將油氣、煤炭

翻轉吧～經濟學！給您看得懂用得到的經濟原理

等礦產之能源開發及消耗，森林、海洋、野生生物等再生資源之失衡損失，及土壤、空氣、水源等環境污染成本計入國民所得帳中予以扣抵。

藉由產業轉型，走向生態、永續、低碳的綠色經濟，尊重環境資源限制，揮別高污染、高耗能、高耗水、高工時的產業與生活型態。綠色環保有助於環境和生態保護，但企業投資及消費者開銷增加，實際成效未如預期。藍色經濟重視環境保育也談再生資源，不留下廢料造成能源耗損，以有限資源創造更優質社會，讓地球生態取得零廢棄的環境平衡，達到永續利用與零排放的目標。

哥本哈根會議各國認為，全球暖化宜控制在 2°C 以內，二氧化碳排放要控制在 450ppm 以內，預估 2050 年以前各國將需要支出 10.5 兆美元。

人的定居工作和城市化必須加以規劃，以避免對環境的不良影響，並取得社會、經濟和環境三方面的最大利益。在人口增長或人口集中可能對環境或發展產生不良影響的地區，或在人口密度過低可能妨礙人類環境改善和阻礙發展的地區，都應採取不損害基本人權和適當的人口政策。更廣泛地擴大個人、企業和基層社會保護和改善人類各種環境，提出開明輿論和採取負責行為，必須以年輕一代和成人進行環境問題教育。各國應進行合作以發展國際法，有關環境造成的污染和環境損害的受害者承擔責任賠償的問題。基於國家長期利益，經濟、科技及社會發展應兼顧環境保護，嚴重影響環境或危害之虞者，環境保護應優先。經濟及科學技術發展固屬重要，但應與環境及生態保護兼籌並顧，以合理計劃調和環境權與經濟權。

保持經濟長期平穩發展，必須減少資源環境成本，實現可持續的發展戰略。

綠色經濟（Green Economy）以市場為導向、以傳統產業經濟為基礎、以經濟與環境的和諧而發展的新經濟形式，是產業經濟為適應人類環保與健康需要而產生的一種發展狀態。在傳統經濟生產基本要素勞動、土地及資本之外，再加入一項社會組織資本（social and organization capital；SOC）。人類資本（human capital）強調勞動人力的健康、智識、技藝及動機，將土地擴充成為生態資本（ecological capital）或自然資本（natural capital），人造資本為製造資本（manufactured capital）。社會組織資本指地區、商業團體、工會至國家法律、政治組織，到國際的環保條約（如海洋法、蒙特婁公約）等，衍生出其個別的習慣、規範、情操、傳統、程式、記憶與文化，培養出相異的效率、活力、動機及創造力，投身於人類福祉的創造。得以持續發展的經濟，是具體的單位經濟，又是一個國家的國民經濟，甚至是全球範圍的經濟。

林業是綠色經濟發展的基礎，是生態系統的主體、維護生態平衡的核心。以生態建設為主，進而促進以山清水秀、環境優美、資源豐富為標誌的綠色經濟。傳統產業經濟破壞生態平衡、大量消耗能源與資源、損害人體的健康；綠色經濟則是以維護人類生存環境、合理保護資源與能源、有益於人體健康的平衡式經濟。藍色經濟（The Blue Economy）是以物理為基礎的解決方案，不僅重保育也談再生，跟大自然學創意發掘成長妙方，以有限資源創造更多。為永續發展，國際社會思考經濟成長與自然資源消耗脫鉤的可行之道，加上環保及永續發展意識抬頭，促使全球由過去資源單向式消耗的模式（開採→製造使用→廢棄），邁向創新經濟模式。

循環經濟（circular economy）的 3R 指減量化、再利用和再循環三原則，核心內涵是生命週期、經濟資源的循環利用，強調系統性的設計以實現環境保護目的，低碳經濟的核心是低能耗、低污染的低碳排放經濟，同時兼顧經濟利益。減量化（reduce）針對輸入端，目的在減少進入生產和消費過程中物質和能源流量，通過預防而非末端治理的方式來避免產生廢棄物。再利用（reuse）針對過程，目的是延長產品和服務的時間強度，避免物品過早成為垃圾。再循環（recycle）針對輸出端，把廢棄物變成資源以減少最終處理量，也就是資源回收和廢棄物的再利用。

由於環境是公共財，政府介入綠色經濟甚深。市場交易除受價格及功能的影響外，並且受其綠色環境友善程度的影響，由單純之廢棄物清理走向兼顧分類回收、減量及資源再利用之綜合性管理。近年來循環經濟在全球化供應鏈中逐漸扮演重要角色，成為未來全球經濟創造成長及就業機會的來源，國際各國從產品生命週期面向思考，轉型成為循環經濟的世代，越來越多國家在其法令中納入循環經濟概念。

傳播、電力、行動與物流以及建築產業正開始與化石燃料脫鉤，反映出第三次工業革命經濟轉型將引爆勞動力組成變化。美國任職能源效率、太陽能、風能和電動車產業，約當化石燃料電力產業就業人數的五倍。隨著美國關注綠色新政，並訂於二十年內轉型至零排放的第三次工業革命基礎設施，這些就業人數將呈倍數成長。轉向潔淨能源經濟需要三百二十份獨立行業，橫跨三大主要產業領域：潔淨能源生產、能源效率和環境管理。大多數工作落在設計、工程和機械常識，得經歷一定程度的專業培訓。

綠色新職缺的時薪比全國平均值高出 8% 至 19%，低端工人的時薪也比舊經濟性質類似的工作高出五至十美元。

💡 生活智慧：全民綠生活運動

　　人生最美好的境界是視富貴如浮雲，視權勢如枷鎖，淡泊不為物欲所役，去貪就簡反璞歸真。割捨放下降低物質欲望，不做無意義的攀緣應酬，就不會為貪求而迷失，為爭強好勝而患得患失。知足節儉者必不致貪，貪求浪費者終難久富，摒棄奢華轉向提昇內在閱讀，冥想靈修淨化身心，找回純真自性。心地淳厚善良平實的人，常處在淡然之中，過著簡單清淡的生活，時時感受到清澄、寧靜、祥和的喜悅感。

　　在經歷過許多忙、盲、茫的折騰，才自覺位高權重物質享受無法真正快樂滿足。向大自然學習更簡單的生活方式，修復人與環境的關係，多到戶外體驗新鮮的事物，更多時間花在讓自己真正快樂的人、事、物上，享受人生並多關心大自然。最美麗的景象是人類與地球和平共存，地球只有一個，需要全人類共同推動轉型。透過再生有機農業，友善使用地球所孕育的寶貴原生植物，隨著有機食物市場日益成長，消費者願意購買有機和永續食物，更多農民願意轉向生態農作，進而帶動有機食物調降售價。

　　農民也正攜手開辦電力合作社，動手安裝太陽能、風能和生物氣能源技術，自行生產綠色電力，部分供農場使用，其餘則回售能源網路，創造第二筆收入來源。農場運作模式由機械操作轉移至數位化管理，糧食作物從種植、收穫、儲藏到運輸等方面都與以往大不相同。導入物聯網基礎設施可大幅提升總合效率和生產力，應用安裝在農地的感測器監測天氣狀況、土壤濕度變化、花粉傳播及其他影響產量的因素，搭配自動化回報機制，確實掌握農作物的適當生長條件。

　　綠生活是臺灣 2050 淨零轉型關鍵戰略之一，從推動淨零綠生活開始，包括全民食、衣、住、行、育、樂、購的行為及消費模式改變，進而促使產業供給端的改變，降低溫室氣體排放。為提升綠生活理念並養成民眾行為與習慣，推動全民綠生活運動，愛地球不只是一種生活風格，也是一項生活態度，一種友善環境的生活方式，結合全國機關、學校、企業、民間團體、社區及民眾一同動起來，從生活細節改變習慣，創造綠生活未來。

　　改善海洋塑膠污染問題，落實重複使用從源頭減量，綠色和平持續要求零售企業制定減量目標及計畫，督促統一超商每年減少 10% 一次性塑膠使用量，透過絕塑好店計畫，一個月內減少超過 1,600 個一次性飲料杯的使用，成功推動全家於 400 間門市導入循環杯。聯合國通過制訂全球塑膠公約，涵蓋塑膠從生產、消費到棄置的整個週期，於 2024 年落實執行，具

法律約束力。聯合國氣候變化綱要公約的京都議定書，目標是將大氣中的溫室氣體含量穩定在一個適當的水準，減少溫室氣體排放和減輕大氣的溫室效應問題，以保證生態系統的平滑適應、食物的安全生產和經濟的持續發展。

經營管理：綠色供應鏈的價值

綠色產業（Green Industry）指企業在生產過程中或產品使用後產生污染，藉由技術的改良，使污染達到減輕環境負荷、無害或對環境友善，包括再生能源、太陽光電、清潔生產、節能產業、綠建築等符合環境管理要求的產業。珍惜自然界所賦予的資源，節能效益共享，公司將環境保護視為經營策略之一，對員工教育宣導環保意識，不管規模大小或企業文化差異，高階經理人在追求利潤時需盡社會責任，不但企業得以永續經營，對地球能有貢獻。

產品生產製造過程中考慮對環境的影響和資源的使用效率，因全球環境惡化氣候異常，導致企業在原物料的取得及生產製造過程中能源資源的損耗，生產成本逐漸增加，若無法降低成本則會失去競爭力。綠色供應鏈管理主要是綠色採購與製造、綠色設計與創新。在產品製造之初即採用從搖籃到搖籃的概念及方法，減少能源的浪費，並對廢棄物減量及污染防治產生效果，目標提昇資源使用效率及環境影響最小化。綠色設計與創新強調減量、回收、重複使用與再生的設計理念出發，提供產品與服務，從企業內部進行環境管理，於製程、產品著手環境保護的創新改善。

公司實施綠色供應鏈管理，遵守政府環保法令政策，法規規範是最大驅動力量。企業以遵守國內外的環保法令規範為準則，避免因環保事件觸法遭罰，產品受到拒絕而不能銷售，並影響其它供應鏈之廠商。建立環境風險評估與減少環安事故發生頻率對於企業財產與形象的損失，嚴重者會被勒令停工歇業，生產交貨期程受到影響，企業信譽破產及賠償問題，進而員工失業演變成社會問題。汙染的預防與空污、廢水、廢棄物排放減少，以提昇環境績效，降低環保稽查及罰鍰取締。

將環保政策植入組織文化中，從公司內部開始建立企業文化，進而推廣至外部上下游廠商。企業需建立危機預防管理機制，降低環安風險有效建立防範機制減少災害，有助提昇社區關係及企業形象。藉由遵守國內外法令規範，設計對環境友善的產品，降低成本亦能建立良好企業形象。賦予綠色供應鏈價值，成為一條龍的綠色價值鏈，持續精進產品研發的綠

翻轉吧～經濟學！給您看得懂用得到的經濟原理

色技術及綠色創新，提高技術門檻創造競爭優勢。

　　再生能源產品與系統製造，如淨潔能源及廢棄物利用，改善能源結構、促進相關之再生能源科技。製造業在工業製程、產品與服務中，持續進行清潔生產之改善。服務業於行業型態中所使用之物品或系統，以綠色產品或包裝為優先考量。旅遊業推動永續旅遊型式，降低環境資源之衝擊，針對特定保護區進行生態旅遊以保護環境敏感區域。金融貸款服務時考慮業者之綠色程度給與不同之額度或優惠，協助業者進行綠化。綠色消費降低天然資源與毒性物質使用及污染物排放，可維持基本需求追求更佳的生活品質。

⑤ 投資理財：建構綠色永續金融體系

　　綠色金融（Green finance）為支持環境改善、應對氣候變化和節約資源、高效利用經濟活動，對環保、節能、清潔能源、綠色交通、綠色建築等領域的投融資、運營、風險管理等所提供的金融服務。促進環境保護及治理，引導資源從高污染、高能耗產業流向理念技術先進的部門，綠色金融政策在信貸、債券、基金等領域，金融業促進環保和經濟社會的可持續發展。引導資金流向節約資源技術開發和生態環境保護產業，企業生產注重綠色環保，消費者形成綠色消費理念。隨着人口增長、經濟快速發展以及能源消耗量的大幅增加，全球生態環境受到嚴重挑戰，實現綠色增長已成為當前世界經濟的發展趨勢，為能同時滿足環境保護和資本主義的解決方案。

　　金融業自身的可持續發展，避免注重短期利益的過度投機行為。綠色金融目的是支持環境效益的項目，各種綠色金融產品包括綠色信貸、綠色債券、綠色股票指數等；不僅貸款和證券發行等融資活動，也包括綠色保險等風險管理，還包括多種功能的碳金融業務。金融機構將環境評估納入流程，在低碳經濟不斷發展的背景下，注重綠色產業的發展。環境保護作為基本政策，在投融資決策中考慮潛在的環境影響，把與環境條件相關的潛在回報、風險和成本都融合進日常業務中，注重對生態環境的保護以及環境污染的治理，通過對社會經濟資源的引導，促進社會的持續發展。

　　綠色金融更強調人類社會的生存環境利益，對環境保護和對資源的有效利用程度作為計量其活動成效的標準之一，引導各經濟主體注重自然生態平衡，講求金融活動與環境保護、生態平衡的協調發展。傳統金融業在經濟人思想引導下，以經濟效益為目標，除非有政策規定，金融機構不會

主動考慮貸款方的生產或服務是否具有生態效率。在德國綠色金融政策實施過程中，環保部門發揮重要的審核作用，以確保貸款政策能夠支持節能環保項目。

以友善環境為目標創建的金融商品或服務，包括貸款、債務機制、保險和投資，都可稱為綠色金融。金融業者對環境的影響視為成本、風險或回報之一，進而做出更符合永續價值的金融決策及日常業務。利用自身融資的影響力，擴大對能源轉型、低碳經濟、綠色消費等相關產業的投資，同時限縮放款給其他加速全球暖化、環境污染的產業，開發更多綠色商品及服務，引導一般消費者做出更友善環境的選擇。

我國金管會推動綠色金融行動方案，涵蓋授信、投資、資本市場籌資、人才培育、綠色金融商品或服務深化發展、資訊揭露、推廣綠色永續理念等面向，協助綠能業者取得營業發展所需資金，促使金融市場引導實體產業、投資人、消費者重視綠色永續，讓臺灣轉型為綠色低碳經濟、綠色投資、綠色消費與生活。建構更完善的綠色及永續金融體系，支持企業發展兼顧低碳轉型，驅動正向循環的永續金融生態圈，促進金融、企業與社會環境共生共榮。

六十四、路遙知馬力～ ESG 經濟學

《後漢書‧王霸傳》：「疾風知勁草，板蕩識忠臣，路遙知馬力，日久見人心。」在狂風中才能看出草的堅韌，在亂世裡才能顯示臣的忠奸；經過嚴峻的考驗，才知道誰真正堅強。越在艱苦危難的時候，越能看出人的意志和立場堅貞；路途遙遠才能知道馬的力氣大小，人心須經時間的考驗才能看出善惡。

經過猛烈大風才能看出草的強勁，動亂時局考驗才能看出人的忠誠。能在逆境中臨生命危險仍堅持自己崇高信仰的人，才是真正的忠臣義士，遇難之後仍能被後人尊敬與千古傳頌。受得住大風摧折的草，才稱得上強勁；在嚴峻危急的關頭，才能考察人的真正品性和節操；經過血與火的洗禮，才能識別出堅定的忠臣。

英國經濟學家凱特‧拉沃斯（Kate Raworth）2017 年提出提出甜甜圈經濟學（doughnut economics），經濟發展像是一個甜甜圈的平面圖，是擁有同一個圓心的兩個圓圈，裡面小圓圈代表人類福祉的社會基底盤，外面大圓圈代表地球

壓力的生態天花板。基底盤生活的基本要件所有人都應該不虞匱乏，十二項基本要件包含充足糧食、乾淨水源、良好衛生、能源、乾淨的烹飪設施、教育、醫療照護、良好住房、最低基本所得、良好工作、資訊網絡和社會支持網絡，透過性別平等、社會公平、政治發聲機會，以及和平與正義達成。外圈的生態天花板代表地球壓力可以容忍承受人類破壞的臨界點，如果破壞程度高於這個圓圈地球就會生病，包括磷負荷、臭氧層破壞、土地利用轉換、氣候變遷、海洋酸化、淡水消耗、化學汙染、空氣汙染、生物多樣性喪失等九項。

聯合國全球契約（UN Global Compact）於 2004 年首次提出 ESG 的概念，被視為評估一間企業經營的指標，ESG 是環境保護、社會責任和公司治理三個英文單字的縮寫。環境保護（environment；E）涵蓋氣候風險、天然資源、溫室氣體排放、水及污水管理、生物多樣性等防治與控制，污染及廢棄物等主題以及環境相關投資機會。社會責任（social；S）包括勞工問題及產品責任、資訊安全等風險，以及客戶福利、勞工關係、多樣化與影響產業之利害關係人共融等面向。公司治理（governance；G）包含商業倫理、競爭行為、供應鏈管理等與公司穩定度及聲譽相關，以及董事會素質及成效等相關議題。

聯合國（UN）2005 年的《Who Cares Wins》報告提出 ESG 的概念，企業應該將環境、社會責任與公司治理納入企業經營的評量基準。根據世界企業永續發展協會（World Business Council For Sustainable Development；WBCSD）定義，企業社會責任（corporate social responsibility；CSR）是企業貢獻經濟發展同時遵守道德規範，以及改善員工及其家庭、當地整體社區、社會的生活品質。

以美國市值前 3000 大的公司為例，2008 年金融危機爆發時，ESG 評分愈高的公司受危機波及程度愈低，原因在於企業長期投資社會資產，得到投資人的信任，帶動公司的績效維持在一定水準。

公司參與 ESG 的倡議與發展，不僅是善盡社會責任的方式，也能幫助公司建立與員工、客戶、投資人更深厚的關係，讓長期營運更為穩健。除了道德上的訴求，ESG 也代表企業社會責任，公司幫股東賺錢是基本的責任，但對社會、環境的永續發展也要有所貢獻，才能獲得市場認同。

隨著塑膠污染與氣候變遷問題日益嚴重，現行政策與傳統產業無法有效解決問題，也承擔較高的商業轉型風險，更因為資源稀缺、針對減少化石燃料的監管逐漸嚴格，改變商業模式與政策走向。企業要從最源頭重新設計和使用塑膠確保能確實被回收和利用，降低使用塑膠容器就能減少廢棄物，也降低運輸物流的碳排放和環境污染，可提升消費者對企業的綠色印象和認同感。零售通

路企業帶頭改變能影響上下游轉型，以重複使用取代一次性塑膠，包裝從原料、製造、銷售、丟棄的產品生命週期中，減少廢棄物及碳排放，推動永續發展，打造更宜居乾淨的地球家園。企業思考自己的角色，在品牌商、物流商、零售商、電商做到能導入循環經濟的價值。

　　消費者的道德意識將品牌的社會環境衝擊納入選購決策考量，投資人以 ESG 績效較好的公司作為投資標的，因此永續發展目標將為企業帶來龐大商機。

　　ESG 永續投資已成為國際趨勢，金融機構不論是貸款融資或是證券投資，會用 ESG 原則來審視融資案。許多評分機構用 ESG 三個面向來幫企業打分數，投資人可以透過 ESG 分數的高低作為選股的考量，也稱 ESG 投資或永續投資，對社會及金融市場、個人的投資組合產生正面影響。2006 年聯合國成立負責任投資原則組織（PRI），核心理念認為 ESG 是投資決策中重要的相關因素，投資時應該用 ESG 來衡量一間企業的社會責任表現。

　　企業對社會、環境的永續發展要有所貢獻，才能獲得市場認同，投資人也更願意長期持有。國際上常見的 ESG 評鑑指數公司有標準普爾道瓊指數公司（S&P Dow Jones Indices, S&P DJI）、摩根士丹利資本國際指數（MSCI）、富時羅素（FTSE Russell）等，依自建的評分機制來衡量各股票的 ESG 分數，提供 ESG 評分報告書給各大投資機構參考。透過定量模型確定每個產業與 ESG 關鍵指標對應的重大風險和機會，審慎考慮該產業相對其他產業對環境或社會正面或負面的影響，決定每個 ESG 關鍵指標在整體評級的權重。根據該產業的特性，加權計算 ESG 的關鍵指標，得出公司為評級 AAA（最佳）到 CCC（最差）等七種評級。

　　ESG 衡量公司的企業社會責任分數，作為投資人選股的考量。

　　ESG 三大面向共 10 個不同主題，環境面向包含氣候變化、自然資源、汙染及廢棄物、環境機會 4 個主題，社會面向包含人力資源、產品責任、利益相關者的否決權、社會機會 4 個主題，公司治理面向包含公司治理及公司行為 2 個主題。10 個主題中又包含 37 個不同的 ESG 關鍵指標，環境相關指標為碳排放及再生能源機會，包含電子廢棄物處理以及水資源相關指標。社會相關指標是人力資源及勞工管理，包括企業對內與對外的溝通以及爭議性的採購處理等，公司治理包含薪資及會計審計的透明度等。

翻轉吧～經濟學！給您看得懂用得到的經濟原理

♀ 生活智慧：社會責任與公民社會

社會責任是指一個組織對社會應負的責任，以有利於社會的方式進行經營和管理，承擔高於自己目標的社會義務。超越法律與經濟對組織所要求的義務，是組織管理的道德要求，出於義務的自願行為。積極責任要求個體採取積極行動，預期的社會責任有利於社會不特定多數人，或防止壞的結果產生。至於消極責任或過去責任、法律責任，則在個體的行為對社會產生有害後果時，要求予以補救。

在生活中對國家或社會以及他人承擔一定的使命、職責、義務，社會責任感是在特定的社會裡，每個人在心裡和感覺上對其他人的倫理關懷和義務。社會是一個相輔相成不可分割的整體，要有對其他人負責的責任感，而不僅是為自己的慾望而生活，才能使社會更加美好。社會責任包含遵紀守法、積極進取、保護環境、維護人權、社會安全、保護消費者權益、勞工準則和勞資關係、職業健康安全、倫理、反腐敗、團體關係、慈善事業等。

責任感屬於社會道德心理的範疇，是思想道德素質的重要內容，要求利己又要利他人、利事業、利國家、利社會，以國家、社會和他人的利益為重。具有驅動自己勇往直前的動力，許多有意義的事需要自己去做，才能感受到自我存在的價值和意義，得到人們真正的信賴和尊重。責任心是關心別人、關心整個社會，生活有真正的靈魂，表現在對整體、對個人的關懷。

公民以社會成員的身分存在，公共責任的範圍為公領域，是公民社會的共同責任，面對國家政治和社會利益的問題時超越私人身分，而以社會公民的身分來考量各種利益以解決問題。若社會中的個體為了追求私人利益而不顧他人利益，可能危害社會秩序與穩定，最後連個人的自由權益都不能確保。每個社會都對其成員有義務，而其成員對它也有應盡的義務，在社會脈絡中社會與公民應盡相互之責任義務。

公民社會是非以國家為中心的社會整合，由各類的志願性社團組織如社區、社群、團體組成的複合網絡，不同於國家正式的政府組織，而是社會中的個體所創立和操作的公共領域。公民參與不僅是權利，亦為義務與公共責任。從社區實際事物中學習民主運作，對公共事務擁有資源與決策權，人民在參與中凝聚社區意識，鞏固國家民主。為一種由下而上，草根、基層、社區本位、非政府組織的支持系統，由地方、地區到全國性的非政府組織，提供各種管道表示公民的需求與興趣，將關心的事務轉變為公共

政策。

公民社會的存在對於民主政體的正常運作具有重要貢獻，集會結社權本來就是基本的民主權利之一，透過參與社會團體，學會妥協、尊重不同意見等民主價值。基層的公民團體經由參與的歷程，形成一股與國家政府的抗衡之力。公民社會成為公共利益的守護者，公民應以超越自我利益的廣泛思維，追求社區福祉，達成自我治理的理想。

👤 經營管理：公司永續治理文化

公司治理（Corporate Governance）是一套程式、慣例、政策、法律及機制，影響帶領、管理及控制公司，包括相關利益人士的協調及公司眾多目標之間的關係；公司內部包括股東、管理人員和董事，其它包括僱員、供給商、顧客、銀行和其它貸款人、政府政策管理者、環境和整個社區。

面對責任、受託責任、對股東和其他人的資料披露，保證人事上各司其職，溝通並解決各種利益衝突，動機與獎勵的分配以及審計及控制機制，而負責高層更應該遵守各方面的原則並切實執行。有序的經濟效率，公司內部應有最佳的實踐指南與條文，和公司外部在國家與國際法律框架下的運作。制度設計應該針對優選結果決策，查出並防止欺騙的內部糾察設計，以避免公司腐敗；不僅為股東的利益而行動，也使公司更加融入社會中。

公司治理包含規則、權責、關係、制度和程式，由董事會或其他信託當局在公司中執行和控制。需要遵守的規則包括當地法律和公司內規，而關係則包括所有關係人，最重要是股東、經理人、董事會董事、政府管理當局、員工和整個社區。公司治理的結構明白解說在公司事務上決策的規則和方法，提供公司目標制訂的機制並監督目標的達成與手段。制度是為了代表利益關係人達到減少代理成本和資訊非對稱性的問題，監控結果是否與規劃相符，並且維護或修正組織活動，讓資訊在整個組織內充分流通。

主要的股東與授權代理人經理為保障他們的利益而行動，把控制權與擁有權分割，董事會在公司治理上扮演重要角色，責任就是支援公司策略、開展定向政策，任命、監督和酬賞高級董事、保證組織對它的所有者和當局負責任。參與公司治理的所有人士都持有利益，董事和管理階層要求獲得薪金、利益與名譽，而股東則要求獲得報酬，顧客要求獲得產品和服務，供給商從他們的產品和服務而獲得報酬，以自然、人文、社會及其他方式提供價值。

翻轉吧～經濟學！給您看得懂用得到的經濟原理

董事與管理階層要建立治理的典範，作為公司其他參與者的依據，並且定期評估有效程度，高階管理人員在面對利益衝突及透露財務報表時表現誠實與道德，讓股東明白內容。組織對所有合法的利益相關者有法定和其他義務，應該尊重股東及透過有效溝通來行使權利。董事會需要一系列的知識應付問題，有能力檢視及挑戰管理層的表現，對工作有適當程度的承擔，以建立獨立的監察作用。

公司要為董事及管理人員建立道德操守的標準，各種財務帳目能夠讓股東了解資金的來源與流動，外來的獨立董事沒有與管理層有私人聯繫，對其它董事進行正規評估，對投資者的治理資料作出迅速反應。金管會正式啟動公司治理永續發展藍圖，以強化董事會職能提升企業價值、提高資訊透明度促進永續經營、強化利害關係人溝通營造良好互動管道、接軌國際規範引導盡職治理、深化公司永續治理文化提供多元化商品等 5 大主軸為中心。

Ⓢ 投資理財：ESG 永續投資新趨勢

為了促進全球人權、減少貧窮差距以及改善社會如氣候及環境保護、生產與消費責任，聯合國於 2015 年制定 2030 永續發展目標，包含 17 項核心目標及其細項指標。企業需要遵守規範，揭露公司治理資訊、企業社會責任報告書。金管會也在推動 ESG，目前國內已有 500 多家約占三分之一上市櫃公司永續報告書揭露公司 ESG 表現，在股東會上 CEO 也會直接面對投資人對 ESG 議題之提問，國內企業準備迎接永續投資新趨勢的到來。

聯合國責任投資原則組織（Principles for Responsible Investment，PRI）為全球責任投資之主要推動機構，幫助投資人了解環境、社會、公司治理層面在投資行為中之重要角色，協助與鼓勵投資人將 ESG 納入投資考量因素，以提高投資收益、增加風險控管能力等。企業需積極進行預防環境挑戰之措施，針對原料、能源、水、生物多樣化、廢棄物排放、產品與服務、法規遵循、運送等議題從事風險預防、減少及控制在營運過程對環境所產生的衝擊。

數位相互連結的工業革命基礎建設，後碳時代也是綠色新政的核心崛起，生產力增加碳足跡也大幅減低。到 21 世紀，需要新事業與勞動力來創建並管理綠色經濟。基礎建設寬頻、大數據與數位通訊、零碳綠色電力、再生能源驅動自駕電動車、節點式連結的零碳排產能建築，必須在各個區域落成並規模化，而且區域之間的基礎建設必須相互連結，涵蓋世界各地。

ESG 不僅是企業參與社會的責任，也是投資者、股東及金融業對於企業的檢核表，ESG 的行動與分數能夠顯現企業的長久性，評分越高的企業越能得到投資人的信賴。永續會計準則委員會（Sustainability Accounting Standards Board，SASB）制定更完整的永續資訊揭露標準，訂立出 5 大面向、11 項產業別、77 項行業別與 26 項通用的 ESG 議題。企業不能一昧追求財務報告數字漂亮，而不重視環境、能源等社會議題如廢水處理、節約能源等，財務透明清楚且營運策略低風險又穩健，就能獲得大眾及投資人的支持，更能長久經營。

台灣兩大指標型評比單位台灣永續發展基金會（TCSA）及天下永續會，針對 ESG 企業永續經營，舉辦一年一次的評比，依照不同的單位有不同評分標準，也依照產業、營業額分類。為協助企業的利害關係人了解重大風險，氣候相關財務工作小組（Task Force on Climate － related Financial Disclosures，TCFD）訂出資訊揭露建議，包括治理、策略、風險管理、指標與目標四大項目，也響應聯合國永續發展目標 SDG13 氣候行動。

2003 年一群私人銀行制定赤道原則（Equator Principles，EPs）是一套非強制的自願性準則，採用世界銀行的環境保護標準與國際金融公司的社會責任方針，用以決定、衡量、管理社會及環境風險，進行專案融資或信用緊縮。參與制定的銀行有花旗集團、荷蘭銀行、巴克萊銀行與西德意志銀行等，有助於推動其他環境和社會管理實踐的發展。

六十五、未卜先知？～經濟未來學

元・無名氏《桃花女破法嫁周公》：「賣弄殺《周易》陰陽誰似你，還有個未卜先知意。」未曾占卜就能知道吉凶，形容有預知未來的能力，有先見之明。桃花女兩度破了周公的占卜，周公因而假意娶桃花女作兒媳，選在凶日迎娶，想借機害死桃花女，但是被桃花女破解，指責周公賣弄未卜先知的本領，以致害了自己的女兒。最後周公甘拜下風，盡棄前嫌一家和樂。

科學家發現爬行動物的第三隻眼對光波和磁場都非常敏感，能感知超聲波和次聲波，太陽光通過神經系統傳輸到松果體，對激素分泌發號施令，爬行動物因此對地震和火山爆發等自然災害非常敏感。喜好沉思或將一生獻給宗教，人類身體會發生難以置信的激素變化，大腦將宇宙中的能量彙集，松果體從宇

宙獲得超凡的想像力，並將其化為神經衝動到達丘腦下部。

未來學（Futurology）綜合性研究人類重大領域的未來趨勢、可能圖景、面臨的挑戰、應當採取的對策等內容。研究預測未來的科學方法，尋求系統化或模式來理解過去與未來，探索可能的事件與趨勢。

2002 年在美國成立未來學教授協會，2017 年發展前瞻能力模型；2002 年淡江大學成立未來學研究所，包括經濟未來學、政治未來學及環境未來學。

未來學是一個跨學科領域，通過專業方法彙總並分析趨勢，以及其構成的可能未來。一般分析包括來源、模式，及造成改變的原因，以試圖發展前瞻的穩定度。未來學術、未來研究、策略前瞻預測、未來學、未來想像、未來發展及未來學等用詞，以未來學研究及策略前瞻預測。

未來學關注變革性長期趨勢，通常不關注短期預測，研究一到三年內的未來不被視為未來學，且排除自稱有超自然手段預測未來的人。

全球未來趨勢、規範性的未來發展，以及企業接受未來研究作為全球對話。計畫與規劃未來的學問，用於城市願景、國家政策、未來產品服務，不只有厚實的知識資本，還需要超乎常人的想像力。未來的進展隨關鍵事件發生，若是足以撼動未來的關鍵事件，未來學家就有證據推估，對每條時間線設想；若關鍵事件沒發生，就要想有什麼事件可能發生。對於未來趨勢的研究，傾向採取整合當下資料，並推論可能趨勢發生的過程，發展不同層面的可能趨勢，提出對於未來的描述、機會或警示。

未來學被認為是社會科學的分支，研究希望理解什麼會繼續，而什麼可能會改變，人類對於未來也由消極避免危機到積極發現議題、不可掌握的風險，並企圖發現多元的未來，由人定勝天的主宰心態轉變為與自然共處，研究取向包含國家、組織、機構、與個人的多層次未來研究。經濟未來學對未來經濟進行科學預測並加以研究，是未來學與經濟學的有機結合，從經濟的角度研究未來如何變化和發展的影響程度，是自然科學知識和社會科學知識混合的跨自然科學和社會科學的綜合學科。

中研院是台灣第一個進行總體經濟預測的機構，在 60 年代中期由于宗先院士等人首開先河。國內其他預測單位還有中華經濟研究院、台灣經濟研究院、台灣綜合研究院和中央銀行等；國外重要預測機構則有 IMF、OECD、World Bank、I HS Global Insight 和 Oxford Economics 等，一些大型民營金融單位也會提

供涵蓋較小範圍的總體經濟預測。每個機構有各自的運算模型、方式，經濟結構並非一成不變，運算模型也要不斷修正，許多影響經濟的因素、程度都難以被具體量化。

意見分歧是常態，從不同變數的影響時間，到不同政經事件的衝擊程度，研究團隊得透過開會討論、辯證、說服彼此，取得共識。任何經濟預測中，最難掌握的就是景氣循環起伏轉折點，各項指標變幻莫測，只要遇上黑天鵝預測誤差明顯擴大，經濟學家對應之策是參考歷史來推估對經濟的衝擊程度。

股市是經濟的領先指標之一，可以了解景氣的可能趨勢，但常出現股市與經濟表現脫鉤的現象；就長期趨勢而言，股價和GDP的走向會回歸一致。

第一次工業革命利用水力及蒸汽的力量作為動力源，突破以往人力與獸力的限制；第二次工業革命則使用電力為大量生產提供動力與支援，也讓機器生產的目標實現；第三次工業革命是使用電子裝置及資訊技術（IT），消除人為影響以增進工業製造的精準化、自動化，網路技術和再生能源結合為第三次工業革命奠定強大的基礎。人類即將步入後碳時代，曾經支撐工業化生活方式的化石能源（石油、煤、天然氣）正日漸枯竭；採用再生能源（太陽能、風力、地熱能、水力、生質能源等綠能），才能確保永續發展的未來。

工業4.0或稱生產力4.0是德國政府提出的高科技計劃，又稱為第四次工業革命，在中國製造2025和美國製造業振興計劃也都提到。德國將其納入高技術戰略的未來專案，提昇製造業的電腦化、數位化和智慧化。電氣電子及資訊技術協會發布首個工業4.0標準化路線圖，德國機械及製造商協會（VDMA）等設立工業4.0平台。透過人工智慧的技術建立具有適應性、資源效率和人因工程學的智慧型工廠，並在商業流程及價值流程中整合客戶以及商業夥伴提供完善的售後服務。其技術基礎是智慧型整合系統及物聯網，建構有感知意識的新型智慧型工業世界，透過分析各種巨量資料，需求客製化直接生成相關解決方案產品。更可利用電腦預測，例如天氣預測、公共運輸、市場調查數據等，供應端優化及時精準生產或調度現有資源、減少多餘成本與浪費等。

工業物聯網（Industryial Internet of Things, IIoT）是讓生產機能串連在一起的橋樑，徹底革新企業製造、改良與分銷產品的方式，製造商包括物聯網、雲端運算和分析，以及AI和機器學習整合到其生產設施與整體營運中。智慧型工廠配備先進的感應器、內嵌式軟體和機器人，收集分析資料做更好的決策。結合來自生產營運的資料與供應鏈、客戶服務和其他企業系統的營運資料，可提升自動化、預測性維護、流程改進自我優化，提供更進步的效率水準和客戶回

翻轉吧～經濟學！給您看得懂用得到的經濟原理

應速度，發展智慧型工廠為製造商進入第四次工業革命提供絕佳機會。

💡 生活智慧：未來新興熱門職業

數位浪潮和產業轉型會讓某些工作消失，也會讓某些職務熱門，新興職務包括數位轉型專家、客戶成功經理、商務拓展經理、資料科學家、敏捷式開發工程師、線上互動教師、資安工程師、全端工程師、生理訊號工程師、沉浸式體驗工程師等。在傳統產業必須大幅調整營運模式和產品類型的同時，不少新興職業也順應大環境趨勢而誕生，呈現蓬勃發展的態勢。

產業數位化讓傳統行業透過互聯網，為研發、生產、製造、銷售等流程創造更大的價值，線上取代實體，APP 外送取代上餐館，催化數位人才需求。社群媒體和網路搜尋的數位行銷特性，牽涉平台演算法、流量分析等專業知識。隨各大網路平台不斷改變其內容展示的政策，數位行銷成為具有高度挑戰性和創新力的新興行業。

企業與顧客的關係從一次銷售進化為長期夥伴關係，不只對客戶銷售，更要協助客戶成長，購買前先給專業建議，購買後提供完整售後服務，企業幫客戶創造最大的價值，顧客也協助企業獲取更好的收益。

企業累積龐大的數據，經由分析流量將雜亂無章的資料轉變成有用的資訊，數據分析師不只能幫助推動公司的業務成長，也是產品開發的重要推手。結合 Development（開發）與 Operation（營運），以敏捷式開發小規模調整，避免時間冗長也降低風險，靈活回應顧客需求。

彈性的學習時間、反覆瀏覽學到會是線上學習的優勢，網路教學的持續發展讓兼職或獨立自由教授愈來愈多，老師或專業人士兼職替自己加薪，需滿足線上教學風格、課程素材和行銷計畫。

全端工程師有能力獨立開發及作業，使用者介面開發、前端和後端系統 API 串接、資料庫連結、改善系統效能、建立完整系統的佈署流程。資安防護不只基礎的防禦監控，還需迎戰網路駭客的無時空界線。在工廠生產和物流自動化的情境中，機器人扮演讓產業效率大幅提升的關鍵角色，機器人工程師是職場上亟需的人才之一。開發能完全理解複雜語意的 chatbot，除了需要電腦編程的技術之外，也需要語言專才的投入。

醫療 AI 的應用與開發，將健康狀態的各種生物醫學訊號，透過演算法的機器學習或深度學習、以及基因序列比對及辨識處理，精準開發並應用在醫學領域上。採用 AI 技術來篩選藥物分子，大幅加速研發藥物的過程，專精於生物科技應用的 AI 工程師，也就成了就業市場上炙手可熱的人才。

沉浸式體驗透過 AR、VR 等技術讓使用者能有身歷其境的感受，許多人改變原本的工作、學習方式，不因環境轉變影響效率，讓沉浸式體驗工程師更被重視，VR 遊戲也是未來的發展趨勢。虛擬實境技術將普遍地應用到工作和玩樂，可以從家庭辦公室登錄和不同空間的同事零時差互動，設計實境體驗成為新興技術領域。

👤 經營管理：未來產業驅動經濟發展

　　製造業轉型工業 4.0 主要有九種科技驅動，分別為大數據、雲端科技、自動化、系統整合、物聯網、網路安全、積層製造、擴增實境以及模擬。在第四次產業革命中，除了科技引領創新之外，掌握未來驅動經濟發展的前瞻思維更是開創契機的關鍵因素。發揮這九種科技的製造業者將可以重新定義傳統的生產者、供給商、以及消費者的關係，並在生產機能中創建一個生態系統。

　　分析從工廠廠房感應器所收集到的大量資料，確保製造資產的即時可見性，並提供執行預測性維護工具，縮短設備停機時間。採用 AI 技術的視覺化洞察，以減少製造錯誤並節省金錢與時間，透過運用機器學習演算法可以立即偵測錯誤，避免代價更高昂的修復工作。

　　宅經濟蓬勃發展，帶動串流影音 Netflix、視訊會議軟體 Zoom、電商亞馬遜平台使用需求激增，促使科技、電商平台發展出現大者恆大的兩極化現象，也更進一步加速全球化腳步。醫療、教育、健身到餐飲都被雲端化，帶動遠距醫療、遠距教育的發展。在人工智慧、數據分析高速發展下，商務、教育、醫療都走向個人化服務，透過搜集相關使用數據，提供客製化體驗。

　　隨著機器人日益普及，人工智慧和機器學習掀起全球經濟革命，對勞工帶來嚴重衝擊，機器人科技和生命科學獲得的經濟回報可能無法公平分配。應用電腦編碼進行商務，讓世界各個角落都能接收、持有、花費或匯兌，但也讓心懷不軌的惡勢力能力大增，帶來系統性的傷害。數據是資訊時代的原料，設法從中汲取可操作的商業情報進行目標式廣告，大數據成為更廣泛的企業應用及解決長期社會問題的工具。

　　飛速發展的人工智能、奈米技術、量子計算、材料科學、區塊鏈等前瞻技術變換成各種嶄新應用，改變經濟領域的商業模式，顛覆人類生活與工作習慣。消費者使用電商、外送平台的習慣，相關業者在實體與虛擬通路雙布局已成新常態。伴隨電商發展而強大的電子支付服務，一手握住金

翻轉吧～經濟學！給您看得懂用得到的經濟原理

流、一手握住了解消費者的資訊流，透過電子錢包應用程式，從支付往投資、存、貸款業務挺進，打開過去未能接觸到的客戶群。透過AI人工智慧、基因學、物聯網結合雲端服務，不僅著重醫療精準度，更拓展到預防、診斷、照護等領域。

元宇宙將主宰下一世代網路，包含各種特效、語音、虛實融合等體驗，都需要強大的資料中心快速處理大量資訊，雲端資料中心提供更多、更全面的虛實整合應用服務。企業將工作轉移至雲端中，網路安全成為重要關鍵。更快速、更大頻寬的5G網路是持續發展的趨勢，大企業或新創都參與更多相關建設或應用。環保是公民社會自發的意識和生活方式，建築物變成微型發電站可以生產自有能源，淨零目標時程及有關政策，也帶動永續製造的相關投資大幅增加。社會制度通過民主政治保障人的自由，其主導的市場機制、靈活價格以及明確界定的產權關係，保障經濟合理性。

⑤ 投資理財：產業變遷與主流類股變化

2020年天下雜誌調查發布的台灣五十大企業集團榜單，與二十年前相較，鴻海集團以六兆元營收取代台塑集團躍居台灣產業龍頭；資通訊（ICT）產業在台灣佔有半壁江山，五十大企業中就占了二十四家。二十年來企業經歷全球危機，包括2000年科技泡沫及2008年金融海嘯，在集團化、國際化趨勢下，台灣最具影響力企業蛻變成世界級企業，其中台積電市值超越英特爾，統一集團營收衝進全球前十二大食品集團，超越美國家樂氏、中國蒙牛、日本日清；首度進榜排名四十七的正新集團則是全球前十大輪胎品牌。

部分進榜企業營收成長但稅後淨利偏低，顯示企業生意越做越大，利潤卻愈來愈薄，例如營收兆元的金仁寶集團、緯創，淨利率不到1%，營收排名第三的和碩淨利率也僅1.4%。比較稅後淨利率台積電稱霸，第二名是台泥集團，其次依序為元大集團、中華電信及可成。產業變遷方面，汽車、紡織、家電變化最劇烈，二十年前四大汽車集團裕隆、和泰、慶豐、順益，如今只剩兩大，三大家電集團大同、東元、聲寶則全數跌出榜外；紡織業華隆、東帝士退出榜外，續留榜內的潤泰、遠東靠多角化經營維持實力。

經濟基本面、資金流向及產業型態的改變，都是影響股市的重要因素，從中觀察經濟的轉型與世代的更迭。台股30年來的變化，其實就是台灣經濟轉型具體而微的縮影，產業型態已從傳統產業轉型至電子業。從1951年至1990年台灣對外貿易暢旺，連續40年均經濟成長率達9%居世界之冠，

也為台灣創造龐大外匯存底，為台股累積巨大的成長動能。1986 年台股越過 1,000 點大關，短短四年後的 1990 年，指數就衝到 12,682 的天價，而且九成以上成交量來自散戶，民間游資充沛開啟台灣錢淹腳目的瘋狂年代。

30 年前台灣產業型態在水泥、石化、紡織、鋼鐵等傳統製造業的年代，還有金融、資產、百貨等傳統服務業，股市帶動土地資產跟著飆漲，資金也瘋狂湧進金融股及資產股。1990 年股市從高檔跌落，投資人受傷慘重，台灣民間資金明顯外流，尤其企業加速投資中國大陸，南進投資也不在少數，連續 20 餘年台灣資金帳淨流出。1998 至 2007 年台灣平均經濟成長率掉到 5%，2008 至 2017 年更掉到 2.7%，經濟成長率每況愈下，30 年股市缺乏上漲動能。2019 年是台灣資金回流的反轉年，也是反攻 12,682 點的重要動能。

30 年前台股只有大約 200 家上市公司，如今上市櫃公司合計總數達 2000 家以上，市值規模擴增。台灣已轉型至電子產業，從電腦、半導體、雲端伺服器到 5G 通訊設備等，成為全球電子業最重要的代工及零組件供應國。電子類股成為台股交易的主軸，電子權值股成為台股指數創高的主要力量。台灣成為全世界電子業最重要的供應鏈，在製造領域擁有技術實力，提供許多品牌設計製造及代工服務，成為世界各大品牌爭相合作的對象。

六十六、鑑往知來～經濟趨勢分析

《列子‧說符》：「是故聖人見出以知入，觀往而知來，此其所以先知之理也。」明察過去的事實，便能推知未來的變化，認真研究過去就能推測未來；審察引為教訓，根據以往的情形便知道以後發生的變化。

知來處明去處是學習的第一步，縱觀古往今來探究上下四方，鑑往知來結合人類智慧結晶，透過歷史、藝術、科學、人文、自然……追溯知識的浩瀚，具體認知人類文明的燦爛輝煌與未來何去何從，探究世界並進一步發現自己無限可能的思辨與指引。

預測被用來做為特定時間幅度的參考，短期預測適合連續性的作業，長期預測則是重要的策略規劃工具。定性法由主觀判斷組成，例如人的因素、個人意見、直覺，通常缺乏精確的數字描述。定量法涵蓋客觀的歷史資料，或開發以因果變數做預測的關聯性模型，由客觀分析或硬性資料所組成，通常可

以避免個人偏見。季節性（seasonality）指短期、規則的變異，通常與日期的時間因素有關；循環（cycle）指持續一年以上的波狀變異。隨機變異（random variations）指考量其他活動狀況之後所留下的殘餘變異；不規則變異（irregular variation）由不尋常的情況所產生，無法反映典型行為，應盡可能確認並移除。歷史資料通常包含部分的隨機變異或白噪音（white noise），平均法分析使資料的變異變小。

趨勢（trend）指曲線在一段時間內，統計值平均上升、水平或下降，是統計值在曲線圖上的大體方向。迴歸分析（Regression analysis）是統計學分析數據的方法，目的在於了解兩個或多個變數間相關、方向與強度，並建立數學模型，以觀察特定變數來預測研究變數。通過迴歸分析可由自變數估計應變數的條件期望，找出一條最能代表所有觀測資料的迴歸估計式，用此函數代表因變數和自變數之間的關係。

一般類型趨勢預測法分析與本國社會經濟發展指標相似之國家或地區所遭遇的困難以及發展趨勢，並據以預測本國的社會經濟可能會遭遇的困難以及未來發展走向。強調整體社會經濟發展以及其他國家或地區的問題與趨勢之分析借鏡，獲致他國社會經濟發展的具體事實及趨勢，進一步依據這些事實及趨勢計畫國家未來的社會經濟發展。

雖然沒有兩個國家或地區的發展情況完全相同，但了解他國實況可以協助本國檢討現狀規劃未來。

把整體社會經濟發展的未來趨勢納入計畫考慮，不致造成有計畫而不可行的困境。先逐一分析各國或不同地區的社會、經濟發展指標，將發展階段相近、結構相似、以及特徵相類的國家或地區分成幾個類型，分析確認本國社會、經濟發展指標的類型，比較各個國家或地區以作為預估本國社會、經濟發展之參考。不同國家或地區有不同的文化價值觀念，因此社會經濟問題及其發展走向也會不盡相同，同時採用多項指標進行綜合性分析及比較，掌握當前事實以及未來發展的可能態勢。

時間序列分析（time series）是一組按照時間發生先後順序進行排列的數據點序列，根據客觀事物發展的連續規律性，運用過去的歷史數據統計分析，進一步推測未來的發展趨勢。事物的過去會延續到未來，不會發生突然的跳躍變化，過去和當前的現象可能表現在將來活動的發展變化趨向。通常一組時間序列的時間間隔為一恆定值，如 1 秒，1 分鐘，1 小時，1 天，1 年，因此可以作為離散時間數據進行分析處理。時間序列廣泛應用於數理統計、計量經濟學、

金融數學、信號處理、模式識別、天氣預報、地震預測、腦電圖、控制工程、航空學、通信工程以及涉及時間數據測量的應用科學與工程學等。根據先前的觀察值使用模型來預測未來值，比較不同時間點的單個時間序列或多個相關時間序列的值。時間序列預測法（time－series forecasts）根據過去經驗了解未來，利用歷史資料並假設未來和過去情況相同。使用時間序列的前一期數值為預測基礎，可用於穩定序列、季節性變異或趨勢。

外推預測法（Linear extrapolation）根據過去和現在的發展趨勢推斷未來，通常使用時間序列資料或橫截面資料進行外推預測。使用最長可獲取的時間序列或所有可獲得的橫截面資料，減少產生預測偏差的風險。當預測的時間序列是由對立的因果因素生成，可以分解為受這些因素影響的各個部分，然後分別對每部分進行外推。如果作用在一個時間序列上的因果關係與時間序列觀察到的趨勢衝突，將嚴重減弱這種趨勢預測的方向發展。因果關係足夠強勁可能扭轉長期趨勢，如果沒有發生重大變化，長期趨勢將比短期趨勢代表更多時間序列行為的知識。

當資料太少，對每年季節因素的估計差別太大，並且對引起的原因一無所知，都會導致不確定性。

簡單移動平均線（Simple Moving Average, SMA）簡稱 MA 或均線，利用一段時間的平均價格來判斷未來趨勢，5 日 MA 就是把近 5 日內的收盤價加總後除以 5。如果價格不斷上升高於平均價格，代表盤面的多頭趨勢相對強勁，順勢買進勝率較高。SMA 是大部分交易平台的預設指標，在不同交易周期的情況下，投資者利用不同的參數與時間週期搭配，以求優化交易策略。

均線屬於追蹤趨勢的技術工具，當盤面存在明顯趨勢時充分展現明確方向，但如果均線糾結則趨勢不明顯。

短期交易者在乎每日進出市場的機會，在設定上偏好週期短的參數如 5、10 日 MA，當沖同時參考的周期則偏向 10 分鐘圖等較快的時間段。中線、波段交易者在乎在一季或一個月出現的漲跌勢，並掌握交易機會，傾向參考 1 小時或日線的時間週期，均線的選擇如 20 與 60 日 MA。長期交易者進出市場的頻率較低，因此參考的時間周期也相對大，一般常以日線、周線做為參考，傾向以 20、60 周或 120、240 日 MA 等較大的參數作為均線設置。均線參數會因個人使用而有出入，宜配合自身交易習慣調整，找到最適合自己的均線組合。

💡 生活智慧：計畫趕不上變化

計畫（plan）是為完成策略性目標的程序，內容包含現況分析、目標擬定、評估可行性、訂定策略、追蹤成效以及評估成果等，說明達到策略目標的細節包含人事時地物。計畫趕不上變化是因為在發展計畫時無法考慮所有的情境，僅能選擇最可能發生的情境達成策略目標。計畫時的假設條件太樂觀或沒有考慮極端狀況，實際展開工作時不會順利，必須修改或精進計畫部分內容，重新思考在新的狀況之下達成策略目標。

計畫的內容通常會假設一些例外情境，並且估算對工作造成的影響，無法掌控的部分先不考慮細節，而以概略的工作方向及目標代替，再根據組織的狀況編列緊急預備金來因應相關衝擊。隨著工作進展逐步詳實，工作團隊可以獲得更詳細的資訊以及更準確地估計工作狀況，根據之前的經驗持續改進工作的細節並修正計畫的內容，既考慮計畫目標也避免計畫內容與現況不符的風險，又稱為滾動式管理（rolling wave planning）。有經驗的水手會不斷根據風向調整風帆的位置，船才會往想要的方向前進；在持續變化環境的狀況下，仍然能夠掌握狀況，擬定策略並且達成目標。

危機處理（crisis management）是漸進式的系統，在過程中就環境變化而有所調整，對於所有環境都可以克服，但整體方向不會因為變故而中斷。堅持比衝勁來的重要，部份調整是必要的，貪快的結果會出錯而更加挫折，一點一滴從頭再來，隨機應變即時反應使問題迎刃而解。

突發事件有迅速性，往往會令人迷惘甚至感到慌張，可能失去判斷能力。首要之務就是先平復情緒，別讓自己的思緒紊亂，省去慌張和怨天尤人的時間，冷靜下來迅速做出正確決定，減少意外造成的影響。事先想到後果就有充足的時間應對，可以迅速啟動替代方案從容不迫的處理，優雅地度過難關。生活中充滿許多不可避免的變數，若常因突發事件打亂自己的計劃而苦惱，勢必會面臨很多痛苦。

用心活在當下，平凡人也能做一番大事。人生歷程中經常籌劃自己的未來，也會因達不到自己預期的目標而悵然若失；人生中的突發事件不再煩惱，反而是認識神奇妙作的絕佳的機會。這世界變化的速度比我們想像得還要快，永遠沒有完美的計畫，但卻有可以及時改進的計畫。專注於眼前事情的態度，全心投入正在做的事，不胡思亂想好好享受生活，才能達到成功境界。

我們總是想得太多付諸實踐的太少，必須先行動邊走邊修正；靈活變通培養不懼怕可能性的態度，把所有解決突發狀況的方法記錄下來，重新調整自己的方向，是發揮自我價值最好的方式。安排緩衝時間讓自己更有餘力處理突發事件，有堅韌不拔的精神，為了目標願意去努力，用時間爭取自己的未來，往往最後取得的成就會比跑得快的人還要多。當下立即行動，邊做邊修正計畫，活在當下的人收穫總是最多。

👤 經營管理：市場調查與大數據分析

市場調查（marketing research）又稱市場研究或市調，運用系統的方式蒐集與市場有關的任何資訊，轉換為利於分析的數據資料後，針對企業、產品在未來的研發或行銷上準確預測，讓產品符合市場的需求與期待。幫助企業快速找到自己的定位，確立發展目標後做出差異，在上市前完成前置工作，逐步調整修正去蕪存菁，留下最完美的產品。

市場調查分析透過許多方式，蒐集消費者、競爭者、產品市場的資料，以便瞭解目標客群輪廓和當前產品或潛在產品的接受程度等，幫助擬定市場策略。隨時隨地進行市場調查分析，無論追蹤競爭者網頁、商品售價、促銷手法，或跟顧客談業務時觀察需求，都是在蒐集幫助決策的資訊。客觀的市場調查分析更準確地描繪市場，避免在沒有充分根據的前提下規劃策略，對市場偏差的理解可能會造成大量的資源浪費。

電腦化、功能化的專業調查系統，以電腦網頁模式為介面進行電話訪問調查。受訪者直接面對訪員之問卷詢問，雖然所需時間較長，但收集的資料最為完整，也可以鎖定想要分析的族群。網路問卷能在短時間獲得大量樣本，但無法確定填寫問卷的對象，會讓分析結果出現誤差。神秘客店訪，購買並完整記錄流程，獲取要分析的資料。產品無法讓消費者在受訪短時間內發掘出真正想法與喜好，可將產品留置使用一段時間後，再派訪員聯絡消費者進行訪談。

大數據（big data）又稱巨量資料，指傳統數據應用軟體不足以處理的大或複雜的數據集。觀察和追蹤發生的事情，各種來源的大量數據並沒有統計學的抽樣方法，必須藉由計算機對數據進行統計、比對、解析方能得出客觀結果，特殊大數據的技術包括大規模處理（MPP）資料庫、數據挖掘、分布式文件系統、分布式資料庫、雲計算平台、網際網路和可擴展的存儲系統。

翻轉吧～經濟學！給您看得懂用得到的經濟原理

既有顧客數據，如企業蒐集的顧客交易數據、追蹤用戶在 APP 上的瀏覽行為等，擁有者可彈性使用於分析研究、行銷推廣等。數據供應商廣泛蒐集各式數據，如網路公開數據、市調公司所發布的研究調查、去識別化的交易資訊等，並販售提供給第三方數據需求者。透過分析大數據預測未來趨勢，使大數據成為各行業發展的數位技術。

處理大數據時使用人工智慧、機器學習、統計學和資料庫的交叉方法計算等技術，協助人類在短時間內整理分析巨量資料，並找出其中規律模式的過程，稱為資料探勘（data mining）。機器可以透過分類、迴歸分析、排序、關聯分析等方式找出規律，並運用決策樹、演算法、人工神經網路等模型進行計算，將大數據轉換為圖表、地圖等視覺化資料，轉化為較容易閱讀與理解的形式。由於基數足夠龐大，從中推斷的趨勢準確，電商可用大數據預測購物、社群網站推薦使用者感興趣的內容，一般企業也監控網路輿情，了解目前消費者的喜好，做出精準行銷決策與準確公關反應。

Ⓢ 投資理財：葛蘭碧法則順勢操作

葛蘭碧八大法則是由美國知名量價分析專家葛蘭碧（Joseph Granville）所創，認為股價的波動具有規律，而移動平均線代表趨勢的方向，利用價格與移動平均線的關係，作為買進與賣出之訊號依據；當價格的波動偏離趨勢時將會朝趨勢方向修正，即價格與移動平均發生偏離時就是買賣訊號。

1. 當移動平均線從下降趨勢逐漸轉為水平盤整或上昇，且股價從移動平均線下方向上突破，可視為買進訊號。2. 當股價趨勢走在移動平均線之上，股價拉回修正但並未跌破移動平均線支撐便再度走高，可視為買進訊號。3. 股價往下跌破移動平均線，但移動平均線依然呈現上升趨勢，當股價假跌破隨即又回到移動平均線之上可視為買進訊號。4. 股價向上急漲，且偏離移動平均線上方極遠正乖離過大，當股價反轉下跌時視為賣出訊號可獲利了結。

5. 當移動平均線從上升趨勢轉變成水平或呈現下跌，且股價從移動平均線上方向下跌破時，可視為賣出訊號。6. 股價走勢持續在移動平均線之下，當股價反彈無法突破趨勢線反壓，可視為賣出訊號。7. 當股價反彈向上突破移動平均線，但趨勢線依然下降趨勢，股價假突破又隨即下跌破，可視為賣出訊號。8. 股價向下急跌，且偏離至移動平均線下方深處負乖離過大，當股價開始反彈上升時，視為買進訊號可抄底。

移動平均線是股價持有者的平均成本，葛蘭碧便是以股價與多數人持有成本的相互關係，將其中的變化作為買賣的依據。移動平均線本身具支撐、壓力、助漲、助跌等特性，有趨勢線作用研判多空。順勢操作上升均線不放空，下降均線不作多；一旦趨勢反轉，即進行反向操作。股價盤整時會有假訊號產生，天期較短的移動平均線如 5 日 MA，訊號的時間落差小但假訊號較多；天期較長的移動平均線如 120 日 MA，訊號較顯著有效，但會有時間落差。

短天期的移動平均值代表短期內交易者的購入成本，也是短期內多空雙方價位的平衡點，因此變動較快速；長天期的移動平均值則是長時間價位平衡點，變動的速度比較緩慢而穩定。當價位同時突破長天期與短天期的移動平均線，且趨勢線上升可以視為買進訊號；而價位跌破短天期的移動平均線時，視為賣出訊號；當價位跌破長天期的移動平均線且趨勢線下降時，則進行放空。

一般常參考的移動平均線，有月線（20 日平均線）、季線（60 日平均線）、半年線（120 日平均線）、年線（240 日平均線）等。當短天期的移動平均線由下往上突破長天期的移動平均線時，稱為黃金交叉是買進訊號；反之若短天期的移動平均線由上往下跌破長天期的移動平均線時，稱為死亡交叉是賣出訊號。人生循環一切都是潮起潮落生生不息，不只是技術分析的價格理論，也是宇宙萬物起伏循環的道理。穩健的投資人不輕易出手，而是等待觀察；一旦發現均線的方向和速率開始產生變化，市場進入多頭的訊號時就會進場，跟隨最肥美的主升段。

六十七、公民素養～社會科學概論

公民素養培養自尊尊人的多元文化價值觀，自我尊重建立價值感，尊重他人有助理解欣賞他人，達到和平相處的境地。多元文化關心的主題包括族群議題如種族、民族、語言等，性別議題如兩性關係、性別趨向等，社會階級議題如貧富差距、權力關係等，不同身心特質者如身心殘障或資優者等，以及不同信仰者間之公平正義思考與實踐。

藉由多元文化教育照顧弱勢，提升社會倫理意識與扶助正義，發展民主素養與尊重他人的精神，並思索科學之定義與其帶給人文社會、人類文明之各種議題，發展出環境、醫療、商業、科技、法律等領域。在倫理素養上對當代議

翻轉吧～經濟學！給您看得懂用得到的經濟原理

題有基本認識，也運用道德推理對現在及未來發生的具體議題加以理性判斷。

社會科學（social science）用科學的方法，研究人類社會的種種現象；社會科學教育培育全球性公民素養，是因應新世界的重要基石。社會科學研究人類行為、人際關係、人類及其生存環境之間的關係，以理解社會互動模式，進而形塑個人參與社會生活與適應社會變遷的能力。啟發對公民素養的體悟，進而激發社會關懷的實踐，健全公民所必須具備的知識、責任、德行、態度、價值及能力，以形成公民社會（civil society）。

公民社會被當成一個社會民主自由開放程度的評判標準，指民主社會的組成元素如言論自由、司法獨立等，或思考周全而積極參與的公民。

社會科學概論以人為軸心，與自己、他人、環境之間彼此和諧相處，喚醒人的存在自覺進而實現生命意義。認識自我發展潛能，並具備實現自我的能力，學習溝通、表達、傾聽、欣賞與分享，追求真善美的崇高價值，培養具有國際視野、關照社會弱勢、改善鄉土環境的實踐能力。導引社會科學知識以尊重人的生命價值，思考人與大自然的關係，從小我進而大我關懷自己與他人，關懷社會認識大自然的規律，並且珍惜資源、熱愛生命、保護生態，照顧弱勢與扶助正義，發展人文素養社會關懷的精神。

419

狹義的社會科學是對人類社會組織、結構與活動進行描述、解釋和預測的實證主義科學研究，如社會學研究當代人類社會，政治學研究政治、政策和有關的活動，經濟學研究資源分配。廣義的社會科學為自然科學的對應，是所有以社會為研究對象的實證主義學科和人文學科的統稱。社會科學是十八世紀啟蒙運動後才興起的學科，1930 年出版《社會科學百科全書》（Encyclopedia of the Social Sciences），內容包含心理學、語言學、犯罪學、地理學、社會學及社會工作、法律學、政治學、教育學、經濟學及商學、管理學等。1968 年台灣出版了《雲五社會科學大辭典》確定十二門社會科學的研究對象，包括歷史學、地理學、統計學、法律學、經濟學、社會學、人類學、心理學、教育學、政治學、行政學、國際關係。政治學、經濟學、社會學是典型狹義上的社會科學，而法學較少採用社會科學的研究方法，亦不屬於傳統意義的人文學科，但法律屬於重要的人類社會現象，因此法學研究也被歸納為廣義的社會科學。

經濟學為對於財富之生產、分配和消費的學問，以科學研究人類社會在創造財富過程中存在的現象法則，研究平常生活的大小事情，以分析行為是如何被資源有限的條件所改變，綜合利益極大化行為。

政治學運用科學分析方法，系統研究各種管理程序，國家及其發揮治理效能的各種機構和制度。國際關係是政治學的分支學科，研究國家與國家之間的關係及各國的外交政策。比較法學涉及不同國家和不同文化的法學原理、法律體制、法律程序，並進行系統的比較研究。

社會學有關人類社會、風俗習慣和社會關係等科學系統研究，包括對人類組織團體之發展、結構、相互影響及集體行為等方面。社會心理學研究有關個人性格、態度、動機和行為受社會團體影響的方式。人類學研究人類文化，側重社會結構、語言、法律、政治、宗教、藝術、技術等範疇的探討。文化人類學對人類行為的種種方式進行歸納，並對社會現象作出總體的描述。

社會科學的自然科學化以基本的數理邏輯為假設，並採用精確理論、實驗手段和科學語言來避免研究前提的主觀性、模糊性。自然科學（natural science）的研究方法完整、客觀、準確地把握世界本質與規律，社會科學是把握人類社會及思維的本質與規律。當社會發展水平較低時社會事物較為簡單，憑藉簡單的主觀反映來調節行為和思想，對社會科學的精確性和客觀性要求不高；隨著社會的不斷發展，社會事物的複雜化程度提高，主觀反映的誤差也愈大。

由於社會分工細微結構趨複雜，社會控制的手段也豐富多樣，產生對社會科學精確性和客觀性的要求；推理論證必須遵循嚴密的邏輯法則，理論前提必須是基本公理，並廣泛採用數學手段。

自然科學與社會科學最終趨近於融為一體，完全消除社會科學中普遍存在的主觀性、模糊性和不精確性。現代科學發展具有高度抽象性綜合性的系統論、控制論和資訊論，廣泛地滲透到社會科學的各個領域。所有社會現象都可以找到動因，所有社會規律都可以採用一定的價值變化來描述，由最大有序化法則推導出廣義價值規律。

行為科學（Behavioral Science）研究社會系統有機體內部或有機體之間的決策過程和交流策略，包括心理學及其相關應用；社會科學研究社會系統的結構層次及其對社會過程、社會組織的影響，包括社會學、經濟學、歷史學、人類學和政治學等。決策科學（decision science）研究有機體決策的生理機制和認知過程的交互作用，構成行為科學與自然科學之間的橋樑；交流科學研究個體認知和交往策略的交互作用和社會結構的程序，包括人類學、組織行為學、社會學和社會性網絡等，構成行為科學與社會科學之間的橋樑。社會科學探討人類生活層面的知識領域，以及人類文化與其周遭環境的關係，內容包括個人心理與社會行為、社會發展與社會生活、政治行為與政治參與、經濟發展與經濟生

活、人類生態與世界和平等。

🔘 生活智慧：民主素養與監督文化

　　民主是保護人類自由的一系列原則和行為方式，是自由的體制化表現，以多數決定同時尊重少數人的權利為原則；在尊重多數人意願的同時，保護個人與少數羣體的基本權利。民主國家政府權力分散，不使中央政府具有至高無上的權力，地方政府必須最大程度地對人民的要求做出反應。

　　為了建造穩定優質的憲政民主社會，培養公民具備參與民主審議、面對爭議所需之知識、技巧與美德，瞭解媒體組織如何產製訊息、建構形象與意義，並進而對訊息保有開放、批判及省思的能力。公民素養的核心體現是堅持是非的勇氣，冷靜判斷的能力，不被操縱收買。當支持的人犯錯時，以同樣的標準監督；當不認同的人做對的事時也要支持，不以人廢言。

　　知識分子及一般公民學習保持立場中立判斷是非，以清澄冷靜的思維直視問題的核心；民主制度有對應的監督文化、思維中立的媒體文化。沒有任何政治人物代表絕對正義，人們很容易在權力關係中失去監督角色，只有當選民能夠獨立監督自己選出來的人，給與他們足夠的要求與壓力，致力推動政治資訊透明化，才可能讓社會走向真實的正義。

　　現行教育的主力放在政治制度與法律層面，課程多認識制度與法律形成的過程、法律與道德的約束力等，而缺少民主與日常生活、公共政策形成等面向的互動，導致停留在學理及制度的抽象層面，而忽略真正思維與人高度連結的關係。真實生活的不平等會影響民主參與，表現在大眾對公共議題積極與消極的態度落差，以及在辯論上使用的語言、對資訊和議題的掌握程度都不相同。集體決策不只是公部門的行政與施政，同時還包含各種民間或政府單位，在公共議題與社會問題上的倡議與施行，對於程序上的認知與判斷能力也需要透過訓練才會具備。

　　在現代資訊竄流的社會，媒體素養也成為重要環節。接觸任何議題資訊時，接收到來自各個領域、各個立場的消息，若無法判讀客觀事實，惡意擷取或煽動，在議題的理解與判斷上可能產生偏頗，只因為接收了錯誤的資訊，甚至在不知不覺中被帶風向牽著走。民主對話的前提是能夠同理對方，理解對方立場與脈絡，文學教育提供人在各種處境下的生命經驗，具體呈現人物在事件中的苦難與感受，幫助人們去同理、去理解，進而更有效的溝通。

　　民主素養立基於現代民主社會的特質上，提供真正落實民主的涵養，

也是集體決策時所依賴的能力。經濟行為建立在經濟決策的主體是理性的，民主活動的正常開展也需要民主素養，參與的人要秉持理性平權、容忍與妥協的價值。無知、漠不關心、政治狂熱都對自由造成嚴重損害，但是民主社會產生的危機與失靈，並不代表民主有不可調和的矛盾，未來會走向消亡或被專制取代。政客與選民不斷犯錯或許學不到真正的教訓，但是定期選舉與權力分散，也確保國家不至於犯下威權獨裁政權所鑄成的大錯或政治悲劇。

經營管理：管理科學推進企業現代化

　　管理科學（Management Science）跨學科研究各個組織和企業中，解決問題和決策的流程，與管理學、經濟學、企業經營、工程學、管理諮詢和其他領域有密切的聯繫。運用各種以科學研究為基礎的原理、策略和分析方法，如數學模型、統計學和數值分析，對複雜的問題獲得接近最優的解決方案，提高組織和企業管理的決策能力，幫助企業實現目標。管理科學是數學、社會科學與經濟學等相互滲透發展的學科，既有理工學科的屬性，也有社會學科的屬性；在定量分析時採用數學方法，在定性分析時採用邏輯推理和辯證分析，有時是兩者的結合。現代管理理論以系統理論、決策理論、管理科學理論等學派為代表，應用數學模型和電子計算機來研究解決各種管理問題。

　　20世紀初，由美國工程師泰勒（Frederick W. Taylor）創造標準勞動方法和勞動定額，被稱為泰勒制，並於1911年發表代表作《科學管理原理》，被譽為科學管理之父。同期有法．約爾（Henri Fayol）的管理過程理論和韋伯（Max Weber）的行政組織理論，統稱為古典管理理論。1946年發明電子計算機，1948年出現控制論（cybernetics），將機器中的控制與調節原理類比到社會組織的控制原理。美國於1953年成立管理科學學會，出版會刊《管理科學》。

　　60年代後，管理科學又運用行為科學的原理擴大到人事的組織和決策，在廣泛應用過程中，許多社會科學學科和自然科學學科交叉，產生管理學分支，例如管理社會學、行政管理學、軍事管理學、教育管理學、個業管理學、技術管理學、城市管理學、國民經濟管理學等。80年代管理科學已涉及戰略規劃，進一步優化組織管理和提高效益，藉數學模型和計算機技術研究管理問題，重點是操作方法和作業方面的管理問題。

　　管理現代化是應用科學的理論、方法，提高計劃、組織和控制能力，

以適應生產力的發展需要，使管理水平達到當代國際先進的過程，是由經驗型傳統管理轉變為科學型現代管理的過程。內容有管理思想、組織、方法和手段，包括工業、農業、科學技術、國際等，整個國民經濟都離不開現代化管理，有效合理地利用各種資源，提高經濟和社會活動效率，成為推進現代化事業的動力。

　　管理的自然科學屬性為合理地組織生產力要素，處理和解決經濟活動中物與物、人與物之間的技術聯繫，如生產中的配料問題、生產力佈局規劃，以及機器設備的性能對操作者的技術水平和熟練程序的要求等。而社會科學屬性則調和完善生產關係，處理人與人之間的經濟利益，如分配、管理體制等，在物質資源有限的情況下，由社會、經濟規律支配管理。

　　管理為一種人類行為，設計促進系統生產，管理他人之前先管好自己。管理學用運籌學來分析具體問題，自然科學與社會科學兩大領域的綜合性交叉分析如運作管理、人力資源管理、風險管理與不確定性決策，複雜系統的演化、湧現、自適應、自組織、自相似的機理等。

Ⓢ 投資理財：證券投資信託與顧問

　　證券投資信託（投信）向不特定人募集證券投資信託基金，發行受益憑證，從事有價證券相關商品的投資或交易。受益憑證是證明持有基金的文件，因募集投信基金而發行或交付，用來表彰受益人對基金享有權利的有價證券。

　　投信事業經營的業務種類如證券投資信託業務、全權委託投資業務、其他經主管機關核准的相關業務，也就是基金公司。透過募集一般投資人的資金發行共同基金，基金經理人與研究團隊幫投資人下決策進行投資操作，基金每季計算績效，投信為了季底作帳，會拉抬自己的股票讓績效漂亮。

　　共同基金（Mutual Fund）是集合一群投資人的資金，交給專業投資機構操盤，共同分享利潤也共同承擔風險的投資工具。總金額大，投資可以分散在很多不同標的，買基金就是買進一個投資組合。主動型基金主動選擇投資標的力求擊敗大盤，交易管道以銀行、基金公司、基金平台為主，根據投資組合的市價結算基金淨值，投資人透過淨值交易，相關費用率較高，開放式基金的規模會隨著投資人的買入賣出而增減。

　　交易所基金（Exchange Traded Fund；ETF）根據所追蹤的指數被動調整持股，募集時透過基金公司或參與券商申購，掛牌後透過券商跟買賣股

票一樣，費用率較低，貼近大盤表現。封閉式基金在募集完成之後，就不再由投資人直接或間接向基金公司購買，而是在股票市場上向其他擁有基金的人購買，因此基金的規模不會因為買賣而增減。由於市場上的預期漲跌心理，實際買賣的價格可能會與基金淨值有差距，交易時市價會變動，ETF 淨值和交易市場上的價格差異造成折價或溢價。

證券投資顧問（投顧）對有價證券相關商品或交易事項，提供分析意見或推介建議，直接或間接自特定委託人取得報酬。投顧事業經營的業務種類如證券投資顧問業務、全權委託投資業務、其他經主管機關核准之有關業務。

第四台投顧老師在螢光幕上解盤，但背後利益關係錯綜複雜，在報明牌時很多潛伏的危機。投顧公司以每個月三十萬元到兩百萬元不等的價碼，向電視台租頻道開解盤節目；投顧公司聘請老師收會員再和老師拆帳，電視台收頻道出租費，三方互蒙其利。投顧老師們業績壓力不小，得招收上千名會員才能打平成本，走偏鋒幫主力出貨是產業競爭的生態，股友社、明牌文化盛行，集合金主及會員的力量，跟主力、作手、公司派、法人掛鉤拉抬股價。

全權委託投資指客戶（投資人）將一筆資產（包含現金、股票或債券）委託擁有執照的投信投顧業者，由投資經理團隊，依照與客戶約定的條件、投資方針等進行證券投資，俗稱代客操作，泛指私募、代操基金以及類全委保單。可依照客戶的風險屬性與預期報酬量身訂做，從保守、穩健、成長到積極皆能設計，服務頂端客戶自然人以 1000 萬為最低金額、法人機構以 3000 萬為最低金額，客戶將委託投資資產交由或信託移轉予保管機構，過程受金管會監督。

六十八、包山包海～經濟學帝國主義

包羅萬象無所不包，對於各個不同或不相關的領域全部承攬，表示能力或範圍對各領域都有涉獵，一切都包含在內。經濟學是一種選擇的藝術或方法，研究題材由生產與分配的技術問題轉變為人類的選擇問題。

經濟學家凱因斯（J.M. Keynes）：「經濟學理論並沒有提供一套立即可用的完整結論，它是一種方法、思維的技巧，幫助得出正確的答案。」

經濟學帝國主義（economic imperialism）指當代經濟學對生活中的經濟分析，可以用來研究人類所面臨各式各樣包羅萬象的選擇行為，任何牽涉以稀少性資源來滿足慾望的問題，不論是經濟、社會、政治、法律、心理、教育、人類學等都可以應用經濟學的分析方法來加以研究。經濟學的分析也被用在其他各種領域上，主要包括商業、金融、政府等，也包括如健康、犯罪、教育、法律、政治、社會架構、宗教、戰爭、科學等。

將經濟學分析推廣到非傳統市場的其他社會現象，開闢經濟學研究眾多新領域。研究重心由亞當斯密（Adam Smith）強調國民財富的產生和分配，演變到馬歇爾（Alfred Marshall）著重財富與人類行為，再進化到貝克爾（Gary Becker）分析社會學研究主題，包括種族歧視、犯罪、家庭組織和理性成癮。社會學家、政治學家以及其他領域的專家學者，也關心人們在面對稀少性資源的困境時會如何做出決策。

政治經濟學（Political economy）廣義研究一個社會生產、資本、流通、交換、分配和消費等經濟活動、經濟關係和經濟規律等。許多學者認為國家不應該干預市場，政治和市場應根據不同的原則分離，所以政治經濟學應分為政治學和經濟學。

自由經濟降低關稅、統一度量，清除貿易、資本和經濟領域的壁壘；中央銀行和金本位制度促進貿易活動，並推動第一次全球化浪潮。

在古典自由主義興盛的同時，觀點對立的思想如社會主義和共產主義也發展起來，自由競爭的資本主義無法解決資源調配問題，導致人民的苦難生活。政治經濟學把經濟看成是政策和法律對現實發揮影響的表現，認為資本剩餘價值應歸給個人積累，但是社會的剩餘價值和花費應該廣泛地分配滿足每個人的努力和期待，每個社會成員有權得到合理的生活水準。重要的社會開支必須由全社會承擔，例如國防、國際貿易和維護社會公共水準的慈善設施等。

社會主義認為資本剩餘價值在社會剩餘價值中所占比例很低，社會應當控制生產手段，並且為全社會成員的共同利益平均分配社會財富。市場無法有效分配社會財富，除經濟手段之外，用某種形式的政治手段去實現社會目標是必要的，社會的最佳形態是為絕大多數社會成員的最大利益服務。

古典自由主義否認資本剩餘價值和社會剩餘價值之間的重大差別，認為一切促進生產的資本剩餘價值都應該歸個人所有，任何重新分配都是不公正的，經濟應該與政治完全分離。共產主義否認資本剩餘價值和社會剩餘價值之間的差別，但是相反認為一切剩餘價值來自社會創造。

現代政治經濟學是一門以社會生產關係即經濟關係為研究對象的科學，闡明人類社會各個發展階段上支配物質資料的生產和分配規律。研究生產、購買出售、法律、社會習俗慣例，以及與政府之間的關係。現代政治經濟學並不是經濟學的同義詞，隨著全球經濟與政治關係的進一步加深，政治經濟學正式成為一門重要的社會科學。

社會經濟學（Socioeconomics）是研究經濟活動如何影響塑造社會過程的社會科學，分析一個社會如何因地方區域經濟或全球經濟而進步、或停滯、甚至退化。通過社會資本和市場來考察個人和群體的行為交互和形成社會規範，研究經濟學與社會價值觀的關係。

制度經濟學（Institutional economics）是把制度作為研究對象的一門經濟學分支，研究制度對於經濟行為和經濟發展的影響，以及經濟發展如何影響制度的演變。將自己比喻成為工程師，期待能設計制度來處理社會上的難題，2007年的諾貝爾獎得主羅傑·梅爾森（Roge Myerson）因機制設計理論而獲獎，在1980年解決加州的電力產業呈現獨佔且資源分配不公的現象。

經濟研究也結合政治制度、法律、教育、醫療、環境等議題，2012年的諾貝爾獎得主阿爾文·羅思（Alvin Roth）在博弈論、市場設計和實驗經濟學領域貢獻顯著。1990年設計美國住院醫生派任系統，2003年幫助紐約的高中設計分配系統，幫助許多貧窮區的學生能到品質較好的學校就讀。設計配對系統幫助病患找尋到適合的腎臟，造福許多需要等待器官進行移植的病患拯救生命。

當經濟體遇到類似漏水和堵塞的紕漏時，經濟學家有責任觀察和修補所遭遇的困境，量化其得失並探討對於經濟體和大眾的影響。

新制度經濟學（New institutional economics；NIE）將制度經濟學與新古典主義經濟學的架構，應用於經濟活動底層基礎的社會與法律規範分析，為防止受騙而採取保險措施。側重交易成本，把企業內部行政指令運作的花費當做內部交易成本，把企業在市場上購買、出售服務/產品過程中的採購和營銷費用看成外部交易成本。美國經濟學家奧利弗·威廉森（Oliver E. Williamson）和埃莉諾·奧斯特羅姆（Elinor Ostrom）以交易成本經濟學方面的研究著稱，因在經濟管理分析方面的貢獻而獲得2009年諾貝爾經濟學獎，對公共經濟治理方面的分析，研究主要圍繞新制度經濟學和政治經濟學，市場和公司等層級組織代表不同的治理結構，在解決利益衝突方面採取不同的方法。

應用經濟學主要應用理論經濟學的基本原理研究國民經濟各個部門、各個專業領域的經濟活動和經濟關係的規律性，或對非經濟活動領域進行經濟效

益、社會效益的分析。以國民經濟個別部門的經濟活動為研究對象的學科，如農業經濟學、工業經濟學、建築經濟學、運輸經濟學、商業經濟學、產業經濟學、金融經濟學等。

💡 生活智慧：現代家庭經濟學

西方語言中的經濟學一詞源於古希臘，意為家庭管理。家庭經濟學（Family Economics）是經濟學的分支，主要研究家庭的各種經濟活動，包括一般經濟學概念在家庭中的實踐，如勞務分工、財產分配、決策程序等；以及家庭獨有的經濟現象，如婚姻、生育及子女數等。將個體經濟學方法應用到社會學分析，以理性選擇及效用理論為出發點，對於種族歧視、犯罪、家庭決策、藥物濫用等社會現象進行經濟學分析，1960年貝克爾（Becker）和明瑟（Mincer）共同創立現代家庭經濟學，也稱為新家庭經濟學（NewHome Economics）。

一個封閉的家庭經濟是一個社會的經濟系統，它的產品不上市交易，商品生產和消耗於同樣的家庭社會系統，存在於狩獵、採集社會，封閉的家庭經濟和以物易物的經濟，統稱非貨幣經濟。新家庭經濟論主張，將家庭和企業一樣視為生產單位，家庭也生產如身心健康、生活環境、小孩等產品。

現代家庭經濟學的首批出版物包括貝克爾（1960）關於生育率和明瑟（1962）關於女性的勞動力供應。具體家庭問題包括婚姻、離婚、對家庭其他成員的利他主義、父母對子女的投資以及家庭行為的長期變化。將基本的經濟假設，如最大化行為、偏好和均衡應用到家庭中；分析婚姻和離婚的決定因素、家庭規模、父母對孩子的時間分配以及幾代人的財富變化。經濟學與社會學和人類學等其他領域結合起來，將個體經濟學的分析視野拓展到非市場經濟領域的人類行為之中。貝克爾將微觀經濟分析的領域擴大到非市場的人類行為和相互作用的廣闊領域，於1992年獲得諾貝爾經濟學獎。

從不同的角度看同一問題，會得出不同的結論。經濟學的眼光看婚姻是一種交易，從找對象到結婚的過程是一個尋找目標市場、考察雙方需求、認同交換條件直到簽訂契約的過程；理性的個人在自身客觀條件的約束下，選擇合適的對象以實現婚姻效用的最大化。愛情為一種社會現象，源於一定的經濟基礎，遵循經濟運行的基本規律。戀愛婚姻需要支付成本，直接成本是尋找目標過程中所耗費的時間、金錢、財物等，放棄別的事情是機

會成本。

男女互補促進資源的充分利用，實現規模經濟獲取效益，通過婚姻使雙方的收益達到最大，是一個雙贏的方案。婚姻作為耐用消費品，在規模效應的推動下，如情感的寄託、家庭的福利、知識和智慧的交融、小孩帶來的樂趣等，具有逐漸積累增值的特點。

事業有成的人找不到對象，如果單身反而有更好的預期回報就選擇獨身，原因在於進入愛情門坎的機會成本太大，如果選擇婚姻要放棄的東西太多。富裕家庭的父母一般有較好的職業和較高的收入，以及舒適的事業生活環境，多養孩子就要支付巨大的機會成本。因此富裕家庭的父母更注重孩子的質量，直接成本很高，就更傾向於生育較少孩子同時提高孩子的素質。

經營管理：工商管理經濟學

經濟學研究方法可應用在各種不同領域，其中應用在商管領域主要為管理經濟學（managerial economics），又稱為經濟策略分析，以經濟社會中的企業活動為對象，應用經濟學理論和方法於企業經營管理。研究如何以經濟學方法，理性選擇最適決策以滿足管理目標，包括訂價、產品、產量、成本、組織、發展等策略議題。研究管理方法的改進和創新，和統計、電腦方法結合，解讀大數據、文字及資訊，跨領域應用更多工具，判斷資料和因果關係及互相影響，提供更多元的方法，探索新穎有趣的研究主題。

管理經濟學結合經濟學與決策科學，以探討企業管理決策之問題及程序。探討需求、生產、成本、供給、計劃及經濟預測，應用經濟關係、統計觀念及最適化技術，說明企業最適資源配置與經營決策；市場結構研究外在的經濟環境與最適訂價策略，風險分析與資本預算探討企業的長期策略規劃及控制程序，亦分析政府對於企業經營的影響。為經營決策提供系統而有邏輯的分析方法，既影響日常決策也影響長期計劃的經濟力，是經濟學在管理實踐中的應用，溝通經濟學理論與企業管理決策的橋樑。

運用經濟理論來分析企業的實際問題，包括工商管理、企業經營以及商業經濟的相關領域。商業經濟學（Business Economics）以經濟學理論和定量方法來分析企業，促進組織結構多樣性和公司勞工、資本和產品市場關係的因素。關注與商業組織、管理和戰略有關的經濟問題，包括企業形成、組織結構和存在、企業家精神；水平、垂直、跨區域擴張；公司與僱員、供應商、客戶、政府之間的關係；企業和商業環境之間的相互作用等。運

用資源來生產、分配、消費、產品和服務，分析社會機構、銀行、股票市場、政府與勞資談判，稅收，國際貿易、城市和環境問題之間的關係。

工業經濟學（Industrial economics）研究工業經濟發展及管理規律性，指導工業生產和建設、培養工業經濟管理人才等。包括長期目標、方針、措施上進行規劃的工業發展戰略問題，按時間序列進行工業計劃，按空間位置規劃工業布局，按生產分工規劃工業部門結構，對工業生產活動和自然及社會之間關係的協調上進行規劃的工業環境等。對資金、勞動力、技術、原料及能源、信息等資源的探討研究，各種工業資源之間存在的密切聯繫，在工業發展的不同階段，依賴不同資源的開發。工業化和現代化的過程是從勞動密集型向資金密集型，又向技術、信息密集型生產不斷過渡的過程。

產業經濟學亦稱為產業組織（Industrial Organization），主要討論市場結構與廠商行為關係，進而制定工業政策以提高生產效率、增加社會福利。包括價格與非價格競爭行為、產業分類、賣者集中程度、加入障礙、產業結構與績效之關係、寡占理論、垂直整合、廠商長期決策、商標與技術改變、反托拉斯法與政策、政府管制等。

⑤ 投資理財：金融經濟學與資產定價

金融經濟學（Financial economics）是研究金融資源有效配置的科學，主要探討在不確定的環境中，如何跨越時間與空間配置經濟資源，分析理性投資者如何通過最有效的方式使用資金和進行投資以期達到目標；集中研究貨幣資產的交易活動，包括時間、不確定性、選擇權以及資訊。投資金錢在未來得到的收益是不確定風險，現在擁有的金錢與未來可能的收益之間如何取捨；知識可以減少不確定性，保障未來的收益。

金融資源的形態有貨幣、債券、股票等多樣工具，也有它們的衍生產品，所帶來的收益和風險各不相同；不是為了從使用這些商品的過程中得到滿足，而是希望能在金融資源配置過程中創造更多價值，未來提高自身物質購買力，得到最大的滿足。廣義的金融經濟學包括資本市場理論、公司財務理論，以及研究方法如數理金融學、金融市場計量經濟學等；狹義的金融經濟學則討論金融市場的均衡建立機制，其核心是資產定價。依據的基本原理有偏好原理、優化原理、無套利原理、市場均衡原理等，建立在完美市場假設的基礎上。

運用經濟學理論探索研究金融學中的均衡與套利、單時期風險配置以及多時期風險配置、最優投資組合、最優消費與投資、證券估值與定價等，逐漸形成並發展嶄新的經濟學與金融學交叉性的學科。在金融市場上，只要衍生證券能夠由套利來估價，股票和債券就能夠複製期權收益。

研究金融學的經濟學家觀察問題的視角，最重要的差異是典型金融學家運用連續時間模型，而經濟學家卻使用離散時間模型，理由是因為金融學上的問題與經濟學上的問題差異太大，金融學研究衍生證券的估值使用連續時間模型更好處理。技術上的原因是金融市場模型關於均衡證券價格的風險因素相關聯，風險規避（Risk Aversion）最適合估值收益概率測度的某種變換，連續時間中的變換會影響到證券價格演化的隨機過程漂移，但是卻不會影響到波動性。

尤金・法馬（Eugene Fama）專長於現代投資組合理論與資產定價理論，提出有效市場理論，用簡明清晰的模型奠定金融經濟學的基礎，是在主流的新古典經濟學框架下開展的研究。拉爾斯・漢森（LarsHansen）專注於金融和實體經濟部門之間的聯繫，因為對資產價格實證分析方面的貢獻，與尤金・法馬、羅勃・席勒共同獲得2013年諾貝爾經濟學獎。勞勃・席勒（Robert James）專長於行為金融學，運用數學分析和行為分析相結合的方法，研究投機市場中的價格波動，設計新的體制與市場以進行大規模的風險管理和減少收入不均。

現代經濟生活中面臨許多實體經濟風險，例如經濟增長緩慢、失業率提高、通貨膨脹率升高乃至個別地區或工業部門的衰落等，全球市場中的所有交易風險以及各種獲利機會都會及時反應，並在金融市場創造出新型的金融工具來分散和化解風險。金融經濟學將貨幣資金視作有限資源來進行深入研究，而加入時間和風險的維度，實質上依舊在研究如何最優化地配置資源。

國家圖書館出版品預行編目資料

翻轉吧~經濟學！：給您看得懂用得到的經濟原理/朱容徵
著. -- 初版. -- 臺北市：博客思出版事業網, 2024.02
面；　公分
ISBN 978-986-0762-69-3(平裝)

1.CST: 經濟學

550　　112020027

投資理財14

翻轉吧～經濟學！給您看得懂用得到的經濟原理

作　　者：朱容徵
主　　編：盧瑞容
編　　輯：陳勁宏、楊容容
美　　編：陳勁宏
校　　對：楊容容、古佳雯
封面設計：陳勁宏
出　　版：博客思出版事業網
地　　址：臺北市中正區重慶南路1段121號8樓之14
電　　話：（02）2331-1675或（02）2331-1691
傳　　真：（02）2382-6225
E- MAIL：books5w@gmail.com或books5w@yahoo.com.tw
網路書店：http://bookstv.com.tw
　　　　　https://www.pcstore.com.tw/yesbooks/
　　　　　https://shopee.tw/books5w
　　　　　博客來網路書店、博客思網路書店
　　　　　三民書局、金石堂書店
經　　銷：聯合發行股份有限公司
電　　話：（02）2917-8022傳真：（02）2915-7212
劃撥戶名：蘭臺出版社帳號：18995335
香港代理：香港聯合零售有限公司
電　　話：（852）2150-2100傳真：（852）2356-0735
出版日期：2024年月2月初版
定　　價：新臺幣380元整（平裝）
I S B N：978-986-0762-69-3